낙타와

역설로 풀어본 국민연금의 진실

국민연금

김상균 저

학지사

서 문

저자가 유학 중이던 1970년대 하반기 영국에서는 공적연금개혁을 둘러싼 여야 간 정치공방이 최고조에 달했었다. 저자의 학위논문이 영국의 연금개혁을 주제로 삼았던 것도 그런 영향에 힘입은 바 컸다. 그러나 귀국 후에는 국민연금에 관심을 갖고 이런저런 활동을 하면서도 저술은 감히 엄두도 내지 못한 채 세월만 흘려보냈다.

사회복지학을 전공한 저자에게 세부 전공을 묻는 사람들이 가끔 있다. 그러면 잠시 머뭇거리다가 '연금제도'라고 답한다. 답을 한 것까지는 좋았는데, 문제는 그다음 순간에 밀려오는 씁쓸함이었다. 연금 전문가라고 내세울 만한 연구업적이 없었기 때문이다.

이제 정년퇴직을 일 년 반 정도 남겨 둔 시점에서 이 책을 쓰고 나니 평생 동안 가졌던 빚의 일부를 갚은 느낌이 들어 일말의 안도감이 든다. 이 책을 처음 구상한 때는 2007년 7월이었고 본격적으로 집필에 들어간 때는 2009년 1월이었다. 지금까지 몇 권의 교재를 집필한 적은 있었어도 일반 독자들을 염두에 둔 저작은 이번이 처음이다.

책의 모습이 어느 정도 갖추어졌을 무렵 저자에게 큰 고민이 엄습하였다. 일반인들을 대상으로 쓴 책이 너무 어렵지는 않을까 하는 생각이었다. 실제로 국민연금 관련 술어나 용어가 어렵다는 것은 잘 알려진 사실이기도 하다.

그래서 되도록 쉽게 표현하려고 최선의 노력을 다했지만 역부족일 수 있다는 걱정이 앞섰다. 궁리 끝에 내린 결론은 용어해설을 따로 마련하는 것이었다. 마치 영어 원서를 읽다가 모르는 단어가 나오면 영어사전을 찾아보듯, 책을 읽는 도중에 난해한 말이 나오면 바로 이 책 끝에 있는 용어해설을 이용하기 바란다.

이 책이 나오기까지 많은 분들의 은혜를 입었다. 지면 제한으로 그분들께 일일이 인사를 드리지 못하고 몇 사람만 밝힐 수밖에 없음을 안타깝게 생각한다.

집필을 하면서 필요한 자료 검색과 수집 작업은 안서연 선생이 도와주었다. 안 선생의 신속하고 성실한 움직임이 없었다면 이 책이 출간되기까지 몇 년이 더 걸렸을 것이다.

초고에 대한 검독은 정경배(전 한국보건사회연구원장) 박사와 김성숙(국민연금연구원 연금제도연구실장) 박사가 흔쾌히 맡아 주었다. 그들은 초고의 내용이 확 달라질 정도로 많은 수정과 보완을 해 주었다. 그분들의 정성 어린 검독 덕분에 책의 품격이 몇 등급 더 높아졌다고 확신한다. 그래도 남아 있는 오류와 부족함이 있다면 그것은 바로 저자의 몫일 것이다.

함자를 직접 거명할 수는 없지만 그렇다고 그냥 지나칠 수도 없는 분들이 많다. 연금개혁과 관련해서 지난 1997년 이후 각종 위원회를 통해 저자와 함께 활동했던 분들이다. 이들은 저자에게 연금 공부라는 귀중한 학습기회를 제공해 준 감사한 분들이다. 그리고 동료 교수와 학생들도 빼놓을 수 없다. 항상 저자의 연구를 옆에서 격려하고 새로운 통찰력을 제공해 준 장본인들이다.

또한 이 책의 제목 달기를 도와주신 분들이 있다. 바로 학지사의 김진환 사장님과 최임배 상무님, 백소현 편집자가 그분들이다. 작명을 놓고 막판까지 진통을 겪던 중에, 독자들로 하여금 '국민연금'을 '낙타'와 연상할 수 있게 유도하는 제목이 좋겠다는 의견을 내놓았고, 저자도 흔쾌히 동의하였다. 왜 국민연금과 낙타인지는 이 책 '맺음말' 부분 끝에 설명을 해 놓았으니, 궁금한 독자들은 찾아서 읽어보기 바란다.

마지막으로, 오랜만에 불러보는 이름이 있다. 아내 박용현이다. 처음 만난 이후로 41년이란 긴 세월이 흘렀지만 그 이름은 언제나 새롭게 느껴진다. 아내가 없었다면 이 책은 반쪽이 되었을 것이다.

2010년 1월

저자 김 상 균

역설의 존재와 효용

역설(逆說)은 반대 상황이 나타났을 때 사용되는 단어다. 예컨대, 틀린 것 같으면서도 옳은 주장이 있는가 하면, 반대로 옳은 것 같으면서도 틀린 주장이 종종 발견되는데, 두 경우 모두 역설이 된다. 또는 앞뒤가 맞지 않는 일이나 현상을 의미하는 모순과 비슷한 말로 사용되기도 한다.

우리는 역설로 인해 이익을 얻기도 하고 손해를 보기도 한다. 일례로, 장마철에 소금장수가 울고 있을 때 우산장수는 웃음을 참아야 하는 역설적 이익을 본다. 최근 세계를 긴장시키고 있는 신종 플루 때문에 모처럼 회복 기미를 보이고 있는 경제가 타격을 받을 것이라는 우려가 나오고 있지만 제약회사들은 역설적 대박을 터뜨리고 있다고 한다. 여하간 역설이 좋은 결과를 주면 그냥 넘어갈 수 있지만 그 반대가 되면 심각한 문제가 된다.

『진보의 역설(*The Progress Paradox*)』이란 책을 쓴 이스터브룩(Gregg Easterbrook)은 "우리는 왜 더 잘살게 되었는데도 행복하지 않은가?"라고 반문한다(Easterbrook, 2004). 많은 사람들은 더 잘살게 되면 더 행복해질 것으로 예상한다. 그러나 현실은 그렇지 않아서 이는 문젯거리의 역설이 된다.

또 다른 예로 영국의 사회정책학자인 헤클로(Hugh Heclo)가 일찍이 그의 명저 『영국과 스웨덴의 현대 사회정치학(*Modern Social Politics in Britain and Sweden*)』에서 피력한 말이 있다. "현대인들은 옛날과 달리 많은 사람들이 자율성을 향유하게 되었지만, 다른 한편으로는 삶의 위기에 빠질 위험성이 높아지면서 더욱더 상호 의존적이 되는 역설적 상황에 직면하고 있다."(Heclo, 1974: 286)라는 것이다. 겉으로는 자율과 독립을 강하게 부르짖지만 마음속으로는 타율과 의존의 필요성도 느끼고 있는 현대인들의 모순적 모습을 예리하게 묘사한 그의 통찰력이 돋보인다.

그런데 그와 같은 역설적 상황이 우리의 국민연금에서도 심심찮게 나타나고 있다. 요즘 세상에 부모 모시는 자식이 어디에 있느냐고 이구동성으로 말하면서도 내 자식은 나를 모실 것으로 믿고 있는 사람들이 부지기수다. 나는 늙어서 자식들에게 손 벌리지 않을 거라고 큰소리 치고 있는 오늘의 30~40대 청장년들이지만 이들의 절반은 노후준비에 속수무책이다. 노인복지 전문가들의 눈에는 노후준비가 없는 사람들 중 최소한 절반이 나중에 자식들로부터 배신당했다고 한탄할 것이 뻔한데도 말이다.

선거전에서는 연금개혁에 반대해 놓고 당선된 후에는 개혁의 필요성을 역설하는 어처구니없는 상황을 연출한 대통령이 있었다. 여당 시절에는 연금 축소가 최우선 이슈라고 주장했다가 야당이 된 후에는 사각지대 해소가 더 시급하다고 말을 바꾸는 정당도 있었다. 이 모두가 국민연금 역설의 단적인 예들이다.

여하간 예상을 빗나가게 만드는 역설은 호기심 많은 과학도들의 연구 주제가 되기에 충분하다. 그러나 이 책은 국민연금에서 발견되는 역설적 현상들을 단순히 소개하고 설명하려는 동기에서 출발한 것이 아니다. 왜냐하면 오늘의 국민연금이 처한 상황이 지적 호기심을 운운할 정도로 한가롭지 않기 때문이다.

국민연금의 역설이 국민연금의 발전을 저해하는 주범이라는 사실이 진짜 심각한 문제다. 예를 들면, 국민연금은 재정불안 등 여러 가지 문제점을 안고 있기 때문에 제도 자체를 없애 버리는 것이 최선책이라고 믿고 있는 국민들이 있다. 그러나 국민연금 없이 노후생활을 할 수 있는 현대인은 전체 국민의 1/3도 안 된다. 이와 같이 역설적 현상은 진실을 호도하는 역기능을 한다.

또 다른 예로, 국민연금의 장기적 재정 전망을 어둡게 만드는 제1의 원인은 '저부담 고급여', 즉 내기는 적게 내고 받기는 많이 받는 연금재정의 설계상 문제다. 그럼에도 다수의 사람들은 기금 운용만 잘하면 적자가 발생하지 않을 것이라고 믿고 있다. 그러나 이는 극히 일부만의 진실일 뿐이다. 이와 같이 역설적 현상은 본말을 전도하는 역기능도 한다.

1988년부터 실시되기 시작한 국민연금은 지난 2007년 7월의 법 개정을 통해 큰 폭의 개혁을 경험하였다. 가장 큰 특징은 연금의 급여수준 삭감이다. 표준 소득자의 경우 종전에는 자기 소득의 60%였던 연금액이 2028년에는 40%까지 점차 감소하게 된다.

국민연금만으로 노후 행복을 설계했던 사람들에게는 그만큼 노후빈곤의 위험성이 높아진 것이다. 따라서 국민은 줄어든 부분을 따로 보충해야 하는 과제를 안게 되었다. 더 심각한 문제는 이렇게 연금액수를 줄였는데도 불구하고 2060년에는 기금이 없어질 것으로 예상될 정도로 장기적 재정불안은 여전히 계속된다는 사실이다.

국민연금의 개혁은 이제 시작에 불과하다. 앞으로 제2, 제3의 연금개혁이 계속되어야 하는 만큼 긴장의 끈을 놓아서는 안 된다. 앞으로는 급여의 충분성도 확보해야 하고 재정 안정화도 기해야 한다. 그런데 미래의 연금개혁 과정이 순탄하지 않을 것으로 예견되는 우려가 진짜 문제다.

연금개혁의 발목을 잡는 사람들에는 여러 부류가 있다. 국민연금에 대해 관심이 없거나 국민연금을 혐오하는 사람들이 있는데, 이들의 대부분은 국민연금에 대한 지식이 부족하거나 왜곡된 정보를 갖고 있는 사람들이다. 국민연금을 원하긴 하지만 보험료 인상이나 재분배 강화와 같은 고통분담을 거부하는 사람들이 있는데, 이들의 숫자가 줄어들지 않고 있다는 것이 슬픈 일이다.

2007년의 「국민연금법」 개정만 하더라도 정부의 개정법안이 국회에 상정된 후 3년 반에 걸친 진통 끝에 성사되었다. 그 사이에 정권이 바뀌는 우여곡절을 겪기도 하였다. 그와 같은 상황을 감안하면 우리의 국민연금이 앞으로 가야 할 길은 멀고도 험하다. 그런데 그 길을 한층 더 고달프게 느끼도록 만드는 원인이 있으니 그것이 바로 국민연금의 역설이다.

2007년 회오리바람이 한바탕 휩쓸고 지나간 지금은 또 다른 연금개혁에 앞서 나타나는 태풍의 전야와 같다. 지금이 소강상태라고 해서 개혁의 필요성이 감소되는 것은 결코 아니다. 다가올 개혁을 위해 우리가 힘을 비축해야 할 중요한 시기가 바로 지금이다.

그렇다면 우리는 어떻게 힘을 비축할 수 있을까? 이 질문에 대한 정답은 연금개혁에 대한 국민적 공감대를 형성하는 것이다. 정답은 간단하지만 공감대 형성의 방법과 수순이 궁금해진다. 어떻게 하면 공감대가 형성될 수 있을까? 이 책은 공감대 형성의 첫걸음을 국민연금 역설의 이해에서 찾기로 하였다.

국민이 국민연금의 개혁에 적극적으로 동참하려면 국민연금에 대한 정확한 이해가 선결되어야 한다. 알고 개혁에 동참하는 것과 모르면서 개혁을 거부하는 것은 하늘과 땅 차이이다. 한마디로, 국민연금의 이모저모를 정확하게 이해하는 것이 필요하다.

특히 국민연금의 역설을 모르면 불필요한 오해와 곡해 그리고 왜곡이 발생한다. 결국 국민연금의 역설을 타파하지 않는 한 공감대 형성의 노력은 물거품이 되고 만다. 이 책은 이러한 역설의 근원지를 추적하여 역설 생성의 과정에 대한 분석을 시도한다. 그리고 역설이 더 이상 발붙이지 못하도록 하기 위해, 우리가 지금부터 무엇을 해야 하는가에 대해 알아본다.

PART_ 1

국민의식과 국민연금

01 • 국민연금을 불신하는 대한민국 국민

02 • 악화일로의 노인빈곤 실태

03 • 효자 열 명보다 나은 국민연금

01

국민연금을 불신하는 대한민국 국민

국민연금공단과 국민연금연구원

국민연금이 시작된 해는 서울 올림픽이 열렸던 1988년이다. 이 제도의 법적 근거는 아시안 게임이 치러졌던 1986년의 마지막 달에 제정된 「국민연금법」이다. 그 법의 제22조를 보면, 국민연금 관련 업무를 효율적으로 수행할 목적으로 보건사회부(현, 보건복지가족부) 장관의 위탁을 받아 국민연금관리공단(2007년에 국민연금공단으로 명칭 병경, 줄여서 연금공단)을 설립하도록 되어 있다.

그리고 제24조에 따르면, 연금공단은 반드시 법인이어야 한다. 결국 연금공단은 국민연금 업무를 수행하는 국가의 공적 기관이다. 따라서 국민들은 국민연금과 관련된 일선 행정상의 모든 문제를 연금공단의 본사(서울 소재) 또는 지사(전국 91개)와의 접촉을 통해 해결하는 것이다.

국민연금의 역사는 파란만장하다. 1988년에 발족한 연금공단의 역사 또한 국민연금의 역사와 궤를 같이하고 있기 때문에 우여곡절의 연속이다. 시작 전의 가시밭길이 험난했지만 시작 후 고난의 길에 비하면 아무것도 아니었다. 5년이 지났을 무렵부터 관련 문제들이 노출되기 시작했다. 특히 적립되는 기금의 액수가 크게 늘어남으로써 기금 운용의 문제가 발생하였고, 10인 이상 사업장 피용자들에게만 적용하던 대상자를 전체 국민으로 확대하는 문제도 등장하였다.

국민연금의 일상적 관리 업무를 일차적으로 책임지는 연금공단으로서는 그러한 문제를 자체적으로 해결하는 것이 역부족이었다. 그리하여 등장한 기관이 '국민연금연구센터'다. 국민연금의 전반적 문제들을 보다 과학적으로 풀어 나가기 위해 1995년에 연금공단 내부에 설립되었던 것이다. 지금은 그 명칭이 '국민연금연구원(연금연구원)'으로 변경되어 활동 중이다. 이후 연금연구원은 오늘에 이르기까지 국민연금의 발전에 필요한 다수의 연구결과물들을 생산해 오고 있다.

여론조사의 결과

연금연구원이 생산하는 각종 자료 목록에는 국민연금만족도에 대한 정기적 여론조사가 들어 있었다. 여론조사의 결과가 공표되지는 않지만(그 이유는 후술함) 2004년부터 매년 2회에 걸쳐 실시되었다. 2008년 이후에는 연금연구원의 여론조사가 중단되고 대신 연금공단이 매년 1회에 걸쳐 보다 광범위한 여론조사를 실시하였지만 그 결과 역시 공표되지 않고 있다.

국민연금만족도 조사는 국민들의 국민연금에 대한 신뢰 또는 만족의 정도를 5점 척도로 해서 질문한 것이었다. 지금까지 4년에 걸쳐 총 9회의 여론조사를 한 결과를 보면, 국민연금에 대한 불신이나 불만의 정도가 전혀 호전되지 않고 있음을 알 수 있다. 〈표 1-1〉에서 볼 수 있듯이, 2004년 말의 조사에서는 매우 만족으로 응답했던 사람들이 6.5%였으며 다소 만족의 비율은 15.7%였다. 그러나 2007년에는 그 수치가 각각 2.8%와

〈표 1-1〉 국민연금만족도 조사결과(2004~2007)

(단위: %)

국민연금에 대한 만족		전체	가입자	사업장	지역	수급
매우 만족 (매우 신뢰)	2004년	6.5	4.6	2.6	6.3	27.2
	2007년	2.8(2.8)	1.0(1.0)	1.0(1.0)	1.0(1.0)	19.1(19.0)
다소 만족 (다소 신뢰)	2004년	15.7	14.4	12.8	15.7	30.4
	2007년	11.7(11.6)	8.6(8.5)	6.8(6.8)	10.3(10.2)	39.7(39.5)
보통	2004년	26.6	26.9	33.8	21.2	22.8
	2007년	34.6(34.4)	34.8(34.6)	36.1(36.0)	33.5(33.2)	33.2(33.0)
다소 불만 (다소 불신)	2004년	26.0	27.1	23.8	29.8	13.0
	2007년	33.0(32.8)	36.1(35.8)	35.7(35.6)	36.4(36.0)	5.5(5.5)
매우 불만 (매우 불신)	2004년	25.3	26.9	27.0	27.0	6.5
	2007년	17.8(17.7)	19.5(19.4)	20.3(20.2)	18.8(18.6)	2.5(2.5)

* ( ) 속의 수치는 '모르겠다' 문항을 포함할 때의 비율임.
자료: 2004~2007년 만족도 조사의 개요 및 주요 결과, p. 3 국민연금연구원 내부 자료.

11.7%로 감소되었다. 그만큼 만족하는 사람의 비율이 줄어든 것이다.

만족과는 반대로 매우 불만이라고 답한 사람의 비율은 2004년에 25.3%였으며 다소 불만이라 답한 사람은 26.0%로 나타났다. 그러던 것이 2007년에는 각각 17.8%와 33.0%를 기록하였는데, 매우 불만의 비율이 상대적으로 줄어든 반면 다소 불만이 그만큼 늘어났다. 결국 전체 불만의 비율(51% 대)은 별로 차이가 없는 것으로 나타났다.

이상의 결과를 한마디로 요약하면, 국민연금에 대해 만족하는 국민의 비율은 좀 줄어들었고 불만을 표시한 비율은 변화가 없는 반면, 그저 그렇다, 즉 보통이라고 평가한 비율이 약간 늘어난 것이다. 문제의 심각성은 여기에서 끝나는 것이 아니다. 국민연금을 둘러싸고 세대간 양분 현상이 일어나고 있기 때문이다.

〈표 1-1〉의 2007년 자료에 의하면, 전체 응답자의 50.8%가 불만을 표시하였는데, 이를 세분하면 사업장 가입자의 경우 56.0%가 그리고 지역

가입자는 55.2%가 불만자로 판명되었다. 한마디로, 두 집단 간에 차이가 거의 없다. 그러나 수급자, 즉 이미 은퇴하여 연금을 수령하고 있는 사람들의 경우에는 불만자가 고작 8.0%인 데 반해 58.8%가 만족한다고 응답하였다. 결국 연금을 타고 있는 노인들과 연금보험료만 내고 있는 젊은이들 사이에 쉽사리 좁혀지지 않는 분단의 벽이 형성된 것이다.

국민연금제도는 사회보장제도의 하나다. 따라서 국민연금을 실시하는 목적과 사회보장제도를 운영하는 목적은 다를 바 없다. 학자들이 사회보장의 목적을 나열할 때 어김없이 지적하는 사항이 하나 있다. 사회적 연대감의 증대라는 것이다(이인재 외, 2002: 29).

다시 말하자면, 국민연금을 도입한 목적 중에는 이를 통해 사회통합에 기여하자는 것이 있다. 그러나 오늘의 우리 사정은 그렇지 못하다. 국민연금의 공론화가 사회통합을 증진시키는 것이 아니라 오히려 국론 분열의 원인을 제공하고 있다. 사회통합을 하자고 시작한 국민연금이 국론 분열을 조장하고 있다면 이것은 엄청난 역설임에 틀림없다.

빗나간 예상

국민연금제도에 대한 국민들의 대체적인 반응은 처음부터 부정적이었다. 보험료는 당장, 그것도 강제적으로 납부해야 하는 반면 연금을 받는 것은 만 60세(법 개정으로 2013년부터 매 5년마다 1세씩 연장하여 2038년에는 65세까지 인상)가 되어야 시작된다니 성질 급한 한국인들에겐 맞지 않는 제도인 것 같다.

최초의 「국민복지연금법」을 제정하였던 1973년 당시의 언론들은 국민들의 일반적 정서를 그대로 반영하면서 '국민연금은 시기상조'라는 반응을 보였다(국민연금관리공단, 1998a: 83). 공적연금이 강제적이 아닌 나라는 이 세상에 없다. 그리고 그 점이 국민연금을 사보험(민영보험 또는 상업보험)과 구별하는 중요한 차이라 할 수 있다.

그래서 그 당시 연금 전문가들은 오히려 우리의 시작 시기가 다른 나라에 비해 늦었다는 자료를 제시하였고 국민들의 초기 저항은 제도가 성숙해 가면서 사라질 것으로 예상하였다. 그런 예상을 할 수 있었던 근거로는 다음의 두 가지가 지적되었다.

첫째, 연금을 받는 사람들의 수가 점차 늘어나면 그들을 바라보는 후세대들의 국민연금에 대한 인식이 긍정적인 방향으로 변화될 것이라는 주장이었다. 둘째, 국민소득이 증가하고 생활수준이 향상될수록 노후생활에 대한 준비의 필요성을 국민들이 강하게 느끼게 되기 때문에 국민연금을 받아들일 것이라는 점이었다.

그러던 어느 날 국민연금제도에 날벼락이 떨어졌다. 2004년 5월 5일 어느 한 네티즌이 인터넷 사이트에 '국민연금의 비밀' 이라는 글을 올렸던 것이다. 문답 형식으로 작성된 그 글의 요지는 국민연금제도란 국민의 복지를 위해 있는 것이 아니라 부정부패한 정치인과 연금공단 직원의 배를 채우기 위해 존재하며 보험료 체납자는 억울하게 재산을 압류당한 사람들이고 응당 받아야 할 연금을 못 받은 영혼들과 유가족들이 부지기수라는 것이었다.

이 글이 등장하자마자 일반 네티즌들이 대량으로 가세하였고 시민단체인 '한국납세자연맹' 은 국민연금 불복운동을 전개하였다. 그리하여 '국민연금반대운동본부' 와 심지어 '국민연금 폐지 카페' 도 등장하였다. 그리고 주요 포털 사이트는 물론이고 청와대의 신문고에도 연일 뜨거운 글들이 올랐다. 그러자 신문과 방송에서도 제도의 문제점과 안티즌(anti netizen의 줄임말)의 활동에 대한 보도가 나가기 시작했다.

그들이 말하는 비밀은 모두 여덟 가지였는데, 그중 두 가지는 맞는 주장이었고 다른 세 가지는 완전히 틀린 주장이었으며 나머지 세 가지는 일부 맞는 내용을 침소봉대하여 억지 주장을 만들었던 것이었다.

일격을 당한 복지부는 '국민연금 비밀 바로 알기' 라는 자료를 급히 만들어 인터넷, 언론사 및 유관기관에 배포하는 등 여론 달래기에 진땀을 쏟았다. 사태의 심각성을 인식한 대통령은 직접 실태를 점검하였다.

여론의 열기가 어느 정도 진정되자, 정부는 2004년 6월 3일에 복지부 장관 명의의 '국민연금개선대책'을 발표하였다. 동시에 「국민연금법」의 개정을 위한 정부의 수정안을 국회에 제출하였는데, 그 수정안에는 네티즌들의 불만사항 중 일부가 개선되도록 설계되었다. 그 사건은 이후 수개월간 지속되면서 정부의 연금개혁 노력에 대한 부정적 영향 역시 쉽게 사라지지 않았다. 보다 상세한 설명은 이 책의 제20장에 나온다.

한마디로, 안티 국민연금사건은 대다수의 국민이 국민연금의 취지를 충분히 이해하지 못한 데서 연유한 일종의 예견된 사건이었다. 「국민연금법」이 1988년에 시행되기 시작할 때 국민 앞에서 약속했던 연금액수를 아직 받아 보지도 못한 상황에서 정부가 깎아 버리는 연금개혁을 하겠다고 했으니 국민들은 속았다고 느껴서 화가 치밀었던 것이다.

이와 같이 사회보험에 대한 오해에서 발생하는 역설을 이 책에서는 '보험 역설'이라 명명한다. 보험 역설이 발생하는 과정은 보험가입자들의 국민연금에 대한 기대로부터 시작된다. 즉, 보험가입자들은 최소한의 보험료로 최대한의 연금이 나오기를 바란다. 특히 다른 사람과 비교해서 내기는 적게 내고 받기는 많이 받으려 한다. 그리고 개인연금과 같은 사적연금과 국민연금을 비교하면서 국민연금의 수익률이 개인연금보다 더 유리하기를 기대한다.

그런데 그와 같은 기대가 빗나갔다고 인식하는 순간 보험가입자들은 국민연금 자체를 불신하게 된다. 문제는 기대가 잘못될 수도 있는데, 보험가입자들의 생각이 거기까지 미칠 수 없다는 것이다. 왜냐하면 바쁜 현대사회를 살고 있는 가입자들에게 국민연금의 이모저모를 독학으로 터득하도록 요구하는 것이 무리이기 때문이다. 사정이 이렇게 되다 보니, 가입자들이 알고 있는 정보와 실제의 사실 사이에는 큰 격차가 발생하는데, 그런 격차를 줄일 수 있는 방법이 국민연금의 홍보다.

소 잃고 외양간 고치기

전문가들은 일찍부터 홍보의 필요성을 역설하였다. 예컨대, 한국인구보건연구원의 1988년 보고서에는 국민연금제도에 대한 국민들의 인지도를 높여야만 연금 가입이 확대될 것이라고 예상하면서 홍보를 제안하였다(한국인구보건연구원, 1988: xi).

그러나 정부는 1988년에 국민연금을 실시한 이후 줄곧 국민연금에 대한 국민의 불신 문제를 심각하게 받아들이지 않았다. 대신 시간이 흐르면 점차 나아질 것으로 예측하면서 안이한 낙관을 계속하였다. 그러다가 안티 국민연금운동이 터지자, 뒤늦게 국민연금의 홍보 필요성에 눈을 뜨게 되었던 것이다.

국민연금공단의 예산에서 광고 및 홍보비가 인상되기 시작하였고(2009년도 홍보비는 약 70억 원) 국민연금연구원의 국민연금만족도에 대한 정기적 조사가 강화되었다. 앞에서 인용된 2004년 말의 만족도 조사는 세 번째 것인데, 안티 국민연금사건이 어느 정도 진정된 2004년 11월 말에 실시되었다.

정부가 국민연금에 대한 대국민 홍보와 사회교육에 투자를 하지 않았던 데는 이유가 있다.

첫째는 행정의 타성이다. 국민연금의 발단은 1973년에 입법된 「국민복지연금법」이었다. 그 법이 제정된 시대는 정치적 권위주의 시대였기 때문에 입법이나 행정상의 국민 저항을 크게 우려하지 않을 수 있었다. 그 법이 13년간의 긴 동면을 깨고 「국민연금법」으로 부활했던 1986년은 6.29 민주화운동(전두환 정권의 장기 집권 야욕을 저지)과 맞물려 있었다. 그러나 당시의 복지행정 수준은 여전히 국민연금의 홍보나 교육을 신중히 고려할 만큼 성숙되지 못했다. 그러한 권위주의적 행정의 사고방식은 그 이후에도 좀처럼 개선되지 않고 있었던 것이다.

둘째는 복지행정 비용의 절약이다. 국민연금의 정책결정자들은 최초의 「국민복지연금법」 시절부터 연금 지급의 주된 재원은 보험료로 하고 제도의 관리 및 행정비는 정부가 부담하는 것으로 결정하였다. 그러나 정부는 행정비용을 절약한다는 이유를 들어 대국민 홍보나 교육에 소요되는 경비를 불필요한 낭비로 인식하였던 것이다. 결국 2004년 5월의 연금대란은 홍보광고비 아끼려다 연금 신뢰를 잃고 마는 소탐대실의 사례를 실증하는 일대 사건이었다. 그 사건을 계기로 정부는 국민연금과 같이 일반 국민들이 이해하기 어려운 제도를 도입하여 시행할 때는 일방적으로 밀어붙여서는 안 된다는 교훈을 얻었다.

앞서 인용한 만족도 조사는 2007년까지 매년 2회씩 정기적으로 실시되었다. 그럼에도 불구하고 그 결과는 일반에게 공개되지 않고 있으며 정부가 관련 정책을 고려할 때 참고하거나 국회의 요구가 있을 때 제공되는 선에서 활용되고 있다. 관련 자료의 미공개는 2008년 이후 연금공단이 수행한 바 있는 광범위의 사회조사 결과에서도 마찬가지다.

마음만 먹으면 복지부가 이 자료들을 공개할 수도 있는데, 복지부의 방침은 공개의 반대편이다. 여기서 한 가지 흥미로운 사실은 복지부가 관장하고 있는 의료 서비스에 대한 만족도 조사의 결과는 공개되고 있다는 것이다. 참고로 2008년의 의료만족도에서 종합병원의 경우 매우 만족은 19.0%, 약간 만족은 35.1% 그리고 보통은 32.0%를 기록함으로써 긍정적 평가의 비율이 더 높았다(보건복지가족부, 2009c: 126).

국민연금의 자료 공개가 꺼려지는 이유는 간단하다. 앞에서 보았듯이, 지금까지의 조사 결과가 정부가 바라는 만큼 호전되지 않고 있기 때문이다. 당장 광고나 홍보의 효과에 대한 의문이 제기될 수 있는데, 자료공개가 여론 악화를 부채질할지도 모른다는 불안감을 자아내기 때문이다.

사후약방문이긴 하지만 대국민 홍보와 교육을 실시한 지 벌써 5년이 지났다. 그러나 그 효과는 예상대로 나타나지 않고 있다. 그렇다고 마냥 기다리고 있을 수만은 없다. 기다리다가 잘못하면 제2의 연금대란이 터질지도 모른다. 이제 국민연금의 신뢰 회복을 위한 방법은 다른 곳에서 찾을 수밖에 없다.

이 책에서는 새로운 해결책을 마련하기 전에 우선되어야 할 작업으로 어떤 원인이 국민들을 불만스럽게 하는지에 관한 정확한 원인 규명이 있어야 한다고 본다. 어느 정도의 원인 규명이 있은 후 가능한 범위 내에서 해결책 제시를 시도해 볼 것이다.

02

악화일로의 노인빈곤 실태

노인의 삼중고(三重苦)

아동기에는 아동기의 특성이 있듯 노년기에는 노년기의 특성이 따로 있다. 그러한 특징들을 요약해서 노인의 삼중고라고 부른다. 소득과 재산이 줄어들어 가난해지는 빈고(貧苦), 쉽게 아프고 잘 낫지 않아 질병에 시달리는 병고(病苦), 찾아오는 사람 없고 만날 사람 없는 독고(獨苦), 이렇게 세 가지 고통이 노년기의 우리를 기다리고 있다.

굳이 제4의 고통 한 가지를 더한다면 집고(執苦)가 있다. 옹고집으로 인해 고통을 당하는 것을 일컫는 말이다. 집고는 보통 나이가 들면서 악화되는 경향이 있지만 시작은 젊었을 때부터 나타난다. 그중 대표적인 것이 '다른 집 자식은 모두 불효자가 되어도 내 자식은 그렇지 않다.' 라고 믿는 것이나 '다른 사람은 젊어서부터 노후대비를 할지라도 나는 할 필요가 없다.' 라는 식의 고집불통이다. 바로 그 고집 때문에 앞서 소개한 '보험역설' 이 발생한다. 왜냐하면 그런 불합리한 옹고집 때문에 국민연금이 필요함에도 불구하고 그것이 필요 없다고 우겨대기 때문이다.

이와 같은 노인의 삼중고 혹은 사중고가 있지만 이 중에서도 가장 큰 문제는 역시 소득의 결핍이다. 현재 우리나라 노인들의 소득 실태를 보면 비참하기 짝이 없다. 우리나라에서 가장 가난한 사람은 국민기초생활보장 수급자다. 그들의 세대별 실태를 살펴보자. 〈표 2-1〉을 보면, 2008년 말 전체 인구의 2.9%가 국민기초생활보장 수급자들이다.

이들 중 65세 이상의 노인 수급자 비율은 26.5%에 달한다. 전체 인구 대비 노인 비율이 7.5%란 사실을 감안하면 빈곤노인의 비율이 노인인구 비율보다 3배 이상을 기록하고 있음을 알 수 있다. 생애주기별 빈곤자 비율을 보면, 평균치인 2.9%를 상회하는 세대는 노년기의 7.5%와 청소년기의 4.5%이다. 다른 세대인 영유아기, 학령기, 중년기보다 빈곤에 빠질 위험이 높다는 의미인데, 노년기의 위험이 제일 높은 것으로 집계되었다(보건복지가족부, 2009a: 14).

〈표 2-1〉 생애주기[1]별 수급자 백분율 및 수급률(총괄)

(단위: %)

	계	영유아기	학령기	청소년기	청년기	중년기	노년기
수급자 백분율	100.0	1.9	4.9	21.3	12.2	33.3	26.5
총인구수 대비 비율[2]	2.9	1.2	2.5	4.5	1.1	2.8	7.5

1) 생애주기는 영유아기(0~4세), 학령기(5~9세), 청소년기(10~19세), 청년기(20~39세), 중년기(40~64세), 노년기(65세 이상)로 분류함.
2) 통계청, 연령별(시도) 주민등록인구.
자료: 보건복지가족부(2009a), p. 14.

늘어나는 수명

경제개발기구(OECD)의 집계에 의하면, 〈표 2-2〉가 말해 주듯이 우리나라 노인빈곤율이 회원국들 중 가장 높은 것으로 발표되었다(보건복지가족부, 2009b: 68). 노인빈곤율이란 65세 이상 고령자 가구의 소득이 전체

〈표 2-2〉 노인빈곤율(2000년대 중반)

(단위: %)

국가명	노인빈곤율	노인가구(65세 이상)의 빈곤율				
		전체	일함	일하지 않음	독신	부부
한국	45.1	48.5	34.7	68.8	76.6	40.8
OECD 평균	13.3	13.7	7.1	17.3	25.0	9.5

* 가처분 소득의 중위 소득 50% 미만

자료: OECD(2008). Growing Unequal Income Distribution and Poverty in OECD Countries. 보건복지가족부(2009b), p. 68 재인용.

가구 중위 소득의 50%에 못 미치는 가구에 속하는 노인인구의 비율을 말하는데, 2000년대 중반을 기준으로 할 때 우리나라는 그 수치가 45.1%를 기록함으로써 OECD 평균인 13.3%보다 3.5배나 높았다. 특히 일을 하면서도 빈곤한 노인들의 비율이 현저하게 높았는데, OECD의 평균이 7.1% 인데 반해 우리는 그것의 다섯 배가 되는 34.7%를 기록했다. 우리의 노인빈곤율이 다른 OECD 국가보다 높은 이유는 국민연금제도가 부실하기 때문이다. 이 부분에 대한 추가 설명은 후술하기로 한다.

우리나라의 노인빈곤 문제가 다른 나라에 비해 더욱 심각한 이유는 앞으로 상당 기간 동안 점차 더 악화된다는 점이다. 서구 선진국들의 경우 제2차 세계대전 후의 공적연금제도 확충과 복지국가의 실시로 인해 노인들은 다른 연령층보다 부유한 것으로 알려져 있다. 그러나 우리의 사정은 전혀 딴판이다.

노인빈곤 실태의 향후 전망을 살펴보자. 먼저 수명연장 또는 인구 고령화 현상의 지속이다. 장수가 축복이 되려면 일단 돈과 건강이라는 조건을 구비할 때만 가능하다. 그렇지 않은 경우에는 오히려 저주가 되는데, 최근의 추세를 보면 돈과 건강이라는 조건을 충족시키지 못하면서 수명만 연장되는 '장수의 불행화' 현상이 속도를 내고 있다.

연금제도와 관련성이 높은 인구통계 지수 중에는 '기대여명(life expectance at birth)' 또는 '생명표'란 것이 있다. 생명보험회사에게 없어서는 안 될 정도로 중요한 지수다. 이 표는 개개인이 앞으로 몇 년간 더 살

수 있는가를 예측하고 있다. 통계적으로 추정한 일종의 기대치이기 때문에 한 해에 실제로 사망한 사람들의 평균 나이인 평균수명과는 다르다. 일례로, 평균수명이 똑같은 A와 B나라의 경우 A의 영아사망률이 B보다 훨씬 높으면 기대여명의 경우에는 A의 수치가 B보다 높게 나올 것이다.

통계청이 발표한 '2007년 생명표' 에 의하면, 〈표 2-3〉과 같이 40세의 남자는 앞으로 37.6년, 여자는 43.8년을 더 살 것으로 예측된다. 물론 이 수치는 연령별, 성별 사망률이 현재와 동일하다고 가정하였고 건강상태나 생활조건이 서로 다른 개인별 특성도 무시하였기 때문에 집단별 평균치라고 이해해야 한다. 60세의 남자는 20.2년, 여자는 25년으로 나와 있다.

달리 표현하면 2007년의 경우 남자가 80세까지 살 확률은 10년 전에 비해 33.3%에서 48.7%로 증가했고 여자는 57.7%에서 71.7%로 높아졌다. 그만큼 우리 모두가 더 오래 살 가능성이 높아지고 있다. 이런 현상이 언제까지 계속될지는 알 수 없지만 인간 수명이 120세라는 예측이 나온 점을 감안한다면 상당 기간 이어질 것으로 예상할 수 있다.

노인인구의 증가는 비단 우리나라에만 해당되는 것이 아니라 범세계적인 현상이다. 다만 그 충격이 우리에게 더 심각하다는 차이가 있을 뿐

〈표 2-3〉 성 · 연령별 기대여명 추이(1997~2007)

(단위: 년, %)

연령	남자							여자						
	1997	2006	2007	2007~1997		2007~2006		1997	2006	2007	2007~1997		2007~2006	
				증감	증감률	증감	증감률				증감	증감률	증감	증감률
40	33.2	37.2	37.6	4.4	13.3	0.4	1.0	39.8	43.4	43.8	4.0	10.2	0.4	1.0
50	24.6	28.2	28.6	3.9	15.9	0.4	1.3	30.4	33.9	34.3	3.9	12.8	0.4	1.3
60	17.0	19.9	20.2	3.2	18.7	0.3	1.4	21.5	24.6	25.0	3.5	16.4	0.4	1.6
70	10.6	12.6	12.8	2.2	20.5	0.2	1.5	13.4	15.9	16.3	2.9	21.5	0.4	2.3
80	6.0	7.1	7.1	1.2	19.6	0.0	0.5	7.1	8.7	9.0	2.0	27.6	0.3	3.3

자료: 통계청(2008), p. 5.

이다. 그 이유는 증가 속도가 상대적으로 급속한 데 반해 인구 고령화에 대한 정책적 대비는 허술하기 때문이다. 그 실태를 살펴보도록 하자.

인구 고령화 지수들 중 가장 흔히 사용되는 것이 국제연합(UN)이 개발한 것인데, 한 국가의 전체 인구 중 65세 이상 인구가 차지하는 비율을 5개의 범주로 나누는 방법이다. 〈표 2-4〉가 보여 주듯이, 그 비율이 4% 미만이면 청년기 사회(young society), 4~7% 미만이면 장년기 사회(matured society), 7~14% 미만이면 고령화 사회(aging society), 14~21% 미만이면 고령사회(aged society) 그리고 21% 이상이면 초고령사회(ultra-aged society)다.

〈표 2-4〉 65세 이상 노인인구 비율에 따른 국가사회의 분류

전체 인구 중 65세 이상 노인인구 비율	사회의 명칭
4% 미만	청년기 사회(young society)
4% 이상~7% 미만	장년기 사회(matured society)
7% 이상 ~14% 미만	고령화 사회(aging society)
14% 이상~21% 미만	고령사회(aged society)
21% 이상	초고령사회(ultra-aged society)

자료: 장인협, 최성재(2002), p. 7.

한 국가의 고령화 속도는 고령화 사회에서 고령사회 그리고 고령사회에서 초고령사회로 각각 변화하는 데 소요된 기간으로 측정된다. 지금까지 세계에서 초고령사회가 된 나라는 두 나라뿐이다. 제일 먼저 일본이 2006년에 진입하였고 이어서 이탈리아가 2007년에 진입하였다. 대부분의 선진국들은 고령사회에서 초고령사회로 넘어 가는 과정 중에 있다.

고령화 사회에서 고령사회로 변하는 데 걸린 기간을 보면 〈표 2-5〉와 같이 프랑스는 115년, 미국은 71년, 이탈리아 61년, 영국 47년, 독일 40년, 일본 24년이었다. 한편, 우리나라는 2000년에 7%에서 2019년에 14%가 될 것으로 예상된다. 즉, 고령사회의 소요 기간이 19년인 셈인데, 이는 현재 일본이 보유하고 있는 세계 기록 24년을 앞당길 것으로 전망되는 수치다.

모든 물질의 움직임에는 가속화라는 현상이 있듯 인구 고령화에도 유사한 현상이 나타난다. 그리하여 고령사회로 변하는 속도보다 초고령사회로 바뀌는 속도가 더 빨라진다. 이탈리아는 19년 걸렸고 일본은 12년 만에 초고령사회가 되었다. 영국은 45년, 프랑스가 41년, 독일 40년, 미국 15년 등으로 예상되고 있는 데 반해 우리나라는 7년으로 예측되고 있어 이 부문 역시 우리가 일본의 기록을 깰 것으로 보인다(장인협, 최성재, 2002: 6-8).

〈표 2-5〉 주요 국가의 인구고령화 속도 추이

국가	도달 연도			증가 소요 연수	
	7%	14%	20%	7→14%(고령사회)	14→20%(초고령사회)
일본	1970	1994	2006	24	12
프랑스	1864	1979	2020	115	41
독일	1932	1972	2012	40	40
영국	1929	1976	2021	47	45
이탈리아	1927	1988	2007	61	19
미국	1942	2013	2028	71	15
한국	2000	2019	2026	19	7

자료: UN(각 연도) The Sex and Age Distribution of World Population.
일본국립사회보장, 인구문제연구소(2000). 인구통계자료집. 장인협, 최성재(2002), p. 7 재인용.

어두운 전망의 노후대비

우리 모두가 돈과 건강이 뒷받침되는 가운데 장수한다면 노인빈곤이라는 사회 문제는 염려하지 않아도 된다. 그러나 현실은 그렇지 않다. 통계청은 2002년부터 60세 이상 노인들의 생활비 마련방법에 대한 사회통계조사 결과를 공표하고 있다. 〈표 2-6〉에서 보는 바대로 2002년 자료에 의하면, 55.9%의 노인들은 본인 및 배우자가 직접 마련하였으며 자녀 및 친척이 마련해 준 경우가 40.1%였다. 그리고 3.8%는 정부 및 사회단체가 제공한 것으로 나타났다. 그리고 연금으로 생활비를 마련한 경우는 6.5%에 불과하였다.

같은 자료의 2007년 사례를 보면, 정부 및 사회단체는 4.4%로서 5년 전에 비해 0.6% 포인트 증가하였지만 본인 및 배우자가 직접 마련하는 비율은 61.3%로서 5년 사이에 5.4% 포인트 늘어났다. 반대로 자녀 및 친척이 도와주는 비율은 34.1%로서 5년 만에 6.0% 포인트가 줄어들었다.

특기할 만한 점은 연금 및 퇴직금으로 생활비를 충당하는 비율은 2002년의 6.5%에서 2007년의 16.2%로 3배 가까이 높아진 것이다. 그러나 이는 자료수집 방법의 차이 때문에 발생한 것이다. 즉, 2002년에는 연금만을 통계로 잡았지만 2007년에는 연금에다 퇴직금까지 합산한 통계치다. 그럼에도 불구하고 우리나라 노인들 중 연금에 의존하여 노후생활을 영위하는 경우는 아직도 전체 노인의 10%가 채 되지 않을 정도로 연금제도의 발달이 지연되고 있음을 알 수 있다.

〈표 2-6〉 60세 이상 노인들의 생활비(용돈) 마련방법(중복 응답)

(단위: %)

연도	본인 및 배우자	근로소득 사업소득	재산 소득	연금 퇴직금	자녀 친척	함께 살고 있음	함께 살고 있지 않음	정부 및 사회단체	기타	예금 (적금)
2002년	55.9	38.6	10.7	6.5	40.1	20.9	19.2	3.8	0.2	–
2007년	61.3	65	11.3	16.2	34.1	53.3	46.7	4.4	0.1	7.5

* 2007년 조사의 경우 연금에 더해서 퇴직금을 함께 조사함.
자료: 국가통계포털(http://kosis.kr), 한국의 사회지표조사.

달리 표현한다면, 누구나 노인이 되어 자녀의 도움을 받지 못할 경우 자신이 직접 일을 하든지 아니면 젊어서 저축한 돈이 있든지 혹은 연금을 탈 수 있어야 한다. 그러나 앞으로의 전망을 보면 세 가지 방법 중 어느 것도 밝은 것이 없기 때문에 노인빈곤의 위험성은 한층 더 높아지게 된다. 특히 공적연금제도의 정착 속도가 느리기 때문에 노인빈곤의 심각성은 점증할 수밖에 없다.

이미 65세 이상이 된 오늘의 노인세대들에게는 자신들의 노후를 준비할 수 있는 기회가 없었다. 왜냐하면 그들이 젊었을 때에는 기대여명이 오늘처럼 높지 않았다. 보다 근본적으로는 자신의 노후는 자식들에게 맡겨도 될 것으로 여겼다. 다시 말해, 유교 전통의 미풍양속이 이렇게 빨리 무너질 줄은 상상하기 어려웠다. 설상가상으로 그들이 한창 나이일 때 우리나라의 산업화가 본격적으로 진행되었기 때문에 자신의 노후를 대비할 만큼의 여윳돈을 손에 넣기가 쉽지 않았다.

따라서 이제 와서 노후준비의 부실 책임을 그들에게 묻는 것은 염치없는 짓이고 어불성설이다. 사실 보통사람의 경우에도 노후준비와 같은 선견지명을 겸비한다는 것은 무리한 요구다. 동서양을 막론하고 여론조사를 해 보면, 20~30대들은 자신이 늙어도 생활비를 걱정하지는 않을 것으로 믿고 있다. 40대 사람들은 자신의 노후불안을 우려하지만 노후준비를 해야 할 만큼의 절박성은 갖고 있지 않다. 그러다가 50대가 되면 불안감은 증폭되지만 노후대비의 시간이 부족하다는 후회를 하게 된다는 것이다.

자살로 내몰리는 노인들

노인의 삼중고는 인구 고령화 현상의 어두운 단면이다. 우리 모두 오래 살게 되었다고 환호하는 사이에 고령화 사회는 불행한 노인들의 수를 증가시키고 있다. 전통사회에서 볼 수 없었던 노인 자살이라는 새로운 현상이 그와 같은 사실을 입증한다.

〈표 2-7〉은 통계청이 발표한 자살로 인한 사망자 수와 사망률이다. 우리나라에서 한 해 동안 스스로 목숨을 끊는 사람의 수가 1997년 6,068명에서 2008년 1만 2,858명이었다. 11년 사이에 두 배 이상 늘어난 것이다. 이를 인구 10만 명당 비율로 환산하면, 13.1%에서 26%로 역시 두 배로 늘어났음을 알 수 있다. 이 표에서 특히 주목할 부분은 연령대별 증감률이

다. 5~14세 사이의 연령대에서는 자살률이 감소되는 현상을 보였는가 하면, 연령이 높아질수록 자살률이 대체적으로 상승하였음을 볼 수 있다.

〈표 2-7〉 1997년과 2008년의 연령별 고의적 자해(자살)로 인한 사망자 수와 사망률

연령	1997년		2008년		증감률[2]
	사망자 수 (명)	사망률[1] (십만 명당)	사망자 수 (명)	사망률[1] (십만 명당)	
계	6,068	13.1	12,858	26	12.9
0세	0		0		0
1 ~ 4세	0		0		0
5 ~ 9세	6	0.2	1	0	-0.2
10 ~ 14세	61	1.8	48	1.4	-0.4
15 ~ 19세	307	7.6	269	8	0.4
20 ~ 24세	550	13.1	622	19.3	6.2
25 ~ 29세	683	14.6	1,021	25.2	10.6
30 ~ 34세	664	15.5	899	22.5	7.0
35 ~ 39세	754	16.8	1,220	26.6	9.8
40 ~ 44세	550	16	1,114	26.4	10.4
45 ~ 49세	509	20.1	1,330	30.4	10.3
50 ~ 54세	396	18.8	1,101	31.4	12.6
55 ~ 59세	414	20.2	869	35	14.8
60 ~ 64세	317	19.9	803	40.2	20.3
65 ~ 69세	251	22.6	1,042	54.5	31.9
70 ~ 74세	234	30.1	936	66.8	36.7
75 ~ 79세	202	40.1	697	80.3	40.2
80 ~ 84세	96	34.7	519	109	74.3
80세 이상	170	38.6	886	112.9	74.3
85 ~ 89세	-	-	280	124.5	124.5
90세 이상	-	-	87	103.9	103.9

1) 연령별 사망률(10만 명당) = 특정 연령층에서의 특정 사인에 의한 연간 사망자 수/해당 연령층의 연앙인구 * 100,000.
2) 증감률 = 2008년 사망률 - 1997년 사망률.
자료: 국가통계포털(http://www.kosis.kr), 사망원인(103항목)/성/연령(5세)별 사망자 수, 사망률.

특히 60세 이상으로 갈수록 그 비율은 급속하게 상승하였다. 도대체 무슨 사연이 있기에 점점 더 많은 수의 노인들이 자살이라는 극단적 행동을 선택하였을까?

노인의 삼중고를 자세히 들여다보면 한마디로 '돈의 부족' 문제로 요약된다. 즉, 빈고는 소득의 부족이니 그 자체가 돈이 없다는 말과 같다. 병고 역시 무료진료의 범위가 극히 제한되어 있는 우리나라 의료체계에 있어서는 돈의 부족과 직결된다. 독고 역시 돈의 문제와 밀접히 연결된다. 행정수도 이전 지역의 노인들이 갑자기 보상을 받게 되자 자식세대들의 발길이 빈번해졌다는 보도가 그런 사실을 말해 준다.

결국 노인들을 죽음의 낭떠러지로 몰아넣는 주원인은 그들에게 돈이 없다는 사실이다. 노인의 특징인 삼중고를 상당 부분 완화시킬 수 있는 원리는 간단하다. 노인들의 손에 돈이 있으면 되는 것이다.

늘어나는 노인범죄

삼중고에 시달리다 끝내 자신의 목숨을 희생시키는 노인들은 독한 마음의 소지자들이긴 하지만 성품은 하나같이 착한 사람들이다. 그들이 유서에 남긴 자살의 이유는 대부분 자식을 포함한 다른 사람들에게 더 이상 짐이 되지 않고 싶다는 것이었다. 그들은 민폐를 끼치는 수치감보다 자신의 목숨을 포기하는 결단성이 더 명예롭다고 판단하였던 것 같다.

그러나 인간은 누구나 생명에 대한 애착을 가지고 있기 때문에 아무나 쉽게 자살할 수는 없다. 막다른 골목에 처하게 되었을 때 인간에게 다가오는 유혹의 손길은 자살 외에 다른 것도 있다. 물론 정상 상태에서는 좀처럼 그 유혹에 잘 넘어가지 않지만, 사정이 워낙 긴박해지면 그리고 차마 죽지 못한다면 실정법이나 도덕률을 어기게 되는 것이다.

고양이에게 쫓긴 쥐가 역공을 가하듯이 긴박한 상황에 처한 인간은 반사회적 행동을 취할 수 있다. 그런 행동의 대표적 사례가 범죄행위다. 돈이 없어 하루하루 생활이 어렵고 연명하기조차 힘든 상황에서 도와주는 사람조차 없다면 범죄의 유혹에 빠져들기 쉬운 것이 인간의 나약함이다.

한국형사정책연구원의 장준오, 노용준, 유홍준, 이완수, 정태인(2008)이 발표한 논문 「노인범죄와 범죄피해 및 노인환경의 유해성 연구」에 의하면, 최근 10년 사이에 노인범죄가 급증한 것으로 조사되었다. <표 2-9>를 보면, 61세 이상 노인범죄자 수는 1996년에 3만 4,492명에서 2006년의 8만 2,323명으로 2배 이상 늘었다. 전체 범죄자 가운데 노인범죄자가 차지하는 비율은 1996년의 1.8%에서 2006년의 4.3%로 증가하였다.

같은 기간 중 전체 범죄자 수는 1996년의 192만 2,549명에서 2006년의 193만 2,729명으로 0.5% 증가에 그쳤다. 그만큼 노인범죄가 상대적으로

〈표 2-8〉 노인인구와 노인범죄자 수 및 노인범죄 비율

(단위: 명)

	전체 범죄	노인인구	노인범죄
1996년	1,922,549	2,794,882	34,492
2006년	1,932,729	4,585,702	82,323
전체 범죄 대비 노인범죄	100.0%	-	2.6%
1996년 기준 증가율 평균	13.6%	32.6%	68.4%

자료: 장준오 외 4인(2008), p. 82.

〈표 2-9〉 연령별 범죄비율 추이(1996~2006)

(단위: 명)

연도	전체 범죄	61세 이상	60~51	50~41	40~31	30~21	20세 이하
1996년	1,922,549 (100.0%)	34,492 (1.8%)	133,038 (6.9%)	354,051 (18.4%)	624,995 (32.5%)	468,166 (24.4%)	154,957 (8.1%)
2006년	1,932,729 (100.0%)	82,323 (4.3%)	212,343 (11.0%)	513,821 (26.6%)	460,643 (23.8%)	305,805 (15.8%)	80,124 (4.1%)
1996년 기준 증가율 평균	13.6%	68.4%	36.5%	43.0%	-3.8%	8.8%	20.4%

자료: 장준오 외 4인(2008), pp. 83-84.

많이 증가한 것이다. 노인범죄의 증가는 특히 연령대별 범죄 추이 통계(〈표 2-9〉)에서 잘 드러난다. 노인범죄자가 차지하는 비율이 1996년의 1.8%에서 2006년의 4.3%로 증가하는 사이에 20대 범죄자 비율은 24.4%에서 15.8%로 그리고 30대는 32.5%에서 23.8%로 각각 줄어든 것이다.

노인범죄의 심각성은 범죄자의 수적 증가에만 국한되지 않고 범죄의 질에서도 나타났다. 노인살인범이 1996년에는 20명이었지만 2006년에는 59명으로 3배 가까이 늘어났다. 같은 기간 중 노인방화범은 7명에서 46명으로 그리고 성폭행범은 94명에서 423명으로 증가하였다(장준오 외 4인, 2008: 84-85).

우리나라 전통인 유교에 따르면, 노인들은 젊은이의 스승이었다. 그리고 장유유서라고 해서 노인들은 사회적으로 공경의 대상이었다. 그리하여 사람들은 오히려 젊었을 때는 나쁜 짓을 하다가도 나이가 들면 철이 드는 것으로 이해되었다. 그러나 오늘날의 사정은 변하고 있다. 우리의 노인들이 옛날과 달리 과거의 미풍양속을 거부하기 시작했다.

이처럼 노인범죄가 증가되고 강력범죄화되는 원인이 무엇인가? 장준오는 노인인구의 비율 증가와 함께 사회에서 소외되거나 버림받은 노인들이 늘어나는 데서 그 원인을 찾고 있다(장준오 외 4인, 2008: 231-232).

그래서 우리는 만약 그들이 국민연금을 받고 있다면 그들의 행동은 많이 달라졌을 것이라는 가정을 할 수 있다. 그러나 불행하게도 2008년 말 현재 60세 이상 노인인구 총 702만 8,728명 중 국민연금 수급자의 수는 남녀 통틀어 212만 8,705명으로서 수급률은 30.3%를 기록하였다. 결국 전체 노인들 중 69.7%가 국민연금 구경을 못하고 있는 실정이다(보건복지가족부, 2009c: 5; 국민연금공단, 2009a: 176).

연금의 사각(死角)세대

자살과 범죄는 분명 정상상태의 심리에서 발생하는 것이 아니다. 오죽 살기가 힘들고 괴로웠으면 스스로 목숨을 끊어 버리거나 몹쓸 죄를 짓겠는가? 자살과 범죄행위에 대해 학자들은 일찍부터 관심을 보여 왔다. 그러나 그들이 주목했던 자살과 범죄는 주로 젊은이들을 대상으로 한 것이었다. 그만큼 노인의 자살과 범죄는 20세기 이후에 나타난 새로운 사회현상임에 틀림없다.

불행하게도 우리나라 노인의 자살률은 OECD 국가들 중에서 제일 높은 것으로 집계되고 있다. 한때 스웨덴의 노인들이 자살을 많이 한다고 알려진 적이 있었다. 스웨덴의 경우 노인자살 원인이 무료함이나 고독과 같이 물질적 풍요 뒤에 숨어 있는 정신 및 심리의 문제였다. 그러나 우리의 경우는 물질이 더 큰 문제다. 생활고로 인한 소위 생계형 자살을 감행하는 노인들이 많다는 것이다.

지금 이 순간에도 서울의 한복판 탑골 공원에는 삼중고에 시달리는 노인들의 발길이 줄을 잇고 있다. 그들이 이구동성으로 말하는 안타까운 사정은 노후대비를 할 수 있는 여유가 없었다는 것이다. 나아가 자식들에 대한 배신감을 실토한다. 이럴 줄 알았으면 자식에 대한 투자보다 노후대비를 우선시했었어야 한다는 때늦은 후회가 그들을 더욱더 고통스럽게 한다.

65세 이상 69세 이하 노인들의 소득구성 비율을 나라별로 비교한 연구를 보면(김수완, 조유미, 2005), 〈표 2-10〉과 같이 우리나라 노인들의 경우 근로소득의 비율이 월등히 높은 반면, 국민연금과 같은 공적 이전소득의 비율이 극도로 낮았다. 국민연금의 시작이 우리보다 최소 40년 이상 앞선 선진국 노인들은 소득의 최소 40% 이상을 국민연금과 같은 공적 이전제도를 통해 조달할 수 있다. 그러나 우리나라 노인들은 기껏해야 전체 소득의 14% 정도만 공적 이전으로 충당한다.

〈표 2-10〉 65~69세의 소득구성 국가 간 비교

(단위: %)

국가	근로소득	자산소득	공적 이전	기업연금	기타 (사적 이전 포함)
호주(1994)	24.1	17.9	44.5	11.0	2.5
캐나다(1997)	22.4	6.5	46.6	20.2	4.3
독일(1994)	17.2	3.3	70.0	9.5	0.2
네덜란드(1994)	7.9	5.3	57.5	28.6	0.7
노르웨이(1995)	33.5	5.5	43.8	16.2	1.0
스웨덴(1995)	16.1	5.0	62.0	16.4	0.5
스위스(1992)	15.1	19.2	43.1	21.8	0.8
영국(1995)	15.6	10.0	46.3	27.3	0.8
미국(1997)	28.8	12.2	41.3	17.4	0.3
한국(2000)	45.7	16.8	14.1	-	23.4

자료: 외국의 경우는 Rein et al. (2004)에서 인용, 한국은 가구소비실태조사에서 산출. 김수완, 조유미 (2005), p. 41 재인용.

공적 이전의 비율이 낮다는 말은 노후의 소득원을 자기 자신의 노력이나 가족들에게 의존할 수밖에 없다는 뜻이다. 그래서 우리나라 노인들만큼 일할 수 있을 때까지 일하고 싶어 하는 노인들이 많은 나라도 없다. 그러나 일자리가 부족한 것이 문제다. 가끔씩 열리는 노인취업박람회장에는 일을 찾는 노인들로 인산인해를 이룬다.

노인들은 일을 통해 근로소득을 올리고 싶지만 뜻대로 잘되지 않고 있다. 우선 일자리가 없다. 운 좋게 자리가 나도 몸이 제대로 말을 듣지 않아 오래 지속하기 어렵다. 할 수 없이 자식들에게 기대 보는 마지막 길이 남아 있지만, 손자세대를 양육하기 위해 악전고투하고 있는 자식세대들을 보면 감히 손 벌릴 엄두가 나지 않는다.

이 지경에 이르면 왜 내가 한창 일할 시기에 나의 노후를 생각하지 않았나를 후회하게 된다. 그러나 때는 이미 늦었다. 개인적인 차원에서 노인의 삼중고를 이겨 낼 수 있는 수단이 더 이상 없다고 느껴지면 절망의 심리상태로 빠져들게 될 것이다. 노인이 되면 신체적으로나 정신적으로 건강상태가 쇠락하는 것은 자연의 이치다. 그리하여 많은 노인들은 우울증에 걸리게 되고 자살과 범죄는 그런 증상의 한 결과에 불과하다. 대략 이런 과정을 통해 우리나라 노인들의 자살과 범죄가 증가하고 있는 것이다.

우리나라 노인들의 자살과 범죄 원인의 제일 첫 번째는 국민연금과 같은 공적 이전 제도의 빈약성에 있다. 사실 우리나라의 사회과학도라면 이런 사실을 모르는 사람은 아무도 없을 것이며 오늘날에는 상당수의 외국인들도 알게 되었다.

메트라이프 인터내셔널(MetLife International)의 토페타(Toppeta) 사장은 2007년 3월 22일에 개최된 '한국의 고령화' 라는 주제의 국제학술대회에 참석한 바 있다. 그는 한 일간지와의 인터뷰에서 "한국인들은 자녀교육에만 매달려 노후준비를 전혀 하지 않고 있습니다." 라고 말했다(조선일보, 2007. 3. 22.). 그리하여 장삿머리가 뛰어난 국내외 생명보험회사들은 개인연금 상품의 개발과 판매에 열을 올리고 있다.

최근에 불티나게 팔리고 있는 개인연금 상품은 '종신형 즉시연금' 이라고 한다(조선일보, 2009. 9. 28.). 이 연금은 계약자가 뭉칫돈을 넣으면 사망할 때까지 실세 금리에 따라 매달 생활비 형태로 돈이 나오는 상품으로 생명보험회사에서만 판매되고 있다. 이 연금이 인기를 끌고 있는 이유는 '자녀 리스크' 를 회피할 수 있기 때문이라고 알려져 있다.

'자녀 리스크' 란 은퇴 전에 성공을 해서 아무리 돈을 많이 벌어놨다고 해도 노후에 자녀들이 달라고 하면 거절하기 힘들어서 결국 주고 난 뒤 빈털터리 신세가 되어 큰 고생을 할 수 있다는 말이다. 그런데 이 연금에 일단 가입하게 되면 원칙적으로 해약이 불가능하기 때문에 자녀들이 아무리 아우성을 쳐도 원금은 절대 안전하다는 것이다.

다시 말하자면, 부모의 뭉칫돈을 보험사가 대신해서 잘 지켜 준다는 것이다. 대부분의 한국 부모들은 한편으로는 자식을 오래오래 도와주고 싶어 하면서도, 다른 한편으로는 자기 자신의 노후가 걱정되는 상반된 두 개의 감정 앞에서 말 못할 고민을 하고 있다. 그런 한국 부모들의 안타까운 마음을 보험사들이 예리하게 파고 들고 있는 것이다.

03

효자 열 명보다 나은 국민연금

나이에 장사 없다

현재 세계 172개의 국가가 국민연금과 같은 공적연금제도를 실시하고 있다(Social Security Administration, 2007, 2008a, 2008b, 2009). 그러나 우리나라만큼 국민연금을 불신하는 나라도 없다. 다른 나라들은 심지어 국가의 경제체제가 급변한 경우에도 공적연금에 대한 국민의 신뢰에는 큰 문제가 없었던 것으로 나타났다. 1990년대부터 과거 사회주의 경제체제에서 자본주의 체제로 전환된 구 소비에트 연방국가들은 급격한 연금개혁을 단행하였지만 국민들이 국민연금을 거부하지 않았다. 그리하여 과거의 연금제도가 폐지되거나 포기되지 않았다.

지구상에서 국민연금제도를 제일 먼저 실시한 나라는 1889년의 독일이었다. 지금까지 120년이 넘게 지속되고 있는 것이다. 그만큼 다른 나라에서는 국민의 신뢰를 받고 있다. 그렇다면 그들은 왜 국민연금을 신뢰하고 있을까라는 의문이 생긴다. 이에 대한 답은 그들 나라의 국민연금은 국민들이 믿을 만큼의 좋은 기능을 하고 있기 때문이다. 지금부터 국민연금의 기능을 알아보도록 한다.

노후 행복의 방법

아무리 영양상태가 좋고 의료기술이 발달되었다 하더라도 이 세상에서 영원히 젊을 수 있는 사람은 아무도 없다. 한창때 세계를 제패했던 프로 레슬링 김일(1929~2006) 선수도 말년에는 휠체어 신세를 면할 수 없었다. 나이를 먹을수록 몸이 쇠약해지는 것은 2,300년 전의 진시황이나 오늘날의 필부나 마찬가지다.

노인의 삼중고가 보편적이긴 하지만 실제로 당하는 고통은 개인에 따라 천차만별이다. 인생의 개인차는 젊었을 때보다 오히려 늙어 가면서 더 두드러지게 나타난다. 병들고 굶어 사경을 헤매는 상황에서도 찾아오는 사람 하나 없는 비참한 신세의 노인이 있는가 하면, 나이에 비해 비교적 건강하면서 곱게 늙어 가는 노인도 있다. 그런 노인들을 속칭 '구구팔팔', 즉 '아흔 아홉 살까지 팔팔하게 사는 사람' 이라고 부른다.

젊었을 때는 자신의 노력 여하에 따라 개인 간 차이를 줄일 수 있는 가능성이 비교적 높다. 그러나 노년기가 되면 근로능력과 생산성이 저하되기 때문에 그런 가능성이 낮아진다. 그래서 청장년기에는 개인 간 소득격차의 역전현상이 쉽게 일어나지만 노년기에는 기대하기 힘들다.

나이 든 후에 열심히 노력해도 젊었을 때 노력하는 것만큼 효과가 없다면 노년기 행복을 성취하기 위한 최선의 전략은 젊을 때 미리미리 손을 써야 한다는 결론이 나온다. 즉, '개미와 베짱이' 이야기처럼 젊었을 때 열심히 대비하는 것이다. 인류가 지금까지 개발한 노후대비의 방법은 간접적으로 하느냐 아니면 직접적으로 하느냐에 따라 둘로 나누어진다.

간접적인 방법의 대표적인 예가 우리의 미풍양속인 '자식농사' 다. 부모는 자신들이 젊고 왕성한 활동이 가능한 시기에 자식의 양육과 교육에

혼신의 힘을 쏟는다. 심지어 자녀가 성인이 된 후에도 자식들을 향해 헌신적 애프터서비스를 계속한다. 노골적으로 말은 하지 않지만 그런 모습을 보고 자란 자식들이 보답의 뜻으로 부모의 노후를 잘 보살펴 줄 것으로 기대하고 말이다.

반면에 자신의 노후를 자기가 직접 해결하겠다는 방법 중 대표적인 것이 연금제도다. 물론 재산이 많거나 개인 저축이 많은 사람은 굳이 연금제도를 이용하지 않아도 되겠지만 그런 사람은 극소수에 불과하다. 그럼에도 우리의 젊은이들이 연금에 가입하지 않는 것이 문제다. 〈표 3-1〉에서 보는 바와 같이, 국민의 1/3은 노후준비를 하고 있지 않은 것으로 나타났다(이소정, 2009: 76).

〈표 3-1〉 중장년층의 경제적 노후준비율

노후준비율	
노후준비 없음	32%
노후준비 하고 있음	68%

자료: 이소정(2009), p. 76에 근거하여 저자가 작성.

연금에는 자신의 자발적 결정에 따라 준비하는 개인연금이나 역모기지(逆 mortgage)와 같은 상품이 있긴 하지만 개인연금에 가입할 만큼의 여윳돈을 가진 사람이나 어느 정도 값이 나가는 주택을 소유하는 경우는 많지 않다. 그래서 대부분의 사람은 당장 보험료를 내기가 힘들지만 국가의 강제적 권유에 마지못해 공적연금을 드는 것이 오히려 보약이 된다.

자식농사가 불가능한 시대

유교의 가르침과 '효' 개념에 따라 우리는 지금도 심정적으로는 자식농사 방법을 더 선호한다. 그러나 실제로는 그 방법을 포기한지 오래인

데, 그 이유는 간단하다. 유교와 효는 농업을 위주로 하는 전통사회를 기준으로 이론체계를 만들었기 때문이다. 오늘날과 같이 자식 수가 적고 직장과 거주의 이동이 빈번한 산업사회에서는 그런 논리가 실현 불가능하다. 더욱이 여권(女權) 신장 현상은 장자(長子) 중심의 전통적 자식농사 방법을 더욱더 실현 불가능한 것으로 만들어 버린다. 한때는 아들이 부모공양을 하고 싶어도 며느리 때문에 못하는 것으로 둘러댄 적이 있지만 이제는 아들 며느리 가릴 여유조차 없어졌다.

'효자가 멸종위기에 처했다.' 라는 한탄이나 '출세한 자식은 나라의 자식, 돈 잘 버는 자식은 사돈의 자식, 부도난 자식은 나의 자식' 이라는 냉소적 농담이 오늘의 세태를 대변하고 있다. 실제로 노인학대 행위자 1위는 아들이라고 한다. 보건복지가족부가 발표한 '2007년 전국 노인학대 상담사업 현황보고서' 에 따르면, [그림 3-1]이 말해 주듯 학대 가해자는 아들이 53.1%로 가장 많았고 며느리(12.4%), 딸(11.9%) 배우자(7.8%)의 순으로 나타났다. 이 통계를 보면 우리 사회가 더 이상 과거의 전통사회가 아니라는 사실이 확연히 드러난다.

옛날 기준으로 판단할 때 분명 불효자임에 틀림없지만 그 사람을 불효자라고 비난할 수 있는 현대인은 그리 많지 않다. 왜냐하면 그런 불효자들이 다른 용도의 여윳돈을 가지고 있는 것이 아니기 때문이다. 그들은 자신들의 2세들을 양육하기 위해 동분서주하고 있으며 그 임무를 다하기에도 힘이 벅차다. 그래서 자식농사를 통해 노후 행복을 기대하는 사람은 이제 한국판 돈키호테라 할 수 있다.

노인이 공경 받던 시대에는 설사 모두가 가난하더라도 자살까지 가는 극단행동을 하는 노인이 없었다. 그러나 이제는 사정이 달라졌다. '자식에게 더 이상 아쉬운 부탁하기 싫어서' 또는 '자식에게 얹혀 살기 싫어서' 라는 이유로 자살을 선택하는 사례가 빈발하고 있다. 아마도 그들은 현대사회의 자식들은 부모를 보살펴 줄 수 있는 능력을 거세당하고 말았다는 사실을 알고 있었을 것이다. 그리고 그런데도 정작 그들이 자식 외

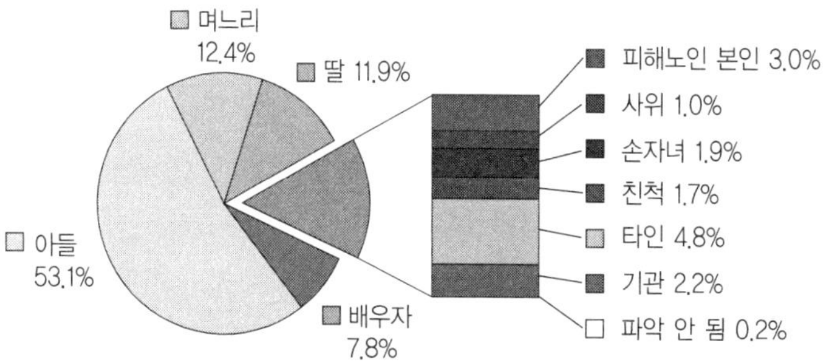

자료: 보건복지가족부, 중앙노인보호전문기관(2007), p. 17.

[그림 3-1] 학대행위자와 피해노인과의 관계

에 손벌릴 데가 없다는 사실을 말이다.

자신의 생명을 끊을 수 있는 사람은 정말 모질고 독한 사람들이다. 그래서 대부분의 사람들은 극도의 불안상태에서도 차마 자살까지는 하지 못한다. 그렇게 보면 범죄는 자살하지 못하는 마음 약한 노인들의 최후 발악인 것 같다. 자력으로 돈벌이는 안 되고 도움 주는 자식 한 명도 없으면서 죽지도 못한다면 그들에게는 해서는 안 될 나쁜 짓이 마지막 선택이 될 것이다.

때늦은 자각

우리의 전통적 노후대책은 유교의 효 개념에 기반을 둔 '효자 만들기'였다. 가능한 한 많은 수의 아들을 낳고 그들을 지극정성으로 양육해서 출세시키면, 그 자식들은 그들을 출세시킨 부모님의 공헌에 대한 보답으로 부모님의 노후를 헌신적으로 보살피는 일종의 '쌍방 부양' 방법이었다.

'효자 만들기' 방식은 400년 이상 지속된 농업사회에서는 그런대로 유지될 수 있었다. 그러나 산업화와 공업화 바람이 불기 시작한 1960년대부터 그것의 실현 가능성은 급격히 추락하기 시작했다. 한마디로 요약하자면, 고령화 시대, 핵가족 시대, 직장이동의 시대, 여권신장의 시대에는 효자 만들기 방식을 따를 수 없는 사람들의 숫자가 점점 더 늘어나서 급기야 효자가 될 수 있는 사람의 수는 희소해지고 말았다.

이상과 같은 근본적 변화가 지난 40여 년간 지속되었지만 그 피해의 제1세대라 할 수 있는 우리나라 경제개발 세대, 즉 1960년대에 20~40대에 걸쳐 있었던 세대들은 경제개발에 매달리느라 자신의 비참한 노후에 대해서는 일말의 공포조차 느낄 겨를이 없었다. 경제성장의 열매가 자식세대에서 열리게 되면, 늘어난 소득의 일부가 자식들의 손을 거쳐 자기들에게 환원되리라고 철석같이 믿었던 것이다.

더욱 야속한 것은 경제성장 혹은 산업화로 인해 우리 사회가 급속도로 서양화되면 부모 모시기의 전통적 방식이 더 이상 유지될 수 없다는 점을 정부가 국민들에게 알려 주지 않았다는 사실이다. 아니 정부도 그런 사실을 미리 감지할 수 없었을 뿐 아니라 알았어도 공표하기 곤란하였을 것이다. 그리하여 당시의 국가 정책은 노후준비 같은 복지 문제를 가능한 한 연기시키려는 노력에만 집중하였다.

1973년에 만들었던 「국민복지연금법」이 예정대로 1974년부터 실시되었다면, 오늘날 우리나라 노인들이 당하고 있는 삼중고의 강도는 훨씬 덜했을 것이다. 그러나 「국민연금법」이 실시되기 시작한 해는 그로부터 14년이 지난 1988년이었다. 결국 산업화에는 연금제도가 동반되어야 한다는 사실을 몰랐던 국민들의 불찰과, 그런 사실을 알면서도 연금제도의 실시 시기를 지연시킨 지도자들의 안이한 태도가 합쳐져 그 결과로 노인들의 자살과 범죄가 나타난 것이다.

국민연금을 싫어하는 국민

뒤늦게 시작한 국민연금일지라도 이제 20년의 연륜이 쌓였다. 그러다 보니 앞 장에서 설명한 바와 같이 노령연금의 수급자가 200만 명을 넘어섰고 그들 중 일부는 월 1백 만 원 이상의 연금을 꼬박꼬박 수령하고 있다. 그들에게 물어보면 "국민연금은 효자 열 명보다 낫다."고 얘기한다. "어느 자식이 매월 몇 십만 원씩 어김없이 예금통장에 입금시키느냐?"고 반문한다. 그래서 강제로 연금보험료를 내라고 요구받았던 지난 시절의 심정과 연금을 받고 있는 지금의 느낌은 하늘과 땅 차이라고 술회한다.

현재의 그들에게는 그렇게도 고마운 국민연금이지만 연금보험료를 당장 납부해야 하는 젊은이들에게는 사정이 정반대다. 월급봉투가 투명한 사업장 가입자들은 울며 겨자 먹기 식으로라도 낼 수밖에 없다. 그러나 소득자료가 불투명한 자영업자들의 경우는 보험료 납부 회피의 유혹을 이겨내기가 쉽지 않다. 그 결과 지역가입자들 중 절반이 국민연금 보험료를 내지 않고 있다. 이 책에서 말하는 국민연금 역설의 일종인 '보험 역설'이 횡행하고 있는 증거다.

당장은 보험료를 내지 않으니 돈을 번 듯한 느낌이 들지 모른다. 그러나 나중에 연금을 받을 수 없게 되는 더 큰 고통이 따른다는 사실을 그들은 까맣게 잊고 있다. 참 딱한 노릇이다. 평생 동안 최소 120번(월 기준으로)의 보험료를 납입해야만 연금의 수급권을 주는 것이 현행 「국민연금법」이기 때문이다. 더욱 안타까운 사실은 이 책의 제1장에서 보았듯이, 청장년 절반 이상이 국민연금제도를 불신하고 있다는 것이다.

이런 현상이 지속되면 앞으로 30년 후에도 노인의 1/4은 연금생활자가 될 수 없다(김수완, 김순옥, 2007). 다시 말해, 그들의 상당수는 비참한 노후를 맞을 수밖에 없다. 사정이 이렇게 급박한데도 여전히 막무가내로 국민연금을 싫어하는 것이 오늘의 젊은 세대들이다. 바로 그런 어처구니없는 현상을 이 책은 국민연금의 '보험 역설'이라 부르기로 하였다.

우리 속담에 "핑계 없는 무덤 없다."라는 말이 있듯이 '보험 역설'을 만드는 사람들은 제각기 불가피한 이유를 들면서 국민연금을 기피하려 한다. 장수하기를 원하면서도 노후생활비에 대한 대비는 하지 않는 경우, 자신의 노후생활비는 자신이 마련한다고 주장하면서도 노후대책은 없는 경우, 미래는 미래이고 시급한 것은 지금 당장 먹고 사는 것이라고 항변하는 경우 그리고 이들과 유사한 경우들은 모두 '보험 역설' 현상에 빠질 가능성이 높다.

비참한 노후를 맞을 가능성이 가장 높은 사람들은 두말할 나위 없이 현재 국민연금에 들지 않고 있는 자영업자들이다. 〈표 3-2〉에서 볼 수 있듯이, 2005년 말 현재 우리나라 전체 취업자 대비 자영업자 비율은 33.6%로서 OECD 평균의 2배나 된다. OECD 회원국들과 비교하면, 우리나라보다 높은 나라는 터키, 그리스와 멕시코 등 세 나라뿐이다. 반면 미국, 캐나다, 프랑스, 미국, 스웨덴, 노르웨이 등은 10% 미만이다. 그만큼 우리나라의 자영업자 비율이 높은데, 이는 사각지대 규모가 상대적으로 커질 것이라는 예측을 뒷받침하는 자료다.

보통의 경우 산업 기반이 약한 경제발전 초기 단계에는 자영업자 비중이 높지만 경제가 발전할수록 규모의 경제가 성립되어 자영업자의 비율은 감소하는 반면, 피용자의 비중이 높아진다. 그러나 우리는 그런 경향이 중지된 지 오래다. 1997년 외환위기 직후 퇴직자가 늘면서 자영업자가 크게 증가했고, 이후 상시 구조조정 체제가 자리를 잡으면서 생계형 창업이 계속 이어지고 있기 때문이다.

문제는 국민연금 가입자 중 자영업자의 연평균 소득이 피용자 소득의 60% 수준에 머무를 정도로 낮아서 그들에게 강제가입을 요구하는 것이 쉽지 않다는 점이다. 더욱이 사각지대에 위치하고 있는 생계형 자영업자들의 사업규모는 너무나 영세하기 때문에 사실 그들에게 노후대비를 얘기한다는 것조차 어불성설이다. 그들에게는 하루하루 생활이 악전고투이기 때문이다.

젊은 나이에 노후준비를 할 수 없는 사람들은 늙어서 빈곤에 빠질 가능성이 상대적으로 더 높다. 그래서 영국을 위시한 다수의 선진국에서는 일찍부터 무기여 공적연금, 즉 보험료를 내지 않더라도 연금을 받을 수 있는 제도를 개발하여 운영하고 있다.

우리나라의 무기여 공적연금은 1991년에 '노인수당', 1998년에 '경로

〈표 3-2〉 OECD 국가별 전체 취업자 대비 자영업자 비율(2005년)

국가	자영업자 비율	국가	자영업자 비율	국가	자영업자 비율
호주	13.0	아이슬란드	14.3	포르투갈	25.2
오스트리아	13.3	아일랜드	17.4	슬로바키아	12.7
벨기에	-	이탈리아	27.0	스페인	18.3
캐나다	9.4	일본	14.7	스웨덴	9.8
체코	16.1	한국	33.6	스위스	11.2
덴마크	8.7	룩셈부르크	-	터키	45.8
핀란드	12.7	멕시코	35.7	영국	13.5
프랑스	9.0	네덜란드	-	미국	7.5
독일	12.4	뉴질랜드	18.5	헝가리	13.8
그리스	36.4	노르웨이	7.5	폴란드	26.8
OECD 평균		16.9			

자료: Choi, Joung kyun (2009), p. 27.

연금' 이란 이름으로 극히 제한적인 범위 내에서 시작되었고 2008년에는 '기초노령연금' 이라는 새로운 명칭으로 확대 · 실시되고 있다. 기여형 공적연금인 국민연금에 비해 도입시기가 늦었을 뿐 아니라 급여수준이 낮아서 빈곤예방의 기능을 하기에는 아직 역부족이다.

우리나라 공적연금의 도입시기가 다른 나라에 비해 늦었던 것은 무기여 연금뿐 아니라 기여형 국민연금의 경우에도 마찬가지였다. 우리나라에서 기여형 공적연금의 효시는 1960년 1월 1일에 실시된 「공무원연금법」이다. 이후 1963년의 「군인연금법」과 1975년의 「사립학교교원연금법」이 실시에 들어갔지만 「국민연금법」은 1988년에야 비로소 실천에 옮겨졌던 것이다. 공무원연금과 국민연금을 비교하면 실시시기에 있어 28년이라는 시차가 존재할 정도로 일반 국민을 대상으로 하는 공적연금제도가 늦었음을 알 수 있다. 왜 그처럼 늦었을까? 이 책은 그 이유를 국민연금의 역설에서 찾아보려 한다.

PART_ 2

국민연금의 실험

04

엉뚱하게 시작된 국민복지연금

불운의 경제개발 세대

현재 국민연금을 수령하고 있는 노인들 중 최고령자는 76세다. 따라서 77세 이상의 노인들은 연금을 받을 수 없다. 그들은 보험료를 낸 적이 없기 때문이다. 최고령자인 76세 세대들은 1988년 당시 55세였던 분들이다.

국민연금과 같이 사회보험 방식에 기초한 연금제도는 일정 기간 이상 연금보험료를 납부한 사람들에 한해서만 수급권을 부여한다. 「국민연금법」 제61조는 노령연금의 수급자 자격 요건으로서 최소 10년 이상의 가입기간을 요구하고 있다. 그러나 1988년에 처음 시작할 때에는 「특례노령연금」이라 해서 최소 가입기간을 10년이 아니라 5년으로 할인해 준 적이 있다. 다시 말해, '개시 세대' 에 한해 일종의 특혜 또는 특별선물을 제공한 것이다. 공적연금제도를 늦게 시작한 국가의 임무 태만에 대한 일종의 면책조치였다고 볼 수 있다.

같은 노인세대이면서도 단지 나이가 많다는 이유로 국민연금의 수급권을 획득할 수 없게 된 현재의 77세 이상 노인들은 억울한 심정을 가질 수 있다. 오늘의 70대 노인들은 경제개발이 시작되던 1960년대에는 한창 나이인 2, 30대였다. 이들에게도 국민연금의 혜택이 돌아갈 수 있었던 절호의 기회가 있었다. 그것이 1973년의 「국민복지연금법」 제정이었다.

그 법이 제정될 당시에는 이듬해인 1974년부터 실시에 들어가도록 되어 있었다. 만약 예정대로 진행되었다면 현 노령세대의 상당수(77~89세)는 연금수급자가 되었을 것이다. 그분들이 연금을 받음으로써 생활에 도움을 받을 수 있다면, 오늘 우리가 고민하고 있는 노인자살자와 범죄자의 수도 많이 줄어들었을 것이다.

무슨 이유로 당시의 정책결정자들은 국민복지연금제도를 장기간 보류시켰을까? 그 질문에 대한 해답은 그 법이 제정된 배경에 잘 나타나 있다. 미리 요약하면, 「국민복지연금법」 제정 목적은 국민의 노후소득보장이라는 복지적 고려에서 나온 것이 아니었다. 국민연금의 제1목적이 국민의 노후소득보장이 아니었다면 그것은 국민연금의 역설이 될 수 있는 필요충분조건을 갖췄다고 볼 수 있다.

「국민복지연금법」의 입법 과정을 연구하여 박사학위를 취득한 전남진에 의하면, 국민복지연금법 제정의 숨은 의도는 중화학공업 육성에 필요한 국내 자금의 조달이었다(전남진, 1987: 108). 전남진의 주장이 어느 정도로 진실한가에 대한 논의는 이 책에서 그렇게 중요하지 않다. 오히려 그러한 의혹이 당시 여론에 팽배해 있었다는 점이 중요하다.

만약 「국민복지연금법」 제정의 제1목적이 자금조달이었다면 이는 엄청난 역설임에 틀림없다. 왜냐하면 실제 「국민복지연금법」 제1조(목적)를 보면, "이 법은 국민의 노령 · 폐질 또는 사망 등에 대하여 연금급여를 실시함으로써 국민의 생활안정과 복지증진에 기여함을 목적으로 한다."라고 적혀 있기 때문이다.

법상에 명시된 목적과 숨은 의도 사이에 큰 괴리가 있었다면 이는 간판에는 양고기를 파는 것처럼 그려 놓고 실제로는 개고기를 팔았다는 중국의 고사성어 '양두구육(羊頭狗肉)' 과 유사한 사태가 벌어진 것과 같다. 문제는 그와 같은 전남진의 주장이 어느 정도의 진실을 함유하고 있느냐에 관한 것이다.

당시의 배경 설명은 몇 가지 다른 자료에서도 확인할 수 있는데(국민연금공단, 2008: 37; 최천송, 1991: 132; 손준규, 1983: 134-135; Park, 1975: 47-48), 이를 정리하면 다음과 같다. 「국민복지연금법」의 공식적 시작은 1973년 1월 12일 박정희 대통령의 연두 기자회견이었다. 그 자리에서 박 대통령은 정부가 사회보장연금제도를 도입할 준비에 착수했다는 사실을 국민들에게 공표했다.

박 대통령이 공표한 준비 작업은 당시 한국개발연구원(Korea Development Institute: KDI) 원장이었던 김만제(초대 원장으로 10년간 재임, 이후 부총리 역임)의 지시에 따라 박종기 연구원이 이끄는 연구팀에 의해 진행되고 있었다. KDI는 박 대통령 자신의 아이디어와 일부 직접 출연으로 1971년에 설립된 우리나라 사회과학 부문 국책연구원의 효시였다.

많은 사람들은 KDI가 경제 문제를 다루는 기관으로 알고 있지만, 원래의 설립 취지는 경제는 물론 사회, 문화 문제에 이르기까지 매우 광범위한 범위의 종합적 국책연구원의 성격을 띠고 있었다. 설립 이후 KDI는 실제로 우리나라 경제개발의 싱크탱크(think tank)라고 해도 과언이 아닐 정도의 혁혁한 공을 세웠다(정인영, 2002).

KDI가 국민연금 연구를 시작한 것은 김만제 원장의 추동력이 결정적 계기가 되었는데, 1972년이란 시기적 특성과 맞물려서 폭발적 힘을 얻을 수 있었다고 판단된다. 즉, 1972년은 제3차 경제개발 5개년 계획이 시작되는 해였다. 제3차 계획의 주요 정책목표에는 사회보장의 확충이 포함되었는데, 이는 제1차와 제2차 계획의 10년 기간 동안 나타났던 각종 사회적 부작용 현상의 귀결이나 다를 바 없었다. 왜냐하면 경제의 고도성장 및 급속한 산업화와 함께 핵가족화와 노령인구의 증가 현상이 포착되었기 때문이다.

대통령 자문역으로서의 절대적 신임을 받고 있던 김 원장은 제3차 경제개발 5개년 계획에서 노후소득보장 문제를 의제화할 필요성을 감지했던 것이 확실하다. 그리고 그 방법은 공적연금보험의 도입이라고 생각했던 것 같다. 공적연금을 보험방식으로 선정한 결정적 이유는 그렇게 하면 정부의 재정지출을 최소화할 수 있었기 때문으로 추정된다.

KDI 원장이 되기 전 서강대학교 경제학과 교수였던 김만제 원장은 같은 학교의 이승윤(후에 부총리 겸 경제기획원 장관 역임) 교수가 1971년에 발표했던 '강제 갹출형 퇴직연금제도 한국 적용의 타당성 연구(Feasibility Study of Compulsory Contributory Retirement Pension Scheme in Korea)' 라는 보고서를 접한 적이 있었다. 이 교수의 연구는 당시 미국국제개발처(United States Agency for International Development: USAID)가 발주한 연구용역이었는데, USAID가 그런 용역을 발주한 배경은 알려지지 않고 있다.

이 보고서를 읽은 김 원장은 우리나라에도 강제적 보험방식의 공적연금제도를 실현할 가능성이 있다고 판단했던 것 같다. 그 결과 KDI의 후속 연구과제는 앞서 언급한 박종기 박사 연구팀에 부여되었다. 박 연구팀의 연구 결과는 '국민연금제도 도입의 타당성 연구' 라는 제목으로 1972년에 발표되었다.

국민연금은 사회적 측면뿐 아니라 경제적 측면에서도 이점이 많다는 사실을 확신한 KDI는 박 대통령을 설득해야 하는 난제를 안고 있었다. 그 이유는 경제성장에만 몰두하고 있던 당시의 박 대통령은 복지제도나 공적연금은 경제성장의 방해물로 인식하고 있었기 때문이다. 따라서 치밀한 사전준비 없이 말만 꺼냈다가는 큰코다칠 것이 뻔한 상황이었다.

그리하여 KDI는 실수를 줄이기 위한 준비 작업에 본격적으로 돌입하였다. 먼저 미국을 방문하여 관련 학자들의 자문을 받았다(국민연금공단, 2008: 37). 그 결과보고서는 1972년 말에 김만제와 박종기 공동 명의로 발간된 '사회보장연금제도 도입방안(잠정)' 이었다. 이 보고서에서 특히 강조되었던 부분은 연금제도의 도입이 국내 저축의 제고와 투자재원의 조달에 크게 기여할 수 있다는 점이었다.

국민연금을 '소비성 복지제도'로 인식하여 별다른 관심을 보이지 않던 박 대통령도 국민연금의 경제적 이점에 대해서는 관심을 보이기 시작하였다. 드디어 1972년 말 제도 도입에 대한 연구 및 개발을 지시함으로써 제도 도입은 급물살을 타게 되었다. 그리고 1973년 연두 기자회견에서 박 대통령은 정부가 사회보장연금제도의 도입 준비에 들어갔음을 공식적으로 발표하였던 것이다.

한편, 당시의 보건사회부(보사부) 산하 사회보장심의위원회 연구실은 독자적으로 공적연금제도 연구를 진행하고 있었다. 그러던 중 대통령 연두 순시(1. 23.) 자리에서 보사부는 자체적으로 준비해 왔던 '국민복지연금(안)'을 보고하였다. 이 자리에서 대통령은 경제기획원과 KDI도 함께 참여시켜 종합안을 마련하고 실시의 시작은 1974년으로 할 것을 지시하였다. 그러나 대통령의 양 부처 간 협력 지시와는 달리 이때부터 경제기획원(기획원)과 보사부 사이에는 총성 없는 '연금전쟁'이 시작되었다.

경제부처와 복지부처 간의 연금전쟁

국민복지연금을 둘러싼 경제부처(기획원 사회개발계획과)와 복지부처(보사부 연금과) 간의 정책대결 양상은 이후 오늘날까지 지속되고 있는데, 양 부처 뒤에는 각기 이론적, 기술적 자문을 제공하는 싱크탱크가 존재하고 있었다. 따라서 표면적으로는 부처 간 정책경쟁이었지만 사실상 전문가들 사이의 이념적 대결이란 표현이 더 적절할 것 같다. 앞에서 보았듯이, 기획원에 정보를 제공하는 연구소는 KDI였고 보사부는 산하기관인 사회보장심의위원회 연구실(사보심 연구실)이 그 역할을 맡고 있었다.

국가 차원의 사회보장 연구를 우리나라에서 최초로 시작한 기구는 KDI가 아니라 사회보장연구전문위원회였다. 사회보장연구전문위원회는 1962년 3월에 공포된 「사회보장제도심의위원회규정」에 따라 설치되었다. 그리고 이후 보사부는 「사회보장에 관한 법률」(1963. 12. 5.)의 뒷받침 하에 부내에 사보심 연구실을 운영했던 것이다.

공적연금과 관련하여 사보심 연구실은 1968년에 발간한 『사회개발』 제1집에서 양로보험에 대한 연구가 진행 중임을 밝힌 바 있다(보건사회부, 1968: 209). 이어 1971년에는 '양로보험 기초조사'를 실시하였고 1972년 10월에는 '국민연금제도 도입을 위한 장기계획(1973~1983)'도 마련하였다(국민연금관리공단, 1998a: 59). 그러나 그들의 연구는 대통령의 주목을 받지 못했기 때문에 더 이상의 진전을 보지 못하다가 앞에서 설명한 KDI 팀의 대통령 설득에 힘입어 1972~1973년 사이에 활기를 띠게 되었다.

양 기관 사이에 정책경쟁이 불가피했던 것은 박 대통령의 통치방식—주요 정책 결정 시 복수의 의견을 대비시켜 최선의 결과를 도출(조갑제, 2007: 67-70)—에 기인하는 측면이 있었다. 그러나 더 근본적으로는 국민연금을 바라보는 인식 차이 때문에 정책의 방향이 달라질 수밖에 없었다.

사회보장제도를 경제발전의 한 수단으로 보는 기획원 관료 및 KDI 학자들과 이에 맞서서 소득보장 내지 복지 향상을 우선시하는 보사부 공무원과 사보심 연구실 학자들 사이에는 국민연금제도의 설계에서부터 현격한 견해 차이를 보일 수밖에 없었다.

덧붙여 한 가지 재미있는 사실은 양 기관의 연구원들 사이에는 전공과목, 학위취득 여부, 유학 국가 등에서 차이가 발견된다는 점이다. KDI 연구원들의 절대다수는 미국에서 경제학 박사학위를 받은 후 미국 대학에서 교육과 연구에 종사했던 경력을 지닌 채 귀국한 사람들이었다. 그러다 보니 연금을 설계하더라도 미국 제도를 본보기로 삼게 되었던 것이다.

그에 비해 사보심 연구실 연구원들 다수는 국내에서 다양한 전공을 공부한 사람들이었고 외국 유학자인 경우에도 미국 유학의 비중은 높지 않았다. 특히 외국 대학의 박사학위를 소지한 사람은 아무도 없었다. 그들이 연금 설계 시 참고한 나라는 일본 위주였으며 미국보다는 오히려 유럽을 중시하였다.

대통령의 통치방식에 따라 기획원과 보사부의 공동 작업이라는 형식을 취했지만 준비 작업의 사실상 주도권은 기획원과 KDI가 쥐고 있었다. 보사부와 사보심이 조연으로 밀려날 수밖에 없었던 것은 처음부터 예견되었던 사실이다.

우선 기획원 장관이 부총리를 겸하기 때문에 권력의 서열상 보사부 장관이 상대적 열세에 처할 수밖에 없었다. 그러나 결정적 이유는 국민연금의 이슈를 국책의 주요 안건으로 격상시킨 핵심 인물들이 KDI 소속이었다는 점이다.

당시의 KDI에 대한 박 대통령의 신뢰는 거의 절대적이었다고 알려져 있다. 특히 연금기금의 국내저축 효과와 내자동원 가능성을 강조한 KDI의 입장은 경제성장 일념에 경도되어 있던 당시 박 대통령의 사고방식과 잘 조화될 수 있었다. 그리하여 1973년 1월에 구성된 연금법 초안 작성을 위한 실무위원회는 기획원 장관 산하에 설치되었던 것이다.

양 기관 간 정책대결의 서막은 1973년 3월 2일에 제출된 두 개의 기본요강안을 통해 열렸다. KDI와 사보심이 제출한 두 안을 보면, 일반 내용에서는 동일하거나 유사하였는데, 연금제도의 핵심 부분에서는 의견 차이가 컸다. 몇 가지만 소개하면 다음과 같다.

적용대상 측면에서 KDI는 일정 소득 이상의 자영업자들도 포함시키자고 제안했던 것에 반해, 사보심은 모든 자영업자를 임의 적용대상으로 분류했다. 이는 제도 실시 초기부터 더 많은 대상자를 강제 적용에 끌어 들임으로써 연금기금의 규모를 최대한 확대시키고자 했던 KDI의 의도라고 해석된다. 그러나 사보심은 자영업자의 소득파악 곤란이란 문제에 대해 많은 우려를 가졌던 것 같다.

보험료율에 관해서는 KDI가 피용자와 사용자의 경우 공히 최저 3%에서 최고 5%, 자영업자에게는 최저 5%에서 최고 7% 안을 제시하였다. 이에 비해 사보심은 훨씬 낮게 피용자 2%, 사용자 3% 그리고 자영업자는 정액제의 적용을 받도록 제안하였다. 여기에서도 역시 KDI는 사보심에 비해 더 큰 규모의 연금기금 조성을 목표로 하고 있었음을 알 수 있다.

노령연금의 수급권을 얻기 위해 필요한 최소 가입기간과 관련해서는 KDI는 10년을 제시하였지만 사보심은 20년을 주장하였다. 이는 KDI가 예측하기에 10년 정도 가입시킨 기금 액수이면 내자동원에 충분할 것으로 판단하였음을 엿보이게 한다. 한편, 사보심은 국민연금이 장기성 보험이라는 특징을 더 강하게 적용하려고 시도한 것으로 해석된다.

기본연금의 적절성과 관련하여 KDI는 소득대체율(최종 5년간의 연평균 소득이 평균소득을 기록한 사람의 경우, 그가 받게 될 연금의 액수가 최종 5년간의 평균소득에서 차지하는 비율)을 30% 수준으로 잡았다. 반면 사보심은 그보다 높은 40%를 적절하다고 보았다. 이를 앞서 설명한 보험료율과 연계시켜 생각해 보면, KDI는 국민을 향해 사보심보다 더 많이 내고 덜 받을 것을 요구했던 것이다. 연금기금을 크게 형성해 보고 싶은 욕망이 다시 한 번 확인되는 대목이다.

소득재분배 효과를 조절하기 위한 장치는 기본연금의 산정방법과 연관된다. 이때 모든 가입자가 일정 금액을 똑같이 받게 되면 그것을 균등부분이라고 부른다. 따라서 균등 부분의 비중이 클수록 재분배를 많이 한다는 뜻이 된다. 이와 관련해서 KDI는 균등 부분의 도입을 원하지 않았기 때문에 기본연금은 전액을 소득에 비례해서 정하도록 제안하였다. 반면 사보심은 균등 부분을 도입함으로써 기본연금은 균등 부분 더하기 소득비례 부분의 합으로 설정하였다. 결국 KDI는 재분배 문제를 고려하지 않았고 사보심은 고려했던 것으로 나타났다.

국민연금의 관리 및 운영기구에 관해서도 의견 차이를 보였다. KDI는 전반적 문제를 보사부가 관장하도록 하면서도 징수 업무는 국세청에 위임하고 여타 업무는 신설되는 사회보장청이 맡도록 제안했다. 당시의 국세청은 기획원의 이웃인 재무부에 속한 부서였기 때문에 기획원은 국세청과의 상호 협조관계를 유지하기가 쉬울 것이라고 인식했던 것 같다. 국세청 징수안은 기획원이 비교적 용이하게 연금기금의 관리에 관여할 수 있는 방법으로 인식되었다. 그에 반해, 사보심은 보사부 직속의 노동청 지방 사무소에 위탁 운용하는 방안을 제시하였다. 이는 연금기금의 관리를 보사부가 직접 하겠다는 의지의 표현으로 풀이된다.

버려진 자식 신세의 국민복지연금법

이상에서 보았듯이, 처음부터 KDI와 사보심 사이에서 나타난 현격한 의견 차이는 많은 노력에도 불구하고 좁혀지지 않았기 때문에 후속 논의는 실무위원회의 윗선인 관계장관회의로 넘겨졌다. 이후 관련자들의 해외시찰, 관계기관 세미나, 공청회 등의 과정을 거쳐 1973년 9월에 보사부 장관 이름으로 기본요강이 발표되었다.

발표 직후 주요 일간지들은 사설을 통해 논평을 하였는데, 논조는 대체적으로 부정적이었다. 가장 큰 우려는 연금기금이 중화학공업 추진을 위한 내자조달의 방편으로 전용된다는 점이었다. 그래서 복지제도의 성격을 보강해야 한다는 지적이 많았고, 심지어 연금제도가 시기상조라는 극단적 부정론도 나왔다(국민연금관리공단, 1998a: 83-85).

「국민복지연금법」안이 국무위원회에서 의결된 때가 1973년 11월이었으니 대통령의 연구 · 검토 지시가 떨어진 지 1년 만이었다. 그 법안은 국회 보건사회위원회의 수정을 거쳐 같은 해 12월 국회에서 통과되었다. 이후 한 달 사이에 관련 시행령이 공포됨으로써 1974년 초부터 실시에 들어갈 수 있게 되었다. 그러나 1973년 말에 터진 중동전쟁은 우리 경제에 제1차 석유위기를 불러 일으켰다.

석유위기가 발생한 전말은 이렇다. 1973년 10월 6일 이집트의 사다트 대통령이 이스라엘 군에 기습공격을 가함으로써 제4차 중동전쟁이 일어났다. 그다음 날 이라크는 자국 내의 미국계 석유회사(아랍 국가들은 미국을 이스라엘의 우군으로 간주) 자산에 대해 국유화를 선언했다. 같은 해 10월 17일 10개 석유수출국기구(Organization of Petroleum Exporting Countries:

OPEC)는 원유감산 조치를 발표하면서 10월 1일에 배럴당 3.011달러에 거래되던 원유 값을 보름 만에 5.119달러로 인상시켰다. 이후 1974년 1월 1일부터 배럴당 가격은 11.651달러가 되었다.

경기불황에다 두 자리 수의 인플레이션까지 겹쳤기 때문에 국민복지연금제도를 시행할 수 있는 여건이 되지 못한다는 분석이 등장하였다. 박 대통령으로서는 국민연금이 문제가 아니었다. 경제 전반 그리고 중화학공업육성계획에 차질이 발생하는 것이 더 큰 고민이었다(오원철, 2006: 271). 그리하여 석유위기에 대처하기 위한 긴급조치를 발동하기 시작했는데, 1974년 1월 14일의 긴급조치 제3호에 의해 「국민복지연금법」의 시행은 1년간 보류되었다.

긴급조치 제3호는 시행 1년이 채 지나기 전인 1975년 1월 1일을 기해 해제되었다. 그렇다면 국민복지연금도 1975년 중에는 실시에 들어갔어야 당연하다. 그런데 실상은 그렇지 못했다. 1974년 말에 재차 1년간의 시행보류 조치가 내려지더니 1975년 12월에는 아예 그 법을 개정하여 시작연도를 시행령이 정하는 것으로 바꾸어 버렸다. 사실상 법 폐기를 의미하는 것이었다. 이후 「국민복지연금법」의 운명이 무기 연기의 연속을 기록하던 중 박 대통령의 시해사건(1979. 10. 26.)이 발생하였다. 결국 국민복지연금은 박 대통령 생전에는 빛을 보지 못하고 말았던 것이다.

국민연금제도는 복지제도이지 경제제도는 아니다. 설사 국민복지연금의 기금을 중화학공업 육성 용도로 사용하더라도 정부는 국민복지연금의 복지적 성격을 더 강조했어야 했다. 국민연금 기금을 어디에다 어떻게 활용하는가의 문제는 제도의 목적에 비추어 보면 부차적인 문제였기 때문이다.

그러나 당시의 대통령과 정부는 그 점에서 큰 실수를 저지르고 말았다. 현대적 복지제도의 핵심을 이루고 있는 공적연금제도를 도입하면서 복지적 성격보다 경제적 이점에 혈안이 되었다는 사실은 엄청난 역설임에 틀림없다. 이와 같은 역설을 여기서는 '경제 역설'이라 부르기로 한다.

'경제 역설'은 국민연금을 논하면서 복지적 고려보다 경제적 고려를 더 우선시함으로써 결과적으로 국민연금제도의 발전에 손해를 끼치는 현상을 말한다. 우리나라에서 일반 국민을 대상으로 하는 공적연금제도를 처음 시도할 때부터 제도의 근본 취지를 왜곡시킨 것은 이후 국민연금에 대한 국민의 올바른 인식을 확립하는 데에도 큰 장애가 되는 빌미를 제공하였다.

05

1년 연기가 14년이 될 줄이야

풀리지 않는 의문 1

「국민복지연금법」의 실시 연기와 관련된 일련의 역사적 사실을 보면 두 가지 의문이 생긴다. 첫 번째 의문은 경제위기와 관련된 것이다. 즉, 경제위기 때문에 「국민복지연금법」의 실시를 연기시켰다면 경제위기가 수습된 후에도 계속 연기된 이유는 무엇인가? 두 번째 질문은 국민복지연금의 실시 목적이 중화학공업의 내자동원이었다면 그것이 실시되지 않았는데도 어떻게 중화학공업 육성 목표는 달성되었는가?

첫 번째 질문에 대한 해답을 구하기 전에 우선 경제위기와 국민연금의 실시 문제가 충돌한 다른 사례를 검토할 필요가 있다. 유사 사례는 1998년에 재발하였는데, 그때의 정부는 연기를 하지 않고 실시를 강행하는 조치를 내린 바 있다. 좀 더 상세하게 알아보면 다음과 같다.

국민연금이 1988년부터 10인 이상 사업장 피용자에게 적용되기 시작한 이후 적용대상의 범위가 1992년에는 5~9인 사업장으로 확대되었고

1995년 7월부터는 농어촌지역 주민으로까지 넓어졌다. 그리하여 마지막 미적용대상은 도시지역 주민들뿐이었는데, 그들에 대한 적용시기는 1998년 7월로 예정되어 있었다.

그런 가운데 1997년 11월의 외환위기라는 돌발변수가 터졌다. 건국 이후 최대의 경제위기라는 상황 속에서 도시지역 주민들에게 국민연금의 보험료를 강제로 징수하는 것이 적절한지에 대한 논쟁이 일기 시작하였다.

물론 도시지역 주민들의 강력한 반발이 감지되었고 예의 연기론이 심지어 여당 내에서도 등장하였다. 그런데 놀랍게도 이번에는 1974년 상황과 정반대로, 연기가 아니라 실시 쪽으로 결론이 났다. 그 결과 1999년 4월부터 최소한 법적으로는 전 국민이 국민연금의 강제적용 대상자가 되었던 것이다.

이제 1975년으로 다시 돌아가기로 한다. 한국 경제가 석유위기로부터 서서히 벗어나기 시작하는 1975년 1월 대통령의 긴급조치는 해제되었는데도 왜 국민연금의 시행 연기는 풀리지 않았는가? 이에 대한 답은 사실상의 무기 연기를 정부가 결정했을 때 언론을 위시하여 어느 누구도 반론 제기를 하지 않았던 것과 연관된다.

석유위기는 곧바로 생필품 파동과 인플레이션(연 16%)으로 이어졌다. 1974년 1월 14일에 발표된 '대통령 긴급조치 제3호'는 그와 같은 국가비상사태에 대비하기 위한 정부의 극약 처방이었다. 그 조치의 주요 내용에는 서민들의 실질소득을 올리기 위해 국민복지연금의 실시를 1년간 연기한다는 대목이 들어 있었다.

'대통령 긴급조치 제3호'가 나오자 이 날의 각 신문은 '서민에 대한 희소식'이라고 반겼다. 심지어 야당까지도 환영의 논평을 발표하였다. 연금보험료 부담을 줄이는 것이 서민에 대한 희소식이란 뜻이었다. 보험료 납입시기를 연장하는 것과 각종 세금의 감면 조치가 함께 도매금으로 처리되었던 것이다.

단기적으로 보면 보험료를 내지 않은 만큼 가계지출이 절약될 수 있기 때문에 서민에게 도움이 될 수도 있다. 그래서 국민 대중은 마치 돈을 번 것 같은 기분으로 좋아하였다. 이는 앞에서 다룬 국민연금 역설 중 하나인 '보험 역설'의 전형적 형태다.

그러나 장기적으로 보면 사정은 달라진다. 노후소득보장 장치가 작동하게 되는 시점을 그만큼 지연시킴으로써 서민들의 노후를 불안하게 만드는 부작용이 발생하기 때문이다. 젊었을 때 반짝 기분 좋았을지 모르지만 늙어서 두고두고 후회막급이다. 특히 서민들은 다른 자산이 많지 않기 때문에 노후소득보장의 방법으로서 공적연금에 대한 의존도가 상대적으로 높아 이것의 연기로 인한 피해를 더 심하게 받게 되었다.

그러나 그 당시 보통 시민으로서는 국민연금의 실효성에 대해 사려 깊게 생각할 수 있는 여유가 없었다. 사실상 우리나라 국민연금 전문가 1세대라고 한다면 KDI와 사보심의 연구원들 그리고 소수의 관련 부처 공무원들이 고작이었다. 언론기관이나 심지어 대학에서도 전문가를 찾기가 쉽지 않은 시대였다(양재진 외, 2008: 116).

그리하여 연기 조치는 가계의 지출 감소라는 측면에서만 인식되었다. 더욱이 1974년 최초의 연기는 1년간 시한부 연기였기 때문에 "1년쯤이야." 하면서 쉽게 동의할 수 있었을 것이다. 그러나 1975년 말의 연기는 무기한이었기에 반발도 있음 직했지만 실제 상황은 그렇지 않았다.

당시 국민들의 복지의식 수준을 감안하면 최초 연기 조치로 인해 국민연금 정책 이슈는 국책의 우선순위에서 쉽사리 밀려났을 것으로 추측된다. 다시 말해, 어떤 정책이 입법화되고 또 실행에 이르려면 몇 개의 관문을 통과해야 하는데, 그때마다 반대를 이길 수 있는 돌파력과 추진력이 반드시 필요하다. 그러나 「국민복지연금법」의 경우는 그런 힘을 일시에 잃어버린 것이다.

우선 권위주의 시대에 막강한 힘을 가진 대통령의 지원이 갑자기 빠져버렸다. 박 대통령은 처음부터 국민복지연금을 할 생각이 없었다. 실제로 이 무렵 박 대통령을 만난 어느 기업의 사장에 의하면, 대통령에게 사회보장이란 단어는 2000년까지 금기사항이었다는 소문이 있었다고 한다(최천송, 1991: 135).

KDI에 의해 떠밀리다시피 설득을 당했기 때문에 법 제정까지는 피동적으로 하는 척 흉내를 냈었지만 석유위기를 핑계로 대통령의 마음은 일시에 돌아서 버렸던 것 같다. 별로 내키지 않던 차에 거절할 수 있는 좋은 구실을 발견했던 것으로 추정된다. 이런 사실은 김만제 원장을 위시한 KDI측 인사들이 1974년 이후에는 더 이상 박 대통령에 대한 설득 노력을 하지 않았던 사실에서도 어느 정도 유추할 수 있다.

대통령의 의중이 정책 과정에서 중요한 것은 두말할 여지가 없다. 더욱이 권위주의 정치체제하에서는 절대적이라 할 수 있다. 그러나 그런 상황에서도 국민의 다수 혹은 누군가가 강력하게 이의제기를 할 수도 있었을 법한데 그런 흔적은 찾아볼 수 없다. 앞서 언급되었다시피 「국민복지연금법」 발표 당시 언론 및 야당의 태도는 모두 부정적이었다.

따라서 그들의 입장에서 시행 연기에 대해 반론을 펴기란 어려웠을 것으로 추정된다. 그만큼 당시 우리 국민들의 공적연금 필요성에 대한 인식은 강하지 않았던 것이다. 연금보험료를 강제로 내지 않게 되었다는 사실에 오히려 안도의 한숨을 쉬었을지 모른다. 한마디로, 당시 국민의 복지의식 수준에서 국민연금은 시기상조였다고 판단된다.

풀리지 않는 의문 2

「국민복지연금법」의 연기와 관련된 또 다른 의문은 다음과 같다. 국민연금 실시의 우선 목적이 중화학공업의 내자동원이었다면 어떻게 국민연금을 실시하지 않고도 중화학공업 육성을 달성할 수 있었는가다. 이에 대한 해답의 일부는 오원철의 증언을 통해 알 수 있다.

그는 박 대통령 집권 시절 1971년부터 1979년까지 8년간 대통령 경제 제2수석 비서관을 역임하였고 1974년 2월부터 1979년 12월까지 중화학공업기획단 단장을 맡은 바 있다. 따라서 중화학공업 육성책의 소요 재원 마련에 관한 내부 정보를 어느 누구보다 잘 알고 있는 위치에 있었다.

오원철에 의하면, 1972년 5월 이후 추진되어 오던 중화학공업화정책은 1973년 1월의 대통령 연두 기자회견에서 '중화학공업화선언' 으로 결론 내려졌다. 이어 같은 해 1월 31일 청와대에서 열린 '방위산업과 공업구조 개편론' 에 대한 브리핑에서 중화학공업 육성에 소요될 자금조달 방법이 결정되었다. 내 · 외자 합쳐 총 100억 달러의 소요자금을 내자의 경우는 '국민투자기금' 과 방위세에서 그리고 외자는 차관 도입을 통해 조달하는 것으로 확정되었다. 그리고 이를 추진하기 위해 국무총리를 위원장으로 하는 '중화학공업추진위원회' 를 구성하였다고 한다(오원철, 2006: 226).

이상과 같은 오원철의 진술과 KDI 측 인사들의 진술 사이에는 상당한 차이가 있다. 우선 중화학공업 육성에 소요될 자원동원의 방법에 대한 결정시기의 문제다. 오원철의 증언에 의하면, 1973년 1월 31일에 결정되었다는 것이다.

한편, 국민연금과 관련된 KDI 연구진과 박 대통령의 접촉은 1972년 말이었고 국민연금 도입을 위한 연구·검토 지시가 내려진 것도 그 무렵이었다. 따라서 박 대통령이 중화학공업을 구상하는 과정에서 KDI 연구팀이 분석한 연금기금의 내자동원 가능성을 심각하게 고려한 시점은 1972년 말이었으며 1973년 1월에 들어서면 다른 재원, 즉 앞에서 설명한 국민투자기금, 방위세, 외국 차관 등으로 마음을 굳힌 것으로 보인다. 결국 박 대통령에게 국민연금이 매력적으로 보였던 기간은 별로 오래가지 못했다고 판단된다.

더욱이 오원철에 의하면, 중화학공업 육성을 위한 자원동원을 고민한 핵심 참모는 당시의 대통령 비서실장(김정렴)과 기획원 장관(남덕우)이었다. 그런데 KDI 측 인사들의 증언에 의하면, 내자동원 문제를 논의함에 있어 KDI는 대통령과 직접 면담을 했지만 비서실장이나 기획원 장관과 의논했다는 기록은 없다. 따라서 박 대통령은 자원동원 문제를 고민하는 과정에서 여러 라인의 사람들과 접촉했음이 분명하다.

정책 과정에서 이중 삼중으로 점검하고 세심하게 대비하는 것으로 잘 알려진 박 대통령으로서는 중화학공업 재원조달 문제에 있어서도 이중 플레이를 한 것 같다. 중화학공업화를 핵심 정책으로 결정함에 있어 가장 큰 장벽은 역시 재원조달의 문제였다. 이 문제를 놓고 박 대통령의 고민이 정점에 이르렀던 시기가 대략 1972년 말로 추정된다. 1973년 1월 초에는 이미 '중화학공업화선언'이 발표되었기 때문이다. 즉, 재원조달 문제가 해결되지 않은 상태에서 그러한 선언은 할 수 없었다고 판단된다.

자원의 소스는 국민저축 증대, 세금 인상, 채권 발행, 외국차관 도입 등 여러 가지가 있었지만 KDI측은 어느 선택도 쉽지 않다는 내용의 보고를 대통령에게 했던 것으로 알려져 있다(정인영, 2002: 175). 그러니까 국민복지연금의 시행을 통해 조성되는 기금이 최선의 대안이 될 수 있다는 주장을 폈던 것이다.

그러나 과연 박 대통령이 내자동원 방법으로서 국민복지연금제도 실시가 채권 발행이나 세금 인상 조치보다 더 나은 방법이라고 생각했는가에 대해서는 의문의 여지가 많다. 다른 말로 표현하자면, 박 대통령이 KDI 연금연구팀의 설득에 넘어갔기 때문에 국민복지연금의 시행을 준비하도록 지시했던 것처럼 표현하는 것은 다소 과장되었다고 느껴진다.

박 대통령이 국민연금의 시행을 지시하는 한편, 다른 통로를 이용해서 또 다른 자금 소스를 물색했다는 증거가 있다. 앞서 언급된 오원철의 진술을 입증할 만한 '중화학공업화선언' 증거물들이다. 중화학공업 등 중요산업의 건설을 촉진하고 수출 증대를 목적으로 하는 「국민투자기금법」이 1973년 12월 14일에 제정되었다. 그리고 이어서 같은 해 12월 말에는 국민투자채권이 발행됨으로써 1974년부터 국민투자기금이 운용되기 시작하였다. 그러니까 경제기획원으로 하여금 KDI, 보사부와 함께 1973년 2월부터 국민복지연금법 제정을 위한 준비작업을 한창 진행시키고 있던 시점에서 박 대통령은 동시에 경제기획원과 재무부, 한국은행 등과 함께 국민투자기금법의 제정을 서두르고 있었던 것이다.

결국 연금기금과 투자기금의 두 개 안 중에서 투자기금이 먼저 조성되었다. 따라서 1974년 초의 긴급조치 제3호에 「국민복지연금법」의 시행 1년 연기 조치를 삽입하더라도 중화학공업 재원조달에는 지장이 없다는 판단이 섰던 것으로 추측된다. 그렇지만 막대한 규모의 자금이 소요되기 때문에 국민투자기금만으로는 안심할 수가 없었기에 용의주도한 박 대통령으로서는 국민연금기금안을 완전히 버리지 않았던 것으로 해석된다.

「국민복지연금법」의 두 번째 1년 연기 조치는 1974년 말에 내려졌다. 그리고 긴급조치 제3호의 해제 시점은 1975년 1월 1이었다. 그러니까 국민복지연금의 두 번째 연기를 먼저 결정한 후 긴급조치를 해제하기로 하였든지, 아니면 후자를 먼저 결정하면서 전자를 함께 결정해 놓고 다만 전자에 관한 발표시기만 먼저 정했는지, 혹은 양자를 동시에 결정해 놓고 발표시기만 달리했는지는 알 수 없다. 어느 쪽의 결정이든 한 가지 분명한 것은 1974년 말까지만 하더라도 박 대통령에게 국민복지연금기금 카드는 여전히 유효성을 지니고 있었다는 것이다.

국민복지연금 기금의 필요성이 더 이상 유효하지 않다는 판단은 1975년 말에 가서 내려진다. 이 시점을 이해하려면 또 다른 자원 소스인 방위세를 볼 필요가 있다. 새로운 간접세의 근거가 되는 「방위세법」이 5년 시한을 조건으로 1975년 8월 1일에 제정되었다. 이 법은 중화학공업의 하나로 볼 수 있는 방위산업 육성을 위한 자금조달을 목적으로 하였다.

이로써 박 대통령은 제2의 소스를 확보한 셈이다. 따라서 박 대통령은 이 정도의 자원이면 내자동원으로서는 충족되었다고 판단했을 것이다. 그리하여 1975년 말의 「국민복지연금법」 개정을 통해 사실상의 법 폐지를 선언하였고, 그 결과 「국민복지연금법」은 깊은 겨울잠으로 빠져 들고 말았다.

KDI와 사보심의 연금 전문가들에게 1975년 말 「국민복지연금법」 개정으로 인한 무기 연기 조치는 철퇴와 다를 바 없었다. 그때까지 양 기관은 때로는 의견충돌을 하였고 정책경쟁을 벌이기도 하였지만, 국민연금을 조기에 실시해야 한다는 점에 있어서는 공감대가 형성되어 있었다.

따라서 1975년의 법 개정으로 인해 조기 실시의 희망이 산산조각이 나자 그들의 실망과 좌절감은 이루 말할 수 없었을 것이다. 그러나 더 심각한 것은 바로 그 법 개정으로 말미암아 현재 77~89세 노인들이 공적연금을 받을 수 있는 기회를 상실하고 말았다는 사실이다.

06

제1세대 연금 전문가들의 퇴장

연금 전문가들의 시련

1975년 말 「국민복지연금법」 개정으로 인한 무기 연기 조치 이후 의기소침해진 연금 전문가들은 더 이상 대통령을 설득할 엄두를 내지 못하고 있었다. 다시 말해, 총대를 멜 인물이 없는 상황이 계속되었다.

정책 전문가들에게 자신의 연구주제가 국가 정책 안건에서 높은 순위를 차지한다는 것은 신명나는 일이다. 반대로 어느 누구도 알아주지 않는 주제를 묵묵히 연구만 계속한다는 것은 깊은 인내심을 요구한다. 1976년 이후의 시기가 우리나라 연금 전문가 1세대들에게는 기약 없는 인내와 시련의 시기였다.

「국민복지연금법」이 끝난 1976년부터 우리나라 사회보장제도의 정책 우선순위는 급속히 의료보험 쪽으로 옮겨가고 있었다. 국민복지연금제도의 실시에 큰 기대를 걸고 있었던 보건사회부(보사부)는 1977년부터 시작되는 제4차 경제개발 5개년계획의 최우선순위를 의료보험제도의 실시로 변경했던 것이다. 대신 국민연금의 시작은 1981년으로 늦춰 잡았다.

한편, 보사부와 별도로 연금제도의 실시시기를 검토하고 있던 경제기획원(기획원)은 1979년 대통령 연두 순시 석상에서 1980년부터 국민연금 실시의 계획을 보고함으로써 대통령의 의중을 타진하였다. 그러나 이에 대한 대통령의 답변은 여전히 부정적이었다.

1979년 2월에 있었던 보사부 연두 순시에서 확인된 박 대통령의 복안을 한마디로 요약하면, 서두르지 말고 좀 더 연구해서 우리 실정에 맞는 제도를 만들라는 것이었다(국민연금관리공단, 1998a: 93). 복지제도의 실시를 최대한 늦춰 보자는 박 대통령의 복지관(福祉觀)이 재차 확인되는 대목이었다. 동시에 역사적으로는 국민연금 조기 도입의 두 번째 기회를 상실한 사건으로 기록될 수 있다.

국민복지연금의 조기 실시를 놓고 대통령과 연금 전문가들이 벌인 장기간의 신경전이 일단락된 시점은 1979년 2월이었는데, 이는 박 대통령이 암살당하기 8개월 전이었다. 결국 박 대통령은 자신이 하고 싶지 않은 국민복지연금을 죽기 8개월 전에 마지막으로 거부했던 것이다. 그 결과 국민연금의 실시시기는 제5차 경제사회발전 5개년계획(1982~1986) 기간으로 또다시 이월되고 말았다.

국민복지연금의 무기한 연기가 계속된다고 해서 연금 전문가들의 국민연금에 대한 연구까지 중단된 것은 아니었다. 일면 연구는 좀 더 차분한 가운데 착실하게 진행된 이점도 있었다.

그러나 연구진들의 사기는 땅에 떨어져 있었다. 좋은 연구 결과가 나오리라고 기대하는 것 자체가 무리였다. 왜냐하면 1970년대 중반 이후부터 선진국들은 전통적인 공적연금보험제도에 대한 개혁 작업에 들어가게 되었음에도 우리는 여전히 제도 도입에만 매달리고 있었기 때문이다. 이 부분에 대한 추가 설명은 다음 장에서 후술하기로 한다.

결정적 기회의 도래

1980년대 중반에 접어들면서 경제 및 사회 상황이 국민연금 도입에 유리한 방향으로 전개되기 시작하였다. 예컨대, 1인당 국민생산은 1975년 594달러에서 1985년 2,242달러로 늘어났다. 더욱이 같은 기간 동안의 소비자물가 증가율은 24.0%에서 2.4%로 낮아졌다. 특히 고질적이었던 만성 인플레이션이 안정상태로 돌아선 것은 장기성 보험인 공적연금에는 더할 나위 없는 희소식이었다.

인플레이션과 국민연금 사이의 관계에 대해 보충설명을 한다면, 이 책의 제4장에서 지적되었다시피 국민연금은 장기성 사회보험 방식으로 운영되도록 설계되었다. 그래서 젊을 때 20~40여 년의 긴 세월 동안 꼬박꼬박 보험료를 냈다가 노인이 되면 그 대가로서 꼬박꼬박 연금을 받게 되는 것이다. 그런데 이 과정에서 인플레이션이 심하면 연금의 실질 가치가 떨어지는 부작용이 발생하게 된다. 따라서 인플레이션이 높은 사회에서는 장기성 보험은 실시하기가 어렵다는 것이 정설이다.

1980년대 사회적 상황 중 특기할 만한 것은 우리나라가 아시안 게임과 올림픽을 개최했다는 사실이다. 이와 같은 대규모의 국제적 스포츠 행사는 선진국만이 개최할 수 있는 일종의 '선진국 보증수표' 와 같은 것이었다. 그런데 양대 스포츠 행사를 유치한 상황에서 그 흔한 국민연금도 실시하지 않고 있었다는 사실은 국제적 망신거리가 되기에 충분하였다. 그런 점이 은근히 사회지도층에게 국민연금 실시의 압박요인으로 작용했던 것으로 보인다.

국민연금의 조기 실시시기를 호시탐탐 노리고 있던 KDI가 그런 상황을 이용하면서 전두환 대통령을 설득하기 시작하였다. 그러나 초기 단계에서는 '계란으로 바위 깨기' 만큼이나 대화가 어려웠다고 한다. KDI 제3대 원장이었던 안승철과 서상목의 브리핑을 경청하고 있던 전 대통령은 "국민연금이라니…… 나라 말아먹자는 이야기 아니요!" "국민연금 하다가는 우리도 영국같이 망해요." 라고 반응하였다고 한다(정인영, 2002: 178-179). 그 때가 1984년 1월이었다.

1984년 당시의 상황은 1972년 박 대통령 시절과 유사하였다. 앞의 제4장에서 보았듯이, 14년 전에는 당시 KDI 원장이었던 김만제가 대통령을 설득하는 역할을 하였다. 14년 후의 KDI 원장은 안승철로 바뀌었지만 운명의 장난도 아닌 것이 대통령 설득 작업의 총책은 역시 김만제였다. 과거와의 차이는 이제 그의 직책이 KDI 원장에서 경제기획원 장관으로 바뀐 것이었다.

「국민복지연금법」의 실시는 처음에는 1년만 연장했던 것인데, 그것이 어느 사이 14년으로 늘어나 버린 역사를 회고할 때면 서양 동화 '잠자는 숲속의 공주(sleeping beauty)' 가 연상된다. 질투심 많은 마녀의 마법에 걸려든 공주가 몰래 물레를 만지다 손가락을 다치자 궁중의 모든 것이 깊은 잠에 빠져 버렸다. 그러던 어느 날 백마 탄 이웃나라 왕자가 잠자는 공주를 살려냈다는 이야기 말이다.

언제 깨어날지 모를 긴 잠에 빠진 국민복지연금 논의에 다시 동력을 불러일으킬 백마 탄 왕자는 대통령이었다. 그러나 박정희 대통령은 끝내 잠자는 공주를 살려볼 의사를 가지지 못한 채 사망하고 말았다. 그 뒤를 이은 전두환 대통령 역시 처음에는 백마에 오를 의지가 없었다. 그 결과 아까운 시간만 일 년, 이 년 흘러가고 있던 중 1986년 무렵 분위기 반전이 일어났다.

국민연금의 역사에서 1986년은 의미심장한 한 해였다. 그 이유는 1987년부터 시행에 들어갈 제6차 5개년계획의 준비기간이 바로 그때였기 때문이다. 더욱이 국민연금 조기 도입에 열성적이었던 KDI 초대 원장 김만제가 경제기획원 장관으로 발탁되었던 때도 1986년 1월이었다. 김 원장 밑에서 연구위원으로 일했던 사공일은 이미 대통령의 경제수석비서관으로 활동 중이었다. 이래저래 국민연금 조기 실시에 대한 대통령의 재가 가능성이 높아질 수 있는 여건들이 형성되었던 것이다.

기회를 엿보고 있던 김만제에게 드디어 장날이 찾아왔다. 1986년 4월 7일부터 4월 18일 사이에 전 대통령이 유럽 5개국을 국빈 방문하게 된 것이다. 그때 김만제 기획원 장관과 사공일 경제수석이 대통령 수행원 명단에 포함되었다. 두 사람은 전 대통령에게 미래의 경제발전과 사회발전의 균형을 이룩하기 위해 국민연금이 필수적이라는 사실을 다시 한 번 강조했다. 다행히 그것을 계기로 전 대통령은 국민연금의 조기 도입 쪽으로 마음을 굳혔다고 한다(국민연금관리공단, 1998a: 111).

내용 변화의 실패

앞에서 언급한 1984년 초 전 대통령의 강력한 반대가 있은 얼마 후 경제 · 사회적 호조건을 감지한 정부는 1984년 8월 보사부 장관을 위원장으로 하는 '국민복지연금실무위원회'를 구성하였다. 위원회의 설치 목적은 제5차 경제사회발전 5개년계획(1982~1986)에 포함되어 있던 국민연금을 실천에 옮기는 것이었다. 그러나 위원회는 별다른 성과를 내지 못하였다.

국민연금제도의 우리나라 초반(1986년까지) 역사를 보면, 제도 발전에 있어 보사부의 지도력이 좀처럼 잘 먹혀들지 않았다는 사실이 발견된다. 이는 공적연금이 우선적으로 복지 차원에서 고려되지 못하는 '경제 역설' 현상이 지속되고 있었음을 의미한다. 앞서 언급한 1984년의 위원회는 그러한 관행을 다시 한 번 확인시켜 주는 사례다.

보사부의 정책추진력이 미약했던 원인 중 하나는 권력서열상 상대적으로 강세에 있었던 기획원과 맞서야 하는 입장을 들 수 있다. 그러나 제4장에서 살펴보았듯, 기획원의 배후에는 KDI 그리고 보사부 뒤에는 사보심이라는 싱크탱크가 존재하고 있었는데, 그 두 연구기관의 위세 차이가 보사부의 열세로 이어졌던 것이다.

그런데 1970년대 중반부터는 그렇게 상대적 열세에 있던 사보심마저 쇠퇴의 길을 걷게 되었다(최천송, 1991: 134-135). 다시 말하자면, 기획원과 경쟁해야 하는 보사부로서는 자신의 싱크탱크를 강화시키지 못하고 오히려 약화시킴으로써 경쟁력을 떨어뜨리고 있었던 것이다(손준규, 1983: 150-151). 보사부와 사보심 간의 알력에 관해서는 후술하기로 한다.

1986년이 되자 국민연금 실시의 기회가 왔다고 판단한 정부가 움직이기 시작하였다. 그리하여 보사부와 기획원은 KDI에 연구 프로젝트를 발주하였다. 보사부와 기획원의 연구 의뢰를 받은 KDI는 1986년 1월 말부터 당시 부원장이었던 서상목을 팀장으로 해서 연구를 시작하였다. 그 결과는 같은 해 6월에 발표된 '국민연금제도의 기본구상과 경제사회적 파급효과' 라는 제목의 보고서였다.

1986년의 서상목 보고서가 1973년 「국민복지연금법」과 차이 나는 점들 중에 금방 눈에 띄는 것은 명칭에서 '복지' 라는 단어가 삭제되었다는 것이다. 즉, 오늘날 통용되고 있는 '국민연금' 이란 단어의 시초가 그 보고서에 의해 처음 등장하였다.

KDI 연구팀이 복지를 삭제한 논리를 한마디로 정리하면 다음과 같다. 즉, 그들이 구상했던 연금제도는 무기여 연금도 아니고 정부의 기여금도 없기 때문에 복지라는 말이 부적합하다는 것이었다(국민연금관리공단, 1998a: 96) 다시 말하자면, 국민연금의 재원조달 측면에서 보험방식을 강조하겠다는 의지가 보다 선명하게 표명된 것이었다. 그러나 바로 그 의지 때문에 우리나라에서 무기여 노령연금이 지급되는 시기가 1991년(노령수당)과 1998년(경로연금) 그리고 2008년(기초노령연금)으로 각각 늦춰지고 말았다.

1986년 보고서를 작성하면서 KDI는 선진국들이 재정불안 때문에 연금개혁의 압박을 받고 있다는 사실을 잘 알고 있었던 것으로 추정된다. 그럼에도 불구하고 보고서의 내용에는 국민연금의 장기적 재정안정과 관련된 어떤 방책도 포함되지 못했다. 그리하여 그들의 제안대로라면 2038년에 당기 적자가 발생하고 2049년에는 기금 고갈이 예상되었던 것이다(국민연금관리공단, 1998a: 98). 이 부분에 대한 보충설명은 다음 장에서 서술하기로 한다.

크게 달라진 것이 있다면, 공적연금 실시 필요성의 논리였다. 앞의 제4장에서 설명한 바와 같이, KDI는 1973년의 「국민복지연금법」 제정 시 중화학공업 육성을 위한 내자동원을 강조하였다. 그런데 이번에는 경제와 사회의 균형발전을 부각시켰던 것이다. KDI 연구팀의 복지관이 다소 변화되었음을 느낄 수 있게 하는 부분이다.

제6차 5개년계획 기간(1987~1992) 중에 국민연금을 실시하고자 했던 당시 정부의 강한 염원은 1986년 6월에 열린 '국민연금 실시 준비를 위한 관계장관회의' 에서 확인할 수 있다. 그 회의를 통해 국민연금의 실시를 위한 구체적 방안이 모습을 드러냈는데, 보험료율을 표준보수월액의 2.5%에서 시작하여 단계적으로 인상하여 2000년에는 10.0%가 되도록 한다는 것이 포함되어 있었다. 그리고 관리·운영은 별도의 연금관리공단을 설립한다는 안이었다. 여기서 주목해야 할 것은 2000년의 보험료율을 10%로 예정했던 사실인데, 이는 훗날 현실로 나타난 보험료율 '마의 10% 벽' 징크스, 즉 보험료율을 두 자리 수로 인상하지 못하는 현상과는 상반되는 것이었다.

관계장관회의 이후 일주일이 지난 시점에서 공청회가 개최되었다. 공청회에서 논의된 대표적 사항은 다음과 같다. 먼저 국민연금의 조기 실시에 대한 반대는 없었다. 그러나 보험료율과 퇴직금 조정 문제와 관련해서는 다양한 의견들이 표출되었다. 사실 보험료율과 퇴직금 조정 문제는 그때부터 23년이 지난 지금도 여전히 풀리지 않는 핵심 쟁점이 되고 있다.

몇 가지 사항에서 완전 합의에 도달하지는 못했지만 공청회를 마친 정부는 국민연금의 조기 도입에 대한 필요성을 확인하고 실행에 옮기기로 결정을 내리게 된다. 그런데 문제는 대통령으로부터 조기 실시에 대한 재가를 받는 것이었다. 왜냐하면 앞에서 보았듯이 전 대통령의 태도가 1986년 4월의 해외순방을 계기로 변화되긴 했어도 조기 실시에 대한 최종 승인을 내린 것은 아니었기 때문이다.

전 대통령의 결심은 1986년 8월 11일 하계 기자회견을 통해 국민들에게 알려졌다. '국민복지 3대 정책'(전 국민 의료보험, 최저임금제 도입, 국민연금 실시)으로 명명된 그 회견 이후 국민연금 도입 준비는 급물살을 타기 시작하였다. 그리하여 정부는 1986년 9월 29일에 기본요강을 발표하였고 이어 그다음 날에는 '국민복지연금법 개정안'을 확정하였다.

기본요강의 내용은 보사부의 내부 검토안과 KDI의 제안을 적절히 조정한 것이었다. 이후 국회는 1986년 12월에 「국민연금법」을 통과시켰다. 최초 시행 날짜는 1988년 1월 1일로 정해졌다. 그 법이 오늘날 시행되고 있는 「국민연금법」의 모태다. 1973년에 제정된 「국민복지연금법」과 비교하면, 13년 늦게 「국민연금법」으로 개명되었고 실시는 무려 14년 만에 성사되었던 것이다.

이 지점에서 제기되는 하나의 의문은 전 대통령의 태도변화에 관한 것이다. 즉, 어떤 이유로 전 대통령은 그렇게도 완강하게 반대하던 국민연금을 실시하는 쪽으로 돌아서게 되었는가? 이에 대한 대답은 갑자기 그가 국민의 노후복지를 걱정하게 되는 등의 복지적 고려에서 나왔다는 것이 아니라는 데 있다. 진짜 이유는 당시 고조되고 있던 노동운동의 기세를 누그러뜨리기 위한 정치적 동기라는 것이다(양재진 외, 2008: 128-129).

여기서 반드시 짚고 넘어가야 할 것은 전 대통령의 정치적 동기와 같은 것이 국민연금제도 발전 과정에서 심심찮게 끼어든다는 점이다. 그러한 현상을 이 책은 '정치 역설'이라 명명하였다. 모든 역설이 다 그렇듯이 이로운 역설도 있고 해로운 역설도 있는데, 전 대통령과 연관된 '정치 역설'은 국민연금 발전을 위해 도움이 되었던 '정치 역설'에 속한다.

중요한 논점은 두 명의 대통령들, 즉 박 대통령과 전 대통령이 각각 공적연금을 보는 시각이 사회복지에서 출발한 것이 아니라 경제적 혹은 정치적 계산에서였다는 사실이다. 대통령중심제 정치체제에서 대통령의 복지관에 따라 수백만 혹은 수천만 국민들의 복지 운명이 판가름난다는 점은 어쩔 수 없다고 볼 수 있다. 그러나 더욱 중요한 교훈은 국민연금의 시발 동기가 국민의 노후복지보다 다른 어떤 것이었다는 점이다.

사보심 연구실의 쇠락

국민연금의 조기 실시를 위한 준비 작업이 KDI와 기획원의 주도로 명맥을 이어 가고 있던 차에 사보심 연구실과 보사부는 각기 별도의 정책 채널을 통해 조기 실시를 암중모색하고 있었다. 그러나 영향력 측면에서 처음부터 열세에 있던 사보심과 보사부는 1974년 이후 시간이 경과할수록 더욱더 어려운 상황에 직면하게 되었다. 사보심과 보사부가 자중지란에 휩싸이게 되었고 그 결과 사보심과 보사부 양자 모두 정책영향력 측면에서 공동 패배자로 전락하였기 때문이다.

1974년 이후 계속되던 국민연금 동면기 중 사보심 연구실에서 생산된 연구 결과를 보면, 1978년의 '국민복지연금법령에 대한 재검토', 1980년의 '퇴직금제도에 관한 조사연구', 1981년의 '국민연금제도에 관한 연구' 등이 있다. 사보심 연구실은 이상과 같은 발표를 통해 국민연금의 조기 실시를 간헐적으로 요구하였다. 1984년 8월에는 앞에서 언급한 대로 '국민복지연금실무위원회'가 보사부 장관을 위원장으로 해서 가동되었기 때문에 사보심 연구실도 갑자기 바빠졌던 것이다. 그러나 구체적 성과를 내는 데는 역부족이었다.

보사부와 사보심 연구실이 일치단결했음에도 KDI와 기획원의 막강한 영향력에 대처하기 힘든 상황에서 두 기관의 협력관계가 와해되기 시작하였다. 최천송에 의하면, 정희섭 보사부 장관이 퇴임한 1972년부터 사보심 연구실의 위상은 하루아침에 독립기구에서 보사부 사회국의 일개 부속 과(課) 정도로 추락했다가 끝내 소멸되고 말았다(최천송, 1991: 134-135). 그리고 연구원의 숫자도 최대 20명에서 줄어들기 시작하여 사보심이 인구보건연구원에 합병된 1987년에는 3명만 남게 되었다.

사보심 연구실의 운명은 발족 당시부터 어느 정도 예견할 수 있었던 사항이다. 왜냐하면 그것의 법적 근거가 「사회보장에 관한 법률」과 '사회보장심의위원회' 규정이었기 때문이다. 그 규정에 의하면, 사보심 연구실은 보사부 장관을 정책적으로 돕는 일종의 자문 기능을 하는 곳이다. 따라서 장관을 가운데에 두고 사보심 연구실의 연구원들과 보사부의 실·국장들이 충성심 경쟁을 벌일 수 있는 가능성이 처음부터 열려 있었다.

이와 같은 구도에서 사보심 연구실의 연구원들과 보사부의 행정 관료들이 충돌한다면 전자의 패배는 불을 보듯 뻔하였다. 그럼에도 불구하고 1960년대와 1970년대 초반까지 사보심 연구실이 번창할 수 있었던 이유는 보사부 행정 관료들이 할 수 없었던 학술적이고 전문적인 기능을 그 연구실이 수행하였기 때문이다. 그 기능을 한마디로 요약하면 사회개발의 기획 업무였다. 그러니까 사보심 연구실의 존재가치는 사회개발 업무에 대한 보사부 관료들의 업무처리 능력이 형성되는 시점까지로 한정되어 있었던 것이다(손준규, 1983: 152-153).

사보심 연구실의 업적

돌이켜 보면, 사보심 연구실의 고락성쇠 역사는 초기 우리나라 사회보장제도 연구사에 있어 결코 지울 수 없는 중요성을 지니고 있다. 더욱이 그들이 보여 준 공헌과 기여는 우리나라 사회보장제도의 서막을 형성했다고 해도 과언이 아니다. 사보심 연구실은 불과 25년 만에 문을 닫았지만 그들의 연구 전통은 한편으로 한국보건사회연구원이 국책 연구원의 자격으로 계승하게 되었다. 또 다른 한편으로는 그들의 연구내용이 오늘날 우리나라 대학에서 사회복지학과의 학문과 연결되고 사회복지학과가 사회보장제도 연구의 중심으로 발전하게 되는 원동력이 되었다는 것이다.

사보심 연구실의 정책 공헌이 가장 빛난 부분은 1963년 12월에 제정된 「산업재해보상(산재)보험법」이었다. 「국민연금법」과는 달리 그 당시 우리나라에서 사회보장제도를 연구하는 전문적 조직은 국책 연구소, 민간 연구소는 물론이고 심지어 대학교에서도 찾아볼 수 없었다. 그러니까 사보심 연구실이 유일무이한 전문기관이었던 것이다. 그래서 우리나라 4대 사회보험(산재보험, 의료보험, 국민연금, 고용보험)의 효시가 된 「산재보험법」의 산파역은 사보심 연구실이었다(노동부, 2004: 18; 최천송, 1991: 37). 그리고 끝내 성공하지는 못했지만 법을 만들고 이어 시범사업까지 시도하였던 1963년의 「의료보험법」 역시 사보심 연구실의 작품이었다.

사보심 연구실은 처음부터 사회보장 문제를 경제적 측면보다 복지적 측면에서 접근하려고 시도했던 것으로 보인다. 국민연금제도 도입을 둘러싸고 KDI와 경쟁을 벌였던 것도 그와 같은 기본인식의 차이 때문이라고 해석된다. 사보심 연구실이 즐겨 사용했던 핵심 용어 중 '사회개발' 이란 단어가 있다. 이는 '경제개발' 이란 단어와 대비되는 것으로 사보심 연구실의 연구원들은 자신들을 '사회개발의 기수' 라고 자부했던 것 같다.

원래 사회개발이란 단어는 1960년대 초반 유엔 경제사회이사회가 개발도상국들을 향해 제인했던 용이다. 즉, 국민총생산(GNP) 성장 중심의 개발정책은 불균형적 발전 전략이기 때문에 균형을 유지하려면 사회개발도 병행해야 한다고 주장했던 것이다(손준규, 1983: 248).

그와 같은 아이디어를 우리나라에서 적극적으로 받아들인 최초의 기관이 바로 사보심이었다. 초기 사보심에는 유엔개발계획(United Nations Development Program: UNDP)이 파견한 미국인 고문관들이 배치되어 사보심의 연구를 돕고 있었다. 이들 고문관들은 당시 UNDP가 후진국의 개발을 지원할 때 주요 원칙으로 삼았던 사회개발의 필요성을 역설하고 그것을 우리나라에도 적용하도록 영향을 주었다.

사보심 연구원들은 UNDP의 지원을 통해 각종 자료를 제공받았으며 사회개발 관련 국제회의에 참석할 수도 있었다. 그런가 하면 UNDP는 사보심의 연구원들을 미국의 유명 대학으로 단기 유학을 보내기도 하였다(손준규, 1983: 251).

우리나라에서 사보심 연구실이 사회개발의 아이디어를 전파함에 있어 주동적 역할을 담당하였던 것은(손준규, 1983: 249) 사회복지학의 역사에서 큰 의미를 지닌다. 왜냐하면 국가발전이 지상의 목표라는 점에 대해 이의를 제기하는 국민은 아무도 없었겠지만 발전 방향에 대해서는 여러 가지 견해가 있었는데, 사보심 연구실은 경제개발에 맞서서 사회개발을 강조했기 때문이다.

1962년부터 시작된 경제개발 5개년계획은 UNDP가 우려하던 바로 그 GNP 성장 중심의 발전계획이었다. 한마디로 권위주의 박정희 정권이 불균형적 국가발전을 지향하고 있을 때 사보심은 UNDP의 지원을 받아 사회개발의 중요성을 강조하고 나섰던 것이다.

당시 학계는 사회개발은 차치하고 경제개발에 대해서도 특별한 기여를 할 수 있는 지식과 경험을 갖고 있지 못했다. 박 대통령이 경제개발을 위해 필요한 전문지식을 공급받기 위해 1971년에 KDI를 설립하고 핵심 연구진을 해외로부터 스카우트한 이유가 바로 거기에 있었다. 경제학과나 사회학과에서 개발이나 발전에 관한 노하우를 갖고 있음 직했으나 현실은 그렇지 못했다. 사회사업학과가 존재하고 있었으나 역시 사회개발이나 경제개발을 논할 수 있을 만큼의 실력을 갖고 있지 못하였다. 결국 그와 같은 학계의 약점을 사보심과 KDI가 보충하는 격이 되었다.

KDI에서 활약했던 연구진들이 훗날 대학으로 자리를 옮기면서 우리나라 대학에서 개발이나 발전에 관한 교육과 연구가 활성화되었다. 마찬가지로 사보심의 영향을 간접적으로 받았던 사회사업학과들이 1979년부터 서울대학교를 필두로 하나 둘씩 사회복지학과로 개명하였다. 이름만 바꾼 것이 아니라 가르치고 연구하는 내용도 달라졌다. 새로운 사회정책학이 추가되었던 것이다. 그런데 그 사회정책학의 일부가 일찍이 사보심 연구실에서 연구되고 있었다.

사회개발

사보심은 그들의 연구 결과를 『사회개발』이라는 자료집으로 발간하였는데, 1968년에 제1집이 나왔고 2집, 3집, 4집은 각각 1970년, 1973년, 1974년에 발표되었다. 돌이켜 보면, 이 네권의 책은 당시 사보심 연구실의 이념과 아이디어를 종합적으로 정리한 것이나 다름없었다. 제1집의 부제는 기본구상이었고 2~4집의 부제는 각각 장기 계획, 구상 및 시안, 부문별 사업전망으로 되어 있다.

사보심 구상의 집대성이라 할 수 있는 제4집의 '경제 · 사회 균형개발 도식'을 보면 개발의 궁극적 목적을 국민의 사회복지 향상으로 설정하였다. 궁극적 목적은 이어서 그 밑에 경제적 목적과 사회적 목적으로 세분화되었다.

사회개발은 사회적 목적을 성취하기 위한 주요 수단으로 채택되었는데, 사회개발계획의 하부에는 9개의 부문계획이 포진되었다. 9개 부문계획 중의 하나가 사회보장계획인데, 여기에는 사회보험, 공적부조, 관련 사회복지, 현물소득 프로그램 등 4개 영역이 포함되었다. 국민복지연금은 산재, 의료, 실업보험 및 가족수당 등과 함께 사회보험 영역의 세부 파트를 형성하고 있었다(손준규, 1983: 250).

앞에서 보았듯이, 사보심 연구실이 국민연금제도의 조기 도입과 관련하여 KDI에 맞서서 정책대결을 벌일 수 있었던 것은 방금 설명한 바와 같은 사회개발의 청사진을 마련하고 있었기 때문이다. 그러나 경제개발에만 몰입했던 박 대통령의 눈과 귀를 사로잡기에는 처음부터 무리였다고 판단된다.

설상가상으로 보사부 관료들과의 자리다툼은 사보심 연구실의 운명과 함께 사회개발의 인기를 쇠퇴의 길로 몰고 있었다. 결국 사보심 연구실의 존재는 1987년을 기해 역사에서 사라지고 만다. 창설된 지 25년 만의 일이었다. 그러나 그들의 사회개발과 사회보장에 대한 열정은 1980년대에 우후죽순으로 생겨난 90여 개 4년제 대학의 사회복지학과와 한국보건사회연구원(보사연, 1990년에 발족) 등의 국책 연구원들에 의해 계승되고 있다. 보사연의 국민연금 연구팀 형성에 관해서는 이 책의 제11장에서 후술하기로 한다.

1986년 「국민연금법」 제정의 의의는 국민연금제도를 1988년부터 실시할 수 있게 하는 근거를 제공하였다는 것이다. 그러나 또 다른 의미는 그 법의 제정을 계기로 우리나라 국민연금 연구진의 세대교체가 일어났다는 사실이다.

지금까지 국민연금 연구는 KDI와 사보심에 소속되어 있던 제1세대 전문가들에 의해 수행되었다. 그러나 그들의 역할은 1986년의 입법을 끝으로 막을 내리게 되었다. 물론 퇴진의 이유는 상호 대조적이었다. KDI 연구진들은 자신들이 염원하던 국민연금의 실시를 성사시켰기 때문에 명예롭게 물러날 수 있었다. 그러나 사보심의 경우에는 앞서 설명한 바와 같이 자신들이 만들었던 기구와 조직의 소멸이라는 비운을 맞게 되었던 것이다.

국민연금제도 발전과 관련하여 KDI와 함께 대표 연구기관이었던 사보심 연구실이 확대가 아닌 축소 내지 소멸의 길을 걷게 된 것은 국민연금 역사에서 비극으로 기록될 수 있는 부분이다. 그 이유는 국민연금 연구가 제도 도입이라는 결실을 눈앞에 두고 있던 바로 그 시점에서 그때까지 큰 기여를 해 왔던 기구와 연구진들이 사라졌기 때문이다.

PART_ 3

전 국민의 국민연금 가입

07

선진국이 수리하기 시작한 구식제도를 뒤늦게 도입

국민연금법의 제정

「국민복지연금법」의 명칭이 13년 만에 「국민연금법」으로 바뀌면서 내용에도 변화가 생겼다. 전술한 바와 같이, 「국민연금법」안(案)의 제도적 성격은 사보심 안에 기초한 보사부의 입장과 KDI의 자문을 받은 경제기획원의 양대 입장이 경쟁하는 양상을 띠고 있었다. 1973년과 1986년의 법을 비교하면, 관리운영 조직의 측면에서는 보사부의 주장이 채택된 반면, 다른 항목에서는 보사부가 조금씩 양보하는 방향으로 결론이 났다.

첫째, 당연적용 가입자의 대상이 종전의 30인 이상 사업장의 근로자와 사용자에서 10인 이상 규모로 확대되었다. 그리고 의사와 변호사 등 국가인정 자격취득자들이 1973년 법과 달리 당연적용을 받게 되었다. 이와 같은 조치는 13년간의 연기로 인해 가입자 비율이 그만큼 뒤처진 상황을 고려해서 가능한 한 조기에 지체된 부분을 만회하려는 의도라고 해석된다.

둘째, 급여수준, 즉 평균임금 소득자의 임금대체율(근로 시 임금 대비 연금의 백분율)이 종전의 72%에서 70%로 낮아졌다. 이를 두고 단순한 숫자 조정의 차원으로 과소평가할 수도 있지만 이미 그때부터 정책입안자들이 국민연금의 재정불안 문제를 의식하고 있었음을 생각하면 의미심장하다. 그럼에도 불구하고 대폭 인하는 아니었다.

셋째, 보험료율은 1973년의 경우 근로자 몫이 표준보수의 2~3%, 사용자 3~4%, 합계 5~7%였지만 1986년에는 3단계에 걸쳐 점진적으로 인상되는 것으로 바뀌었다. 실시 최초 5년(1988~1992)에는 근로자와 사용자 각 1.5%, 합계 3%로 출발하고 다음 5년(1993~1997) 기간 중에는 근로자와 사용자 각 2% 그리고 퇴직금 전환금 2%, 합계 6%로 인상되며 마지막 5년(1998 이후) 이후에는 근로자, 사용자, 퇴직금 전환금 각 3%, 합계 9%가 되도록 정해졌다. 종전에 비해 보험료율을 인상시킨 것 역시 국민연금의 재정 불안 문제를 의식하고 있었기 때문이라고 해석된다. 그러나 보험료율을 9%까지만 계획한 것은 보험료율 '마의 10% 벽' 징크스를 만들어 내는 선례를 남기게 되었다. 하지만 퇴직금을 점차 국민연금으로 전환하겠다는 시도는 사회보험의 현대화와 보조를 맞추는 중요한 의미를 지닌다. 왜냐하면 종합보험적 성격을 지닌 퇴직금은 현대적 사회보험이 보편화되기 이전에는 존재가치가 있었지만 국민연금, 고용보험, 산재보험, 의료보험 등 개별화된 사회보험 체계가 작동하면 중복 기능의 부작용을 유발하기 때문이다.

넷째, 소득재분배 효과의 측면에서 1986년 법이 1973년 법에 비해 강화된 모습을 띠고 있다. 종전에는 임금대체율 72% 중 균등 부분(모든 가입자의 평균임금)이 36% 그리고 소득비례 부분(개별 가입자의 기여금에 비례하는 액수)이 36%로서 전자와 후자의 비율이 1:1이었다. 그러나 1986년 법에서는 임금대체율 70% 중 균등 부분이 40% 그리고 소득비례 부분은 30%로서 그 비율이 4:3으로 변화된 것이다. 균등 부분의 상대적 비중이 늘어나면 국민연금의 소득재분배 효과는 그만큼 커진다.

다섯째, 관리운영 조직의 측면에서 종전에는 국세청이 보험료 징수 업무를 맡았지만 이번에는 보사부 장관이 임면권을 가진 국민연금관리공단이 수행하는 것으로 바뀌었다. 이는 장기간 지속되어 온 경제기획원과 보사부 사이의 국민연금에 대한 관할권 경쟁에서 보사부 주장의 반영도가 한층 강화되었다는 증거다.

여섯째, 국민연금 기금의 관리 및 운용에 관한 규정이 신설되었다. 1973년 법에는 기금의 관리 및 운용에 관한 세부 규정이 없었다. 그러나 1986년 법에서는 기금의 관리 및 운용은 보사부 장관이 하고 기금 운용에 관한 중요 사항을 심의·의결하는 '국민연금기금운용위원회'의 위원장은 기획원 장관이 맡도록 하였다. 이는 기금의 관리 및 운용 과정을 보다 투명하게 하려는 최초의 시도였다고 볼 수 있다.

이와 같이 신법에서는 구법에 비해 변화된 부분들이 눈에 띈다. 특히 보험료율 측면에서 퇴직금을 점차 국민연금으로 전환하는 조치는 노·사·정의 사회적 합의 수준을 한 단계 향상시켰다는 점 외에도 국민연금의 급여수준을 인상시켰다는 점에서 발전이라고 평가된다. 그럼에도 전체적으로 보면 신법 역시 구법의 기조를 크게 벗어나지는 못하였다. 특히 국민연금 기금의 관리 및 운용에 관한 규정의 신설은 추가 설명이 필요할 만큼 중요한 부분이다.

1973년 법은 정부가 적립기금을 중화학공업 육성에 필요한 내자동원에 활용할 의도가 있었기 때문에 기금의 관리 및 운용에 관한 세부 규정을 따로 만들 필요가 없었다. 다시 말하자면, '경제 역설'을 공공연하게 인정하듯이 경제부처 중심으로 운용하겠다는 의미가 내포되어 있었다. 그러나 정책환경이 변화된 1986년 법에서는 특히 보사부와 경제기획원(기획원) 사이에 기금 부문에 관한 주도권 확보의 경쟁이 치열했기 때문에 관련법은 그만큼 복잡해진 것이다.

1973년 법과 1986년 법 모두 제2조를 보면, 국민연금사업은 보사부 장관이 관장하도록 되어 있었다. 한편, 나라 살림을 총체적으로 관장하는 기획원 장관의 입장에서 보면, 막대한 금액의 국민연금기금에 대한 관리 책임이 자신의 통제 밖에 존재한다면 문제가 아닐 수 없었다. 결국 기금 운용을 둘러싼 두 사람 간의 이해관계 충돌의 가능성이 발생하였던 것이다.

이렇게 미묘한 문제를 놓고 1986년의 법은 잠정적인 조정안을 채택하였다. 즉, 기금의 관리 및 운용은 보사부 장관이 하고(제83조) 기금 운용에 관한 중요 사항을 심의 · 의결하는 '국민연금기금운용위원회'의 위원장은 기획원 장관이 그리고 보사부 장관은 부위원장을 맡도록 타협이 이루어졌다(제84조). 그런데 그 타협은 그야말로 잠정적 타협이었기 때문에 이후에도 이해관계 충돌 현상이 종종 출현하게 된다.

1986년의 「국민연금법」 제정은 14년이나 연기되어 오던 국민연금제도를 비로소 출범시키게 하는 역사적 의미를 지닌 법이다. 그 의미 하나만으로도 그 법의 사명은 충분하다고 평가할 수 있다. 그러나 세월이 한참 지난 오늘날의 국민 눈으로 보면 아쉬운 점이 없는 것도 아니다. 예컨대, 보험료율의 점진적 인상에 있어 1998년 이후에 대해서는 왜 언급을 중단했는가? 만약 그때 매 5년마다 일정률의 조정을 예정하였다면 오늘날의 '연금개혁' 또는 '연금삭감'의 압박은 훨씬 덜할 텐데라는 아쉬움이 남는 부분이다. 특히 보험료율 인상 폭을 10% 이상 선으로 인상하지 못한 것은 큰 실수였다.

무엇보다 중요한 약점은 국민연금의 장기적 재정 전망에 대한 대비가 약했다는 것이다. 앞 장에서 이미 설명했듯, KDI가 1986년에 서상목 보고서를 제출했을 당시 그들은 선진국들이 재정불안 때문에 연금개혁을 감행하고 있다는 사실을 알고 있었다. 그리고 KDI 안대로 간다면 2038년에 당기 적자가 발생하고 2049년에는 기금 고갈이 예상되었던 것이다.

그들은 국제 정세도 알고 있었고 장기 재정추계 자료도 갖고 있었지만 왜 재정불안 문제에 대한 대비에는 소홀했는가? 이에 대한 답변은 국민연금 역사에서 나타나는 또 다른 역설과 연관되는 중요한 부분이다. 이 부분에서의 역설이란 전문가들의 행위와 연관된다.

당시 전문가들이 처해 있던 상황을 회상해 보면, 국민연금의 조기 실시

보다 더 시급한 문제는 없었다. 그런데 재정 문제를 거론하는 것이 제도의 조기 실시에는 역기능을 할 수 있다는 점이 염려될 수 있었다. 더욱이 1973년의 「국민복지연금법」이 장기간 연기되고 있었기 때문에 설사 재정 안정의 문제가 해결되지 않았다 하더라도 조기 실시보다 우선시될 수는 없었던 것이다.

다시 말하자면, 당시의 전문가들은 일단 제도를 실시하는 데 총력을 기울이고 있었기 때문에 재정 문제는 차후 문제로 이월시켰다는 해석이 가능하다. 여하간 정책 전문가들이 정책 활동을 전개함에 있어 자신이 선호하는 방향에 유리한 정보는 적극적으로 생산하고 배포하며 옹호하지만 불리한 정보에 대해서는 은폐, 폄하 및 변명의 태도를 취한다는 것이다. 그 결과 전문가들의 국민연금 논의가 표면적으로는 전문성을 내세우지만 그 내면에는 자신의 선호 또는 이해관계를 관철시키려는 역설적 상황으로 둔갑될 수 있다. 그런 현상을 이 책은 '전문 역설' 이라고 명명한다.

또 다른 논점은 문제 해결의 우선순위 결정과 두 가지 이상의 문제를 동시에 해결할 수 있느냐에 대한 판단과 연관된다. 예컨대, 1986년 「국민연금법」 제정 당시의 상황을 회상해 보자. 국민연금의 조기 실시 목표와 국민연금 재정의 안정화 목표 모두를 동시에 추구할 수 있는 가능성에 대한 평가는 전문가들 사이에 의견이 일치되지 않을 수 있었다.

더욱이 두 가지 목표 중에서 하나를 선택하는 것이 불가피하다면 어느 것을 택해야 하는가의 문제에 대해서도 이견이 있을 수 있었다. 이와 같은 난처한 상황에서 내려진 어떤 결정을 세월이 흐른 후에 다른 잣대를 사용하면서 재평가하는 것 자체가 역설일 수 있다. 전문가들이 직면하는 역설적 상황에 대해서는 이 정도로 마치고 지금부터는 당시의 국민연금이 처해 있던 국제 정세를 살펴본다.

국제기구의 연금연구

국민연금과 같은 사회보험제도에 영향을 미친 양대 국제기구는 국제노동기구(ILO)와 세계은행(WB)이다. 시기적으로 보면 ILO는 제2차 세계대전 이전부터 사회보험을 최선의 사회보장 방법으로 채택하고 이의 실천을 회원국들에게 강력히 요구하고 있었다. 1945년에 종전이 되고 곧이어 나타난 서방 선진국들에서의 '복지국가 선풍'은 ILO의 입장과 궤를 같이하였다. 그 결과 사회보험 방식, 즉 보험료를 납부하는 대신 연금수급권을 획득하는 방식의 공적연금이 여러 나라들로 확산되었다.

그러한 확산 과정에서 ILO는 사회보험과 관련된 여러 가지 국제규약 또는 지침을 회원국들에게 배포하였다. 그중 1952년 총회에서 채택된 「사회보장의 최저기준에 관한 조약」은 사회보장제도 역사에서 손꼽히는 대표작이다. 그러니까 1970년대 초반까지 인기가 높았던 '복지국가' 건설에 있어 ILO는 일등공신이었다. 왜냐하면 복지국가의 핵심은 역시 전 국민을 대상으로 하는 공적연금이라고 말해도 과언이 아니기 때문이다.

그러나 공적연금이 본격적으로 실시된 지 한 세대가 지난 1970년대 초반부터 문제가 불거지기 시작하였다. 다름이 아니라 연금재정의 불안정이었다. 복지국가에서 채택된 공적연금의 산식이 하나같이 너무 관대(적게 내고 많이 받음)하다 보니 연금기금의 고갈이 눈앞에 닥쳐왔던 것이다.

국민연금은 국가가 국민을 상대로 한 약속이었기 때문에 기금이 부족해지자 선진국들은 일차적으로 세금을 걷어서 부족분을 보충하였다. 그 결과 소요 국가재정이 눈덩이처럼 불어났고 급기야는 국가재정의 위기가 초래되었다. 그리하여 1981년에 칠레는 공적연금을 민영화시키는 방향의 급진적 연금개혁을 단행하였고 영국은 1986년에 대폭적인 연금 구조조정을 단행하였다.

국가재정의 위기, 즉 국가부채의 증가 현상이 세계경제의 발목을 잡게 될 것이라는 우려가 세계은행을 긴장시키기 시작하였다. 그로 인해 세계은행이 공적연금 문제에 대한 개입을 개시한 것은 ILO보다 훨씬 뒤의 일이다. 그리고 그 동기는 세계경제 위기였기 때문에 노동자의 복지 증진을 염두에 두었던 ILO와는 근본 입장부터 달랐다.

세계은행의 연금개혁 활동은 1984~2004년까지 20년에 걸쳐 본격적으로 이루어졌다. 이 기간 중에 관련된 국가는 모두 68개국(한국 포함)이었으며 연금개혁을 위해 세계은행이 제공한 차관의 수는 204개였다(World Bank, 2005: 8). 특히 세계은행은 자체 예산으로 연금개혁에 관한 연구사업을 장기간 지속하였고 연구 결과는 여러 나라에 배포되었다. 수많은 보고서가 나왔는데, 그중에서도 1994년에 발간된 『노년위기의 회피(*Averting the Old Age Crisis*)』가 가장 유명하다.

이와 같이 국민연금에 연관된 대표적 국제기구는 ILO와 세계은행이었는데, 전자가 주로 국민연금 도입에 영향을 미쳤다면, 후자는 연금개혁에 도움을 주었다. 그렇다면 우리나라에서 1973년과 1986년에 각각 「국민복지연금법」과 「국민연금법」이 제정될 당시 ILO와 세계은행의 협조 상황이 어떠했는지 궁금해진다.

우리나라와 ILO의 직접적 교류가 시작된 것은 1990년대다. 대한민국이 UN에 가입한 시점이 1991년 9월 17일이었고 이어서 ILO 회원국이 된 것은 1991년 12월 9일이었다. 따라서 1973년과 1986년 당시에는 ILO로부터 직접적 영향을 받을 수 있는 상황이 아니었다. 그러나 간접적 도움까지 받지 못했던 것은 아니다.

최천송에 의하면, 앞의 제6장에서 소개한 바 있는 사보심 연구실의 연구원들이 사회보장 및 사회개발계획을 수립하면서 참고하였던 선행 연구물들 중에는 ILO와 UN이 작성하였던 각종 보고서들이 포함되어 있었다(최천송, 1977: 59-96). 그러나 1986년의 「국민연금법」 제정 시 사보심의 위상은 땅에 떨어져 있었기 때문에 정책 영향을 논할 수 있는 처지가 아니었다. 반면 사보심의 영향을 받은 보사부 관료들이 「국민연금법」 제정을 위한 실무준비반을 통해 ILO의 입장을 어느 정도 대변하였을 것으로 추정된다.

초기 국민연금제도의 싱크탱크가 사보심과 KDI였다는 사실은 제4장에서 설명하였다. 양대 연구소 중 사보심이 1973년의 「국민복지연금법」 제정 시 ILO의 영향을 간접적으로 받았다면 KDI의 사정은 어떠했는가? 지금까지 알려진 국민연금 관련 KDI 자료에 의하면, KDI가 「국민복지연금법」과 1986년의 「국민연금법」 제정에 각각 관여하면서 ILO나 세계은행 어느 곳에도 자문을 요청한 흔적은 보이지 않는다.

그렇다면 KDI는 누구와 의논했는가? 이 질문에 대한 답은 제4장에서 잠깐 설명했다시피 미국의 대학과 사회보장청이었다. KDI가 1973년의 「국민복지연금법」을 준비하기 위해 1972년에 미국을 방문하여 관련 학자들의 자문을 받았고 당시 미국 사회보장청의 피셔(Paul Fisher)를 일시적으로 초빙하여 KDI 사회보장연구팀의 자문역으로 임명하였던 것이다(국민연금공단, 2008: 37-38).

KDI가 「국민복지연금법」을 준비하면서 미국의 도움을 받았다면 1986년의 「국민연금법」 준비 시에도 외국 기관의 도움을 받았는가? 이에 대한 답은 부정적이다. 다시 말하자면, 외국의 특별한 자문 없이 준비한 것으로 보인다. 즉, 1986년의 KDI는 정책 과정에서 우리가 통상적으로 생각할 수 있는 정도, 예컨대 문헌이나 국제회의 참석을 통한 자료수집 등의 범위 내에서 활동했던 것 같다.

세계적 추세와 엇박자

1986년의 「국민연금법」 제정 시 보사부는 물론 사보심과 KDI는 이미 외국의 공적연금제도가 개혁 내지 삭감을 단행하고 있음을 충분히 알고 있었을 뿐 아니라 1986년 법대로라면 장기 재정불안이 불가피하다는 자료도 갖고 있었다. 그럼에도 재정 측면에서는 1973년의 「국민복지연금법」과 별반 차이가 없도록 입안했던 이유가 무엇인가? 이에 대한 답변을 몇 가지 방향에서 추론해 본다.

먼저 당시의 정책환경이 재정의 장기적 안정을 도모할 수 있을 만큼 충분히 열려 있었는가라는 질문을 제기할 수 있다. 알면서도 행동으로 실천할 수 없었던 이유가 존재할 수 있기 때문이다. 그렇다면 적절한 대응조치를 못하게 했던 원인이 무엇인가를 생각해 보아야 한다.

우선 떠오르는 원인은 당시의 정책 분위기라고 추론된다. '정책은 타이밍이다' 라는 말도 있고 '발 뻗을 데 보고 뻗어라' 라는 속담도 있다. 이는 모두 정책의 내용보다는 과정의 중요성을 강조하는 말들이다.

1973년 「국민복지연금법」의 실시 연기가 차일피일 늦어져 13년이나 흘러간 시점에서 국민연금 정책의 최우선 안건을 손꼽는다면 조기 실시 외의 어떤 것도 상상할 수 없었을 것이다. 당시 연금 전문가들을 심리적으로 압박했던 '국민연금의 조기 실시' 라는 명제가 얼마나 심각했는가를 말해 주는 지표가 하나 있다.

1986년 「국민연금법」이 실시되기 시작한 1988년을 기준으로 보면 우리나라는 세계에서 130번째로 공적연금을 실시한 국가에 해당된다(최균, 1995: 17). 당시 우리의 국가경제력이나 사회발전 정도에 비해 많이 뒤처져 있었던 것이다.

더욱이 전두환 대통령 역시 전임자와 마찬가지로 국민연금의 도입을 강력하게 반대하고 있는 상황이었다. 그렇다고 국민이나 언론이 국민연금의 조기 실시를 열망하는 것도 아니었다. 그러한 환경에서 재정불안 이슈를 꺼냈다가 국민연금 반대 여론에 기름을 붓는 형국이라도 발생한다면 이는 혹 떼려다 되레 혹 붙이는 격이 되고 만다. 생각이 이렇게 전개되면 아무리 용감한 전문가일지라도 감히 재정문제를 거론하기는 어려웠을 것이다.

그다음으로 상상할 수 있는 사항은 '약속위반' 에 대한 두려움이 작용했을 가능성이다. 신법의 내용이 공개되었을 때 국민들은 자연스럽게 구법과의 비교를 하게 된다. 십중팔구 국민들은, 부담은 줄어들고 혜택이 늘어나면 좋아한다. 앞에서 설명한 것처럼 보험가입자인 국민들에게는 일종의 '보험 역설' 현상이 작용하기 때문이다. 반대로 부담은 늘어나고 혜택이 줄어들면 '정부가 옛날 약속을 위반하였다.' 또는 '국민을 속였다.' 고 비판하게 된다.

1986년 「국민연금법」의 경우 보험료율은 높아지고 임금대체율은 떨어졌으니 국민의 입장에서는 1973년의 약속이 후퇴한 것으로 느껴질 수도 있다. 그런 상황에서 더 강력한 재정 안정화 조치를 취한다고 하면서 예컨대, 보험료율을 더 올리든지 임금대체율을 더 낮추는 방향의 대안을 만들었다면 '약속위반' 의 비난이 비등해질 수도 있었을 것이다. 따라서 조기 도입을 노심초사 기다리고 있던 당시의 전문가들에게 추가 조치를 요구하는 것은 무리였을 것으로 판단된다.

그다음으로 제기되는 의혹은 혹시 신법에서 국민연금의 구조를 완전히 다르게 짜 볼 수는 없었던가 가정해 보는 것이다. 보통 연금의 재정 안정화를 성취하는 방법은 크게 두 가지로 나누어진다. 첫째, 보험료율, 급여 수준, 수급개시 연령, 의무가입기간 등의 여러 가지 수치를 올리거나 내리는 방식의 소위 모수적(母數的) 개혁(parametric reform)이 있다.

둘째, 기초연금의 도입, 공 · 사연금의 파트너십 형성, 확정기여(defined contribution) 방식의 도입 등을 통해 재정불안의 근본 원인을 원천적으로 제거하려는 구조적 개혁(structural reform)이다. 문자 그대로 구조적 개혁은 제도의 골격이 달라지는 것이다.

앞서 설명한 바와 같이, 1986년의 「국민연금법」을 보면 1973년의 「국민복지연금법」에 대해 모수적 개혁을 시도한 흔적이 나타나 있다. 그렇지만 더 강한 모수 조정은 불가능할 수밖에 없는 정책 환경이 존재하였다. 그렇다면 구조적 개혁은 어떠했는가? 이 질문에 대한 답변 역시 부정적이다. 왜냐하면 순서상 몇 번의 모수적 개혁 시도가 있고 난 후에 구조적 개혁을 하는 것이 모든 국가들에서 나타나는 일반적 현상이기 때문이다.

더욱이 국민연금은 아직 시작조차 안 되고 있는 상황이었기 때문에 처음부터 구조적 개혁으로 가기는 더욱 어려웠다고 판단된다. 한편, 당시의 연금 전문가들은 구조적 개혁에 대해 과연 어느 정도로 깊게 알고 있었는가의 문제도 제기된다. 당시의 문헌들을 보면 구조개혁에 대한 연구는 충분하지 못했던 것으로 보인다.

그 당시로 볼 때 공적연금의 구조적 개혁의 대표적 사례는 앞서 소개한 1981년의 칠레와 1986년의 영국이었다. 그러나 칠레의 사례는 민영연금의 강제가입이나 개인퇴직계좌의 채택 등 너무 급진적이어서 우리 실정에는 부적합한 측면이 많았다. 한편, 영국 사례에 대한 연구는 매우 희소하였다. 그리고 1990년대 중반부터 우리나라에서도 널리 알려지기 시작한 세계은행의 소위 '다주연금(多柱年金, multi-pillar pensions)'으로의 구조개혁안은 시기상으로 훨씬 뒤의 이야기다.

이와 같은 원인들로 인해 1986년의 「국민연금법」은 재정 안정화의 측면에서 당시의 세계적 추세와는 맞지 않는 방향으로 낙착되었던 것이다. 그렇게 본다면 박정희, 전두환 두 대통령이 국민연금 발전에 부정적으로 끼친 손해는 예상보다 훨씬 더 컸다고 할 것이다. 즉, 제도의 도입 시기를 지연시키는 부작용만으로 끝난 것이 아니라 거기서 한 걸음 더 나아가 1986년의 「국민연금법」이 시대적 추세를 역행하게 만드는 원인을 제공했던 것이다.

08

필요 없다는데 강제로 가입시켜

강제가 고마운 어느 할아버지

앞의 제1장에서 소개된 바 있는 2004년 '안티 국민연금운동'과 국민연금 여론조사 이야기로 다시 돌아가 보도록 한다. 국민들의 상당수는 국민연금에 불만족하거나 아예 국민연금이 폐지되기를 원한다. 그들은 왜 국민연금을 반대하는가?

여론조사의 분석에 따르면, 제1의 원인은 국민연금의 강제성에 집중되어 있다. 다시 말하면, 자신의 노후 문제에 국가가 관여하는 것이 싫고 강제가입을 요구하는 국민연금은 더욱 혐오스럽다는 것이다. 그래서 반대하는 사람들은 국민연금도 사보험(민영보험, 상업보험) 상품과 마찬가지로 원하는 사람만 가입하는 소위 임의가입 방식으로 전환해 줄 것을 요구하고 있다.

그렇다면 정부는 국민이 그렇게도 싫어하는 강제가입을 왜 고수하고 있나? 이런 질문을 던지는 독자들이 많을 것이다. 먼저 이에 대한 답변을 하기 전에 정반대의 상황, 즉 국민연금의 강제성 때문에 큰 혜택을 본 어느 할아버지의 사례를 소개한다.

다음 이야기는 국민연금공단이 매년 주최하는 '연금 수기' 응모에서 1994년도 초등학교 부문에 입상한 작품 중에 나온 사례다. 그 학생이 방학이 되어 시골 할아버지댁을 찾아 즐거운 나날을 보내고 있던 중 어느 날 할아버지와 할머니가 언성을 높여 가며 말다툼을 하고 있는 장면이 소개된다. 말다툼의 주제는 할아버지가 할머니 몰래 국민연금을 꼬박꼬박 챙기고 있다는 사실이 할머니에게 발각된 것이다. 할머니는 할아버지에게 국민연금을 반씩 나누어 쓰자고 제의했지만 할아버지가 거부했기 때문에 말다툼이 시작되었다.

여기서 우리가 주목할 부분은 절반씩 나눠 갖자는 할머니의 제의에 대해 할아버지가 거부한 이유다. 할아버지의 주장은 정부가 국민연금 가입을 권장할 당시 이웃 사람들은 강제가입에 반기를 들면서 보험료를 내지 않는 쪽으로 집단행동을 벌였고 할머니도 반대파에 속했다는 것이다. 그래서 할아버지는 할머니 몰래 보험료를 납부하여 어느 날부터 국민연금을 수령하기 시작하였다. 결국 자신은 찬성하였고 할머니는 반대했던 국민연금이기 때문에 할머니는 그 돈에 관한 한 청구권이 없다는 것이 할아버지의 생각이었다.

앞의 제1장에서 지적한 바와 같이, 국민연금을 현재 수령하고 있는 수급자와 지금 보험료를 내고 있는 가입자들 사이에는 여론의 양극화 현상이 나타나고 있다. 위에 소개한 사례에서 할아버지는 할머니를 위시한 대다수 가입자들과는 달리 국민연금에 대해 긍정적 반응을 보였다. 할아버지는 젊었을 때 무슨 생각으로 국민연금에 우호적이었을까? 그 이유에 대해서는 알 길이 없지만 한 가지 확실한 사실은 할아버지는 국가의 명령을 따랐다는 것이다. 그리고 그 결과는 남이 부러워할 정도로 만족스러운 것으로 나타났다.

사실 국민연금에 대한 세대간 여론의 양극화 현상은 여전히 계속되고 있어서 웃지 못할 일들이 벌어지곤 한다. 한 예로, 젊었을 때는 보험료 내기를 거부하다가 이제 늙게 되자 "지금이라도 보험료를 일시에 완납하겠으니 국민연금 수급자로 편입시켜 줄 수 없느냐?"는 비수급자들의 문의가 심심찮게 들어오고 있다는 것이 국민연금공단 직원들의 말이다.

여하튼 사례의 할아버지도 국민연금의 강제가입을 권유받은 애초부터 국민연금의 필요성과 중요성을 인식하고 있었다고 해석하는 것은 무리가 있다. 오히려 그 자신도 그때에는 보험료를 내고 싶지 않았지만 억지로 내라고 하니까 마지못해 응했던 것인데, 세월이 흐른 뒤에 횡재로 돌아왔던 것이다. 그러니 할아버지에게 국민연금의 강제성은 한없이 고마운 일이었다. 그리하여 강제에 저항했던 할머니를 향해 자신의 결정이 마치 선견지명이라도 되는 양 은근히 과시하고 싶었던 것이다.

이 장에서는 본격적으로 국민연금의 강제성을 설명하기로 한다. 국가가 국민들에게 국민연금의 가입을 강제화시키려면 응분의 정당성 논리를 갖추고 있어야 한다. 그런데 그 논리는 다음과 같은 세 단계의 수순을 거쳐 정당성을 확보하게 된다. 첫째, 국가는 국민의 노후복지를 증진시킬 책임을 진다. 둘째, 보험방식은 노후복지 방법들 가운데 주력 무기다. 셋째, 보험방식에는 강제적인 사회보험과 자발적인 사보험(민간보험, 민영보험, 상업보험)이 있는데, 국민연금은 사회보험이어야 한다. 이상과 같은 세 가지 문제를 차례대로 살펴보기로 한다.

국민의 노후복지에 대한 국가의 책임

오늘날의 현대국가는 산업사회에 기초한 복지국가다(김상균, 1987: 56-61). 현대인은 누구나 공통적으로 질병, 노령, 실업, 장애, 사망, 출산, 장기요양 등의 사회적 위험을 경험하게 되는데, 그 과정에서 비용 문제가 수반되는 곤란을 겪는다. 그 결과 돈이 부족하기 때문에 사회적 위험에 대응하지 못하는 사람들이 대규모로 등장하게 된다.

문제는 돈 부족 현상의 책임을 전부 당사자들에게만 지울 수 없다는 것이다. 상당 부분의 원인은 현대 산업사회의 특성으로 발생한 것이기 때문이다. 그래서 현대의 선진국들은 그런 불가피한 사정을 고려하여 국가가 어느 정도까지 사회적 위험을 책임지는 복지국가로 발전한 것이다. 즉, 복지국가는 국가가 사회적 위험에 대비하기 위해 적절한 조치를 취할 의무를 지닌다.

현대국가 이전에 존재하였던 다른 형태의 국가들에서는 국가가 국민의 복지를 반드시 책임지지는 않았다. 예를 들면, 19세기의 서방국가들은 '야경국가' 라고 해서 국가의 의무를 국토방위와 법질서를 지키는 역할에만 한정시키고 나머지 기능은 자유시장에 맡겨둘 것을 권하였다. 20세기의 나치 독일과 같은 나라들은 무력 증강을 국가의 제일 책임으로 삼았다. 한편, 사회주의 국가들은 사유재산제도를 폐지하고 프롤레타리아 일당 독재만 유지하면 국민의 복지 증진은 자동적으로 보장된다고 선전하였다. 그러니까 지구상에 나타났던 국가치고 국민의 복지 증진을 국가 의무로 규정한 경우는 복지국가가 유일하다.

그렇다면 오늘날의 대한민국은 복지국가인가 아닌가? 만약 아니라면 대한민국은 복지국가를 지향하고 있는가? 이와 같은 질문이 제기될 것이다. 여기서 만약 그 질문에 대한 답이 부정적인 것이라고 한다면 다음과 같은 추가 질문이 나올 것이다. 그렇다면 대한민국은 어떤 국가인가?

혹자는 대한민국이 복지국가가 아니라고 또는 복지국가가 되어서는 안 된다고 생각할지 모른다. 대신에 대한민국은 자유방임국가, 사회주의 국가, 권위주의 국가, 무력국가 등 여러 가지 형태의 다른 대안을 주장하면서 그렇기 때문에 국민연금에 대한 국가의 의무는 성립되지 않는다고 주장할 수 있다. 그러나 이런 사람들의 수는 소수에 지나지 않는다. 반면 국민의 77.2%는 복지 정책의 부담을 국가가 책임져야 한다고 믿고 있다 (한겨레신문, 2004. 5. 17.).

21세기의 대한민국은 복지국가다(김상균, 최일섭, 최성재, 조흥식, 김혜란,

2005: 283-286). 따라서 대한민국 정부는 국민들의 사회적 위험에 대비하기 위한 적절한 조치를 취해야 하는데, 사회보장제도는 그러한 조치들을 포괄적으로 표현한 말이다. 공적연금(우리나라의 경우, 국민연금과 특수직역연금)은 여러 종류의 사회보장제도 중에 핵심 제도로서 노령, 장애, 사망과 같은 사회적 위험을 주된 공격목표로 삼고 있다. 이와 같이 국민연금제도를 실시하는 것은 국가의 의무사항이다.

그렇다면 현대의 많은 국가들은 왜 복지국가를 유지하거나 혹은 지향하고 있는가? 이에 대한 답은 반대 상황을 가정해 보면 쉽게 알 수 있다. 즉, 현대국가가 국민의 노후복지에 대해 책임을 지지 않음으로써 발생하는 문제들을 상상해 보자.

먼저 머리에 떠오르는 상황은 빈곤노인들의 행렬이다. 지금도 종묘나 탑골공원 등의 무료급식소에는 점심을 해결하지 못한 노인들이 몰려들고 있다. 그러나 불행하게도 그런 빈곤노인들의 수가 앞으로 더 늘어날 것으로 예상된다. 국민연금을 실시한 지 20년이 지난 오늘의 실정이 이 정도인데, 만약 그 제도마저 없었다면 사정은 훨씬 더 악화되었을 것이라고 추정할 수 있다.

빈곤노인들의 숫자가 늘어난다는 것 자체가 사회불안을 고조시키는 원인이 된다. 예컨대, 늘어나는 빈곤노인의 숫자에 비례하여 더 빠른 속도로 늘어나고 있는 것이 노인범죄다. 앞의 제2장에서 설명하였지만, 최근 우리나라 노인범죄는 우리가 지금 우려하고 있는 바로 그 방향으로 가고 있는 것으로 나타났다. 범죄 건수의 증가만이 문제가 아니다. 죄질이 흉포화, 악질화되는 것도 중대한 문제다.

노인이 되면 누구나 소득이 감소되거나 중단되는 경험을 하게 된다. 이때 국가의 도움이 없다면 노인 봉양의 책임은 전적으로 자식 또는 친인척 등 청장년층의 것이 된다. 한편, 오늘날의 청장년층은 자신들의 자녀 양육에도 힘이 부칠 정도로 생활비의 여유가 부족하다.

이렇게 추가 부담을 떠안게 된 청장년층들의 고달픈 생활은 노동생산성과 국제경쟁력에도 악영향을 미치게 됨으로써 국가 전체의 경제 · 사회적 손실로 이어진다. 다시 말하자면, 어느 한 세대 노인들의 빈곤 문제는 그 세대만의 문제가 아니라는 것이다. 그것은 후속세대의 문제로 이어지면서 더욱더 증폭되어 나라 전체의 흥망성쇠와 연결된다.

이처럼 노후빈곤의 가능성이 점차 높아지고 있는 현대사회의 특성은 이해가 되지만 그렇다고 개인의 노후복지 책임을 국가가 짊어져야 한다는 주장에 대해서는 쉽게 동의하지 않는 사람들이 있다. 그들은 국가 책임의 대안으로서 여러 가지를 생각할 것이다. 각자 개인의 책임이란 의견에서부터 자식 및 친인척, 민간 사회복지기관, 민영 금융회사 등이 있다. 이들 중 대부분은 최소한 개인이나 자식 및 친인척들이 노인들을 보살피는 시대는 이미 종결되었다는 사실을 인정할 것이다. 그렇다면 남은 대안은 두 가지뿐이다.

혹자는 빈곤노인의 숫자가 늘어나면 민간 차원의 복지기관이 늘어나서 그들을 도와 줄 것이라고 생각한다. 맞는 말이다. 특히 인정 많기로 유명한 한국인들을 연상하면 국가가 굳이 개입하지 않더라도 문제가 해결될 것으로 착각할 수도 있다.

문제는 민간 복지기관의 문제 해결 능력이다. 국가 책임이 없다면 민간복지 역할의 확대에 대한 압박이 늘어날 것은 분명하다. 그러나 민간복지의 증대가 날로 늘어나는 노인빈곤을 모두 해소시킬 수 없다는 데에 우리의 고민이 있다. 인류 역사에서 민간기구가 자발적으로 노인빈곤의 문제를 적절하게 처리한 경우는 없었다.

설상가상으로 노인빈곤의 해결 능력이 부족한 민간복지의 경우 여러 가지 부작용이 발생하는 것도 무시할 수 없다. 예컨대, 복지 자원의 배분에 있어 집중 현상이 나타난 결과 특정 대상이나 특정 지역에는 과잉 및 중복 혜택이 돌아가는가 하면, 다른 대상과 지역에는 결핍 현상이 발생하는 것이다. 심한 경우에는 횡령, 착복, 인권침해 등의 부정과 비리에 연루될 정도로 민간 부문의 투명성 문제가 발생하기도 한다.

또 다른 사람은 민영 금융회사들을 충분히 활용한다면 각자가 젊을 때부터 충실히 저축해서 노후빈곤을 면할 수 있다고 주장할 것이다. 사실 오늘날의 은행, 보험회사, 증권회사 등은 노후복지를 위한 연금저축, 연금보험, 연금신탁 등의 '개인연금' 상품을 쏟아내고 있다. 과연 이들 금융회사들만으로 우리의 노후복지가 보장될 수 있을까?

그렇지 않다는 답이 쉽게 나온다. 이유는 비교적 간단하다. 민간 금융회사의 존립목적 일순위는 이윤추구이기 때문이다. 노후복지는 2차적 목적에 불과해서 그들은 그들의 개인연금 상품을 구입할 수 있는 사람들에게만 관심을 보일 뿐 구매능력이 없는 사람들, 즉 저소득층의 노후 문제에 대해서는 무관심이다. 보다 구체적인 설명은 후술하기로 한다.

이쯤 되면 노인빈곤의 문제 해결, 즉 공적연금의 제공 책임은 현대국가의 몫이 될 수밖에 없다는 결론이 나온다. 덧붙여 국가가 노인빈곤의 책임을 진다는 사실은 국가가 약자를 사회에 통합시키고 국민의 단합을 증진시킨다는 인상을 국민들에게 심어 주는 부수 효과를 창출한다. 즉, '좋은 나라' 일수록 복지국가가 된다는 것이다.

보험방식과 부조방식

노인빈곤 문제 해결에 대한 책임을 국가가 져야 한다는 사실을 인정한다면, 다음 단계의 질문은 해결방법에 집중된다. 왜냐하면 노인빈곤을 해결함에 있어 국가가 동원할 수 있는 방법에는 여러 가지가 있기 때문이다. 이 중 대표적인 두 가지는 보험(insurance)연금과 부조(assistance)연금이다.

보험방식에서는 가입자가 평소에 미리 일정액의 보험료(contribution 또는 premium)를 납입하였다가 예견된 위험(사망, 장애, 소득중단 등)이 발생하면 연금으로 돌려받게 된다. 인류 역사에서 최초의 보험제도는 로마시대의 이집트 원정군인을 상대로 한 군인연금으로 알려져 있다.

이후 각종 손해보험 및 생명보험 상품들이 개발되는 등 상업적 성격의 민영보험 혹은 사보험이 발달하였다. 이런 보험방식을 국가 책임의 사회보장제도에 도입하기 시작한 것은 1883년의 독일 수상 비스마르크(Bismark)였지만 우리는 1960년에 공무원연금법을 통해 처음 실시하였다.

부조방식은 국가재정 또는 정부의 일반회계상에 일정 액수의 예산을 책정한 후 그것을 재원으로 해서 빈곤노인에게 일정 금액을 무상으로 지원한다. 누구나 쉽게 대상자가 되는 도덕적 해이를 방지하기 위해 자산조사(means test), 욕구조사(needs test), 성격조사(character test) 등을 거치게 함과 동시에 반드시 신청을 통해서만 받을 수 있다.

인류 역사상 국가 책임의 부조방식 노령연금은 1905년 영국에서 최초로 실시되었다. 우리나라의 경우는 1991년에 도입한 노령수당 그리고 1998년에 실시하였던 경로연금이 2007년 기초노령연금으로 통합된 바 있다. 기초노령연금의 수급자격을 결정하기 위해 정부는 연령(65세 이상) 제한과 함께 소득(전체 소득 순위의 70% 이하) 제한을 하고 있다. 더욱이 기초노령연금의 액수는 국민연금 가입자 평균소득의 5~10%로 한정되기 때문에 노후생활비를 충분히 보장할 수 없는 결점을 안고 있다.

노인빈곤의 해결방법이 다양하게 존재한다는 사실은 각각의 방법이 나름대로의 장점과 단점을 지니고 있기 때문이다. 더욱이 보험방식과 부조방식 사이에는 한쪽의 장점이 다른 쪽의 단점과 통하게 되는 상호 보완적 성격을 지니고 있기 때문에 양자의 공존 현상이 지속된다.

보험방식의 첫 번째 장점은 장기간에 걸친 위험분산과 사전대비가 가능하다는 것이다. 예를 들면, 어떤 사람이 30세부터 소득 활동을 시작하여 60세에 정년퇴직을 함과 동시에 보험방식의 연금을 받기 시작한다면, 최대 30년 동안 차근차근 착실하게 노후준비를 하는 셈이다.

보험방식의 장점 두 번째는 장기간 누적되는 막대한 자금을 운용함으로써 자본시장이 활성화될 수 있다는 국민경제의 효과다.

세 번째로, 보험방식의 대상자는 궁극적으로는 전체 국민인 만큼 대단위의 사회보장이 가능하다는 것이다. 이와 대조적으로 부조방식의 경우에는 아무리 많아도 전체 국민이 대상자가 될 수는 없기 때문에 사회보장의 파급 효과가 상대적으로 적다.

네 번째 장점은 재원의 대부분을 가입자들의 기여금으로 충당할 수 있기 때문에 정부는 비교적 적은 액수의 재정부담으로 사회보장을 실현할 수 있다는 것이다.

다섯 번째로, 수치심이 없이 정정당당하게 급여를 받는다는 것이다. 이는 부조방식 수급자의 경우 '가난뱅이'라는 낙인이 찍히는 것과 대조된다.

한편, 부조방식의 첫 번째 장점은 지금 당장 빈곤한 노인들을 보살필 수 있다는 것이다. 이는 장기간의 보험료 납부 이후에 비로소 수급권을 얻게 되는 보험방식의 단점과 대비되는 점이다.

두 번째 장점은 반드시 어려운 사람들에게만 급여를 지급하기 때문에 급여의 공평성이 높다는 것이다. 이 점 역시 보험방식과 대조되는데, 보험수급자의 일부는 경제적으로 궁핍하지 않지만 부조방식의 수급자는 모두가 상대적으로 가난한 사람들이다.

세 번째 장점은 방금 언급한 두 번째 장점과 연관되는 것으로서, 소득재분배 효과가 크다는 것이다. 왜냐하면 부조의 수급자는 자산조사를 거쳐 선정된 일정 수준 이하의 극빈층과 저소득자들이며 부조의 재원은 주로 중산층 이상의 고소득자가 납부한 조세이기 때문이다.

이상의 설명과 같이 국가가 노후빈곤 문제에 접근함에 있어 활용할 수 있는 방법에는 크게 보험방식과 부조방식이 있으며 각각은 나름대로의 장단점을 갖고 있다. 그런데 우리의 국민연금은 무슨 이유로 부조방식이 아닌 보험방식을 주 무기로 삼았는가? 당연한 답변은 보험방식이 부조방식보다 더 유리하다고 인식되었기 때문이라는 것이다. 지금부터 그 답변을 보다 상세하게 살펴보자.

앞서 소개한 영국은 부조연금을 먼저 실시한 후 보험연금을 뒤에 실시하였다. 대부분의 나라는 빈곤노인들을 겨냥한 특별 부조연금을 실시하지 않고 대신 일반적인 사회부조(우리의 국민기초생활보장제도에 해당) 내에서 노인빈곤 문제를 해결하는 방식을 선택하였다. 그러다가 복지국가 체제로 전환하면서 보험연금을 도입한 경우가 대부분이다.

어떤 경우라 하더라도 분명한 공통점은 산업사회 이후의 복지국가에서는 보험방식이 주 무기이며 부조방식은 보조 기능을 하고 있다는 점이다. 다시 말해, 인구 고령화가 지속되는 상황하에서는 노인빈곤의 문제를 보험방식으로 사전에 대비해야지, 그렇지 않고 부조방식으로 사후에 대비해서는 효과가 없다는 사실이다.

부조방식이 보험방식에 비교될 때 지적되는 단점은 세 가지로 요약할 수 있다.

첫째, 사회보장제도가 수급자의 인간답고 문화적인 생활수준의 보장을 목표로 하는 데 반해, 부조방식은 그보다 낮은 최저생계비만 제공한다는 것이다. 다시 말하자면, 복지국가의 목표는 최저생계비 이상의 수준을 보장해 주는 나라이기 때문에 부조방식은 부적합하다는 것이다.

이 시점에서 어떤 독자는 왜 부조방식의 급여수준을 보험방식과 같은 수준으로 더 높일 수 없느냐고 항변할지 모른다. 그러나 그것은 지속 가능한 방법이 될 수 없다. 막대한 예산이 소요되는 방법인 데 반해 납세자들의 조세저항이 거세기 때문이다. 즉, 총인구의 10~20%에 이르는 노인인구에게 인간다운 생활수준을 보장할 목적으로 고율의 세금을 거두어들인다면 찬성할 국민이 몇 명이나 될 것인가를 상상해 보면 금방 알 수 있다.

조세저항은 재원 공급자와 급여 수급자가 불일치하기 때문에 발생한다. 즉, 납세자가 낸 세금의 일부가 세금을 내지 않은 국민들의 호주머니 속으로 흘러들어간다는 느낌을 받게 되면 돈 낸 사람들은 불공정 느낌이나 피해의식을 갖게 된다. 참고로 보험방식은 자기가 낸 돈을 자기가 찾아간다는 느낌을 받기 때문에 조세저항에 해당되는 기여저항이 상대적으로 약하다.

부조방식의 두 번째 단점으로 사회보장의 효율성이 낮다는 점이 지적된다. 부조방식은 근본적으로 사후대처 방식이기 때문에 노후빈곤을 근원적으로 예방할 수 없을 뿐 아니라 까다로운 행정비(예컨대 자산조사 비용)가 들기 때문에 복지예산의 효율성도 낮아진다는 것이다. 이에 비해 보험방식은 사전대비책이며 동시에 가입자의 기여금은 많은 부분이 원천징수되므로 관리비용도 적게 든다. 결국 사회보장비의 절감 효과 측면에서 보험방식이 더 낫다는 결론이 나온다.

세 번째 단점으로 도덕적 해이의 문제가 제기된다. 보험방식의 수급자가 수급권을 획득하려면 보험료를 납부해야 한다. 그러나 부조방식에서는 자신이 빈곤하다는 사실을 입증하는 것으로 수급권을 얻게 된다. 따라서 부조방식 수급자는 그 급여를 계속 받기 위해 계속 빈곤해야만 하는 도덕적 해이의 유혹을 받게 된다. 이는 사회보장제도를 통해 자급자족의 국민을 육성하겠다는 사회보장제도의 기본목표를 역행하는 것이다.

이상과 같은 부조방식의 단점들을 염두에 둔다면 사회보장제도를 설계할 때 부조방식의 기능은 보험방식의 보조 역할 이상이 될 수 없다는 결론이 나온다. 따라서 우리나라의 노후소득보장제도가 보험방식을 주무기로 삼은 전략 자체는 정당한 것이었다.

보험방식과 부조방식의 선택 문제와 관련해서 사회정의의 문제를 제기하는 사람들이 있다. 즉, 보험방식은 당장의 빈곤노인 문제를 해결하지 못하기 때문에 우리가 1986년의 「국민연금법」을 제정하기에 앞서 부조방식의 연금에 대한 논의를 선행했어야 한다는 주장이다.

일리가 있는 지적이다. 미래의 노인빈곤을 걱정하여 「국민연금법」을 제정하면서 현존하는 노인빈곤의 문제를 도외시하였다는 것은 사회정의에 맞지 않은 이유에서다. 따라서 순서상으로 보면 1988년 「국민연금법」의 실시 무렵을 전후로 해서 부조방식의 노령연금제도를 강화시켰어야 마땅하다. 그럼에도 불구하고 재차 강조하지만, 우리나라의 노후소득보장제도가 보험방식을 주 무기로 삼은 전략 자체는 정당한 것이었다.

공적보험과 사적보험

보험방식의 연금에는 여러 종류가 있다. 우선 보험자가 국가와 같은 공공기관인가 아니면 은행, 보험회사 또는 증권회사와 같은 민영 금융회사인가에 따라 공적연금과 사적연금으로 양분된다. 우리의 국민연금은 공적연금을 대표하는 고유명사이며 사적연금은 민영연금 혹은 상업연금이라고도 부른다.

연금 가입의 강제성 유무에 따라 강제보험과 임의보험이 있다. 강제보험은 문자 그대로 특정 부류에 속한 사람들을 대상으로 보험방식의 연금에 의무적으로 가입하도록 하는 것이다. 그러나 연금 가입을 피보험자의 자유의사에 따라 결정하도록 허용하면 임의보험이 된다.

그런데 모든 국가들에서 공적보험은 강제적인 데 반해 대부분의 사적보험은 임의보험이다. 여기서 다음과 같은 질문이 등장한다. 공적보험은 왜 강제적이어야 하는가? 혹은 공적보험을 임의가입제도로 운영하면 안 되는 이유가 무엇인가?

이 질문에 대한 길리온(Colin Gillion)의 답변은 명쾌하다. 즉, 강제화하지 않으면 보험료 납부를 회피하는 사람들이 늘어난다는 것이다. 그와 같은 현상을 기여회피(contribution evasion)라고 하는데, 기여회피의 원인을 그는 다음과 같이 다섯 가지로 세분화시켰다(Gillion, 2000: 44).

첫째, 사람들은 자신의 노후빈곤 가능성에 대해 근시안적 사고방식을 가지고 있다. 그리하여 지금 당장의 보험료 납부에 대한 부담만 크게 느낀 나머지 미래에 닥칠 위험에 대한 경계심을 갖지 못한다는 것이다. 근시안적 사고의 반대는 선견지명인데, 선견지명을 가진 자는 항상 소수에 불과하다.

둘째, 사용자의 경우 자기가 채용한 피용자가 내야 할 총 보험료 중 자신의 부담금을 내고 싶지 않은 유혹에 넘어간다. 대부분의 연금보험료는 사용자와 피용자가 분담(우리나라의 경우는 반반씩 부담)하게 되어 있을 뿐 아니라 보험료 징수의 의무가 사용자에게 부과된다. 그러다 보니 사용자는 자칫 피용자를 위한 분담금을 불필요한 낭비로 생각하여 그 돈을 절약하려고 잔머리를 굴린다는 것이다.

셋째, 인플레이션이 높은 경우 몇 십 년 후의 화폐가치를 따져 보면 연금 가입이 손해로 인식된다는 것이다. 그래서 대부분의 공적연금은 사적연금과 달리 강제성을 부과하는 대신, 연금 산출 시 물가상승분을 고려한 액수를 지급하고 있다. 참고로 우리의 「국민연금법」 제51조와 제52조는 연금액의 실질가치를 보전하기 위해 이를 조정해야 할 의무를 복지부 장관에게 지우고 있다.

넷째, 일반 국민의 정부에 대한 불신이 클수록 기여회피의 가능성이 높아진다. 특히 정부나 공무원들의 부정부패가 심한 후진국에서는 기여회피가 다반사로 발생할 뿐 아니라 공권력의 약화로 이런 사고의 발생을 사전에 예방하기도 어렵다.

다섯째, 공적연금은 공공재적 성격이 있어서 도덕적 해이를 유발한다 사적연금에서는 정확하게 낸 만큼 받게 되지만 공적연금은 낸 돈과 받을 돈의 비례관계가 느슨하기 때문에 무임승차(free rider), 즉 되도록 적게 내고 많이 받으려고 하는 경향이 나타난다는 것이다.

이와 같은 이유로 해서 공적 노령연금제도를 실시하는 지구상의 모든 나라들은 하나같이 연금보험의 가입을 법률에 의해 국민의 의무로 정해 놓고 있다. 따라서 현대국가의 국민들은 4대 의무가 아니라 5대 의무를 가지게 되는 셈이다. 종전에는 국방, 납세, 교육, 근로의 의무 등 네 가지로 규정되었으나 현대의 복지국가에서는 사회보험에 가입해야 하는 의무가 첨가되어 5대 의무가 된다.

지금까지의 설명을 정리하자면, 국민연금의 강제가입이 정당화되는 단초는 국민의 노후복지에 대한 국가의 책임을 묻는 데서 시작되었다. 즉, 현대국가 체제에서 국민의 복지권을 인정한다면 반대급부로서 국가는 국민에게 국민연금에 대한 강제가입을 요구할 수 있는 권한을 갖게 된다는 논리다.

만약 국민의 복지권과 국가의 행정 의무만을 규정하고 수단 강구에 대한 권한이 없다면 복지권은 허상으로 추락하고 만다. 따라서 국민이 국가를 향해 개인의 노후복지를 책임지라고 요구한다면 국민들은 국가가 그 책임을 다하기 위해 국민연금 가입을 의무화하도록 명령하는 것에 대해 순응해야 한다. 그렇지 않으면 이 책이 주목하고 있는 국민연금 역설의 하나인 '보험 역설'이 형성되고 만다.

그럼에도 우리 사회에는 2004년의 '안티 국민연금운동'과 국민연금 여론조사에서 볼 수 있듯이, 역설적 상황을 연출하고 있는 다수의 국민이 존재하고 있다. 그들은 아직도 국민연금의 강제성 논리가 정당하지 않다고 주장한다.

그러면서 강제적인 국민연금 대신에 민영 금융회사의 연금상품을 구입하는 것이 더 낫다고 믿고 있다. 국민연금과 민영 보험상품인 개인연금을 비교하는 문제는 이 책 제10장에서 보다 자세히 다룰 것이다. 다만 여기서는 개인연금이 국민연금에 앞서서 노후소득보장의 주 무기가 될 수 없음을 간단하게 설명한다.

개인연금을 주 무기로 한다는 전제는 우리 국민의 대다수가 자발적으로 개인연금 상품을 구입한다는 것인데, 우선 이 전제가 실현되기 어렵다는 현실이 문제다. 이유는 앞에서 설명한 것처럼 노후빈곤에 대비하여 젊어서부터 자발적으로 저축하는 사람들이 많지 않다는 것이다. 더욱이 소득이 많지 않은 사람일수록 개인연금에 가입하기란 더 어렵다. 그럼에도 개인연금을 주 무기로 삼는다면 어떤 결과가 발생할까?

국민의 대다수가 노후대비를 하지 않으면 노인의 대량빈곤 현상이 발생하는 것은 불가피하다. 한편, 복지국가로서는 그런 현상을 수수방관할 수 없기 때문에 노인복지를 위해 막대한 재정을 투입해야 하며 그에 필요한 예산을 충당하기 위해 세금을 더 거두어야 한다. 간단히 요약하면, 강제적 국민연금의 폐지는 국민부담 완화라는 일시적 효과는 있을지 몰라도 결국에는 더 큰 국민 부담이라는 부메랑이 되어 돌아온다.

그러나 개인연금이 노후소득보장의 주 무기가 될 수 없는 결정적 이유는 인플레이션에 취약하다는 점이다(김태성, 김진수, 2007: 51-52). 앞에서 보았듯이, 국민연금은 연금액의 실질가치를 보전하는 장치를 갖고 있지만 개인연금은 대부분이 그렇지 못하다. 그 결과 인플레이션으로 인한 연금액의 실질가치 하락은 고스란히 개인연금 가입자들이 떠안게 된다. 그러한 민영연금의 약점을 보완해 주는 것이 공적연금이다.

09

국민연금 기금에 손대려고 악법을 만든 경제부처

국민연금 기금을 준조세로 보는 경제부처

이 책의 핵심 주장 중 하나는 우리 국민이 국민연금을 불신과 불안의 눈초리로 보고 있는 데에는 그럴 만한 이유가 있다는 것이다. 그런 이유들 중에는 인위적으로 통제하기 어려운 것들도 있지만 대부분은 인위적으로 만들어진 그래서 사전대비가 가능했던 일종의 '인재(人災)'와 연계된 것들이다.

1988년 국민연금이 시작된 이래 지금까지의 20년 역사를 보면 국민연금에 대한 국민의 만족도가 높았던 해는 찾아보기 힘들다. 대상자의 확대가 일어난 해 또는 새로운 급여가 도입되거나 급여수준의 인상이 결정되었던 해에는 인기가 올라갈 만도 하였지만 앞에서 소개된 여론조사의 결과를 보면 그렇지 않았다. 우리 국민은 국민연금의 긍정적 측면보다 부정적 측면에 대한 기억을 더 많이 머릿속에 간직하고 있는 것 같다.

불행하게도 김영삼 정부가 출범한 지 2년째였던 1994년은 국민연금의 인재가 최고조에 달했던 시기로 기록된다. 국민연금에 대한 국민 신뢰를 땅에 떨어뜨린 「공공자금관리기금법」이 시행되기 시작하였고 「조세감면규제법」이 개정되어 시행에 들어감으로써 개인연금이라는 신상품의 판매가 개시되었기 때문이다.

장기성 보험인 국민연금은 시행 초기에 막대한 기금이 누적되도록 설계되어 있었다. 예상대로 1988년에 시작된 기금의 누적액수는 1993년에 8조 4,200억 원을 능가했으며 1994년에는 12조 7,600억 원을 넘어섰다. 특히 기금관리가 주요 정치 이슈가 된 1997년의 경우, 기금은 33조 1,900억 원을 넘어설 정도로 해가 거듭될수록 급속히 쌓이고 있었는데, 그 액수는 1997년 정부 예산(일반회계) 71조 원의 40%에 맞먹는 것이었다.

정부 재정을 총괄하는 경제기획원(기획원)의 입장에서 보면, 빠르게 증가하고 있는 국민연금 기금의 적절한 관리 및 운용 문제에 신경을 쓰지 않을 수 없는 상황이었다. 왜냐하면 국민연금 기금은 일종의 국민저축과 같은 기능을 하기 때문에 기획원으로서는 막대한 자금의 흐름을 적절히 관리해야 할 필요성과 함께 경제발전을 위한 투자 효과도 고려할 필요성을 느끼게 되었던 것이다.

한국인구보건연구원(현, 한국보건사회연구원의 전신) 국민연금연구팀의 1988년도 연구보고서에서는 국민연금제도가 저축 및 노동공급에 미치는 효과를 분석하였다(한국인구보건연구원, 1988: 271-281). 이와 같이 국민의 노후소득보장을 위해 실시하는 국민연금제도지만 그 과정에서 경제운용 전반과 관련되는 연관 문제들이 제기되기 때문에 보사부와 기획원의 협조는 필수적이었다.

한편, 나라 살림을 총괄하는 기획원은 1976년 12월 22일에 「자금관리특별회계법」을 제정하여 각종 기금 및 연금의 기금을 공공자금으로 활용하기 시작하였다. 이후 1987년 12월 4일에는 「자금관리특별회계법」을 전부 개정하여 「재정투융자특별회계법」을 제정하였다. 그런 기획원이 이번에는 기금 운용의 공공성과 재정의 효율성을 증진한다는 목적으로 「기금

관리기본법」을 1991년 12월 31일 법률 제4461호로 제정했던 것이다. 이와 같은 두 법의 제정은 각각의 입법 취지를 보면 당연히 필요한 법들이다. 문제는 법 제정이 아니라 법의 관리 · 운용의 문제였다.

정부가 재정 운용을 함에 있어 활용할 수 있는 재원은 여러 가지가 있다. 예산 구조를 편성 측면에서 보면, 공공 부문은 정부 부문과 공공기관으로 양분되고 정부 부문은 다시 중앙정부와 지방정부로 구분된다.

당시 중앙정부 예산체계는 일반회계와 23개의 특별회계 및 35개에 이르는 기금으로 구성되어 있었는데, 35개 기금 중에는 국민연금 기금이 포함되어 있었다(나성린, 전영섭, 1995: 206-207). 그 결과 기금 운용에서 공공부문사업, 즉 도로, 항만, 교량 등의 사회간접자본(SOC) 투자용으로 경제부처가 빌려간 돈의 비율은 국민연금이 시작된 1988년 이후 줄곧 전체 기금의 절반 정도를 차지하였다.

국민연금이 1988년부터 시행에 들어간 이후 불과 2년 정도가 지났을 무렵부터 국민연금 기금을 정부(특히 기획원과 건설부)가 값싼 이자로 차용하는 재정투융자특별회계(재특)제도에 대한 비판의 목소리가 언론에 공개되기 시작하였다(조선일보, 1989. 12. 26.).

재특 소식이 전해지자, 국민들은 경악하고 분개할 수밖에 없었다. 그 기사에는 국민연금이 2010년에 적자를 발생시키고 2050년대에는 기금이 고갈된다고 나와 있다. 그리고 재정투융자특별회계에 편입되어 있던 기금의 43%가 정부의 빚을 갚는 데 쓰이고 있다는 내용이 추가되었다. 그러면서도 적자 발생 및 고갈 연도를 누가 추정했는가에 대한 정보는 제공되지 않았다.

문제는 정보의 진위 여부에 대해 깊은 성찰을 하는 국민들은 거의 없다는 사실이다. 따라서 그 기사를 접한 국민들은 십중팔구 정부가 국민연금의 기금을 공공자금으로 활용하고 있기 때문에 국민연금이 고갈될 것으로 믿었던 것이다.

기획원이 국민연금 기금의 국가경제에 미치는 파급 효과를 주시해야 할 책임에 대해서 이의를 제기할 사람은 아무도 없다. 그러나 국민연금 기금을 인식하는 기획원의 기본시각에는 큰 결함이 있었다. 이 책 제4장에서 설명했다시피, 1973년 「국민복지연금법」을 제정할 당시 경제 부처는 기금을 내자동원의 수단, 즉 정부의 '쌈짓돈'으로 고려한 바 있었는데, 그러한 사고방식은 세월이 지났어도 별반 달라지지 않았다.

논란의 핵심은 기금에 대한 정부의 관리능력이었다. 국민이 보기에 국민이 마련해 준 기금을 정부가 충실하게 관리한다는 인상을 준다면 하등 걱정거리가 되지 않는다. 그런데 그때까지의 정부 행태는 기금 관리의 신뢰성을 확보하지 못하고 있었던 것이다. 일례로, 「석유사업법」에 의한 석유사업 기금의 부실 관리가 사회문제로 터진 적이 있다.

1973년의 제1차 석유파동을 경험한 정부는 1977년 12월에 「석유사업법」을 개정하고 1979년 7월부터 석유사업 기금을 징수하기 시작하였다. 기금의 목적은 석유의 수급 및 가격 안정과 석유개발사업 등을 효율적으로 추진하기 위한 것이었다.

그러던 중 1990년 8월 2일에 걸프전쟁(이라크가 쿠웨이트를 침공)이 발발하였다. 국제유가가 치솟은 원인이 되었지만 동시에 석유사업 기금의 효력이 검증될 수 있는 기회도 되었던 것이다. 그때까지 조성된 석유사업 기금의 규모는 5조 원으로서 1990년 일반회계예산의 20%에 달하는 거금이었다.

그런데 어찌된 일일까? 실제로 유가완충자금으로 책정된 돈은 전체 5조 원의 1/3밖에 되지 않았다. 나머지는 다른 용도로 이미 활용된 뒤였기 때문이다. 심지어 일부 기금은 설치목적 이외의 용도로 쓰였다는 비판까지 나왔다(이기훈, 1991: 150-151). 사태가 이 정도라면 국민연금 기금을 정부가 손쉽게 활용할 수 있게 한다는 취지가 국민의 동의를 얻기 힘든 것은 명약관화였다.

혹시 국민연금 기금을 다른 용도로 쓰지는 않을는지 또는 정부가 빌려갈 때 적정 이자율을 적용할 것인지 등 갖가지 의문이 제기되었다. 특히 기금을 국공채나 수익증권 등의 금융 부문에 투자하는 것보다 3~4% 포인트 정도 낮게 빌려갈 경우 기금 수입을 감소시킴으로써 기금의 안정성을 저해할 것이 우려되었다.

그와 같은 경제부처의 '쌈짓돈' 인식에 대해 깊은 우려를 한 부처는 보사부였다. 보사부는 국민연금 기금을 미래에 지급할 연금의 '책임준비금' 성격으로 보았기 때문에 정부가 싼 이자로 빌림으로써 기금 수입금을 축나게 하면 국민들의 국민연금에 대한 불신감이 커질 것을 걱정하였던 것이다. 이와 같은 양 부처의 입장 차이는 오랜 역사의 산물이었다.

이 책 제4장에서 보았듯이, 1973년 「국민복지연금법」 제정 당시부터 복지부와 경제부처 사이에는 기금의 관리권을 두고 끊임없는 알력이 있어 왔다. 세월이 흐르면서 보사부의 국민연금 관리에 대한 전반적인 행정 장악력은 점차 강화되는 추세를 보이고 있었지만, 유독 기금 관리권에 대해서는 여전히 기획원이 주도권을 행사하는 상황이 이어지고 있었다.

그런 가운데 기획원이 「재정투융자특별회계법」과 「기금관리기본법」 외에 「공공자금관리기금법(공자법)」이라는 새로운 입법조치를 취하고 나왔다. 그렇다면 김영삼 정부는 왜 공자법을 필요로 했는가? 김영삼 정부가 공자법을 추진한 원인은 '신경제 5개년계획' 을 성공시키기 위한 재원확보의 필요성 때문이었다.

'신경제 5개년계획' 이란 1993년에 출범한 문민정부가 그 이전의 군사정부가 마련했던 '제7차 경제사회발전 5개년계획(1992-1996)' 을 폐기한 뒤 대체한 것이다. 문민정부 시작 후 약 3개월 동안 기획원 관료들이 중심이 되어 작성한 것이었고 목표연도는 1993~1997년까지 5년간이었다(경제기획원, 1993: 26).

악법(공공자금관리기금법)의 제정

'신경제 5개년계획' 의 내용에는 사회간접자본 확충, 대형공약사업 수행, 재정투융자 등의 사업이 포함되어 있었다. 그런 사업의 수행에는 막대한 재원이 필요하였지만 정부 재정이 부족하였다. 더욱이 신속한 투자를 통한 목표의 조기 달성에 몸 달았던 신정부로서는 되도록이면 국회를 거치지 않고 손쉽게 동원할 수 있는 재원을 찾고 있었던 것이다.

당시 존재하고 있던 「기금관리기본법」 제7조(기금운용계획의 국회 제출 등)에 의하면, 정부는 기금운용계획을 회계연도 개시 80일 전까지 국회에 제출해야 하고 기금관리 주체는 국회의 소관 상임위원회에 출석하여 보고하고 질의에 응답하도록 규정되어 있었다. 이렇게 정부가 기금을 활용하는 데 있어 「기금관리기본법」은 절차가 너무 복잡하고 많은 시간이 소요된다고 생각되었기 때문에 이를 회피하려는 시도가 나왔다.

그러한 노력의 결정체가 바로 1993년 12월 31일에 제정된 「공공자금관리기금법(공자법)」이다. 이 법의 제정 사실이 국민들에게 최초로 공개되기 시작한 것은 1993년 8월 12일이었다. 이 날 기획원은 정부 관리의 여유자금 전액(8조 원 상당)을 재무부 장관 결정으로 사용할 수 있도록 하는 내용의 「공공자금관리기금법」(안)을 입법예고하였다. 법안에 따르면, 각종 연기금 및 체신예금의 여유자금을 정부는 공공자금관리기금에 의무예탁하도록 규정하였다.

이어서 이틀 뒤에는 민자당과 정부의 연석 당정회의가 열렸는데, 이 자리에서 공자법 제정 노력이 확인되었다. 당에서는 김종호 정책위의장과 김중위 예결위원장 등이 참석하였고 정부에서는 이경식 부총리와 홍재형 재무장관 등이 참석하였다.

김종호 의장은 공자법의 제정으로 인해 "사회간접자본 시설 확충 등 재정투융자 재원의 안정적 조달이 가능해지고 이 기금을 정책금융 부담 재원으로 활용함으로써 금융기관의 자금 운영에 자율성이 제고되는 등의 효과가 기대된다."고 말하였다(서울신문, 1993. 8. 15.). 관심의 초점이었던 예탁자금에 대한 이율은 현행보다 높은 수익을 보장해 주는 것으로 발표되었다.

법안을 만든 재무부의 입장을 들어보면 정말 가관이다. "본격적으로 연금이 지급되는 2008년 이후 재정이 급격히 악화돼 40년 이내 연금 지급부담을 정부와 후세대가 떠맡게 되므로 미리 이 기금으로 사회간접시설투자에 주력하겠다."고 주장한 것으로 알려져 있다(조선일보, 1993. 12. 20.).

만약 그 기사가 사실이라면 이는 천인공노할 일이다. 왜냐하면 실시하기 시작한 지 채 5년이 지나기도 전에 국민연금의 적자를 기정사실화하면서 적자가 날 바에야 정부가 미리 갖다 써 버리는 것이 국가적으로 더 유리하다는 논리를 펴고 있었기 때문이다. 한마디로, 이런 논리는 국민연금제도가 가장 우려하는 패배주의의 전형이다. 온 국민이 국민연금의 재정 불안을 염려하고 있던 터에 재무부는 미리 빗잔치를 하겠다는 발상을 하고 있었던 것이다.

공자법의 제정 움직임이 알려지자, 반대 움직임이 나타나기 시작하였다. 특히 노동계는 공자법 때문에 국민연금제도의 붕괴 위험이 높다는 이유로 반발하였다. 전국사무금융 노조는 "노후생계보장을 위해 근로자의 임금과 임금후불적 성격의 사용자 부담금으로 조성된 연금기금을 국가가 주머닛돈으로 쓰려는 것은 연금제도의 취지를 무시한 처사"라고 비난하였고, 국민연금관리공단 노조는 "연금기금 운용은 가능한 한 최대의 수익을 올려 연금재정의 안전성을 확보함으로써 가입자 및 다음 세대의 부담증가를 방지하는 것이 무엇보다 중요하다."고 밝혔다(국민일보, 1993. 8. 25.).

공자법에 대한 국회 차원의 검토는 1993년도 정기국회의 국정감사에서도 거론되었다. 1993년 10월 21일에 공개된 보사부 국감자료에 의하면, 그 이전 5년간 재특예탁자금의 평균수익률이 금융 부문에 비해 3.04% 낮았다. 그리하여 발생한 기회손실액(금융 부문과 공공 부문의 금리 차이로 인한 차액)은 2,400억 원에 이르렀으며, 2000년까지 예상되는 기회손실액은

4조 6천억 원을 넘을 것으로 추산되었다(국민일보, 1993. 10. 21.). 이와 같이 반대 여론이 형성되자, 기획원과 재무부는 의무예탁 조항과 이자율 규정을 다소 완화시키는 선에서 조정을 거친 후 입법안을 1993년 9월 18일에 열렸던 경제장관회의에서 통과시키는 데 성공하였다.

정부의 입법안이 국회에 상정된 시점은 1993년 11월 23일이었다. 그러나 경제장관회의 이후에도 공자법에 대한 정부 내의 논란은 계속된 것으로 알려져 있다. 특히 보사부의 거센 항의를 받은 것 같다. 당시 보사부는 1995년부터 농어촌 주민들을 국민연금의 당연적용대상으로 늘리고 이어서 1998년에는 도시자영자들에게 확대 · 실시할 예정이었는데, 공자법은 이러한 확대 계획에 해를 끼치게 될 것으로 우려하였다.

보사부의 반대 논리에서 핵심은 공자법이 국민연금의 불신을 부채질할 것이라는 점이었다. 즉, 당시의 상황은 예후가 좋지 않았다. 앞서 시작된 노동계의 반대 움직임은 한국노총 등의 갹출료 납부거부운동의 조짐으로 이어지고 있었다. 그래서 보사부는 정부가 공자법을 통해 국민연금의 재정운용 구조를 근본적으로 변화시킬 경우 연금제도에 대한 불신 팽배로 농어민들이 연금 적용을 거부할 가능성이 크다는 견해를 밝혔다(국민일보, 1993. 11. 23.).

노동계와 보사부의 반대 의사에도 불구하고 공자법안은 1993년 12월 31일에 법률 제4677호로 국회를 통과하였다. 그러나 이 법의 제5조 제1항은 독소조항의 대표라는 낙인이 찍히게 된다. 그 내용을 보면, 제5조에서 "다음 각 호의 기금의 관리자는 그 기금 등의 설치에 관한 법률의 규정에도 불구하고 그 여유자금을 관리기금에 예탁하여야 한다."라고 규정하고 이어서 제1항에는 국민연금법에 의한 국민연금 기금을 적시하였다. 한마디로, 공자법은 국민연금법의 상위법이 된 셈이다.

공공자금관리기본법에 대한 위헌 소송

공공자금관리기본법(공자법)이 시행된 후 2년이 지날 무렵 시민운동단체인 참여연대는 이 법에 대한 위헌법률심판 제정을 헌법재판소에 제청하고 나섰다. 박원순과 이찬진 두 변호사가 대리인으로 등록된 1995년 11월 30일자 신청서에 따르면, 특정 목적으로 수탁된 연금기금을 정부가 재정자금화하는 행위는 헌법이 보장하고 있는 재산권(헌법 제23조 제1항)과 인간다운 생활을 할 권리(헌법 제34조 제1항)를 침해하기 때문에 위헌이라고 주장하였다.

제정 신청인 두 사람은 위헌 심판을 신청하기 전인 1994년 12월 5일에 유사한 이유를 들면서 대한민국에 대한 손해배상청구라는 민사소송을 서울지방법원(서울지법)에 제기한 바 있었다. 그 소송의 주요 배후인물이었던 정경배(당시 한국보건사회연구원 재직)는 그 소송을 맡았던 서울지법의 담당 판사에게 다음과 같은 진술을 했다고 한다.

즉, 경제부처가 국민연금기금의 일부를 빌려다 쓸 때 발급하는 예탁증서란 문서는 상환에 대한 책임성이 전혀 없는 종이쪽지에 불과하다는 것이다. 그리고 예탁증서의 남발로 인한 과다 차용이 발생하면 국고부담의 규모가 비대해져서 국가 재정에 큰 위협이 될 것이라는 경고가 첨가되었다. 그런데 그와 같은 경고를 접한 담당 판사는 1996년 2월 15일에 위헌제청 신청을 받아들여 공자법 제5조 제1항의 위헌 여부에 관한 심판 제청을 결정하였다. 이어 2월 28일자로 그 신청서를 헌법재판소(헌재)에 접수시켰다.

우리나라 사회복지의 역사에서 사회복지 관련법의 어떤 조항에 대한 위헌 심판을 제청한 사례는 많지 않은데, 이 신청은 오늘날까지도 그러한 희소 사례의 하나로 기록되고 있다. 더욱이 그 위헌 소송은 국민연금 기금에 대한 경제 부처의 근본 시각에 대한 사회적 경고의 계기를 마련했다는 점에서 역사적 의의가 크다고 판단된다.

우리나라에서 경제성장을 최우선 목표로 삼는 '경제개발 5개년계획'이 가동되기 시작한 해는 1962년이었다. 그리고 그러한 계획은 권위주의 정치체제하에서 30년 동안 지속되다가 김영삼 정부가 '신경제 5개년계획(1993~1997)'을 발표함으로써 막을 내렸다. 그러나 이름은 바뀌었어도 5개년계획의 '선 성장, 후 복지'의 원칙에는 변화가 없었다.

'선 성장, 후 복지'의 원칙에 의하면, 국민의 노후복지를 위해 장기간 비축하는 국민연금 기금일지라도 경제성장에 필요하다면 가급적 싼 이자로 정부가 갖다 써도 별 문제가 안 된다는 사고방식이 성립되었다. 국가행정에서 그러한 논리를 줄기차게 이용한 부처가 기획원 및 재무부를 위시한 소위 힘센 경제부처였다.

물론 보사부는 반대하였지만 자신의 주장을 관철시키기에는 역부족이었다. 그러던 상황은 권위주의 정치의 시대가 막을 내리고 문민정부가 들어서자, 변화의 조짐을 보이기 시작했다. 1990년대부터 등장한 참여연대 등의 시민운동단체들은 우리 사회의 부조리를 시정하는 데 있어 일익을 담당하였다. 그리고 위에서 소개한 참여연대의 위헌 신청은 경제부처에 대한 직접적 공격이면서 동시에 보사부를 간접적으로 도와준 사례였다.

한 번 정착된 개인의 습관이나 타성이 쉽게 바뀌지 않는 것처럼 국가의 정책이나 행정도 그러하다. 권위정부가 문민정부로 바뀌었음에도 불구하고 '선 성장, 후 복지'의 원칙은 여전히 살아 있었다. 그것을 보여 주는 좋은 사례가 공자법 위헌 소송에 대한 헌재의 결정이었다.

헌재가 결정 선고를 내린 시점은 심판 제청 접수 후 7개월이 조금 넘은 1996년 10월 4일이었다. 9명의 재판관들이 고심 끝에 내린 결론은 8:1의 다수결에 의한 '헌법에 위반되지 않는다.'로 나타났다. 그런 결정의 근거로서 헌재는 수익성만 고려한 나머지 기금의 투기자금화할 가능성을 우려하였는가 하면, 가입자들과 국가 사이에 민법상의 신뢰관계가 성립되지 않는다고 판결하였다. 한마디로, 서울지법의 판단과는 달리 헌재는 경제부처의 논리와 주장에 손을 들어 주었던 것이다.

공공자금관리기본법의 사실상 폐지

문제의 공공자금관리기본법(공자법)은 헌재의 판결이 있은 뒤 2년이 지난 1998년의 개정을 통해 2001년 말에 사실상 소멸되고 말았다. 돌이켜보면 1996년의 헌재 판결은 공자법의 생명을 최소한 2년 이상 연장시켜준 잘못된 결정이었다. 뿐만 아니라 헌재 판결에 대한 국민 신뢰의 추락이라는 오점을 남기고 말았다.

공자법이 헌재 판결을 통과한 후 김영삼 정부가 막을 내린 1997년까지 정부는 의도한 대로 국민연금 기금을 손쉽고 민첩하게 빌려다 썼다. 그 결과는 국민연금 기금 전체에서 공공부문 예탁이 차지하는 비율의 상승으로 나타났다. 공자법 시행 이전과 이후를 비교하면 그전에는 30~40% 선에서 머물던 것이 1994년부터 50%대로 높아졌던 것이다.

공자법이 헌재 판결을 통과하긴 했지만 그렇다고 반대 여론이 잦아든 것은 아니었고 다만 잠재되어 있었을 뿐이었다. 잠복하고 있던 반대가 다시 고개를 든 것은 정권교체가 계기가 되었다. 전대미문의 외환위기가 시작되고 있던 1997년 12월 19일의 제15대 대통령 선거에서 김대중 후보가 당선되었다. 당선 직후 김 당선자는 경제난국 타개를 위한 노사정협의체 구성을 노사단체에 제의하였다.

그 결과는 1998년 1월 15일의 제1기(1998. 1. 15.~1998. 2.) 노사정위원회 출범으로 나타났다. 당시의 긴박한 상황을 말해 주듯 "1기 노사정위원회는 법적 근거가 마련되지 않은 상태에서 일종의 정치적 합의기구라는 위상을 가졌다."(경제사회발전노사정위원회, 2008: 43) 그리하여 1기 노사정위원회는 출범 후 불과 20여 일이 지난 1998년 2월 6일에 이르러 90개 항목의 노사정 대타협을 성공시켰는데, 90개 항목 중에는 공자법 제5조의 삭제가 포함되어 있었다.

노사정위원회가 벌인 공자법 제5조의 폐지를 위한 보다 구체적인 노력은 1기와 달리 법적 근거(대통령령)를 가진 제2기(1998. 6. 3.~1999. 8. 31.)에서 진행되었다. 그러나 그 과정에서 경제부처의 '쌈짓돈' 인식은 문민정부가 '국민의 정부' 시대로 바뀌었지만 여전히 위력을 발휘하고 있었다.

그리하여 노사정위원회 산하의 전문위원회(1998. 8. 21.)에서 재정경제부(재경부)는 공자법의 독소조항 폐지에 대해 완강하게 저항하였다. 즉, 의무예탁규정을 폐지하면 재정융자 등 공공사업 수행이 곤란해질 뿐 아니라 국민연금 기금과 같은 대규모 여유자금이 시장을 교란하고 금리를 상승시킬 우려가 있으며 국민 조세부담을 가중시킬 것이라고 위협하였다(노사정위원회, 1998: 88). 이와 같은 재경부의 입장은 4년 전 이 법을 제정할 당시 기획원의 입장과 비교할 때 전혀 변화되지 않은 모습이었다.

한마디로 말하자면, 재경부의 타협안은 즉각 폐지가 아닌 점진적 개편이었다. 점진적 개편이란 정부가 국민연금 기금으로부터 차입하는 금액의 일정 비율을 1999년부터 국채로 차입하는 방식[1]으로 전환하여 2003년 후에는 모두 국채로 조달한다는 것이었다. 즉, 국회 동의 없이 정부 마음대로 금융 부문 이자보다 싸게 갖다 쓰는 비율을 점차 줄여 나가면서 종국에는 빌린 돈 모두를 국채 이자율로 갚겠다는 것이었다.

재경부의 '점진적 개편' 안은 이후 수차례의 협의를 거치면서 '점진적 소멸' 론으로 후퇴하였다. 노사정위원회의 본회의가 1998년 10월 31일에 통과시킨 합의안을 보면, 공자법 제5조는 존치시키되 공자기금이 국민연금기금의 여유자금으로부터 차입할 수 있는 한도를 1999년의 경우 65%, 2000년에는 40%로 하고 2001년 이후에는 더 이상 차입하지 않도록 규정하는 조항을 동법 부칙에 신설하는 것이었다.

재경부의 입장이 노사정위원회에서 이처럼 후퇴하게 된 배경에는 물론 1기 노사정위원회의 합의가 주효하였지만 세계은행(WB)이라는 외세의 압력도 한몫을 한 것으로 해석된다. 국민연금 개혁에 대한 외세의 압력은 우리 정부가 1997년 외환위기를 벗어나기 위해 국제통화기금(IMF)

---

1) 국공채 매입에는 국회의 동의가 필요하다.

으로부터 차관을 들여오면서 시작되었다.

태국 바트화의 폭락으로부터 시작된 아시아 금융위기의 쓰나미가 우리나라에 도달한 시점은 1997년 11월이었다. 정부는 1997년 11월 21일 IMF에 구제금융을 신청하였고 IMF는 같은 해 12월 3일 자금지원에 합의하였다. 그리고 두 번째의 구제금융인 20억 달러가 1998년 3월에 들어왔다. 그 돈의 공식 명칭은 구조조정차관(Structural Adjustment Loan: SAL)이었다.

IMF는 어떤 정부에게도 공짜로 그리고 무조건으로 자금제공을 하는 법이 없다. 따라서 우리가 구제금융을 받았던 1998년의 경우도 엄격한 전제조건이 붙어 있었다. 그 조건이란 다름 아닌 금융, 기업, 노동시장 등에 대한 구조조정이었다. 그리하여 세계은행(WB)은 노동시장의 구조조정과 함께 사회안전망의 개혁을 요구하였는데, 특히 국민연금의 개혁을 구조조정협약에 명기하였다(World Bank, 1998b: 29).

국민연금 개혁과 관련해서 세계은행이 우리에게 요구한 보다 구체적인 사항들에 대한 설명은 후술하기로 한다. 다만 여기서 언급할 것은 세계은행이 공자법의 문제를 잘 알고 있었고 그래서 개선 요구를 강력하게 하였다는 점이다. 당시 세계은행은 많은 나라의 공적연금이 안고 있는 재정 불안이 세계경제의 불안요인으로 작용하고 있다는 점을 강조하면서 우리 국민연금 기금에 악영향을 미치는 공자법을 문제시하였던 것이다.

세계은행의 1998년 3월 19일자 보고서를 보면, IMF의 요구에 따라 정부가 공자법상의 강제예탁제도를 점진적으로 폐지하는 것에 동의하였다는 문구가 나온다(World Bank, 1998a: 22). 외환위기로 인해 경제주권이 IMF로 넘어간 상태에서 우리 재경부가 IMF와 세계은행의 요구를 거절하기는 쉽지 않았을 것이다.

결국 공자법의 개정은 1999년 1월 29일 국회에서 통과되었다. 법률 제5696호를 보면, 독소조항이었던 제5조 제1항은 삭제되었고 신설된 부칙에는 공자기금이 국민연금기금의 여유자금으로부터 차입할 수 있는 한도를 1999년의 경우 65%로, 2000년에는 40%로 정하였다. 그리고 시행일을 공포한 날로 못 박았다. 결국 정부의 '쌈짓돈' 은 2001년부터 더 이상 존재하지 않게 되었지만 과거에 저질러 놓은 폐해는 상당 기간 지속될 수밖에 없었다.

이상의 사례를 통해 우리는 중요한 국민연금의 역설 하나를 발견하게 된다. 그것은 다름 아닌 '경제 역설' 이다. 간단히 말하자면 '경제 역설' 의 발원지는 경제기획원, 재무부, 건설부 등 소위 힘센 경제부처의 관료들이다.

이들 경제부처가 국민연금과 관련되는 부분은 주로 국민연금의 기금이다. 즉, 누적되고 있는 막대한 금액의 기금이 국가경제(저축, 금융, 투자, 고용 등)에 미칠 영향에 대해 신경을 곤두세우게 되는 것이다. 그리하여 기금 운용에 관여하게 되는데, 이 과정에서 나타나는 정책이 그들의 본의와는 다르게 혹은 의도한 바와 달리 국민연금의 발전에 해를 끼치는 결과로 이어지면 바로 '경제 역설' 이 된다.

국민연금 기금도 따지고 보면 공공자금의 성격을 띠고 있기 때문에 정부가 이 기금을 활용하려는 것 자체는 나무랄 일이 아니다. 그러나 그것은 어디까지나 확실한 정부의 책임성과 기금의 수익성을 해치지 않는 범위 내로 한정되어야 마땅하다. 그리고 그렇게 하더라도 그 돈의 주인인 가입자들의 동의를 받아야 한다.

그러나 공자법은 헌법 소원을 신청할 정도로 국민들을 불안하게 만들었다. 그 법이 시행된 7년 동안 국가 경제발전에 얼마나 큰 기여를 했는지 모르지만 국민연금에 대한 국민의 불신을 증폭시킨 손해는 돈으로 환산할 수 없을 정도로 막대한 것이었다. 그리고 그 손해의 악영향은 그 이후에도 계속되고 있다. 결국 경제부처가 마땅히 지켜야 할 활동 범위를 벗어나거나 절차를 무시할 때 '경제 역설' 이 발생하는 것이다.

10

개인연금 팔기 위해 국민연금 폄하

금융실명제의 여파와 개인연금의 개시

대부분의 독자들은 금융실명제와 국민연금 사이에 무슨 상관이 있을까 하고 의아해할 것이다. 그러나 국민연금이 금융실명제 실시의 여파로 막대한 손해를 입게 된 이야기는 실화다. 그 사실을 쉽사리 이해하지 못하는 사람들은 먼저 개인연금과 국민연금 간의 관계를 알아야 할 것이다. 이 책의 제8장에서 이미 설명했듯, 양자는 국민의 노후소득보장에 공헌한다는 공통의 목적을 갖고 있다. 그러나 양자 간의 관계는 사이좋은 상호보완관계를 유지할 수도 있고 적대적인 상호 대체관계에 놓일 수도 있다.

양자의 관계가 어떤 형태로 낙착되는가의 문제는 정책 결정 차원의 문제다. 그래서 그 부분에 대한 추가 설명을 할 필요가 있다. 노후소득보장을 위한 연금제도의 하나인 보험방식의 연금에는 보험자가 누구인가에 따라 공적연금과 사적연금이 있다. 공적연금의 대표주자가 국민연금이라면 사적연금에서는 개인연금이 대표선수다.

이와 같이 두 종류의 연금이 존재하는 근본 이유는 어느 하나만으로 노후소득보장이 완성되지 않기 때문이다. 그런데 비교의 습성을 지닌 인간들은 두 종류의 연금 중 어느 것이 더 나은가 하고 무리하게 비교를 하기 시작한다. 문제는 그와 같은 비교가 성립되지 않는데도 말이다. 왜냐하면 공적연금과 사적연금은 존재 이유와 목적 그리고 운영방식 등 여러 측면에서 서로 다르기 때문이다. 명칭에서 연금을 공유하고 있다고 해서 양자가 같은 것으로 생각하면 큰 오해를 불러일으키게 된다. 이는 마치 붕어와 붕어빵을 비교하는 어리석은 짓과 마찬가지다.

그럼에도 우리나라에서는 불행하게도 1994년에 개인연금이 도입되면서 양자 간에 불필요한 경쟁과 알력이 불거져 나오고 말았다. 근본 이유는 말도 안 되는 비교를 했기 때문이다. 그것도 하필이면 최악의 비교인 제도의 지속 가능성과 수익률 비교를 했던 것이다.

우선 지속 가능성을 말하자면, 국민연금과 개인연금은 공히 국가가 보장하고 있기 때문에 제도의 존폐 측면에서 차이가 없다. 그렇다면 수익률은 어떤가? 이에 대한 답은 엄격한 의미에서 단순비교를 할 수 없다는 것이 정답이다. 왜냐하면 위에서 언급하였듯이 두 제도는 운영방식과 존재목적이 서로 다르기 때문이다. 좀 더 자세히 설명하면 다음과 같다.

국민연금은 확정급여 방식을 채택하였기 때문에 연금액은 급여산식에 따라 결정되지만, 개인연금의 대부분은 확정기여 방식이어서 금리연동 또는 실적배당에 의해 연금액이 결정되는 것이 원칙이다. 또한 국민연금은 소득재분배 기능이 있어 고소득 계층일수록 수익률이 낮아지지만 개인연금은 소득에 상관없이 공식이율에 의해 수익률이 결정된다.

그런 사정임에도 불구하고 견강부회하면서 내 것이 다른 것보다 낫다고 우겨대는 시절이 있었다. 특히 개인연금이 국민연금보다 더 유리하다는 주장이 난무한 적이 있었다. 그러나 지금 와서 보면 실상은 전혀 딴판이다. 전국은행연합회 자료에 의하면, 은행상품인 개인연금 신탁의 최근 3년간 수익률이 대략 3~4%대를 유지하고 있는 것으로 기록되고 있다. 정기

예금 이자율과 별 차이가 없다 보니 금융상품으로서의 인기는 바닥이다.

이와 같은 현상에 대해 신종욱은 "개인연금은 돈의 가치 측면(현재 가치)에서는 투자상의 매력이 거의 없는 상품이다. 비용을 고려하는 경우 대부분 자기가 낸 돈에 비해서 적은 돈을 받게 되기 때문이다."라고 설명한다. 이어서 그는 개인연금의 기능은 무엇보다도 장수 위험을 대비해 주는 데 있다고 주장하면서 개인연금은 세제혜택이 있는 상품이기 때문에 적절히 운용하면 높은 세후수익률을 얻을 수 있는 이점이 있다고 지적하였다(신종욱, 2006: 244). 그의 설명을 들으면 국민연금과 개인연금은 별개의 것임과 동시에 서로 기능이 다르기 때문에 직접적 비교는 성립되지 않는다는 사실을 확인할 수 있다.

우리나라에서 개인연금의 시작은 금융실명제의 실시 때문이라고 해도 과언이 아니다. 왜냐하면 금융실명제 실시로 인한 국민저축 감소를 방지하기 위해 개인연금의 도입 필요성이 역설되었기 때문이다. 개인연금이 새로 도입되자, 개인연금을 판매하는 금융회사들이 판매 전략의 일환으로 국민연금의 문제점들을 침소봉대하면서 국민연금을 악선전하기 시작했다. 그러니까 금융실명제 실시가 개인연금 판매를 촉발시켰고 개인연금 시판 과정에서 국민연금이 형편없이 매도되었다. 지금은 금융회사들이 더 이상 그런 우를 범하지 않고 있지만 15년 전의 행패가 남긴 뼈아픈 상처는 아직도 곳곳에 남아 있다. 그와 같은 일련의 과정을 알아보자.

앞 장에서 보았듯이, 김영삼 대통령의 '문민정부'는 '신경제'의 건설을 목표로 새로운 경제 운용의 틀을 마련하고자 노력하였다. 그리고 '신경제'의 건설은 제도개혁과 의식개혁을 통해 달성된다고 믿고 있었다. 그러던 중 1993년 8월 12일에 「금융실명거래 및 비밀보장에 관한 대통령의 긴급명령」이 발동되었다.

우리나라에서 금융실명제는 그전에도 수없이 논의되었고 또한 입법까지 된 적이 있었다. 그러나 시행에는 이르지 못하였는데, 그것을 문민정부가 전격적으로 실천에 옮겼던 것이다. 문제는 어떤 훌륭한 제도라도 그것의 약점이 있고 또 부작용이 존재한다는 사실이다. 그래서 금융실명제의 경우에도 여러 가지 반대 논리들이 제기되고 있었다(국민경제연구소, 1993: 38-43). 그중의 하나가 국민저축 감소의 우려였다.

'국민저축 감소' 론의 논리는 비교적 단순하다. 금융실명제가 실시되기 전에는 거액의 뭉칫돈들이 가명이나 차명으로 금융회사들에 예치되었지만 이제 그런 방식의 저축은 더 이상 불가능해졌다는 것이다. 그렇게 되면 금융회사들의 장사가 위축되고 나아가 우리나라 금융산업의 발전은 큰 타격을 받게 될 것이라는 우려로 이어졌다.

금융산업 위축의 우려는 세계무역기구(WTO) 출범과 관련하여 당시 협상이 진행 중이던 우루과이 라운드(UR)와 연계되기도 하였다. 즉, 당시 상황은 1986년 우루과이에서 합의된 대로 새로운 교역 라운드를 시작한 후 협상 타결의 가능성이 높아지고 있던 시점이었다. 그런데 WTO 체제가 가동되면(실제로는 1995년부터 발효되었음) 우리의 금융시장이 외국에 개방될 수밖에 없는데, 우리 금융회사들의 국제경쟁력이 상대적으로 허약하기 때문에 무한경쟁에서 살아남기 힘들 것이라는 예상이었다.

불투명한 미래에 대한 대비에 고민하고 있던 금융회사들은 자신들의 입지를 강화시킬 수 있는 호기를 금융실명제 실시에서 찾게 되었다. 그리하여 금융실명제 실시와 함께 우리 금융회사들의 덩치를 키울 수 있는 보완조치가 필수적이라는 주장을 폈고 그런 주장은 설득력을 얻게 되었다.

금융회사들의 외형을 키우는 방법 중의 하나는 신상품 판매를 통해 매출을 늘리는 것이었다. 신상품도 단순 차원의 새로운 상품이 아니라 거기에는 반드시 세제혜택이 들어 있어야 한다. 그것이 있으면 상품가치가 그만큼 높아져서 잘 팔리기 때문이었다. 바로 그 점 때문에 금융회사들은 정부의 협조가 필요했다.

당시 금융회사들의 신상품 목록에서 제1순위는 개인연금이었다. 왜냐하면 인구변화의 동향을 볼 때 정부 차원의 노령화 대책이 논의되기 시작하는 것과 때를 같이하면서 금융회사들도 인구 고령화에 대비한 신상품

개발에 열중하고 있었기 때문이다. 개인연금은 이미 우리보다 앞서 고령화 사회에 도달했던 선진국에서 보편화되고 있던 상품이었기에 기술적인 측면에서 도입에는 별 어려움이 없었다.

금융회사들과 재무부 사이에 개인연금 도입 협의가 어느 정도 결론에 이른 시점이 1994년 1월이었다. 1994년 1월 25일자 석간에는 그날 재무부가 발표한 '개인연금제도 도입방안'에 관한 기사가 보도되었다(국민일보, 1994. 1. 25.).

개인연금은 은행의 개인연금신탁과 보험회사의 개인연금보험 두 종류이며 만 20세 이상의 국내 거주자는 누구나 가입할 수 있게 되어 있었다. 자유적립식으로 월 1만 원 이상 불입 가능하며 최소 120만 원 이상의 누적 저축액이 되어야 한다. 세제 혜택을 보면, 연간 최고 72만 원 한도 내에서 불입액의 40%를 소득공제해 주고 일시금이 아닌 연금 형식으로 지급받으면 이자나 보험차익에 대해 소득세가 면제되도록 설계되었다.

이후 재무부의 계획은 봄에 열릴 임시국회에서 「조세감면규제법」 개정안을 제출한 뒤 통과되는 대로 시행에 들어간다는 것이었다. 따라서 이르면 1994년 3월부터 신상품의 시판이 가능한 것으로 예상되었다.

국회 재무위원회의 1994년 2월 25일자 회의록을 보면 당시 홍재형 재무부 장관은 「조세감면규제법」 개정의 정부 측 제안이유를 "노후생활안정을 위한 사회보장적 기능을 확충함으로써 노령화 사회에 대비하고 장기저축을 유도함으로써 금융기관의 저축 기반을 넓히기 위해 ……"라고 설명하였다. 이어서 상임위원회의 강만수 전문위원은 검토 보고 내용에서 "…… 금융실명제 실시 이후 제도금융권으로부터의 자금이탈을 방지하고 금융기관의 안정적 장기자금 운용을 도모할 필요성 ……"을 언급함으로써 개인연금제도와 금융실명제가 밀접히 연계되어 있음을 확인하였다.

개인연금제도를 둘러싼 부처 간 경쟁에서 소외된 보사부

「조세감면규제법」의 개정은 1994년 3월 24일에 통과되었다. 그러나 1994년 3월부터 시판에 들어간다는 재무부의 당초 목표는 정부부처의 '밥그릇 싸움' 으로 인해 차일피일 지연되고 있었다. 동법의 시행령과 시행규칙의 개정작업이 난관에 부닥쳤기 때문이다.

그 싸움의 자초지종은 다음과 같다. 재무부는 개인연금 취급기관을 당초 은행, 보험사, 투신사로 한정하였다. 이유는 민간과 경합하는 사업에 정부가 새로 진입하는 것은 바람직하지 않다는 것이었다. 그러나 체신부, 농림수산부, 과기처(유관 조직은 엔지니어링 공제조합)는 우체국과 농·수·축협, 공제조합과 같은 기관에서도 취급할 수 있게 확대해야 한다고 주장하였다. 결국 결론은 확대 쪽으로 내려졌다.

앞에서 설명한 바와 같이, 재무부의 개인연금제도 도입 구상의 배경에는 실명제 실시 이후의 저축을 유인한다는 목적과 공적연금의 기능을 보완한다는 이중 목적이 있었다. 그러나 연간 3~5조 원의 새로운 금융시장이 형성될 것이라는 예상이 나오면서 개인연금은 순식간에 '황금알을 낳는 신상품' 으로 인식되기 시작하였다. 각종 금융회사들이 그런 호기를 놓칠 리 없었던 것이다.

언론에서는 개인연금의 노후보장 성격을 강조하면서 '밥그릇 싸움' 에 여념이 없는 정부의 태도를 비난하였다. 언론의 눈에 비친 정부는 개인연금을 마치 금융회사들의 이권사업 정도로 생각하는 몰상식과 비도덕성의 원조처럼 보였던 것이다.

언론의 이와 같은 비난에도 불구하고 개인연금제도의 도입이 국민연금 발전을 저해할 것이라고 분석한 경우는 전무하였다. 언론의 기사나 사설을 보면, 개인연금은 좋은 제도이기 때문에 하루 빨리 실시되어야 한다는 쪽으로 의견이 기울고 있었다.

기껏 신중을 요구한 경우에도 "가입자는 개인연금에 대해 충분히 숙지할 필요가 있다." "어느 기관이 하는 상품을 선택할 것인가에 대해 각별히 유의해야 한다." "금융기관들은 과당경쟁을 지양해야 한다."(이상은 한국일보, 1994. 6. 18. 사설) 정도로 그쳤다. 한마디로, 가입자와 금융회사들의 신중을 요구하였지 정부의 신중을 요구한 것은 아니었다.

더욱 놀라운 사실은 재무부가 체신부, 농림수산부, 과기처 등과 '밥그릇 싸움'을 벌이고 있는 동안 복지부는 미동도 하지 않았다는 것이다. 당시 복지부는 국민연금의 농·어촌지역 확대를 준비하고 있었다. 그런 상황에서 만약 개인연금이라는 신상품이 시판되고 더욱이 금융회사들 사이에 치열한 유치경쟁이 벌어진다면 국민연금에는 어떤 악영향이 미칠 것인가에 대해 고민했어야 한다.

개인연금이 국민연금을 훼방하는 최악의 상황을 가상하면 다음과 같은 시나리오가 작성될 수 있다. 농·어촌지역 확대를 준비하고 있던 보사부가 본격적인 홍보활동에 들어가기도 전에 개인연금을 판매하는 금융회사, 특히 생명보험 설계사들이 전국의 농·어촌을 가가호호 방문하게 된다. 그들은 우선 개인연금이 농·어민의 노후소득을 보장하는 최선의 방법이라고 선전하면서 구입할 것을 졸라댈 것이다.

노후소득보장에 대해 사전지식이 많지 않은 사람 몇몇은 선뜻 개인연금 가입을 결정할 것이다. 이렇게 개인연금 상품을 구입한 사람들이 앞으로 겪게 될 고민에 대해서는 후술하기로 하겠다. 대신 상품 구입을 망설이는 사람들을 고려해 보자. 그들 중에 혹시 국민연금에 대한 정보를 알고 있는 사람들이 있을 수 있다.

그들은 개인연금 구입을 종용하는 보험설계사들에게 국민연금이 있지 않느냐고 반문할 것이다. 그 질문에 대한 설계사의 답변은 십중팔구 '개인연금이 국민연금보다 더 좋다.'라는 거짓말이 될 것이다. 이어서 그 이유를 여러 가지로 설명하게 되는데 '국민연금은 곧 펑크 난다.' 혹은 '국민연금은 강제적인 세금과 같다.' 등의 허위 사실을 유포할 수 있다.

사정이 이쯤 되면 개인연금을 사든 말든 문제가 안 된다. 이미 국민연금에 대한 불신은 증폭되었기 때문이다. 그런데 설상가상으로 개인연금을 구입한 사람에게 더 큰 문제가 발생하게 된다. 개인연금에 가입한 지 1년이 채 안 되는 시점에서 이번에는 국민연금에 강제적으로 가입해야 한다는 정부의 홍보가 시작되었기 때문이다.

개인연금의 기존 가입자들에게 국민연금의 강제가입은 금전적 부담이 될 수밖에 없었다. 두 가지 연금을 동시에 가입할 수 없었던 상황이라면 시간의 순서상 후순위인 국민연금을 포기할 수밖에 없었는데, 국민연금은 강제가입이라고 하니 결국 울화통이 터졌던 것이다.

이런 시나리오라면 국민연금의 확대에 앞선 개인연금 실시가 국민연금에 막대한 지장을 초래할 것이 충분히 예상되었다. 그렇다면 보사부는 어떤 원인 때문에 사전점검에 소홀했는가에 대한 의문이 제기된다. 이에 대한 필자의 추측은 먼저 문제 발생의 소지에 대해 보사부가 몰랐을 리는 없다는 것이다. 사실 그 당시에 일부 연금 전문가들은 개인연금의 조기 실시가 국민연금의 확대에 방해가 될 것이므로 개인연금의 실시시기를 늦추어야 한다는 견해를 보사부에 비공식적으로 전달하였다.

따라서 다음 차례의 의문은 보사부는 왜 알면서도 부처 간 협의 과정에서 문제제기를 하지 않았는가에 모아진다. 그 이유에 대한 필자의 추측은 두 가지 방향으로 좁혀진다. 하나는 알긴 알았지만 예상되는 피해가 크지 않을 것으로 낙관했던 것이다. 그러나 그와 같은 오판의 가능성은 높지 않았다. 결국 두 번째 이유로 낙착되는데, 그것은 알면서도 항의하지 못하는, 즉 '벙어리 냉가슴'을 앓았던 것이 당시의 보사부 사정이라는 추측이다.

당시의 정치 상황은 문민정부가 출범하면서 '신경제'를 의욕적으로 추진하고 있었다. '신경제'의 위세는 강력하였고 개인연금의 도입은 '신경제'의 핵심 재원으로 인식되고 있었다. 그런 상황에서 개인연금에 찬물이라도 끼얹게 되는 문제제기를 한다는 것은 보통 수준의 용감성으로는 상상하기 힘들었을 것이다. 더욱이 정부 부처 내에서 상대적으로 힘이 약한 보사부로서는 언감생심이었다.

그러나 지금 생각해 보면 그때 보사부가 좀 더 깊은 고민을 했었다면 오늘날 우리가 고생하고 있는 국민연금에 대한 불신의 폭을 조금은 줄일 수 있지 않았나 하는 아쉬움이 남는다. 즉, 사전예방 조치를 취할 수 있는 충분한 시간은 있었던 것이다. 예컨대, 개인연금의 유치경쟁에서 국민연금을 폄하하거나 국민연금을 악선전하는 경우에는 제재를 가할 수 있게 법규를 손질할 수 있었다. 아니면 금융감독 시스템을 활용하여 그와 같은 부정적 행위가 나오지 않도록 제재하는 방법도 생각할 수 있었다.

특히 금융감독과 관련하여 생각하면 개인연금 시판 후 은행 및 보험회사 등에서 표출될 것으로 예상되었던 국민연금 폄하 행위는 금융의 공정거래에 대한 명백한 위반이었다. 그리고 당시에는 각기 금융 영역별로 금융감독기구가 존재하였다.

은행감독원은 1950년에 한국은행이 설립되면서 동시에 업무를 개시하였다. 증권감독원은 1977년 「증권거래법」에 의해 설립되었으며 보험감독원은 1978년 한국보험공사로 출범하였다. 단기금융회사, 종합금융회사 및 상호신용금고를 대상으로 하는 신용관리기금이 1982년 12월에 제정된 「신용관리기금법」을 근거로 신설되었다. 이상 4개의 감독기관은 훗날인 1999년 1월 2일부터 문을 연 금융감독원으로 통합되었다.

만약 보사부가 예상되는 개인연금의 국민연금에 대한 부당한 공격에 대해 보다 강력하게 대처할 의지가 있었다면 은행감독원과 보험감독원을 활용하는 방안을 강구할 수도 있었다. 그러나 그와 같은 전략적 고려를 한 흔적은 보이지 않는다.

금융회사들의 맹활약

앞서 설명한 것처럼, 1994년 3월 24일에 통과된 개정 「조세감면규제법」은 관계부처 간 이견을 좁히느라 도입이 다소 늦어졌다. 그리하여 동법의 시행령과 시행규칙의 개정은 1994년 6월 15일에 완료되었다. 그리고 실제로 개인연금이 시판에 들어간 날짜는 1994년 6월 20일이었다.

개인연금이 시판에 들어간 그날부터 은행과 보험회사 등의 금융회사들은 각기 자사의 신상품을 광고하는 데 열을 올리기 시작하였다. 시판 하루가 지난 1994년 6월 22일자 세계일보 기사는 "은행들이 개인연금신탁 유치를 위해 총력을 쏟는 과정에서 너 나 할 것 없이 직원들을 총동원, 친인척들을 우선적으로 끌어들였다."라고 전하고, 이어서 개인연금 가입자 수는 판매개시 당일인 20일 하루 만에 단일 금융상품으로는 사상 최대 규모인 76만 3천 명에 달했다는 등 가입자의 73%가 은행을 중심으로 이뤄지고 있음을 보도하였다(세계일보, 1994. 6. 22.).

개인연금의 판매경쟁과 관련된 금융회사들의 과열 현상은 은행에만 국한된 것이 아니었다. 생명보험회사들은 보험설계사들의 활약에 기대를 걸고 있었다. 보험설계사란 직업은 특히 생명보험회사들이 많이 활용하고 있는 특수고용 형태의 준피용자들이다. 유럽에서는 보기 힘들고 미국이나 일본에서는 소수가 활동하고 있지만 우리나라처럼 대단위로 활동하지는 않는다고 한다.

이들은 가가호호 방문하여 맨투맨 방식으로 보험상품을 판매한다. 그들의 판매 전략은 고도로 발전되어 있고 활동은 매우 집요하기 때문에 판매실적도 무시 못할 수준이다. 사실 우리나라 보험업이 비교적 단기간에 계약고 기준으로 세계 7위의 보험선진국으로 급성장할 수 있었던 것도 보험설계사제도라는 우리 나름의 독특한 판매 전략에 힘입은 바 큰 것으로 알려져 있다. 그런 보험설계사들이 그 당시에는 개인연금 판매에 대거 투입되었던 것이다.

당시 전국에서 활동하고 있던 보험설계사의 숫자는 보험회사의 증가에 따라 상승곡선을 타고 있었는데, 역대 최고는 34만 9,206명으로 기록되었다. 우연의 일치인지 몰라도 최대 기록을 수립했던 연도는 개인연금이 시판된 다음 해인 1995년이었다. 생명보험회사들이 개인연금 판매에 혈안이 되어 있었음을 유추할 수 있는 통계자료다.

1996년부터 그 숫자는 줄기 시작하였는데, 2006년에는 13만 1,850명이었다(생명보험협회, 2009). 그러나 1995년 한 해만 생각하더라도 35만 명에 이르는 대부대가 매일같이 전국 방방곡곡으로 흩어져서 국민연금을 폄하하고 다녔다면 그들이 끼친 악영향은 상상을 초월하는 수준이었다.

은행이 직원들을 총동원하여 개인연금의 판매에 열을 올리는 것보다 더 심각한 문제는 보험설계사들의 판매 전략에 있었다. 그런 심각성을 이해하기 위해서는 당시의 국민연금 상황을 알아야 한다. 앞에서 수차 언급한 바 있지만, 1988년부터 시작된 국민연금의 단계적 확대는 보사부의 연금정책 목표 1순위였다.

당시의 보사부는 1995년 7월부터 농어촌지역에 그리고 1998년경에는 도시지역까지 국민연금을 확대하는 계획을 실행에 옮기는 준비를 진행하고 있었다. 그래서 당장 농어촌지역 주민들을 상대로 국민연금의 필요성과 혜택 등에 관한 홍보를 시작하려는 시점이었다. 그런데 바로 그 시점에서 개인연금이라는 돌발변수가 터져 나왔던 것이다.

개인연금이 시판되기 시작하면서 은행들은 주로 도시지역 주민들을 유치대상으로 집중 공략하였지만 보험설계사들은 도시와 농촌을 가리지 않고 전국 방방곡곡에서 활약하였다. 국민연금의 농어촌지역 확대를 준비하고 있던 보사부로서는 은행보다 보험회사가 더 원망스럽게 되었던 것이다.

관련법이나 법규를 보면, 개인연금 판매가 국민연금에 피해를 줄 수 있는 문구는 찾아볼 수 없었다. 그러나 실상은 달랐다. 개인연금 구입을 요청받은 국민들 중에는 상당수가 개인연금과 국민연금을 비교하기 시작하였던 것이다. 그리하여 둘 중 어느 것이 더 좋은 것인가에 대해 질문을 던지게 되었다(한겨레신문, 1994. 7. 23.).

앞서 언급했다시피, 고객 유치 상황이 과열상태로 치닫고 있었기 때문에 일선 판매자들은 본의 아니게 '국민연금보다 개인연금이 더 좋다.' 라는 식으로 선전하였다. 지금 와서 생각해 보면 유치하기 짝이 없고 어처구니없는 일이었지만 당시 금융회사들로서는 사활을 건 일전이었기 때문에 어쩔 수 없었다. 이 또한 '경제 역설' 의 한 종류다.

문민정부의 경제개발이나 WTO 체제의 출범을 생각하면 금융 부문의 '몸집 불리기' 는 불가피한 부분이 있었다. 그러나 일련의 정부 조치가 국민연금의 발전에 어떤 영향을 미칠 것인가에 대한 범정부 차원의 정책적 고려가 부족하였다면 그 결과는 '경제 살리려다 국민연금 죽이는' 격이 되고 만다. 문제는 경제의 사이클보다 국민연금의 사이클이 더 길다는 데 있다. 경제는 비교적 단기간에 좋았다 나빴다 하지만 국민연금에 대한 국민의 불신은 쉽게 바뀌지 않는다는 것이다.

뒤늦게 비상 걸린 보사부

판매 개시와 더불어 인기폭발이었던 개인연금이 국민연금에 악영향을 끼치고 있다는 경고가 나오기 시작한 시점은 시판 후 보름이 지날 무렵이었다. 보사부는 1994년 7월 7일에 농어민연금실시준비단 발단식을 가졌는데, 그 자리에서 그러한 우려가 표면화되었던 것이다.

당시의 세계일보 기사에 의하면, 보사부와 국민연금공단 관계자들은 "사망 및 장애 시 보장 기능이 없고 수익률이 높지 않은 일부 개인연금의 결점이 잘 알려지지 않았다."라고 하면서 국민연금 홍보 전략이 시급하다고 지적했다는 것이다(세계일보, 1994. 7. 8.).

이 기사를 보면, 보사부의 분위기가 보름 사이에 수수방관에서 일전불사로 바뀌었음을 알 수 있다. 당시 보사부 국민연금국장(김용문)은 국민연금의 수익성이 대체로 개인연금의 두 배 이상이라면서 이와 같은 홍보자료를 배포할 방침이라고 밝혔다(세계일보, 1994. 7. 8.).

우려되었던 상황이 실제로 나타났을 때 보사부가 취한 대응책은 개인연금과 국민연금의 공존을 향한 건설적 대책의 제시라고 보기는 어려운 수준이었다. 오히려 '국민연금이 개인연금보다 더 좋다.' 라는 식의 역공이거나 국민연금에 대한 오해나 잘못된 정보를 교정하는 수준의 수세적 자세를 취하였다.

이미 앞에서 설명하였듯이, 국민연금과 개인연금 간의 관계는 둘 중 어느 하나를 선택해야 하는 대체관계가 아니라 둘 다 가질수록 더 좋은 상호 보완관계다. 즉, 공적연금인 국민연금은 전 국민이 반드시 가입해야 하는 필수과목인 데 반해 개인연금은 각자 자신의 편의에 따라 임의로 가입하는 선택과목이다.

그렇다면 정부는 앞서 나온 가상 시나리오의 최악 사태에 대비를 했어야 한다는 결론이 나온다. 다시 강조하자면, 개인연금의 도입 그 자체가 잘못되었다는 것이 아니라 도입의 타이밍에 대해 깊은 고민을 하지 못했던 정부의 불찰이 문제라는 것이다. 즉, 개인연금 도입의 시기를 국민연금의 대상 확대가 종결된 이후로 연기했어야 한다는 주장이 설득력 있게 들린다.

백 번 양보를 해서 만약 실시시기를 늦출 수 없었다면 그것을 실시하되 염려가 되는 금융회사들 간의 과당경쟁, 특히 그들의 상행위로 인한 국민연금 훼손이 발생하지 않도록 사전 대비책을 마련했어야 한다. 다시 언급하자면, 보사부는 부처 간 협의를 통해 개인연금의 출시 이후에 예상되는 부작용을 최소화하기 위해 금융감독기관의 협조를 얻는 사전조치를 적극적으로 모색했어야 한다.

그러나 이와 같은 사전조치가 마련되지 않은 상태에서 갑자기 개인연금이 시작되다 보니 불필요한 과당경쟁과 오해가 발생하였던 것이다. 그와 같은 불상사는 시간이 흐르면서 해소되기 시작하였다. 21세기에 접어들면서 각종 금융회사들이 더 많은 새로운 금융상품을 개발하게 되었는데, 그 과정에서 개인연금에 집중되었던 금융회사들의 과잉 열정은 사그라졌던 것이다. 그리고 지금은 국민연금과 개인연금 사이에 우호적 협력 분위기가 형성될 정도로 양자 간의 관계가 개선되고 있다.

최근 국민연금공단은 퇴직연금 가입자들을 대상으로 국민연금과 퇴직연금제도를 기반으로 한 노후설계 서비스에 대한 설명회를 공동으로 개최하기 위하여 양해각서(MOU)를 삼성생명과 체결하였다(국민연금공단, 2009b). 그리고 지난 2009년 8월 24일에는 국민연금공단과 교보생명이 LG텔레콤 직원들을 상대로 '노후설계 공동설명회'를 개최하였다고 한다(국민연금공단, 2009c). 그 설명회의 목적은 국민들의 노후설계를 보다 체계적으로 수립할 수 있도록 도와준다는 것이었는데, 국민연금과 개인연금 간의 관계가 상호 보완관계라는 사실을 뒤늦게라도 인정한 최초의 실증 사례로 평가된다.

많은 아쉬움이 남지만 우리는 개인연금의 사례분석을 통해 다시 한 번 '경제 역설'을 확인할 수 있다. 재무부 등의 경제 부처들은 제각기 우리나라 금융산업의 육성과 발전을 위해 선의의 노력을 하였다. 그리고 그 와중에 자신들의 행위가 국민연금 발전을 저해할지도 모른다는 생각을 한 적은 추호도 없었다. 그러나 전혀 악의가 없었음에도 불구하고 그들은 국민연금에 위해를 가하고 말았다. 그야말로 역설적 상황이 아닐 수 없다.

'경제 역설'이란 측면에서 보면 금융회사들도 마찬가지다. 신상품을 한 개라도 더 팔아야 한다는 일념뿐인 사람들에게 국민연금의 발전까지 감안하라고 요구하는 것은 무리다. 그러한 요구를 보험설계사에게 들이대는 것은 더더욱 어불성설이다. 왜냐하면 그들은 그렇게 넓은 시야를 가지고 있을 필요가 없는 사람들이기 때문이다. 남에 대한 폭넓은 배려와 먼 장래를 내다봐야 하는 사람은 상품 판매자가 아니라 정책 결정자다.

11

새로운 정책과제가 된 전 국민의 연금 가입

국민연금 전문가의 세대교체

이 책의 제4장과 6장에서 보았듯이, 우리나라 국민연금 연구의 산실은 KDI와 사보심 연구실이었고 1986년의 「국민연금법」 제정 시까지 양대 기관에서 활동하였던 사람들이 제1세대 전문가들이었다. 그리고 그들의 제1임무는 국민연금의 조기 실시였다. 1986년의 입법을 통해 국민연금은 드디어 1988년부터 시작되는 것으로 확정되었기 때문에 제1세대 전문가들의 주 임무는 사실상 완수되었다.

당시의 보사부는 1986년의 「국민연금법」 제정을 계기로 연금 연구진의 세대교체를 단행하였다. 그리하여 KDI와 사보심의 제1세대 전문가들의 대부분은 연금 연구에서 일단 퇴장하게 된다. 이런 일이 가능했던 배경에는 공적연금에 대한 경제기획원의 관심 퇴조가 크게 작용하였다. 즉, 1973년의 「국민복지연금법」이 14년이라는 장기간의 동면기를 거치면서 국민연금 기금의 경제적 활용 가능성에 대한 기대감이 잦아들고 국민연금에 대한 경제부처의 관심도 함께 감소하였다. 그 결과 국민연금 도입의 잔여 업무가 보사부로 귀속되는 형국이 나타났다.

한편, 국민연금 업무의 주관부서 위치를 확보한 보사부는 1986년의 「국민연금법」 제정을 계기로 자신의 싱크탱크 교체 작업을 완료하게 된다. 그때까지 자신들과 알력관계에 있던 사보심 연구실을 폐쇄하는 대신 연금의 연구를 한국인구보건연구원(1990년부터 한국보건사회연구원으로 개명)으로 이관하였다. 그 결과 1987년부터 한국인구보건연구원(인보연)에는 국민연금연구팀(정경배, 박경숙, 박능후 연구원 등)이 신설되었다. 그리하여 새롭게 조직된 구성원들은 우리나라 연금 연구의 제2세대가 된다.

제2세대 연금 전문가들의 가장 두드러진 특징은 연금 연구의 과학화로 평가된다. 지금은 너무나 보편화되어 심지어 개인들도 연금재정의 추계모형(재정추계 시 사용)을 개발하여 사용하고 있지만 1980년대 말에는 그런 것이 없었다. 우선 슈퍼컴퓨터와 같은 용량이 큰 컴퓨터가 미개발상태에 있었고 세계은행의 추계모형과 같은 국제적으로 통용되던 모델도 충분히 소개되지 않고 있던 상황이었다. 따라서 연금의 장기 추계는 매우 엉성한 수준에 머물러 있었다.

그와 같은 불리한 여건에도 불구하고 인보연 국민연금연구팀(연금팀)은 우리나라 최초의 연금장기추계모형을 개발하였다. 그것을 토대로 한 후속연구가 1988~1990년까지 연속으로 발표되었다. 연금팀의 추계모형을 제1세대 전문가였던 서상목 연구팀의 장기 추계와 비교하면 진일보하였음을 쉽게 발견할 수 있다. 인보연 연금팀이 개발하였던 추계모형의 우수성은 훗날 1998년에 세계은행의 전문가들에 의해서도 확인된 바 있다.

인보연 연금팀의 첫 연구보고서인 1988년의 '국민연금확대방안연구'에는 5개국(미국, 영국, 일본, 프랑스, 독일) 공적연금제도의 비교연구 결과가 실려 있다(한국인구보건연구원, 1988: 122-185). 우리가 어떤 제도를 발전시키려 할 때 유사한 제도를 우리보다 앞서 시행한 선진국의 경험을 참고하는 것은 과학적인 방법이다. 그래서 제1세대 전문가들도 국제 간 비교

연구를 수행한 바 있다.

그러나 무엇보다 제2세대 연구진들은 연구의 체계성과 깊이에서 큰 발전을 일궈냈다. 더욱이 우리나라에서 공적연금제도에 관한 비교연구의 결과를 논문 형식으로 공개 발표한 것은 인보연 연금팀이 최초의 사례로 기록된다.[1)]

이처럼 정부나 연구소에 소속된 제2세대 공적연금 전문가들은 그들의 선배인 제1세대와 여러 측면에서 달랐다. 특히 두드러진 점은 정책목표 설정의 우선순위에서 발견된다. 이미 보았듯이, 제1세대의 최대 과업은 국민연금의 조기 실시였다. 그러나 1988년부터 국민연금이 시작되기로 확정되었기 때문에 제2세대의 최우선 목표는 자연스럽게 국민연금의 확대, 즉 빠른 시일 내에 전 국민을 국민연금에 강제로 가입시켜야 하는 과제로 전환되었던 것이다.

국민연금의 확대

국민연금의 대상자 확대 문제에 대한 과학적 연구는 1987년부터 한국인구보건연구원(인보연) 국민연금연구팀(연금팀)에게 부과되었다. 연금팀은 1988년 말에 발표한 연구서 '국민연금확대방안연구'를 통해 농어촌지역 주민이 다음 확대 대상임을 주장하였다. 농어촌지역 주민이 1~4인 영세사업장 근로자들이나 도시지역 자영업자들보다 보험료 징수가 용이하다는 판단에 근거한 주장이었다.

국민연금은 1988년에 1단계로 10인 이상 사업장 근로자에게 적용하는 것으로서 출발하였다. 보험료 부담 능력이 많은 사람들부터 시작한다는 전략에 따라 다음 대상을 물색하는 작업은 당시로서는 국민연금의 최우선 정책목표였다. 그리하여 시작 4년이 지난 1992년부터 적용대상 규모

---

1) 정경배를 위시한 일단의 연구자들은 『국민연금 장기 재정추계』라는 제목의 책을 1990년 12월에 출간하였는데, 이 책이 우리나라에서는 동종의 책들 중 최초의 것으로 기록되고 있다.

를 5~9인 사업장의 근로자로 넓혔다. 이는 5~9인 사업장의 근로자들이 당시의 미가입자들 중에서는 그래도 보험료 부담 가능성이 가장 높다는 판단을 한 결과였다.

보험료 부담 능력이 큰 사람들로부터 적은 사람들로 점차 대상의 폭을 넓혀 간다는 원칙은 빈곤에 처할 위험이 많은 사람들부터 국가가 우선적으로 보호해야 한다는 사회정의의 원칙에는 위배되는 것이다. 독일, 일본, 한국 등에서 나타나는 이런 현상을 사회정책학에서는 발전주의(developmentalism)[2)]라고 부른다(Kim & Kim, 2008: 98-99).

일단 1992년에 5~9인 사업장으로 확대하였기 때문에 다음 대상이 누가 되어야 하는가의 문제는 중요한 정책 이슈였다. 다음 확대대상이란 아직 강제로 국민연금에 가입되지 않은 사람들 중 보험료 징수가 가장 용이한 사람들을 말하는 셈이었다. 그때 정부는 농어촌지역 주민이 바로 그러한 사람들이라는 결론을 내렸다. 그리하여 1995년 7월부터 농어촌지역에도 국민연금이 실시되었다.

차기 확대대상으로 농어촌 주민을 선택한 것은 국민연금보다 먼저 도입된 후 단계적으로 전 국민에게 확대되었던 의료보험(오늘날의 건강보험)의 방식과 유사하다. 따라서 편의상 선례를 따랐다고 해석할 수 있다. 여기에 덧붙여 인보연 연금팀은 자체 조사를 통해 객관적 필요성과 소득 파악의 용이성을 기준으로 볼 때 농민이 차기 확대대상임을 밝힌 바 있다(한국인구보건연구원, 1988: x).

이렇게 농어촌지역이 두 번째의 확대대상이 된 배경에는 순수하게 보험료 징수의 용이성만 고려된 것은 아니었다. 왜냐하면 앞서 대상이 된 5인 이상 사업장 근로자들의 경우와 달리 농어촌지역의 경우에는 최저등급[3)] 소득자가 납입하는 보험료의 1/3 수준을 국고로 지원한다는 내용이

---

2) 발전주의는 사회보험을 보험료 관리가 용이한 대상부터 실시한다는 것이다.

3) 당시에는 국민연금 가입자의 소득을 52등급으로 나누고 각 등급의 대표 소득을 의미하는 표준소득월액을 고시하였다.

들어 있었기 때문이다. 즉, 일부 국고지원을 하더라도 농어촌지역 주민들을 가입시킬 만한 정책적 필요성이 있었기 때문이다.

그 필요성은 다름 아니라 우루과이라운드(UR) 협상 타결과 세계무역기구(WTO) 체제 출범이었다. 즉, 당시 상황은 1986년 우루과이에서 합의된 바대로 새로운 교역 라운드를 시작한 이후 협상타결의 가능성이 높아지고 있던 시점이었다. 그런데 WTO 체제가 가동되면(실제로 1995년부터 발효되었음) 농·수산품의 교역이 자유화되어 국내시장이 개방되어야 한다. 그렇게 될 경우 지금까지 막대한 국가 지원에 의해 지탱되어 오던 농·어업 생산 기반이 큰 타격을 받게 될 것은 불을 보듯 확실하였다.

따라서 정부는 생산성 증대를 목표로 한 농·어업 구조 개선에 대한 장기 대책의 수립이 절실했던 것이다. 결국 국민연금의 농어촌지역 확대는 그러한 농·어업 구조조정에 필요한 전략의 일환으로 채택되었고 국가가 부담해야 할 보험료는 한시적으로 운용될 농어촌특별세관리특별회계(1995. 7.~2004. 12.)에서 나오도록 결정되었다.

국민연금의 강제가입 대상을 농어촌지역 주민들에게까지 확대하고 보니 이제 도시지역 자영자와 1~4인 영세 사업장 근로자들만이 미적용으로 남게 되었다. 이들 미적용 대상자들은 보험료의 부담 능력이 상대적으로 약한 것도 문제였지만 더 큰 문제는 관리·운영의 문제였다. 왜냐하면 이들 영세 사업장 종사자들의 신분변동이 빈번하다 보니 자격관리와 보험료 징수 업무를 원활하게 할 수 있는 기구의 마련이 쉽지 않았기 때문이다.

이와 같이 인보연 연금팀이 농어촌지역 주민의 국민연금 가입 확대 문제를 고민하고 있던 시기에 엉뚱하게도 다른 문제가 언론에 보도되면서 국민연금 발전에 찬물을 끼얹는 결과를 초래하였다. 그것은 그때까지 조기 실시와 대상 확대 같은 다른 최우선 과제에 밀려 이슈화되지 않고 있던 국민연금 재정의 불안 문제였던 것이다.

드디어 터진 재정 문제와 사각지대 문제

연금 전문가 제2세대인 한국인구보건연구원 국민연금연구팀이 1988년도에 국민연금의 확대 문제를 연구할 때 병행하였던 주제가 국민연금의 재정추계였다. 재정추계의 중요성은 연금제도가 장기성 보험이기 때문에 발생한다. 왜냐하면 장기성 보험의 경우에는 국민연금 모형의 각종 변수들이 재정수지에 미치는 장기적인 민감도 분석과 가입자의 일생주기에 따른 행태의 변화가 초래하는 수지변동을 추정해야 하기 때문이다.

수십 년에 걸친 보험료 납부 이후에 비로소 연금을 받게 되는 소위 장기성 보험의 경우 발전계획의 수립은 반드시 재정의 장기 추계에 바탕을 두어야 한다. 그래서 연금팀은 그와 같은 과학적 방법을 충실히 따랐던 것이다.

연금팀의 1988년 재정추계 결과를 보면, 연금 시행 초기에는 수입만 증가하고 급여는 소액에 머물기 때문에 적립기금이 계속 누적된다. 그러나 제도 시행 20년 후에 다가올 완전노령연금[4] 지급 개시는 일시에 많은 숫자의 수급자가 등장하기 때문에 지출을 가속화시키는 계기가 된다.

그리하여 2028년이 되면 적립기금의 액수가 최고조에 달하게 된다. 그 이후부터 적립기금은 급속하게 감소하게 되는데, 2029년부터는 한 해 수입보다 지출이 더 많은 소위 당기 순적자가 발생한다. 이렇게 당기 적자가 계속되면 2047년부터 적립기금은 적자로 돌아서게 될 것으로 예상되었다(한국인구보건연구원, 1988: 253).

국민연금의 장기 재정상태가 불안정하다는 사실은 이 책의 제6장에서 보았듯이, 1986년의 「국민연금법」 제정 시 이미 KDI 연구팀에 의해서도 확인된 사실이었다. 그때 예상은 2038년의 당기 수지적자와 2049년의 기금고갈로 되어 있었다. 이후 KDI의 문형표 연구위원은 더 앞당겨진 2030

4) 감액노령연금에 대비되는 용어로서 최소 20년간의 보험료를 납부한 경우를 말한다.

년부터 기금의 당기 순적자를 전망하였다(조선일보, 1993. 6. 20.). 그럼에도 불구하고 국민연금의 재정불안 문제는 그때까지 사회 문제 또는 정치적 이슈화가 안 되었을 뿐이다.

이렇게 된 이유는 간단하다. 그때까지 우리나라 공적연금 정책의 최대 이슈는 제도의 조기 도입이었다. 1988년부터 국민연금이 시작되는 것으로 결론이 난 직후에는 국민연금 기금의 관리 · 운용의 문제가 더 중요한 이슈로 등장하였다. 이 책의 제9장에서 설명한 바와 같이, 「공공자금관리법」을 둘러싼 공방전이 대표적인 사례다.

그러나 1995년이 되면서 사정이 달라졌다. 그전까지 재정 문제에 대해 크게 문제 제기를 하지 않고 있던 언론이 들고 일어난 것이다. 조선일보 기사만 살펴보더라도 보건사회연구원 자료를 인용한 1995년 4월 3일자 기사와 KDI 자료를 인용한 7월 21일자 기사를 시작으로 국민연금 기금의 불안정성을 적극 취재하였다.

국민연금의 기금이 장기적으로 불안정하기 때문에 연금개혁이 불가피하다는 사실을 하루빨리 국민들에게 알려야 하는 것은 언론의 고유 기능이다. 그럼에도 언론을 통해 국민연금의 장기적 기금 상황이 알려지면서 예상 밖의 두 가지 역설이 발생하게 되었다.

이 책의 제8장에서 보았듯이, 우리 국민들이 국민연금을 불신하는 2대 원인은 기금불안과 강제가입이다. 그런데 어떤 경로를 통해 기금불안을 느끼게 되었는가라는 질문에 대한 가장 많은 응답은 언론보도라는 것이다. 이 책의 제1장에서 설명한 2004년 5월의 연금대란에서 보았듯이, 이후 우리 정부는 국민연금의 안정성에 대해 적극적인 홍보에 열을 올려도 별로 효과가 없다. 이미 다수 국민의 뇌리에는 언론이 대서특필한 '국민연금 적자 비상' '국민연금 기금고갈(파산) 위기' '국민연금 방만 운영' 등과 같은 자극적이고 과장된 단어들로 채워져 있었기 때문이다.

우리는 여기서 먼저 '언론 역설'을 발견할 수 있다. 언론은 자신에게 주어진 고유의 임무를 수행하기 위해 기금 상황을 국민에게 알렸다. 언론이 전달하고자 하는 메시지는 재정이 불안하니 재정을 안정시키기 위해 연금제도를 개혁하자는 것이었다. 그런데 그런 기사를 본 다수의 국민들은 '연금개혁' 의 필요성을 확인하기 전에 연금파탄에 대한 공포감을 먼저 느끼게 된 것이다.

연금개혁의 필요성을 알리려는 언론의 선의에도 불구하고 국민들은 반대로 국민연금이 형편없는 제도이기 때문에 그것을 없애 버려야 한다는 쪽으로 결론을 내리고 말았다. 언론계로서는 그야말로 어처구니없는 현상이 벌어진 것이다. 언론계가 평가하는 국민의 국민연금에 대한 의식수준과 실제 국민의 의식수준 사이에 현격한 격차가 있었기 때문에 발생한 역설적 현상이었다.

다수의 언론사들이 이러한 '언론 역설' 을 이해하는 데는 상당 기간이 필요하였다. 정부가 언론계를 상대로 국민연금에 대한 홍보에 심혈을 기울였지만 언론의 과격하고 선정적인 표현의 수위는 좀처럼 낮아지지 않았기 때문이다. 그러다가 이 책의 제25장에서 후술하게 되는 2007년「국민연금법」 개정을 전후한 시점부터 달라졌다. 언론계가 판단하더라도 '언론 역설' 은 국가발전에 도움이 되지 않는다는 사실을 뒤늦게 깨달았기 때문으로 분석된다.

'언론 역설' 에 이은 또 다른 역설은 '전문 역설' 이다. 연금 전문가들이 국민연금 재정의 장기 전망을 추계하는 것은 전문가로서 당연히 해야 할 의무다. 특히 장기 전망이 좋지 않다고 해서 그런 작업을 하지 않는다든지, 연구 결과를 숨긴다든지 하는 등의 행위는 전문가로서 해서는 안 될 금기사항에 속한다.

문제는 그들의 연구가 언론이나 국민들에게 미치는 영향이다. 전문가는 자신에게 주어진 의무를 수행할 경우 국민연금의 발전을 우선적으로 생각한다. 그런데 뜻하지도 않게 자신의 연구가 국민연금의 발전을 저해하는 것으로 나타나는 경우 당황할 수밖에 없다. 그것이 '전문 역설' 이다.

'전문 역설' 이 발생하는 경로를 보면, 먼저 전문가들의 연구 결과가 나오는 것에서부터 시작한다. 이때 연구 결과가 언론이나 국민들에게 경악스러운 내용이 될 수가 있는가 하면 그렇지 않을 수도 있다. 문제는 전자에서 발생한다. 특히 연구자 자신도 놀랄 만한 결과가 나왔다면 새로운 발견 사실을 1초라도 빨리 국민들에게 알리고 싶은 마음이 생긴다.

새로운 발견을 공표하고 싶은 심정은 자연발생적이라고 말할 수 있고 또 그런 것이 보장되는 사회가 민주사회다. 그러나 그와 같은 생각의 배경에는 자칫 실수를 범할 수 있는 함정이 도사리고 있다. 왜냐하면 우리는 새로운 사실의 발견 그 자체에만 몰입한 나머지 그 발표가 가져올 후유증이나 역기능에 대해서 소홀할 수 있기 때문이다.

주제가 좀 다른 이야기지만 한때 구소련 핵무기 개발의 일등공신이었다가 노벨 평화상 수상자로 변신하였고 말년에는 반체제 인사로 몰려 고초를 당했던 사하로프(Sakharov, 1921~1989)의 경우를 보자. 전공이 핵물리학이었던 젊은 사하로프는 핵폭발에 대한 연구에만 몰두하였다. 만의 하나 그것이 인류를 말살시킬 수 있는 핵무기 생산과 연결될 수도 있다는 사실은 가볍게 여긴 채 말이다.

그러나 그는 어느 순간부터는 자신의 행동이 경솔하였음을 반성하고 평화운동가로 변신하였다. 그러자 구소련 정부는 그를 가만두지 않고 갖은 회유와 협박을 가했다. 하지만 끝내 평화에 대한 그의 의지를 꺾지는 못하였다. 구소련 정부는 최후 수단으로 그를 정신병동에 감금하고 말았다.

사하로프의 이야기는 전문가들이 자신의 전문적 활동에 전념하다 보면 대수롭지 않게 생각했던 부분에서 의외로 큰 부작용이 발생할 수 있음을 보여 주고 있다. 이러한 사례는 연금 전문가들이나 연금 문제를 기사화하는 언론인들에게도 해당된다.

연금 전문가들의 일차적 관심은 국민연금의 장기적 재정 상태가 어떻게 진행될 것인가를 미리 예측해 보는 것이다. 그리고 그 결과가 나오면 재정의 건전성을 유지하기 위해 어떤 정책적 변화가 필요한지 대책을 마련하게 된다. 그런데 문제 해결을 위해 국민들의 협조가 필요한 것은 두

말할 필요가 없다. 따라서 국민의 협조를 얻으려면 그들에게 국민연금의 재정 상태를 알려 줘야 한다.

대부분의 연금 전문가들은 이와 같은 수준에서 사고하고 행동한다. 자신이 알려 준 정보 때문에 국민들이 놀라서 도망가리라는 생각을 하는 전문가는 많지 않다. 그리고 자신은 연금개혁을 위한 중간 단계로서 재정불안을 알린 것이지 국민들을 놀라게 하거나 위협하려고 정보를 제공한 것이 아니라고 생각한다.

그러나 안타깝게도 그러한 전문가들의 선의를 충분하게 이해하는 언론이나 국민은 소수에 불과하다. 깜짝 놀랄 사실이 발견되면 우선 언론이 달려든다. 예컨대, 특종을 하면 해당 기자와 언론사는 크게 이득을 볼 수 있기 때문이다. 그래서 언론 종사자는 자신의 보도를 1초라도 빨리 그리고 1명이라도 더 많은 독자가 보기를 원하는 것이다.

한편, 현대사회를 살고 있는 대중들의 입장에서 보면 언론보도에 일일이 신경을 쓸 만한 여유가 별로 없다. 하루하루 자신의 생업에 매달리기에도 부족한 시간이기 때문이다. 그렇지만 꼭 필요한 정보는 빠뜨릴 수 없으므로 효율적이고 선별적으로 언론에 접근할 수밖에 없다. 이런 경우 대부분의 독자들은 자극적이고 선정적인 기사를 먼저 보게 된다.

국민연금의 재정이 장기적인 관점에서 보면 불안정하기 때문에 연금개혁이 필요하다는 연금 전문가들의 연구 결과를 접한 언론은 선별적 보도를 하게 된다. 이 과정에서 연금개혁의 필요성은 뒷전으로 밀리고 연금재정이 불안정하다는 사실만 대서특필된다.

더욱이 그 과정에서 국민연금에 대한 불신이 증폭되는 문제는 무시되고 만다. 마찬가지로 그 기사의 기사원인 연금 전문가는 훌륭한 연구업적을 생산하였으니 전문성을 인정받게 된다. 자신의 연구 때문에 국민연금에 대한 국민의 불신이 높아지는 문제는 자신이 책임질 바가 아니라고 생각하는 것이다.

1990년대 중반만 해도 '언론 역설'과 '전문 역설'이 동시에 출몰하는 불행한 사태가 자주 발생하였다. 지금은 언론계가 앞장서서 '언론 역설'을 줄이려고 노력하고 있으며 '전문 역설'을 경계하는 연금 전문가들의 숫자도 증가일로에 있다. 이런 현상은 국민연금제도가 우리나라에서 점차 성숙 단계로 나아가고 있음을 보여 주는 좋은 증거다.

여하간 1990년대 중반 시점에서 사회 문제가 된 재정불안의 문제는 결국 1998년 연금개혁으로 이어진다. 1998년 연금개혁은 이 책의 제14장에서 후술하기로 하고, 다음 장에서는 1998년 개혁 과정에서 주요 이슈가 되었던 재정안정 문제와 대상자 확대 문제 사이의 정책 우선순위 논쟁을 먼저 고찰해 본다. 연금재정의 불안 요인 중 최대 이슈가 바로 정부의 기금관리 부실로 잘못 인식되고 있었던 이유에서다.

12

재정안정이 먼저인가, 대상자 확대가 먼저인가

마지막 확대

농어촌지역 주민들에 대한 강제가입이 1995년부터 시행에 들어가게 되자, 이후 남은 과제는 도시지역 자영업자들에 대한 적용 확대의 문제였다. 대상자 확대를 단계적으로 시행한다는 정부 전략의 마지막 단계인 만큼 어려움도 가장 많은 대상자들이었다.

우선 도시 자영업자들의 소득 파악이 다른 어느 가입자들보다 어렵다는 문제 외에 잦은 직업이동으로 인해 자격관리가 용이하지 않을 뿐 아니라 행정비도 많이 든다는 문제가 있었다. 특히 소득재분배 기능이 장착되어 있는 국민연금이고 보면, 소득을 일부러 낮게 신고하는 도덕적 해이가 발생할 가능성도 우려할 점이었다.

그러나 가장 큰 난관은 역시 재정불안의 문제였다. 앞 장에서 소개했듯이, 전문가들의 국민연금 재정추계는 하나같이 적립기금의 소진을 예고하고 있었다. 그런 상황에서 일시에 천만 명에 이르는 제1세대 가입자들이 연금 수급자가 되는 2008년 시점을 상상하면 연금재정의 악화가 가속화될 수 있다는 우려가 증폭되고 있었다.

연금재정의 악화를 걱정하던 사람들은 도시지역 확대에 앞서서 연금개혁, 즉 연금의 삭감조치를 취해야 한다는 '선 개혁론' 을 주장하였다. 가입자의 수가 늘어나면 연금 삭감과 같은 개혁에 대한 저항이 더 커지기 때문에 개혁의 시기를 늦추는 것이 불리하다는 주장은 일리가 있었다.

세계 각국의 공적연금제도 발전 과정에서 나타난 변화의 종류는 두 가지로 구분된다. 하나는 가입자에게 유리한 방향으로의 변화이고 다른 하나는 불리한 방향으로의 변화다. 주로 제도 도입 초기에는 유리한 방향으로의 변화가 많이 나타난다. 예컨대, 대상자 확대, 연금 종류의 확대, 연금액수 인상, 최소 보험료 납입기간 축소, 수급자격 조건 완화 등이 유리한 방향에 속한다. 이 책에서는 그런 변화를 '연금개선' 이라고 부르면서 그 반대인 '연금개혁' 과 구별하기로 하였다.

그러나 수십 년이 경과하면서 제도가 성숙되고 동시에 재정불안의 문제가 발생하면 반대 방향의 변화가 일어난다. 즉, 연금액수 인하, 보험료율 인상, 수급개시 연령 인상, 수급자격 조건 강화 등이다. 한 가지 흥미로운 사실은 가입자에게 유리한 방향으로의 변화가 발생할 때는 연금급여 확대와 같이 그 변화가 구체적으로 명시된다는 것이다.

그러나 가입자에게 불리한 변화, 즉 변화에 대한 가입자들의 거부나 반발이 예상될 때는 구체적 표현을 피하고 대신 애매모호하게 연금개혁(pension reform)이라고 표현한다. 따라서 연금개혁의 경우에는 연금의 노골적 혹은 사실상의 삭감이라고 보아도 틀림이 없다. 그런 각도에서 본다면, 우리나라에서 1988년부터 국민연금이 실시된 이후 연금개혁이란 단어가 최초로 등장하는 시기가 1996년 무렵이었다.

한편, '선 개혁론' 과 달리 '선 확대론' 을 주장하는 사람들도 있었다. 그들의 논리는 전 국민 연금시대가 달성되기까지 국민연금 정책의 최우선 과제는 가입자 확대로 정해져 있다는 것이었다. 이들은 국민연금이 실시된 지 아직 10년도 경과되지 않았다는 사실뿐 아니라 미적용 대상자가 남아 있는 상황을 우려하고 있었다.

그런 상황하에서의 제도개혁은 국민연금에 대한 불신을 조장하고 나아가 가입자와 미가입자 사이에 위화감을 증폭시켜 국민연금의 장기 발전에 해를 끼치게 된다는 논리를 폈다. 이 주장 역시 틀린 말이 아니었다.

'선 개혁론' 편에는 주로 경제학자들과 정부의 경제 부처들이 포진되어 있었다. 반면 '선 확대론'은 시민단체, 노동단체 그리고 복지부(보사부가 1994년 12월 23일에 보건복지부로 개명)의 지지를 받고 있었다. 사실 복지부는 1995년 7월부터 농어촌지역확대사업이 실시되자 곧이어 1996년 5월 국민연금관리공단 내에 '도시지역확대실무추진단'을 구성하였고 1997년 1월에는 '도시지역확대실무추진반'을 운영하기 시작하였다.

일반적으로 상반된 두 견해가 팽팽히 맞서는 상황에서 정책 결정자가 취할 수 있는 최선의 선택은 양자의 근본 취지를 동시에 살리면서 두 내용을 적절히 타협시키는 것이다. 다시 말해, 그 당시 국민연금의 경우에는 연금개혁도 하면서 동시에 연금개선도 하는 것이었다. 바로 그와 같은 지혜를 발휘해야 할 과제가 1993년에 출범한 김영삼 대통령의 문민정부에게 주어졌던 것이다.

국민복지기획단의 발족

우리나라 역대 대통령 선거에서 사회복지 이슈가 여야 정책대결의 주요 대상으로 부각되거나 선거에서 여야 후보 간에 뚜렷한 노선 차이를 드러내는 경우는 많지 않았다. 1992년 대통령 선거 역시 과거의 전통을 크게 벗어나지 못했다. '문민정부'라는 단어가 말해 주듯이, 오랜 세월 민주화운동에 정열을 쏟았던 김영삼 대통령에게 복지정책의 우선순위가 높게 책정되리라고 기대하기는 어려웠다.

문민정부 초기의 통치이념을 요약한 말이 '신한국 창조'다. 김 대통령의 저서 『2000 신한국』은 신한국의 청사진을 제시하고 있다. 책의 제13장 제목은 '쾌적한 삶, 품위 있는 삶' 이다. 그 내용에는 "성장과 복지가 이상적으로 조화된 사회, 성장이 복지를 지원하고 복지가 장기적으로 성장의 원동력을 제공하는 선순환의 차원 높은 사회가 우리 국민들이 바라는 사회일 것이다." (김영삼, 1992: 162) 라는 문구가 나온다.

그 문구는 오늘날에도 통할 수 있는 원론 수준의 것이다. 이와 같이 김 대통령의 꿈은 신한국 창조를 구상할 정도로 어마어마하고 광범위하였다. 그러나 장기간의 군사정권 끝에 집권한 대통령으로서 집권 초기에 개혁해야 할 과제의 범위가 넓을 수밖에 없었던 점도 어느 정도 이해는 간다. 문제는 개혁의 대상이 너무 넓다 보니 복지개혁에는 미처 관심을 쏟을 수가 없었던 것 같다.

출범 후 2년이 지나도록 복지 정책 분야에서 별다른 성과를 기록하지 못하고 있던 중 드디어 복지개혁의 계기가 찾아왔다. 대통령의 해외 순방과 국제회의 참석이 결정적 계기가 되었던 것이다. 이런 사실은 이 책의 제7장에서 설명한 전두환 대통령의 해외 순방 시 KDI 연구진들이 국민연금의 실시를 건의했던 상황과 유사하다. 아시아 · 태평양경제협력(Asia-Pacific Economic Cooperation: APEC) 제2차 정상회담에 참석했던 김 대통령은 1994년 11월 17일 '시드니 선언' 을 통해 '세계화 장기 구상' 을 발표하였다. 이후 '세계화' 는 문민정부의 후반기 국정지표로 자리 잡게 된다.

이듬해인 1995년 3월 6일부터 12일 사이에 덴마크의 수도 코펜하겐에서는 국제연합(UN)이 주최한 '사회개발정상회의(World Summit for Social Development)' 가 열렸다. 그 회의에는 김영삼 대통령을 위시한 118개국의 정상들이 참석하였다. 그리고 '코펜하겐 선언과 실행 프로그램(The Copenhagen Declaration and Programme of Action)' 을 발표하였다. 이 회의 참석을 계기로 김 대통령의 복지 인식은 한층 깊이를 더하게 되었다.

문민정부의 복지개혁에 관한 백서를 보면, 사회개발정상회의가 복지개혁의 결정적 단서가 되었음을 알 수 있다. 백서의 내용 중에 다음과 같은 문구가 나온다. “21세기 세계화·정보화 시대에 들어가면서 지속적인 국가발전을 이루기 위해서는 ‘삶의 질 세계화’ 가 필수 불가결하다.” (복지개혁백서편찬위원회, 1997: 22)

코펜하겐 선언은 과거 냉전시대의 국가안보에 대비되는 인간안보(human security)라는 새로운 개념을 창조하였다. 그것은 모든 경제 및 사회발전의 궁극적 목표가 개인의 삶의 질 향상에 있다는 점을 강조하는 것이었다. 결국 시드니에서 시작한 ‘세계화’ 라는 구호는 코펜하겐 선언 이후 ‘삶의 질의 세계화’ 로 발전하였다. 그 결과 1995년 3월 23일 김 대통령은 세계화추진보고회의에서 ‘삶의 질의 세계화’ 를 선언하게 된다.

이어서 ‘삶의 질의 세계화’ 를 구체화하기 위한 기구가 창설되었다. 복지부 장관을 공동 단장으로 하고 21명의 학계, 연구기관, 언론계, 시민단체, 공무원 등으로 구성된 ‘국민복지기획단(복지기획단)’ 이 1995년 5월 8일에 출범하였다.

복지기획단은 3개 분과로 나누어졌는데, 제2분과인 보험제도분과가 국민연금 문제를 다루도록 되어 있었다. 복지기획단에서 구상한 기본방향에는 1998년까지 국민연금의 전 국민 확대, 4대 사회보험료의 징수 기준 일원화, 공적연금제도의 통산제도 도입, 이혼여성의 연금분할제도 도입, 보험료 상향조정, 수급연령 상향조정, 적립기금의 수익률 제고 등이 포함되어 있었다(국민복지기획단, 1995: 14-15).

한마디로, 복지기획단에서는 국민연금의 각종 결함들이 봇물 터지듯 쏟아져 나왔던 것이다. 당시 복지기획단에서 지적된 사항들의 상당 부분은 그로부터 14년이 지난 현재에도 여전히 해결되지 않고 있는 국민연금의 해묵은 현안들이다. 문제는 이처럼 복지기획단이 쉽게 해결될 수 없는 성질의 난제들을 일시에 국민 앞에 공개함으로써 국민들을 놀라게 하는 역기능을 자아내고 말았다는 사실이다.

여기서 국민연금의 또 다른 ‘전문 역설’ 이 나오게 된다. 전문가들의 입장에서 제도의 개선점을 지적하는 것은 당연한 의무다. 그리고 그러한 역할을 통해 제도는 개선되고 발전하기 때문에 자신들은 국민연금 발전에 공헌하고 있다는 자부심을 갖게 된다. 그러나 비전문가이면서 보험료를 내야 하는 일반 국민들의 입장은 다르다.

강제로 보험료를 꼬박꼬박 납부해야 하는 피보험자는 먼 훗날에 받게 될 국민연금제도가 탈 없이 온전하게 버텨 줄 것을 기원할 뿐인데, 현실은 정반대로 움직이고 있다는 것이다. 국민연금에 문제가 있다는 보도가 나오면 국민들의 가슴은 철렁 내려앉기 때문이다.

그런 상황에서 한두 문제도 아니고 십수 가지의 문제가 동시에 알려지면 국민연금에 대한 국민들의 실망은 얼마나 증폭되겠는가? 국민연금 발전에 공헌한다는 선의로 시작한 전문가들의 국민연금 문제점 찾기가 국민들의 실망감을 증폭시킴으로써 오히려 국민연금의 발전을 저해하게 될 수 있다는 역설의 사례가 된다.

공적연금 개혁의 구상

김영삼 대통령은 재임 중 네 번에 걸친 정부조직 개편을 단행하였는데, 세 번째 개편은 1994년 12월 23일에 이루어졌다. 이에는 경제기획원과 재무부를 통합시켜 재정경제원(재경원)으로 그리고 보건사회부를 보건복지부(복지부)로 개명한 조치가 포함되어 있었다. 그리고 대통령비서실 내에 정책기회수석실을 설치하였고 정책기획수석에는 박세일이 임명되었다.

1996년 2월 19일의 제4차 개편에서도 대통령비서실에 변화가 생겼다. 이번에는 사회복지비서실이 신설되었고 초대 사회복지수석에는 박세일 전 정책기획수석이 자리를 옮겼다. 따라서 청와대 내에서 연금제도 개선의 과제는 이제 사회복지수석실로 이관되었다. 사회복지수석실의 신설은 문민정부가 집권 후반기에 사회복지의 문제에 더 많은 관심을 보이기 시작했다는 증거로 해석할 수 있다.

1995년 5월에 출범하였던 국민복지기획단(복지기획단)은 1996년 3월

28일에 '노인복지종합대책'을 발표하였는데, 이는 정부가 인구 고령화 문제를 본격적으로 다루기 시작한 신호탄이었다. 사실 고령화 문제는 어느 한 정권의 문제가 아니다. 따라서 문민정부 이후 대통령이 세 번이나 바뀌었지만 여전히 중요한 국정 과제로 남아 있다.[1)]

1996년 청와대는 '노인복지종합대책'을 통해 포괄적인 노인복지대책의 수립을 본격화시키면서 의욕적으로 연금개혁의 범위를 대폭 확대시켰다. 그리하여 청와대 사회복지수석실이 공적연금제도(국민연금 외에 공무원, 군인연금, 사립학교 교원연금을 포함) 개혁을 추진하기 위한 방안을 검토한 시점은 1996년 4월이었으며 같은 해 6월에는 '공적연금의 장기발전방안'을 마련했던 것으로 알려져 있다(양성일, 1998: 30).

여기서 한 가지 짚고 넘어가야 할 점은 국민연금제도와 관련된 주요 사항을 관장하는 정부부처에 큰 변화가 일어났다는 사실이다. 그때까지의 주관부서는 복지부였다. 물론 경제기획원과 협력관계를 유지하였지만 최소한 형식적으로는 항상 복지부가 자신의 부내에 '실무작업반'을 구성하여 제도 도입을 준비하거나 제도 개선안을 마련하였다. 그런데 이번에는 그 역할을 청와대 사회복지수석실이 맡았던 것이다.

이와 같이 관장 부서의 변화가 불가피하였던 이유는 당시 사회복지수석실이 구상하고 있던 연금개혁의 대상범위가 국민연금을 넘어설 정도로 광범위하였기 때문이다. 즉, 청와대는 국민연금뿐만 아니라 공무원, 군인, 사립학교 교직원연금 등 공적연금 전반에 걸쳐 개혁을 시도하고 있었다. 그런데 공무원연금은 행자부, 군인연금은 국방부 그리고 사립학교 교직원연금은 교육부가 각각 관장하고 있었기 때문에 국민연금을 관리하고 있던 복지부가 다른 부처 업무까지 관여할 수는 없었던 것이다.

---

1) 고령화 문제의 중요성을 실증하는 참고자료로서 이후 정부가 설치한 기구들을 살펴보면 다음과 같다. 김대중 정부 시절에는 '노인보건복지대책위원회'가 대통령 직속으로 2001년 9월부터 가동되었고 노무현 정부는 '저출산 · 고령사회위원회'를 2005년 9월에 출범시킨 바 있다. 이명박 정부하에서는 참여정부 시절 대통령 직속의 '저출산 · 고령사회위원회'를 복지부 장관 소관으로 격하시켜 '저출산 · 고령사회 정책국'이라는 이름으로 운영하고 있다.

전 국민 연금의 시대를 1998년부터 시작하는 것으로 준비를 진행하고 있던 당시 복지부의 입장에서는 만의 하나 청와대의 광범위한 연금개혁이 자신들의 확대 계획에 차질을 주지 않을까 우려하였다. 즉, 뒤에 설명하게 될 '선 개혁, 후 확대' 론과 '선 확대, 후 개혁' 론과 같은 전략 차원의 이견이 표출되기 시작하였다.

'선 개혁, 후 확대' 론은 확대를 위해 국민연금법을 개정하는 김에 다른 결함들도 함께 말끔히 해소해 보자는 생각이었다. 이에 반해 '선 확대, 후 개혁' 론은 국민연금에 대한 국민의 신뢰도가 높지 않은 상황에서 다목적의 개혁을 동시에 시도하는 것은 자칫 모든 것을 잃을 수 있는 매우 위험한 발상이라고 생각하였다. 여하간 현재까지의 우리나라 역사상 모든 공적연금들을 한꺼번에 묶어서 개혁을 시도한 것은 그때가 처음이자 마지막이었다.

사회복지수석실의 공적연금 개혁 구상은 당시로서는 너무 이상적이고 의욕적이었기 때문에 더 이상 진전을 보지 못하고 대신 범위를 대폭 줄여서 복지부 중심의 국민연금 개혁과 경로연금제 도입 논의 수준으로 축소되고 말았다. 경로연금제란 65세 이상 노인들 중 일정 수준 이하의 저소득 노인들만을 대상으로 보험료가 필요 없는 소위 무기여 연금을 지급하는 것이었다.

'경로연금' 의 필요성은 국민연금제도의 사각지대 문제 때문에 발생하였다. 즉, 국민연금의 보험료를 낼 수 없는 저소득층은 노인이 되어도 국민연금을 받을 수 없기 때문에 그들의 대부분은 국민기초생활보장의 대상자로 전락하게 된다. 예산상의 이유로 국민기초생활보장 대상자의 수를 한없이 늘릴 수 없는 정부로서는 제3의 대처 수단을 가져야 하는데, '경로연금' 이 바로 그것이었다.

정부는 1991년부터 70세 이상 생활보호 노인들에게 '노령수당' 이란 이름으로 일종의 무기여 연금을 지급해 왔는데, 이번 기회에 이름을 바꾸고 대상 및 급여수준을 향상시킨다는 것이었다. 당시 야당인 국민회의도의원 입법 형식으로 유사한 법안을 국회에 상정한 상태였기 때문에 '경로연금' 은 어렵지 않게 「노인복지법」의 개정을 통해 1998년부터 시행에 들어갔다.

이 책 제8장에서 설명한 것처럼, 연금에는 기여 방식과 무기여 방식의 두 종류가 있다. 그런데 기여 방식으로 할 경우 보험료를 낼 수 없는 사람은 연금을 받지 못하게 되고 나아가 그런 사람들이 사각지대를 형성하게 된다. 우리나라의 국민연금은 시작부터 기여 방식으로 했기 때문에 사각지대 문제는 일찍부터 예견되었지만 대상자 확대 과제에 가려서 차일피일 연기되어 왔던 것이다.

그러던 중 1997년의 「노인복지법」 개정으로 제한된 범위의 무기여 연금이 법적으로 자리를 잡게 되었다. 따라서 '경로연금' 은 국민연금이 안고 있는 사각지대 문제의 필수불가결한 해법이라는 사실을 정부가 공식적으로 인정한 최초의 사례였다. 후술하겠지만, 1997년에 물꼬를 튼 '경로연금' 은 이후 2007년에 가서 「기초노령연금법」이라는 독립 법으로 격상된다.

'경로연금' 의 도입은 국민연금의 사각지대 문제와 관련하여 매우 중요한 의미를 함축하고 있었지만 당시 언론이나 일반 국민들은 그것의 중요성에 대해 별다른 관심을 갖지 않았다. 그렇게 된 이유는 우선 신규로 소요될 예산의 규모가 크지 않았을 뿐 아니라 정치권이 이구동성으로 찬성했기 때문이다.

여기서 한 가지 짚고 넘어가야 할 사항이 있다. 무기여 연금에 대한 정치권의 호의적 태도에 관한 것이다. 1997년의 경우에는 소요예산의 규모가 그다지 크지 않았다 치더라도 이 책의 제23장에서 후술하게 되는 2007년의 '기초노령연금' 은 액수가 상당히 컸다. 그럼에도 정치권, 특히 야당들은 무기여 연금에 대해 여전히 호의적 태도를 보였다.

그와 같은 역사적 사실을 통해 우리는 다음과 같은 점을 발견할 수 있다. 즉, 정치권은 일단 연금을 깎는 '연금개혁' 보다 연금을 늘리는 '연금

개선'을 좋아한다는 것이다. 그 이유는 연금개혁은 표를 잃게 될 확률이 높지만 연금개선은 표 모으기에 유리하다고 인식되기 때문이다. 그러나 그러한 성향은 국민연금의 재정 상태를 불안하게 만드는 한 원인으로 작용하게 된다.

문제는 연금개선이 아니라 연금개혁이 요구될 때다. 연금개혁 시대에는 연금개혁에 힘을 실어 주는 것이 당연함에도 불구하고 현실은 그렇지 않다. 정당이나 정치인들이 표를 잃어버릴지도 모르는 연금개혁에 휩쓸리지 않으려고 애쓰는 모습이 실제로 종종 나타난다. 그 결과 정치인들이 국익을 위해 선택한 행동이라고 우겨댈지 모르지만 국민연금의 발전에는 도움이 되지 않는 경우가 발생하는 것이다. 이 책은 그런 경우를 '정치 역설'이라고 명명하였다. 다행히 1997년의 '경로연금' 도입 시에는 '정치 역설'이 나타나지 않았다. '정치 역설' 현상은 이 책의 후반부에서 집중적으로 조명될 예정이다.

정당의 관심 대두

1990년대 중반까지의 국민연금 변천 역사를 보면 정책 논의는 주로 정부부처인 보사부와 기획원이 각자 싱크탱크인 국책 연구소의 전문가들로부터 도움을 받아 진행시키는 형상이었다. 그러다 보니 정치권, 즉 국회나 정당이 연금 정책을 개발하고 개진하는 등의 적극적 활동은 없었다고 해도 과언이 아니다. 다시 말해 그때까지 국민연금 논의는 정부와 관련 전문가들의 전유물이나 다름없었고 국회나 정당들은 논의 과정에서 대부분 소외되어 있었다.

그런 전통에 변화의 조짐이 나타나기 시작하였다. 공적연금 및 국민연금의 제도개혁에 대한 논의가 청와대를 중심으로 활성화된 1996년 말에 이르러 야당인 국민회의 및 자민련 측도 관심을 보이기 시작하였다. 이처럼 우리나라 정당들이 국민연금에 대한 논의에 적극적으로 뛰어든 것은 그때가 처음이었다.

당시 야당이었던 국민회의와 자민련이 공동으로 주최한 '국민연금 운영개선' 이란 제목의 정책토론회가 1996년 11월 12일에 열렸는데, 이 자리에는 김대중과 김종필의 양당 총재가 참석하여 축사를 하였다(양성일, 1998: 35). 토론회의 핵심 의제는 「공공자금관리기금법」을 위시한 기금 운용에 관한 사항과 무기여 노령연금제도의 도입에 관한 사항이었다.

이처럼 전례 없이 야당에서 국민연금에 관심을 보이기 시작한 것은 우선적으로 일 년 후로 다가온 1997년 대선에서 노인층 유권자들의 표를 의식한 행동으로 해석할 수 있다. 그러나 더 근접한 이유는 국민연금의 정책 환경 및 정치 상황의 변화였다. 1988년부터 실시해 온 국민연금이 마지막 도시지역 자영업자 확대를 눈앞에 둔 시점에서 여러 가지 결함들을 노정하고 있었고 관련 단체들의 개선 요구도 구체화되었기 때문에 야당도 더 이상 국민연금 이슈를 외면할 수 없었던 것이다.

그때까지 복지부의 국민연금 발전 전략은 단계적 접근법을 채택하였는데, 1단계는 제도를 조기에 도입하는 것으로 정하였으며 2단계는 강제가입 대상자를 점진적으로 확대시키는 것이었다. 그런데 대상자 확대가 완성되어 갈 무렵 재정 안정화 문제와 사각지대 문제가 동시에 터져 나왔다.

재정 문제와 사각지대 문제는 오늘날에도 계속되고 있는 국민연금의 '아킬레스건' 이다. 사실 이 두 문제는 1973년의 「국민복지연금법」이나 1986년의 「국민연금법」 제정 시부터 폭발 가능한 시한폭탄이었지만 그때까지는 제도 도입이라는 더 우선적인 문제에 가려져 있었을 뿐이다. 그러다가 모처럼의 문민정부가 사회 전반에 걸친 개혁을 시도하는 과정에서 개혁대상으로 부상하였던 것이다.

PART_ 4

연금개혁에 대한 저항

13

청와대의 실패한 연금개혁 시도

국민연금제도개선기획단의 설치

폭넓은 공적연금 개혁의 시도가 관련 부처들의 저항에 부딪치자, 청와대 사회복지수석실은 개혁의 범위와 수위를 조절하게 된다. 우선 범위를 공적연금 전반에서 국민연금으로 좁히고 개혁 추진기구도 세계화추진위원회(청와대 내에 설치되었음)에서 사회보장심의위원회(국무총리실 내에 설치되었음)로 격하함으로써 복지부 중심의 개혁구도로 축소하였다. 그 결과 1997년 5월 16일에 열린 사회보장심의위원회는 국민연금제도개선기획단(개선기획단)을 설치 · 운영하여 같은 해 말까지 제도개선안을 마련하도록 결정하였다.

사회복지수석실이 신설되었던 1996년 2월부터 개선기획단이 창설되는 1997년 5월까지의 기간은 국민연금의 '선 개혁론'과 '선 확대론' 간의 줄다리기가 절정에 달했던 시점이다. 결국 사회복지수석실의 과도한 개혁 의지는 현실의 장벽 앞에서 궤도를 수정하는 방향으로 낙착되었다. 그리고 새로운 궤도는 개혁과 확대를 병행하는 것이었지만 개혁의 칼날이 무뎌지는 것은 불가피하였다.

개선기획단 구성에 관한 소식이 언론에 공개되자 국민연금은 일간신문 사회면의 주요 기삿거리가 되었는데, 언론의 반응은 재정 안정화 정책에 대한 비난 일색으로 장식되었다. 1997년 5월 17일자 언론보도 및 사설의 헤드라인을 정리하면 다음과 같다.

'국민연금/보험료 올리고 급여 낮춘다' (서울신문) '부실 국민연금 전면수술/요율 올리고 지급연령 상향' (한국일보) '국민연금 정부 부실 운영 파산위기' (세계일보) '지급액 축소 · 지급연령 연장 · 보험료율 인상/국민연금 개악 추진' (동아일보) '국민 부담만 키운 국민연금/정부 제도손질 왜 나섰나' (경향신문) '예측 잘못으로 재정 때 이른 거덜/국민연금 왜 뜯어고치나' (한겨레신문) '국민연금 65세 지급 안 된다' (문화일보 사설) '파탄위기 맞은 국민연금' (국민일보 사설) '국민연금 재정자립부터" (한국일보 사설)

개선기획단이 구성되기 무섭게 국민연금의 '언론 역설' 이 다시 등장하였다. 국민연금 실시에 대한 올바른 이해가 부족했던 당시의 언론은 1973년의 「국민복지연금법」 제정 때부터 국민연금에 대한 부정적인 입장을 보이고 있었다(국민연금관리공단, 1998a: 83-85).

국민연금의 조기 실시에 대해서는 시기상조라고 논평하였고 재정 문제나 사각지대 문제에 대해서는 대안 제시 없이 국민연금의 노후소득보장 기능을 폄훼했던 것이다. 이는 국민들이 국민연금제도를 나쁜 제도로 인식하는 쪽으로 영향을 미쳤다. 그와 같은 부정적 시각이 다시 한 번 재현된 것은 1997년 5월이었다.

당시 복지부로서는 언론이 가능하면 재정불안의 문제보다 도시 자영자 확대 문제를 더 중요하게 다루어 주기를 기대하였지만 언론의 태도는 비협조적이었다. '언론 역설' 이 여전히 복지부를 괴롭히고 있는 실정이었다.

개선기획단 발족에 관한 1997년 5월 17일자 한겨레신문에는 의미 있는 기사가 실렸다. 그 내용을 요약하면, 국민연금 재정불안의 한 요인은 정부의 장기 재정추계가 잘못되었기 때문이라는 것이었다. "국민연금을 시작하면서부터 정확한 추계를 하지 못했다. 1986년 한국개발연구원의 민재성 박사팀은 2049년께 연금 적립기금이 완전 바닥날 것으로 예측했다.…… 하지만 최근 2033년께 재정이 바닥난다는 새로운 재정추계가 나옴에 따라 당시의 예측이 크게 빗나간 것으로 드러나 정부가 서둘러 재정 안정화 방안을 찾게 된 것이다."(한겨레신문, 1997. 5. 17.)

회고해 보면, 국민연금 재정상태에 대한 본격적인 장기 추계는 1986년의 「국민연금법」 제정 때로 거슬러 올라간다. 이 책 제6장에서 소개한 바 있지만, 당시 KDI 연구팀은 2049년을 기금고갈 시점으로 예견하였고 이어 1988년의 한국인구보건연구원 연구팀은 2047년을 제시하였다. 그러다가 1997년에 들어오면서 2033년으로 크게 단축되었다.

언론이 그런 역사를 알고 있었기에 시기 단축의 문제를 제기했던 것이다. 이 문제에 대한 복지부의 답변에 따르면, 급속한 노령화 등을 충분히 예측하지 못한 점과 보험료를 너무 낮게 잡은 점 두 가지가 주 원인이었다(한겨레신문, 1997. 5. 17.). 여하간 정부 측 예상이 틀렸음을 인정하고 있었던 점은 명백하다.

그러나 국민일보 1997년 5월 20일자 기사에서는 정부의 그런 답변이 석연치 않을 뿐 아니라 비과학적이라는 의문을 제기하고 나섰다. 즉, 국민연금의 기금소진 예상시점은 1996년 1월 세계화추진위원회 산하 국민복지기획단이 '국민복지 기본구상에 관한 보고서'를 발표하면서 2033년으로 슬그머니 앞당겼다고 주장한 것이다(국민일보, 1997. 5. 20.).

다시 말하자면, 청와대 비서실이 국민연금 개혁에 착수하면서 개혁의 필요성을 강조하기 위해 재정상태를 의도적으로 악화시켰다는 의혹을 제기하였던 것이다. 이 주장이 사실이라면 재정 추계의 신뢰도를 정부가 자진해서 떨어뜨리고 있었음이 드러난다.

국민연금의 역사상 장기 추계에 대한 정확성 시비가 최초로 불거졌지만 더 이상 사회 문제로 번지지는 않았다. 대신 추계의 정확성에 대한 본격적 논쟁은 최초의 법정 장기 추계 결과가 나온 2003년에 가서 불붙게 된다. 왜냐하면 1998년의 「국민연금법」 개정에 따라 매 5년마다의 장기 추계가 법으로 정해졌기 때문이다. 2003년 추계에 대한 설명은 이 책 제 17장에서 자세하게 나온다.

장기 추계에 대한 보다 상세한 논의는 후술하겠지만, 이 시점에서 독자들은 장기 추계에 연관된 세 가지 사실에 대해서는 반드시 이해하고 넘어가는 것이 좋겠다.

첫째, 정확한 장기 추계라는 말은 성립되지 않는다. 장기 추계란 60~70년 후의 먼 미래에 대한 예측일 뿐 아니라 관련 변수가 100여 가지에 이를 정도로 많기 때문에 정확한 예측이란 처음부터 잘못된 표현이다.

둘째, 전문가들이 장기 추계를 시도할 때 관련 변수의 변화추이를 대략 세 가지(낙관, 비관, 중간) 방향으로 좁힌다. 그리고 각각의 가정에 의거한 예측을 실행하지만 발표 시에는 중간 수치에 기초한 예상치를 공표한다. 따라서 우리는 하나의 예상치만 볼 것이 아니라 최소한 2~3개의 수치를 함께 고려할 필요가 있다.

셋째, 그럼에도 불구하고 장기 추계를 맹신해서는 안 되며 추계에 대한 신뢰도를 높이기 위해 변수 조정과 추계 작업의 빈도를 높일 필요가 있다. 지금까지 정부는 법의 명령에 따라 2003년과 2008년 2회에 걸쳐 국민연금의 장기 재정추계를 실시하였다. 한편, 추계에 대한 신뢰도와 정확도를 높이기 위한 과학적 방법의 개선 작업은 지속해야 한다.

개선기획단의 단장에는 박종기 인하대학교 교수가 임명되었고 의원은 총23명이 위촉되었다. 학계 7명, 연구기관 7명, 사회단체 대표 4명, 언론계 2명, 공무원 3명 등 골고루 분포되었다. 기획단은 산하에 전문위원회를 운영하였는데, 전문위원회는 모두 24명의 관련 전문가들로 구성되었다. 그리고 개선기획단은 1997년 6월 16일부터 활동에 들어갔다.

기획단 위원과 전문위원들의 면면을 보면 그 사이에 우리나라 연금 전문가들의 양적 성장 및 세대교체가 이루어지고 있었음을 알 수 있다. 즉, 1986년의 「국민연금법」 제정 시까지 활약했던 KDI와 사보심 연구실에 소속되었던 제1세대 전문가들 중 두 명(박종기와 민재성)만이 개선기획단에 포함되었고 나머지 위원들 자리에는 모두 새로운 얼굴들이 발탁되었다.

전문가들이 속한 연구소의 종류도 다양해졌다. 전에는 대학교수들 중에서 연금 전문가들을 찾아보기 힘들었지만 이번에는 다수의 교수들이 연금 전문가로 부상하였던 사실도 특기할 만하다. 덧붙여 사회단체와 언론계도 가세하였다.

국민연금 문제가 그 사이에 중요한 사회제도의 하나로서 뿌리를 내리고 있었다는 증거다. 특히 주관 연구소가 보건사회연구원이 됨으로써 국민연금에 대한 복지부의 정책장악력이 한층 강화되었음을 느끼게 한다.

국민연금이 국민 사이에서 보편화되고 있다는 또 다른 증거는 노동단체와 경제인단체들도 이 무렵부터 국민연금에 대한 높은 관심을 보이기 시작했다는 것이다. 개선기획단의 활동이 한창 진행 중이던 1997년 7월 4일에 노총과 경총은 공동 주관으로 국민연금 개혁에 관한 공청회를 개최하였다. 그 자리에서 양측은 국민연금의 개혁방안 등에 있어 많은 공통점을 보여 주었는데, 평소 상반된 이해관계를 견지하던 두 단체가 공동 보조를 취한 드문 선례를 남겼다.

국민연금제도개선기획단의 급진적 개혁안

공적연금제도의 개혁은 변화 정도를 기준으로 할 때 온건한 것과 급진적인 것으로 나누어진다. 전자는 기본구조의 틀을 유지한 채 주요 요소의 수치만 조정하는 방식의 모수적(parametric) 개혁이고 후자는 아예 구조의 틀을 변경하는 구조적(structural) 개혁이다. 그런데 개선기획단은 모수적 개혁과 구조적 개혁을 모두 검토하였다. 그리고 결론은 구조적 개혁으로 정하였다. 그리하여 국민연금 역사에서 구조개혁을 제안한 최초의 위원회로 기록되고 있다.

개선기획단은 세 개의 기본안을 만들었는데, 제1안은 모수개혁을 지향하였고 제2안과 제3안은 구조적 개혁을 목적으로 설계되었다. 제2안과 3안의 차이는 구조조정의 주안점을 어디에 두는가의 차이였다. 그리고 제3안이 제2안보다 개혁성이 더 강하였다.

제2안은 균등 부문과 비례 부문을 분리시키는 구조조정에 주력하면서 균등 부문을 18세 이상 전 국민이 강제가입하는 기초연금으로 전환하는 것이었다. 반면 제3안은 피용자와 자영자를 분리 · 운영하되 확정기여 방식(defined contribution plan)과 완전적립 방식(fully funded scheme)의 취업자 개인별 연금계정(individual account 또는 국민연금통장)을 소지하도록 강제화하는 것이었다(국민연금제도개선기획단, 1997: 98-159).

세 개 개혁안의 구조적 측면을 비교해 보면, 제1안은 1973년 「국민복지연금법」의 골격을 유지하고 있는 데 반해, 나머지 두 개 안은 모두 새로운 골격으로 바뀌게 되어 있었다. 즉, 제2안대로 가면 국민연금은 기초연금과 비례연금의 이원 구조로 전환되는데, 그와 같은 모양새의 원조는 영국이었다. 우리나라에서는 이 책의 제11장에서 소개한 한국인구보건연구원의 연금연구팀(팀장 정경배)이 1989년에 기초연금제도 설계를 최초로 선보인 바 있었다(한국인구보건연구원, 1989: 173-232).

반면 제3안의 원조는 칠레였고 이어 세계은행이 1994년에 출판한 연금개혁서인 『노년 위기의 회피』를 통해 다주(多柱)연금 체계(multi-pillar system)로 발전시켰다. 우리나라에서 이 모형을 실전에 배치한 것은 개선기획단이 처음이었다. 결과적으로 보면, 세 개 개혁안의 급진성 측면에서 제1안이 제일 온건하고 제3안이 제일 과격하였다.

이 책의 제16장에서 후술하겠지만, 개선기획단에서 심층 논의되었던 세 개 개혁안의 기본 방향은 향후 우리나라 공적연금제도 개혁의 기본구도가 되어 오늘날에도 벤치마킹되고 있다. 더욱 흥미로운 사실은 당시 개선기획단의 위원 및 전문위원들은 각기 세 개 안을 놓고 서로 다른 계파를 형성하였는데, 공적연금 개혁이 거론되면 지금도 그때 형성된 계파 간의 의견충돌이 재현되곤 한다.

일례로, 2002년 대선에서 한나라당의 이회창 후보는 제2안에 가까운 공약을 제시하였고 민주당의 노무현 후보는 제1안과 유사한 공약을 내세웠다. 그리고 2007년 대선에서 한나라당의 이명박 후보는 여전히 제2안을 지지하는 의지를 표명한 데 반해, 대통합민주신당의 정동영 후보는 제1안의 변형이라고 볼 수 있는 노선을 지지하였다. 즉, 우리나라 연금제도 연구에 관한 한 개선기획단은 후배들이 참고하게 되는 원본을 제공하였다고 해석된다.

개선기획단의 논의가 막바지에 이르자, 세 개의 개선안은 다시 둘로 압축된다. 즉, 구조개혁안이었던 제2와 제3안이 하나로 절충됨으로써 모수개혁과 구조개혁으로 양분되었다. 그러나 완전 단일안 산출의 노력은 성사되지 못했고 대신 필요한 경우 소수의견을 병기하는 선에서 최종보고서를 제출하였다.

최종보고서에 담긴 개선안은 모수개혁을 넘어 구조개혁까지 가는 야심찬 청사진이었다. 즉, 연금의 소득대체율을 70%에서 40%로 낮추고, 수급연령은 2013년부터 매 5년 간격으로 65세까지 인상하며, 도시자영자 확대는 예정대로 1998년에 한다는 것이 모수개혁의 핵심이었다. 여기에 덧붙여 제도의 기본골격을 기초연금과 소득비례연금으로 이원화시킨다는 것이 구조개혁의 중심이었다. 결국 애초의 세 개 안 중 제2안이 채택되었다고 볼 수 있다.

개선기획단의 개선안은 처음부터 구조개혁을 염두에 둔 만큼 급진적일 수밖에 없었다. 개선안의 급진성은 장기 재정 추계에서 잘 드러난다. 당시 추계에 의하면, 제도개혁이 없을 경우 2025년에는 기금의 총수입이 총지출에 못 미치는 당기 적자가 발생하고 2033년에는 적립기금이 소진되는 것이었다. 그러나 개선안대로 개혁을 단행하면 2080년까지 연금재정은 흑자 기조를 유지하는 것으로 예측되었다.

국민연금 재정 안정의 측면만을 고려한다면 훌륭한 개혁안이 아닐 수 없었다. 그러나 문제는 그러한 재정 안정의 대가가 만만하지 않다는 것이었다. 무엇보다 연금의 소득대체율이 70%에서 40%로 삭감된다는 것은 연금이 거의 반토막 난다는 뜻이 되기 때문이다. 가입자인 국민으로서는 허탈감에 빠질 수밖에 없었고 더욱이 가입을 눈앞에 두고 있는 도시자영자들의 반대에 불을 붙일 가능성이 농후하였다.

개선기획단의 개선안에는 과격한 내용이 포함되어 있었지만 국민연금의 문제점을 누락 없이 거의 총망라했다는 점에서도 특기할 만하다. 그중에서도 「공공자금관리기금법」의 문제점을 지적하였고 재정의 건전성 확보를 위한 재정재계산(actuarial estimates)을 제안한(국민연금제도개선기획단, 1997: 19, 53-60) 것은 제도 발전에 대한 큰 공헌이었다고 평가할 수 있다.

개선기획단은 이상과 같은 개혁안을 1997년 12월 27일 사회보장심의위원회 위원장인 국무총리에게 제출하였다. 그런데 어떤 정책이 성공하려면 타이밍이 중요하다. 그런 관점에서 보면 개선기획단의 개선안은 불운한 쪽에 속하였다. 개선안을 제출한 시점이 정책 과정상 매우 좋지 않은 타이밍이었기 때문이다.

1997년 12월 27일은 김영삼 정부가 국제통화기금(IMF)에 구제금융을 신청한 지 2개월이 지나 경제위기의 여파가 본격화되는 시점이었다. 더욱이 1997년 대통령 선거에서 야당연합 김대중 후보의 당선이 확정되었기 때문에 김영삼 정부의 개혁안은 위력을 발휘하기 어려웠다. 임기 말의 '레임 덕' 현상에다 외환위기라는 악재가 겹침으로써 문민정부의 개혁 이미지는 현격히 퇴색되었기 때문에 국민연금 개혁에 대한 국민들의 지지는 차치하고 주목조차 받기 어려울 것으로 예견되었다.

개선안에 대한 부정적 반응

개선기획단의 개선안이 발표되자, 각종 사회단체, 언론 그리고 전문가들은 즉각 반응을 보였다. 반응은 예상대로 반대 일색이었다. 1997년 12월 31일자 경향신문에는 양대 노총과 경총, 시민단체 그리고 교수들의 반응이 실렸다.

차례대로 소개하면 다음과 같다. 한국노총은 "개혁안의 즉각적인 철회가 이뤄지지 않으면 범국민적인 갹출 거부운동도 불사하겠다."라는 강경 입장을 표명하였다. 민주노총은 공공자금관리법 제5조의 폐지를 촉구하였다.

한편, 경총은 12월 30일에 발표한 '국민연금제도개선에 대한 입장'이란 문건을 통해 "근로자와 기업주의 부담은 고려하지 않은 채 연금재정의 안정화만 중시한 졸속 개정안이다."라는 논평을 내놓았다. 경실련, 참여연대 등의 시민단체들은 연금재정 불안의 책임을 정부와 관리공단이 먼저 져야 한다고 주장하였다.

중앙대학교(사회복지학과) 최경석 교수는 "선진국은 국민연금을 노사정의 공동 출자로 운영하는 반면, 우리 정부는 돈 한 푼 제대로 내지 않고 관리권만을 독점적으로 행사, 기금부실을 유발한 후 국민들의 고통전담만을 강요한다."라고 비판하였다. 그리고 고려대학교 경영학과 이필상 교수는 "정부가 국민들이 노후생계를 위해 낸 돈을 마음대로 써 놓고 이제와 연금제도를 뜯어고친다는 것은 국민재산의 단순한 남용 차원이 아니라 죄악이다."라고 혹평하였다.

언론의 반응은 앞에서 수차례 지적한 바 있는 '언론 역설' 현상을 재확인할 수 있을 정도의 강도 높은 비판이 대세를 이루었다. 헤드라인을 모으면 다음과 같다. '국민연금 납부거부 움직임' (경향신문) '국민연금 푼돈으로 받는다' (한국일보) '노후보장 물거품 된 국민연금' (세계일보) '국민 부담금 된 국민연금' (국민일보) '뒤로 가는 국민연금' (동아일보) 그리고 언론은 사설을 통해 이구동성으로 개선안을 다시 만들 것을 주장하였다.

개선안 내용이 공개된 후 3개월이 지난 시점에서 한 신문 사설은 '전문 역설'에 대한 경고성 발언을 실었다. "지난 연말 연금제도개선기획단이 내놓은 개선안은 이번 복지부 개정안과는 너무나 대조적이다. 이미 폐기되긴 했지만 많은 예산과 시간을 들여 국민의 비판을 초래한 안을 만든 이유가 뭔지 알 수가 없다. 앞으로는 그렇게 부질없는 기획단 같은 것이 있어서는 안 된다."(서울신문, 1998. 2. 24.)

역설이 야기하는 문제점 중 하나는 국민연금의 문제를 파헤치기만 했지 문제 해결에는 도움을 주지 못한다는 것이다. 앞에서 볼 수 있듯이, '전문 역설'이나 '언론 역설' 역시 전문가와 언론의 문제 해결에 대한 공헌도가 문제였다. 왜냐하면 모두들 국민연금의 재정문제는 '저부담 고급여' 구조에서 발생한다고 인정하면서도 정작 부담을 늘리거나 급여를 삭감하는 제안에 대해서는 거부의 태도를 취하고 있었기 때문이다.

개선안에 대한 사회적 반발이 거세지자, 정부는 재검토가 불가피하다는 입장을 표명함으로써 시행 여부가 불투명하다는 보도까지 등장하였다(문화일보, 1997. 12. 30.). 원래 복지부는 1998년 2월 임시국회에서 「국민연금법」을 개정한 뒤 같은 해 7월 1일부터 새 제도를 시행한다는 계획을 세워 놓고 있었다. 그러나 그러한 계획이 성공하기 어렵게 되었던 것이다.

국민연금이 시작된 1988년 이후 복지부 연금 정책의 1순위는 대상자 확대였다. 1995년부터 농어촌지역 주민들도 강제가입의 대상자로 들어오면서 그러한 정책목표가 순조롭게 진행되는 듯 보였다. 그러나 1998년의 도시자영자 확대를 눈앞에 둔 시점에서 차질이 빚어졌다.

1997년에 느닷없이 청와대 비서실이 재정 안정화를 주목적으로 하는 국민연금 개혁을 시도함에 따라 애초의 대상자 확대 목표에 차질이 빚어진 것이다. 그러한 차질을 가열시킨 배경에는 '전문 역설'과 '언론 역설'이 자리하고 있었다.

14

정부는 줄이고 국회는 늘린 제1차 연금개혁

국민의 정부 정권인수위원회

1997년 대통령 선거에서 국민회의와 자민련으로 구성된 연합전선(속칭 DJP 연합)의 김대중 후보가 당선되자, 국민연금 개혁의 후속 조치인 관련 법의 개정 작업은 복잡한 구도 속으로 빠져 들어갔다. 경제위기에 발 빠르게 대처하기 위해 설치된 '정권인수위원회(인수위)' 가 국민연금 개혁 문제를 검토하기 시작하였다. 그러나 다른 한편에서는 임기가 아직 남아 있는 김영삼 정부의 사회복지수석실이 개선기획단의 제안을 입법화시키기 위한 작업을 계속 진행하고 있었다.

인수위에 대한 복지부의 보고 내용을 분석해 보면, 개선기획단의 개혁안에 대한 당시 복지부의 입장은 찬성보다 반대쪽이었던 것으로 나타난다. 물론 앞에서 보았듯이, 언론을 위시한 여론이 개선기획단의 제안을 재정 안정에 치우친 나머지 복지적 고려가 부족하였다고 혹평하기도 했다. 그런 상황에서 김영삼 대통령에 비해 다소 친복지적 성향을 가진 것으로 알려졌던 김대중 대통령의 당선이 그런 복지부의 입장변화에 영향을 미쳤던 것으로 판단된다.

복지부의 안이 개선기획단의 안과 가장 두드러지게 차이 나는 부분은 구조개혁을 포기함은 물론 모수개혁의 급진성도 완화시켰다는 것이다. 그리하여 소득대체율을 70%에서 40%로 줄이지 않고 50~60% 선으로 조정하는 것으로 수정하였다. 사실상의 거부나 다름없었다. 이렇게 개혁성을 절감하는 대신 도시자영자 확대는 예정대로 1998년 7월로 추진한다는 쪽으로 정책의 무게중심을 이동시켰다.

인수위 보고에서 복지부의 또 다른 강조점은 기금 운용에 관한 것이었다. 이미 수차례 언급되었지만 경제부처나 대부분의 경제학자들은 국민연금제도를 접할 때 기금을 최우선적으로 고려한다. 즉, 기금의 투자 효과, 저축 효과, 노동시장에 미치는 효과 등이다. 그리하여 1993년의 「공공자금관리기금법」 제정에서 잘 드러났듯이, 기금 운용의 결정권을 자신들이 장악하기 위해 온갖 노력을 다한다.

이에 비해 복지부나 사회복지학자들은 국민연금을 우선적으로 노후소득보장의 수단으로 여긴다. 그리하여 그들은 재분배나 사회연대의 강화와 같은 목표 달성에도 신경을 쓰게 된다. 더욱이 복지부는 자신들의 노력으로 열심히 모은 기금을 운용하는 측면에서는 장기간 소외되었다는 불만을 갖고 있었다.

복지부가 인수위에 보고한 내용을 보면, 국민연금제도가 시작된 1988년 이후 10년간의 공공 부문 과다예탁으로 인한 기회손실액(금융부문예탁과 공공부문예탁의 이자차액)이 8,600억 원을 상회하는 것으로 나타났다(양성일, 1998: 62). 한편으로는 국민연금의 재정불안을 거론하면서 다른 한편으로는 솔선수범 연금재정을 악화시키는 것과 같은 재경원의 이율배반적 태도를 복지부는 은근히 못마땅하게 여기고 있었다.

지난 10년간 사정이 줄곧 그러했지만 상대적으로 힘이 약한 복지부는 이 문제를 공개적으로 제기하지 못하고 벙어리 냉가슴만 앓고 있었다. 그러다가 개선기획단의 보고서 작성과 정권교체기를 기회로 삼아 적극적인 공세를 펴기 시작하였다. 이 기회에 기금 운용의 권한을 복지부로 가져오겠다는 것이었고 그러한 노력의 결과 먼저 인수위에 대한 설득에 성공하였던 것으로 보인다.

정세 변동으로 인한 복지부 입장의 강화 현상은 복지부와 청와대 사이에서도 감지될 수 있었다. 정권 말기, 그것도 전대미문의 경제위기 소용돌이에 휘말린 문민정부의 청와대 사회복지수석실은 마지막 순간까지 국민연금법의 개정 작업을 진행하고 있었다.

그러나 복지부는 사회복지수석실이 선호하는 개선기획단의 개혁안에 대해 부정적 입장을 표출하였다. 이유는 구조의 이원화가 실익이 없을 뿐 아니라 행정관리상의 난점이 있고 개혁안이 너무 급진적이고 재정 안정화에 편중되었다는 것이었다.

공청회와 국민연금법 개정안 작성

복지부는 인수위 활동이 절정에 이른 1998년 1월 22일에 한국보건사회연구원(한국인구보건연구원이 1990년에 확대 개편됨)과 공동으로 공청회를 개최하였다. 목적은 국민연금 개혁에 대한 여론을 수렴하기 위한 것이었다. 급여율의 급격한 축소가 반대 여론을 형성한 주원인이라고 파악한 복지부는 급여율을 수정하였다. 즉, 개선안에서 제시되었던 40%를 55%로 인상했던 것이다.

55%라는 숫자는 당시 적용되던 70%와 개선기획단이 제안했던 40%의 중간점이었다. 그와 같은 수정안을 골자로 하는 「국민연금법」 개정안이 1998년 2월 23일에 발표되었다. 겉으로 보기에도 복지부의 견해가 사회복지수석실의 것보다 실현 가능성이 높을 것 같았다.

그러나 지급액을 줄이고 수급연령을 높이는 개혁 방향 자체에 대한 반대 여론은 좀체 수그러들지 않았다. 민주노총과 한국노총이 즉각 반대성명을 발표하였고 특히 한국노총은 대안으로서 60%를 제시하였다(한국일보, 1998. 2. 25.). 언론 기사들도 여전히 부정적이었다.

이 책의 제12장에서도 설명했다시피, 「국민연금법」 개정을 둘러싼 긴박성의 배경에 관한 한 복지부와 청와대 사회복지수석실 사이에는 현격한 견해 차이가 있었다. '선 확대, 후 개혁' 론을 지지했던 복지부로서는 연금개혁도 필요하였지만 도시지역 자영자에 대한 확대가 더 우선적 과제였다. 그런데 국민연금 강제 적용 대상자의 범위는 「국민연금법」이 정하는 법률사항이었기 때문에 법 개정은 불가피하였다.

한편, '선 개혁, 후 확대' 론을 선호하던 청와대 개혁론자들은 도시자영자 확대를 국민연금 개혁의 호기로 활용하고 싶었던 것 같다. 즉, 연금 삭감과 같이 국민 동의를 얻기 힘든 사안은 관련법을 손질할 때 한꺼번에 묶어서 처리하는 것이 전략적으로 유리하고 비용도 적게 든다고 생각했던 것이다.

당시 청와대 개혁론자들의 생각은 일종의 '전문 역설' 을 만들어 내는 원인이 되었다. 왜냐하면 이유 여하를 막론하고 일단 국민이 동의하지 않는다면 그들을 설득하면서 차근차근 문제를 풀어 나가는 것이 정도였기 때문이다. 그렇지 않고 법 개정이 힘들다는 이유로 한꺼번에 여러 문제를 급격하게 손질하는 것은 국민연금에 대한 국민의 불신감을 더욱 증폭시키는 결과를 초래할 수 있다. 다시 말해, 단기적으로는 법 개정을 용이하게 하는 이점이 있었을지 모르지만 장기적으로는 국민 불신을 가중시키는 손해가 발생하는 것이다.

인수위에 대한 복지부의 설득 그리고 정권 말기의 힘 빠진 사회복지수석실이란 상황에 힘입어 복지부는 국민연금 개혁의 최종 방향을 대부분 자신의 의도대로 가져갈 수 있었다. 그리하여 복지부 내부의 의견 조율이 종료된 시점은 1998년 2월 21일이었다. 이날 김영삼 정부의 마지막 복지부 장관(최광)이 「국민연금법」 개정안에 서명하였다. 이어 한 달 뒤인 3월 10일에는 개정안이 입법예고에 들어갔다.

개정안의 주요 골자는 12가지로 요약되는데, 주로 앞에서 설명된 복지부 관료들이 선호하였던 모수적 개혁과 일치하였다. 12가지 골자는 다음과 같다. ① 급여수준을 70%에서 55%로 감축, ② 최고 보험료율을 2010년 이후 9% 이상으로 인상, ③ 수급개시 연령을 2013년 이후 매 5년마다 1세씩 인상, ④ 최소가입기간을 15년에서 10년으로 인하, ⑤ 도시지역 주민의 연금 확대는 1998년 10월부터, ⑥ 공적연금제도의 가입기간을 통산방식으로 연계, ⑦ 이혼 배우자의 연금분할제도 도입, ⑧ 60세 이상 65세 미만인 자의 특례 가입 허용, ⑨ 기금운용위원회 위원 수를 15인에서 20인으로 증원, ⑩ 기금운용위원회 위원장을 재정경제원 장관에서 복지부 장관으로 변경, ⑪ 공공부문예탁 이자율을 기금운용위원회에서 결정, ⑫ 연금재정 안정을 위해 재정계산제도 도입 등이다.

이상의 요지를 분석하면 복지부의 입지 강화가 재확인된다. 그리고 전체 그림은 전형적인 모수개혁의 모습을 띠고 있다. 따라서 도시자영자 확대를 앞두고 불거져 나온 '선 확대, 후 개혁' 론과 '선 개혁, 후 확대' 론의 대결은 결국 전자의 승리로 일단락되었다. 그러나 재정 안정화를 위한 개혁의 과제가 후속 정부의 숙제로 남게 되는 여운을 만들기도 하였다. 특히 두 자리 숫자 보험료의 달성연도를 10년 이상 지연시킴으로써 '마의 10% 벽' 징크스를 굳히게 하는 빌미를 제공하였다.

국민연금제도 발전의 측면에서 볼 때 우선 전 국민 연금시대를 차질 없이 열겠다는 의지를 확고히 표명한 것은 가상하다. 왜냐하면 심각한 경제위기를 맞아 국민연금의 추가 부담이 우려되는 도시자영자 확대에 대한 연기론이 대두되고 있었기 때문이다. 도시자영자 확대 때문에 발생한 '연금파동' 에 대한 추가 설명은 다음 장에서 다루기로 한다.

이 책의 제5장과 제7장에서 보았다시피, 1973년의 「국민복지연금법」이 14년이나 지연되었던 악몽이 재현될 수도 있는 위기일발의 급박한 상황에서 복지부와 인수위는 올바른 선택을 했던 것이다. 그다음으로 지적할 수 있는 발전은 기금운용위원회 개선, 재정계산제도 도입 그리고 공적연금의 통산방식 실시 등에서 찾을 수 있다. 그리하여 후속된 1998년의 법 개정을 통해 앞선 두 부문에서 적지 않은 발전이 나타났으며 공적연금의 통산방식은 11년이 경과된 2009년 2월 임시국회에서 뒤늦게 해결되었다.

국민연금법 개정안의 국회심의

정부가 「국민연금법」 개정안을 준비하고 있던 1998년 4월 9일에 당시 여당 의원이었던 국민회의 소속 김병태 의원 등이 제출한 개정안이 국회에 모습을 드러냈다. 김병태 의원 안은 국민연금 재정고갈을 방지하기 위해 재정자금의 예탁제도를 개선하고 기금운용위원회 위원장의 지위를 국무총리로 격상시키는 것을 골자로 하였다.

한편, 정부가 마련한 「국민연금법」의 개정 법률안이 국회에 제출된 시기는 1998년 5월이었다. 그러나 법안에 대한 보건복지상임위원회의 심의가 여야 간의 합의 불발로 장기간 보류되었다. 불발의 주원인은 야당의 독자안이 미처 마련되지 못하였기 때문이다. 이후 1998년 가을 정기국회에서 야당이 의원 입법안을 제출하면서 정부의 개정안은 야당안과 함께 재심의되었다.

김병태 의원 안과 정부안이 보건복지위원회에서 처음 논의된 날은 1998년 5월 13일이었다. 그날의 회의 속기록을 보면, 법 개정의 사유 측면에서 김병태 의원 안과 정부안에 미묘한 차이가 존재하고 있었음을 알 수 있다.

개정안의 주요 골자를 설명하는 대목에서 김 의원은 국민연금의 재정고갈을 방지하기 위해 기금의 운용 수익률 인상과 기금운용위원회에 대한 재경원의 입김을 축소시키는 데에 신경 쓰고 있었음이 드러났다.

그러나 복지부 최선정 차관은 정부 측 개정안의 주요 골자를 도시지역 거주자 확대, 기금운용위원회 위원 수 확대, 급여수준 하향조정(70%에서 55%로)과 수급연령 상향조정(60세에서 65세로) 그리고 분할연금제도 도입

등 보다 광범한 문제에 집중하고 있었다. 특히 복지부는 1998년 10월부터 도시지역 거주자에게 확대할 예정으로 같은 해 6월에는 모의적용사업을 실시할 계획을 갖고 있었다. 복지부의 「국민연금법」 개정의 제1목적이 대상자 확대 문제였음을 재확인시킨 증거다.

이렇게 여당안과 정부안이 심의를 거쳤지만 야당의 입장 표명은 그날까지 없었다. 당시 야당은 불과 3개월 전까지 여당이었던 신한국당이 한나라당[1]으로 당명을 바꾸었던 것이다. 앞서 본 바와 같이, 한나라당이 여당 시절이었던 1998년 2월 21일에 김영삼 정부의 마지막 복지부 장관(최광)이 「국민연금법」 개정안에 서명하였다. 그렇게 마련된 정부 측 개정안에 대해 야당이 된 이후의 한나라당은 공식적 입장을 유보하였던 것이다. 정치무상의 한 단면을 볼 수 있는 대목이다.

이와 같이 유권자들의 표와 국민여론에 민감할 수밖에 없는 정당과 정치인들이 생산하는 국민연금의 역설이 '정치 역설' 인데, 그 역설이 그 때 나타났던 것이다. 선거 결과 야당 신세가 된 한나라당이 연금개혁에 대한 자신들의 공식적 입장을 유보하였던 데에는 정치 외의 다른 요소도 작용하였다. 「공공자금관리기금법」에 대한 논란이 바로 그것이다.

앞의 제9장에서 설명한 것처럼, 국민의 정부 출범과 때를 같이하여 1998년 상반기 국민연금의 최대 이슈는 국민연금 기금의 관리 및 운용에 관한 것이었다. 따라서 당시 야당인 한나라당으로서는 「국민연금법」 개정과 「공공자금관리기금법」의 미래 향방을 함께 고려할 필요가 있었다.

1997년 외환위기로 인한 어려운 국민경제도 야당으로 하여금 국민연금 개혁에 대한 동작을 머뭇거리게 하는 요인이었다. 일례로, 한국경영자총연합회(경총)는 1998년 7월 31일에 '사회보험 적용대상 확대에 대한 경영계 의견' 이라는 성명을 발표하였다. 그 성명을 통해 경총은 사회보험의 적용 확대를 외환위기가 완전히 극복된 이후로 연기할 것을 주장하였다.

---

1) 1997년 11월 21일 신한국당과 민주당이 합당하였다.

그러나 경제사정 때문에 국민연금의 실시시기를 늦추자는 주장의 어리석음에 대해서는 앞의 제5장에 나온 1973년의 「국민복지연금법」 연기 사례에 잘 나타나 있다. 그와 같은 역사를 알고 있던 한국일보의 변형섭 기자는 “대공황기인 1935년 사회보장의 기틀을 마련한 미국의 예를 굳이 거론하지 않더라도 과거의 역사(저자 주: 1973년 국민복지법의 연기 사례)에서 무엇을 배워야 할지는 분명해 보인다.”라고 논평하였다(한국일보, 1998. 11. 9.).

그런데 경총의 적용 확대 연기론이 등장한 시점보다 훨씬 이전에 복지부는 대통령에 대한 국정보고에서 법 개정 작업이 늦어도 8월 말까지 완료되어야 한다고 보고하였다. 만약 8월 시한을 넘기게 되면 1998년 10월부터 시행하려던 당초 계획은 1999년으로 넘어갈 수밖에 없다는 입장 표명이었다(동아일보, 1998. 7. 9.).

차일피일 시간을 지체하고 있던 한나라당이 자신의 입장을 표명한 것은 1998년 9월 25일이었다. 그날 정의화 의원 등은 야당의 개정법률안을 국회에 제출하였다. 주요 내용을 보면 앞서 언급한 최광 복지부 장관의 「국민연금법」 개정안과 대동소이하였다.

주요 골자는 다음의 9가지로 요약된다. ① 복지부 장관의 자문기구인 '국민연금심의위원회' 를 심의기구로 격상, ② 2000년부터 도시지역 확대, ③ 급여수준을 평균소득월액의 70%에서 60%로 인하, ④ 수급연령을 2013년부터 매 5년 1세씩 65세까지 상향조정, ⑤ 분할연금 신설, ⑥ 장해연금과 유족연금의 상향조정, ⑦ 퇴직금 전환금의 폐지, ⑧ 공공자금 예탁 시 국채매입 의무화, ⑨ 기금 운용에 관한 국회의 감독권 강화 등이다.

정의화 의원안과 최광 장관안 사이에 의견차가 가장 큰 이슈는 도시지역 확대시기였다. 즉, 최광의 안은 가능한 한 조기에 전 국민 연금시대를 달성하고자 노력하였던 반면, 정의화의 안은 그 시기를 1년 반 정도 늦추고자 하였다. 이는 1997년 외환위기 이후 국가의 어려운 경제사정을 감안했던 조치라고 생각된다. 동시에 '정치 역설' 도 된다.

그다음으로 지적할 수 있는 부분은 급여수준의 인하 폭이었다. 급여수준의 인하 폭에 관한 한 김영삼 정부 시절 청와대 비서실에서 연금개혁을 제안했을 때의 수치가 40%였다. 그러나 너무 급격하다는 여론을 감안해서 이후 복지부는 55%로 올렸다. 그 수치를 이제 야당이 된 한나라당에서 다시 60%로 인상한 것이다.

이렇게 야당안이 마련되었기 때문에 보건복지위원회의 활동이 바빠지기 시작하였다. 그 첫 단계는 3개(여당, 야당, 정부)의 법률개정안을 꼼꼼히 심의하는 과정이었다. 그리하여 상임위원회 내에 법안심사소위원회[2]가 구성되었다.

법안심사소위원회는 11월 25일 이후 네 차례의 회의를 통해 법률안 심의를 마쳤다. 1998년 12월 4일에 열린 보건복지위원회 회의록을 보면 3개의 개정 법률안을 본회의에 회부하지 않고 위원회 대안을 마련하기로 결정하였다는 보고가 나온다. 다시 말해, 국회의 여당과 야당 그리고 정부의 3자가 합의안을 마련하는 데 동의하였던 것이다.

그리하여 결론 내려진 「국민연금법」 대안은 보건복지위원회의 안으로 채택되었다. 대안의 주요 골자는 ① 1999년 4월 1일부터 국민연금 가입대상자의 범위를 890만 도시지역 거주자까지 확대, ② 연금급여수준을 70%에서 60%로 인하, ③ 5년마다 재정수지를 계산하는 재정계산제도 도입으로 요약된다.

대안의 내용을 자세히 뜯어보면 여야와 정부 사이에 '주고받기' 식의 협의가 원만히 진행되었음을 감지할 수 있다. 복지부로서는 가장 중요한 대상자 확대시기를 최대로 단축시킨다는 목표를 관철함에 있어 야당의 양보를 얻어냈다. 반면 야당은 급여수준을 인상시키는 데 성공하였던 것이다.

보건복지위원회가 마련했던 「국민연금법」 대안은 1998년 12월 28일

2) 국회법 제57조는 특정한 안건의 심사를 위하여 소위원회를 둘 수 있게 규정하고 있다.

국회를 통과하였고 12월 31일에 법률 제5623호로 공포되었다. 도시지역 확대를 학수고대하던 복지부는 해묵은 숙제를 끝낼 수 있는 발판을 구축하였다. 그러나 법 개정의 기쁨을 자축할 겨를도 없이 복지부는 개정법이 정한 대로 1999년 4월부터의 도시지역 실시를 위한 막바지 준비에 들어갔다.

한편, 개정된 「국민연금법」의 내용에 불만을 품고 있던 사람들은 그들의 반대의사를 도시지역 확대 문제와 연계시키는 방식으로 표출하기 시작하였다. 그 결과 개정 「국민연금법」에 대한 반대 여론은 도시지역 확대 반대론과 섞여 그 강도를 더하게 되었다. 도시지역 확대가 야기한 '연금 파동' 에 관해서는 다음 장에서 소개한다.

15

도시자영자 확대와 연금파동

가입통지서 발부

1988년에 국민연금을 실시할 당시 복지부는 전 국민 연금시대의 시작 시점을 1998년 4월로 예정하였다. 따라서 그때의 시간표와 비교하면 실제 시작은 예정보다 1년 늦은 것이었다. 그러나 앞 장에서 설명한 것처럼, 1998년의 「국민연금법」 개정 작업이 국회에서 수차례 연기되었기 때문에 막상 실시를 위한 최종 준비기간은 당초 잡았던 6개월에서 4개월로 줄어들었다. 그런 가운데 디데이(D-day)인 1999년 4월 1일이 다가오고 있었다.

마지막 준비사항은 신규 가입자에게 가입통지서와 함께 소득액을 신고하라는 통지서를 보내는 것이었다. 국민연금관리공단(2007년 7월 23일부터 국민연금공단으로 개명, 줄여서 연금공단)이 통지서를 발부하기 시작한 시점은 디데이를 2개월 앞둔 2월 1일~4일 사이였고 2월 5일부터 소득신고를 받기 시작하여 3월 13일까지 마감하는 것으로 예정되어 있었다. 소득신고를 접수하는 장소는 연금공단 지사와 동사무소였다.

도시지역 확대와 관련된 복지부의 준비상태에 대한 소식이 시민들에게 알려진 최초 시기는 개정법이 국회를 통과한 1998년 12월 28일이었다. 그날 복지부가 발 빠르게 발표한 '국민연금 확대실시 세부시행계획' 에 따르면(한국일보, 1998. 12. 29.), 가입대상자는 당초 890만 명이었으나 대량 실직 등의 여파로 자영업자 수가 늘어났기 때문에 961만 5천 명이 될 것으로 추산되었다.

그날 발표의 내용에는 개인별 보험료 산정의 기초가 되는 소득액의 결정방식에 대한 설명도 포함되어 있었다. 즉, 소득액 결정 과정은 자영업자들의 소득신고로부터 시작하게 되어 있었다. 소득신고를 접한 연금공단의 직원은 가입자가 신고한 소득액을 복지부가 사전에 구축해 놓은 '신고권장소득' 과 비교하게 된다.

비교 결과 신고소득이 '신고권장소득' 의 80% 이상이 되면 그 액수는 '표준소득월액' 으로 인정받게 된다. 만약 '표준소득월액' 이 실제와 다를 경우에는 소득정정신청을 내야 한다. 다음 단계는 '표준소득월액' 을 근거로 소득등급[1]을 받게 되며 소득등급상의 소득액에 3%의 보험료율을 곱하면 자신의 연금보험료가 되는 것이었다.

'신고권장소득' 은 사업소득금액이 345만 원 이상이면 최고 45등급의 소득에 해당하는 345만 원으로 확정되도록 짜여 있었다. 사업소득금액이 그보다 낮으면 '업종별 기준소득표' 를 근거로 신고소득액을 상향 조정할 것을 권고받도록 설계되어 있었다. 일례로, 변호사의 '업종별 기준소득' 은 423만 원이었고 의사는 414만 원이었다.

소득 관련 자료가 전무한 사람의 경우에는 당시 기존 국민연금 가입자의 중간 표준소득월액인 99만 원이 '신고권장소득' 으로 제시되었다. 그리고 정해진 기한 내에 소득을 신고하지 않으면 '신고권장소득' 이 표준소득월액으로 확정되도록 일종의 벌칙을 부가했다. 문제는 학생, 군인(사

---

1) 1~45등급이 있었으나 2007년 법 개정에 따라 2008년부터 폐지되어 현재는 개인별 소득액을 기준으로 한다.

병), 실직자 등 소득이 없는 사람들이었다. 이들은 연금보험료 납부예외자로 신청하면 합법적으로 보험료를 내지 않도록 조치되었다.

지금 와서 회고해 보면, 이와 같은 소득결정 방식은 행정편의주의와 권위주의적 관존민비의 냄새가 물씬 풍기고 있었음을 느낄 수 있다. 우선 자신의 소득을 신고하라는 요구를 받은 한국 사람치고 기분 좋게 순응할 사람은 거의 없을 것이다. 그럼에도 불구하고 복지부는 국민의 정서와 입장을 도외시한 채 소득신고제를 채택하였던 것이다.

자신의 소득을 자진 신고하는 것에 대한 우리 국민의 강한 거부감을 쉽게 알아볼 수 있는 최근의 사례는 '유가환급금 신청' 이다. 유가파동으로 인한 영세 자영업자의 소득을 일부 보전하기 위한 목적으로 정부는 신청자에 한해 유류세에 대한 일괄적 환급을 2008년 말까지 실시하였다. 그러나 신청 누락자가 다수 존재하는 것으로 파악됨에 따라 신청기한을 5개월 연장하는 조치를 내린 바 있다.

이 사례에서 보듯이, 세금의 일부를 돌려준다고 해도 자신의 소득을 신고하기 꺼리는 사람들이 우리 국민이다. 하물며 자신의 소득을 자진 신고하게 하고 그것에 기초하여 국민연금의 보험료를 물리겠다고 한다면 어느 누가 선뜻 하겠는가?

더욱이 객관적 소득파악 자료에 근거하지 않은 '업종별 기준소득표' 와 '신고권장소득' 을 국민이 수용할 것으로 믿었다면 당시 복지부의 현실감각을 의심하지 않을 수 없다. 외환위기로 인해 경제사정이 좋지 않은 상황에서 그렇지 않아도 곧 부도날 국민연금이라는 불안감에 휩싸여 있던 국민들에게 신규로 보험료를 내라고 하면 대부분의 사람들은 거부하고 싶었을 것이다.

거부의 핑계를 찾고 있던 차에 걸려든 것이 '업종별 기준소득표' 와 '신고권장소득' 이라는 이상한 공식이었다. '업종별 기준소득표' 는 복지부가 가입자들을 110개 업종과 5개 지역으로 등급을 세분하여 소득액을 추정한 것이었다. "이가 없으면 잇몸" 이라는 속담과 같이 객관적인 개인별 소득자료가 없는 상황에서 복지부가 취할 수 있었던 최선의 궁여지책이었다.

그러나 자신의 소득에 대한 객관적이고 경험적인 자료는 전무한 채 "당신과 유사한 지역과 업종의 평균소득이 이 정도니 당신의 소득도 그 정도가 될 것 아니요!" 라는 식으로 따지고 들 때 그 말을 곧이곧대로 따를 사람이 몇이나 되겠는가? '신고권장소득' 이란 그런 '업종별 기준소득' 과 개인별 과세자료, 공시지가, 재산규모, 학력, 의료보험 자료 등을 참고해서 추정한 개인별 소득이었다.

복지부는 신고소득이 '신고권장소득' 의 80% 이상만 되면 문제없는 것으로 인정하였다. 그러나 보험료 납부를 당장 거부하고 싶은 사람들에게 자신의 소득을 남이 추정한다는 사실은 그야말로 최적의 핑계가 될 수 있었던 것이다.

출발 전에 터져 버린 연금파동

아무리 좋은 제도라도 국민이 협조하지 않으면 시행할 수 없다. 국민연금을 도시지역 자영업자들에게 확대하려는 복지부의 계획이 성공하기 위해서는 첫 단계인 소득신고가 원활하게 이루어졌어야 한다. 즉, 소득신고율의 높고 낮음이 도시지역 확대의 성패를 좌우하는 열쇠였다. 그런데 2월 5일부터 신고가 시작되는 것으로 예정되어 있던 하루 전날의 서울신문 기사를 보면 전망이 밝지 못했다.

그 기사에 의하면, PC 통신과 인터넷 국민연금관리공단 홈페이지 그리고 공단의 문의전화에는 국민연금 가입에 대한 항의가 빗발치고 있다는 것이었다. 그중 몇 가지만 소개하면 다음과 같다. "공단의 부실을 국민에게 전가하는 또 하나의 부실이다." "생계유지조차 빠듯한 요즘 국민연금이 과연 우리의 복지를 책임지는 수단인가?" "연금이라기보다는 세금이라는 생각이 든다."(서울신문, 1999. 2. 4.)

막상 소득신고라는 뚜껑을 열고 보니 우려가 현실로 나타났다. 첫 신고일인 2월 5일부터 연금공단 지사와 각 동사무소 등에는 항의전화가 폭주하여 일상 행정이 마비될 정도였다. 가장 큰 불만은 보험료가 과다 책정되거나 잘못 책정되었다는 것이었다.

불만의 도화선이 된 것은 보험료 산정의 근거가 되는 '신고권장소득'이었다. 이는 연금공단이 나름대로 확보한 소득자료를 활용해서 만든 것이었는데, 오류 발생의 가능성이 높았던 이유는 국세청으로부터 넘겨받은 소득자료가 2년 전인 1997년 자료라는 사실이었다. 그런데 그 자료는 공교롭게도 1997년 외환위기 이후의 실직이나 도산 또는 휴·폐업 등의 실태가 반영되지 않은 자료였다. 다시 말하자면, 현재는 실직 또는 도산상태에 있는데도 1997년 자료에는 소득이 있는 것으로 되어 있었던 것이다.

사정이 그렇게 되자, 언론은 정부의 준비 소홀을 집중적으로 공격하기 시작하였고 정치권에서도 불평의 소용돌이가 일기 시작하였다. 문화일보의 박경일 기사는 "연금공단 측은 소득신고일을 불과 보름여 앞둔 1월 말에야 소득신고 업무를 떠넘긴 통·반장들의 구체적인 교육일정을 마련했고 대국민 홍보작업도 뒤늦게 시작했다."고 보도하였다(문화일보, 1999. 2. 10.).

국민들의 불만이 가시화되기 시작한 시점은 소득신고 통지서가 전달된 3~4일 후부터였다. 문화일보의 1999년 2월 8일자 사설에는 도시지역 확대가 실시되기 이전 단계인 준비 단계에서 극심한 혼란이 일어났다고 알리면서 그 원인을 준비 소홀과 홍보 부족으로 분석하였다. 그런 상황의 실제 사례로서 터무니없는 소득액 산정, 소득이 없는 대학생에게 소득이 있는 것으로 통지, 1998년에 파산한 사람을 고소득자로 고지한 예들을 열거하였다.

이와 같이 엉뚱한 사실을 통보한 것은 그렇지 않아도 국민연금 행정에 대한 국민의 불신이 높게 형성되어 있었던 상황에 기름을 부은 것과 같은 형세가 되고 말았다. 다른 말로 표현하면, '보험 역설'의 심각성에 대해 복지부가 너무 안이하게 대처했다는 것이다. 덧붙여 국민을 한층 더 분노하게 만든 부분에 대해 그 사설은 직시하고 있었다. 다름 아닌 행정편의주의였다. "통고된 소득액 산정을 시정하려면 가입자가 일일이 증빙서류를 마련해야 한다."라는 사실이었다(문화일보, 1999. 2. 8.). 사설에 의하면, 발부된 가입신청서의 30%에 해당되는 300여만 명의 소득 산정이 잘못된 것으로 추정되었다.

그렇다면 그 300만 명의 사람들에게는 정말 황당하고 분통이 터지지 않을 수 없는 상황이 벌어진 것이다. 왜냐하면 어느 날 요구하지도 않았는데, 정부가 일방적으로 자신의 소득이 얼마라고 잘못 추정해 놓고 오류 시정은 오류를 범한 정부가 아니라 영문도 모르고 있던 국민들 각자가 나서서 해야 한다고 우겨대니까 말이다.

이 지점에서 제기되는 의문사항이 하나 있다. 그렇다면 복지부는 왜 그렇게 낡은 1997년도 국세청 과세자료를 쓸 수밖에 없었냐는 것이다. 한마디로 답변한다면, 복지부가 최신자료를 요구하였음에도 불구하고 국세청이 들어주지 않았다고 할 수 있다. 정부부처 간 조세자료의 공동 사용 문제와 소득조사 권한의 독점 상황에 관한 추가 설명은 후술하기로 한다.

도시지역 확대에 대한 가입자들의 항의가 이어지고 있던 1999년 2월 8일부터 10일 사이의 신문을 보면, 한국일보와 서울신문은 4월로 예정된 대상자 확대를 연기할 것을 주장하였다. 그만큼 사태를 심각하게 보고 있었던 것이다. 그러나 관리행정을 맡은 복지부와 연금공단은 미비점을 보완하면서 4월 실시를 강행하겠다는 입장을 밝혔다. 사회복지 전문가들과 시민단체들도 연기에 대해서는 동의하지 않고 있었다.

'연금파동' 이 계속되고 있던 기간 중 사회복지학자들은 신문 기고를 통해 연기에 대한 반대 입장을 견지하였다. 그들의 반대 논리는 크게 세 가지로 요약될 수 있다(한국일보, 1999. 2. 13.; 동아일보, 1999. 2. 24.; 문화일보, 1999. 2. 24.). 첫째, 연기한다고 사정이 나아질 가능성은 희박할 뿐 아니라 과거 1974년의 전례와 같이 단기 연기가 장기화될 우려가 있다. 둘째, 도시지역 확대는 1998년의 「국민연금법」 개정을 통한 여야의 합의 사항이다. 셋째, 우리의 고령화 속도가 매우 빠르게 진행되고 있기 때문에 연기할 여유가 없다.

그럼에도 소득 결정이 촉발한 연금파동은 쉽사리 가라앉을 기미를 보이지 않고 있었다. 웬만한 사회 문제의 경우 2~3일 정도 지나면 언론의 관심에서 벗어나는 것이 상례다. 그러나 도시지역 확대 문제는 사정이 달랐다. 소득신고가 시작된 후 2주일이 지날 무렵인 2월 18일에는 한국방송(KBS) TV의 시사토론 프로그램이 방영되었다. 그 프로그램 도중 실시한 전화조사 결과는 96% 이상의 응답자가 도시지역 확대에 반대 의사를 표한 것으로 알려졌다(한국일보, 1999. 2. 20.).

드러난 복지부의 무기력

국민연금에 대한 저항이 예상 외로 거세지자 복지부는 소득신고와 관련된 애초의 입장에서 후퇴하기 시작하였다. 우선 가입대상자가 별도의 증빙서류 없이 소득액을 축소해서 신고하더라도 그대로 받아들이도록 한 것이다. 이는 당초의 '신고권장소득' 공식과 '신고권장소득의 80% 이상'이란 조건을 사실상 폐기한 것이다(동아일보, 1999. 2. 14.). 그리고 소득신고 마감일도 3월 13일에서 4월 15일로 늦추면서 보험료 미납자에 대한 재산압류 등 강제조치도 하지 않기로 방침을 세웠다(동아일보, 1999. 2. 21.).

이어서 복지부는 김모임 장관 명의의 사과편지를 신규 가입자 1천만 명(7백만 가구)에게 보내기로 결정하였다. 김 장관은 편지에서 "충분한 설명을 하지 못해 심적 고통을 안겨서 죄송하다." 라고 사죄하면서 "국민연금의 재정은 건실하다." 라고 강조하였다(국민일보, 1999. 2. 19.). 그러나 자영업자 소득 파악이라는 근본 문제에 대해서는 여전히 속수무책이었다.

소득신고의 정확성은 국민연금제도의 성패를 가름하는 핵심 요소다. 왜냐하면 국민연금은 자영업자들과 피용자들을 한데 묶어 하나의 기금으로 통합 · 운영하면서 어느 정도의 소득재분배를 하도록 설계되어 있기 때문이다. 그런데 피용자들은 봉급이나 임금을 받는 과정에서 소득의 대부분이 국세청에 자동적으로 보고되고 있었지만 자영업자들 중 소득 자료가 확보된 경우는 전체의 1/3 정도에 그칠 정도로 자영업자 소득 파악은 부실하기 짝이 없었다.

자본주의 자유경제 체제를 선택한 우리나라는 대한민국 정부 수립 이후 경제정책의 큰 부분을 자영업 진작에서 찾고 있었다. 그 결과 자영업자들에 대한 조세행정은 온정적이고 호의적이었다. 그러다 보니 그들에 대한 소득자료를 확보하려는 국세청이나 재경부의 노력은 미흡했던 것이 사실이다.

그와 같은 경제정책이 시장경제를 키우는 데는 유리하게 작용했을지 모르지만 소득에 기초하여 보험료를 산출하게 되어 있는 국민연금에게는 큰 문제를 야기하였다. 자영업자들의 소득을 객관적으로 결정할 수 있는 자료가 불충분한 상황임에도 그들에 대한 국민연금 적용 확대가 눈앞으로 다가왔기 때문이다.

신용카드(1999년 도입) 또는 직불카드 사용이나 현금영수증 사용이 어느 정도 보편화되어서 지금은 사정이 많이 개선되었다. 그래서 자영업자 소득의 경우 57%가 국세청에 보고되고 있지만 지금보다 10년 전의 상황은 훨씬 열악하였다. 하지만 이렇게 사정이 나아졌어도 봉급생활자 소득의 82%가 노출되는 사실과 대비하면 여전히 낮은 수치다.

자영업자의 경우 우리나라 국세청이 확보하고 있는 개인별 소득자료는 2005년 이후부터 급속히 늘어나고 있는 실정이다. 국세청 자료를 보도한 기사에 따르면, 현금영수증에 대한 조세감면이 시작된 2005년의 경우 자영업자 개인별로 노출된 소득은 그가 번 전체 소득의 47.8%였는데, 그 수치가 2006년에는 51.7%로 그리고 2007년에는 57.1%로 늘어나고 있다는 것이다(코리아헤럴드, 2009. 5. 7.).

자영업자 소득의 노출 정도가 최근 들어 향상되고는 있지만 다른 선진국들과 비교하면 아직도 낮은 것이 사실이다. 이와 같은 현상을 간접적으로 보여 주는 통계가 있다. 국내총생산(GDP) 대비 지하경제 규모에 관한 자료인데, 지하경제에는 마약, 무허가영업, 비밀거래, 조세포탈 같은 불법적 경제활동과 물물교환이나 품앗이 등도 포함된다.

〈표 15-1〉이 말해 주듯이, 2004~2005년의 우리나라 지하경제 규모는 GDP 대비 27.6%로서 OECD 회원국 28개 중 세 번째로 컸다. 더욱이 2001~2004년까지의 해당 수치는 28%대를 유지하고 있었다. 지하경제 규모가 크다는 의미는 국가가 파악하지 못하고 있는 국민들의 소득이 그만큼 많다는 뜻이 되기 때문에 국가 운영의 측면에서는 바람직하지 못한 통계일 뿐 아니라 사회보험제도에는 치명적 약점으로 작용하게 된다.

〈표 15-1〉 지하경제 규모 추정 국제비교

국 가	지하경제 비중(GDP 대비 %)				
	1999/00	2001/02	2002/03	2003/04	2004/05
터키	32.1	33.2	34.3	33.0	33.2
멕시코	30.1	31.8	33.2	32.6	31.7
한국	27.5	28.1	28.8	28.2	27.6
폴란드	27.6	28.2	28.9	28.2	27.3
그리스	28.7	28.5	28.2	27.4	26.3
헝가리	25.1	25.7	26.2	25.3	24.3
이탈리아	27.1	27.0	25.7	24.8	23.2
포르투갈	22.7	22.5	21.9	21.1	20.4
스페인	22.7	22.5	22.0	21.2	20.5
벨기에	22.2	22.0	21.0	20.4	19.6
프랑스	15.2	15.0	14.5	13.8	13.2
영국	12.7	12.5	12.2	11.7	10.3
일본	11.2	11.1	10.8	9.4	8.8
미국	8.7	8.7	8.4	8.2	7.9

자료: Schneider(2007), pp. 17-19.

다시 10년 전 상황으로 돌아가 보면, 자영업자들은 연금보험료를 적게 부담할 심산으로 자신의 소득을 실제보다 낮게 신고하려는 유혹을 받았던 듯하다. 물론 이런 경우에 정부는 정확한 소득 파악을 하지 못하고 있었기 때문에 과소 신고자를 처벌할 길이 없었다. 따라서 상대적으로 보다 투명한 '유리알 지갑' 에 비유되는 사업장 가입자들은 손해를 보기 때문에 불만을 가졌던 것이 당연하다.

그런데 여기서 반드시 짚고 넘어가야 할 사항이 하나 있다. 바로 복지부의 사전준비에 관한 것이다. 즉, 준비 과정에서 과연 복지부는 위에서 지적한 문제점들을 정말로 인식하지 못하고 있었단 말인가? 저자는 이 의문에 대해 복지부는 충분히 알고 있었다고 추론한다. 왜냐하면 1977년 이후 의료보험 실시의 경험과 국민연금의 경우 1995년 7월의 농어촌지역 확대 경험을 갖고 있었기 때문이다.

그렇다면 다음과 같은 질문이 나온다. 복지부가 알면서도 대비하지 않았다는 말인가? 두 번째 질문에 대한 저자의 답변은 대비하지 않은 것이 아니라 대비할 수 없었다는 것이 정답이라고 생각한다. 사실 복지부의 소득조사 능력에 대한 논란은 1977년에 의료보험이 시작되면서부터 제기되어 온 해묵은 숙제였다. 그런 숙제가 1999년에도 여전히 해결되지 않고 있었을 따름이다.

복지부가 자영업자들에 대한 소득조사를 하려면 그와 같은 권한을 법적으로 보장받아야 한다. 그러나 우리나라의 관련법은 국세청만이 소득조사를 할 수 있게 규정하고 있다. 예외적으로 「국민기초생활보장법」은 총인구의 3~5%에 이르는 빈곤층에 대한 소득조사를 허용하고 있다. 다시 말하자면, 복지부가 아무리 자영업자들의 소득을 직접 조사하고 싶어도 법적으로 불가능하였다.

이런 상황에서 복지부는 국세청에 자료요청을 하는 것 외에 다른 방법이 없었다. 문제는 정부부처 간 업무 협조였다. 그러나 앞에서 수차 설명한 '경제 역설' 현상에서 본 대로 국민연금 관리를 둘러싼 경제부처와 복지부 간의 알력은 뿌리 깊은 역사를 갖고 있는 문제였기 때문에 원활한 협조관계를 기대하기가 쉽지 않았다.

복지부의 자료요청에 대한 국세청의 답변은 국민의 소득에 대한 '비밀보장'이라는 상투적인 것이었다. 더욱이 앞서 설명했듯이, 지금은 사정이 개선되었지만 그 당시에는 국세청마저 자영업자들에 대한 객관적 소득자료를 충분히 확보하지 못하고 있다 보니 복지부의 요구에 대응하기가 쑥스러운 점도 있었다.

그런 사실을 잘 알고 있던 복지부는 그렇다고 국민 앞에서 정부의 치부를 드러낼 수가 없었기 때문에 국민의 비난이 빗발치더라도 '울며 겨자 먹기' 식으로 감수할 수밖에 없었던 것이다. 다시 말해, 수십 년 해묵은 정부의 무능력을 자기 책임이 아니라고 발뺌할 수도 없었기 때문에 힘없는 부처의 설움으로 돌려버리고 말았던 것이다.

소득조사에 대해서는 그렇다 치더라도 도시지역 확대와 직접적으로 관련되는 행정상의 제반 준비와 홍보 부족 문제에 대해서는 어떠했는가? 이 문제 역시 복지부의 행정능력 부족을 탓할 수밖에 없었다. 복지부의 입장에서 제일 아쉬웠던 부분은 어떤 문제를 해결함에 있어 타 부처의 도움과 협조를 청하는 것이었다.

1천만 명에 이르는 신규 가입자의 소득신고를 접수하는 장소는 연금공단 지사와 동사무소로 지정되었다. 그러나 당시 공단 지사는 전국적으로 70개밖에 없었고 인력도 3,800여 명에 불과하였기 때문에 가입통지서와 일제소득신고서의 배부 및 접수 등의 업무는 사실상 전문지식이 없는 일선 동사무소 직원에게 맡겨진 상태였다.

문제는 동사무소가 복지부의 행정 라인이 아니고 지방자치단체의 라인이라는 사실로부터 발생하였다. 관료주의 특성이 심하게 나타나는 공공행정에서 부서 간 비협조의 병폐는 잘 알려진 사실이다. 그런 관료주의의 단점이 도시지역 확대 과정에서도 여지없이 재현되었던 것이다.

그런 사실을 모를 리 없었던 복지부로서는 설사 초기 준비 단계에서

지자체의 지원이 원활하지 못하더라도 협조요청 이외의 별다른 방법이 없었다. 또 다른 준비사항인 홍보 역시 사전준비에 필요한 예산 확보가 어려웠던 것이다. 그러다 보니 준비 부족이 공개적으로 지적되기 시작한 2월 20일에 이르러서야 임시직원 투입이 결정되었다. 즉, 공공근로사업의 일환으로 2만 명의 고학력 실업자를 홍보요원으로 1년 동안 임시 채용한다는 내용이었다(세계일보, 1999. 2. 21.; 세계일보, 1999. 2. 23.).

홍보요원 확보가 실제로 시행에 들어간 것은 3월 2일이었고 그것도 8천 명이 줄어든 1만 2천 명을 연말까지 계약기간으로 정해서 채용하는 식으로 축소되었다. 복지부의 자원동원 능력이 얼마나 미약한가를 단적으로 보여 주는 사례였다. 문제가 터진 후에도 이 정도밖에 안 되었으니 사전에 미리 대비하는 차원에서 예비인력을 확보하는 것은 기대하기 힘들었을 것이다.

준비 소홀 문제에 대해서도 복지부의 입장은 '벙어리 냉가슴 앓는' 것과 같았다. 다시 말하자면, 몰라서 또는 게을러서 준비를 못한 것이 아니라 준비에 필요한 경비 조달이 어려웠던 것이다. 1999년 2월 20일에 열린 긴급당정회의에서 "왜 안내장도 안 보냈느냐?" 라는 추궁에 대해 김모임 장관은 "안내장 발송에 10억 원이 드는데, 예산이 없어서……." 라고 답했다는 것이다(한국일보, 1999. 2. 21.). 안내장 예산 마련보다 사과편지 예산 마련이 상대적으로 더 쉬웠던 것이 당시 복지부의 자원동원 능력이었다.

정치권으로 비화된 연금파동

그리스 신화에는 그가 만지는 모든 것이 금으로 변했다는 '미다스(Midas)의 손' 에 관한 이야기가 나온다. 이와 비슷한 것이 정치인의 손이다. 일단 정치인의 손에 들어가면 모든 것은 정치적으로 해석되고 정치적으로 해결된다. 도시지역 확대 문제가 '연금파동' 으로 비화되자, 정치권이 움직이기 시작하였다. 여당인 국민회의는 2월 20일 긴급당정회의를 열고 대책을 논의하였다. 그 회의를 취재한 국민일보에 의하면(국민일보, 1999. 2. 20.), 박광태 위원은 '정부 때문에 당이 망할 지경' 이라면서 2000년 총선 이후로 연기할 것을 주장하였다. 그리고 정동영 대변인은 "선거를 12개월 앞두고 현 정부가 이런 일을 해야 하느냐?" 고 반문했다고 한다.

박광태와 정동영 위원이 우려하고 있었던 점은 국민의 노후복지가 아니라 앞으로 다가올 선거에서 혹시 국민연금 때문에 여당이 패배할지도 모른다는 걱정이었다. 그들이 걱정하던 선거는 1999년 3월로 예정된 재 · 보선과 2000년 4월 13일에 있을 총선거를 말하는 것이었다.

선거를 의식하기로는 당 정책 문제의 총괄 임무를 맡은 정책위의장도 다를 바 없었다. 그때까지 공식적으로는 정부의 강행 방침을 지지하고 있던 김원길 정책위의장의 다음 발언을 보면, 그의 마음이 흔들리고 있었음을 감지할 수 있다. "여론조사를 통해 대다수의 국민이 반대한다면 확대실시하지 못하는 것 아니냐?" (동아일보, 1999. 2. 20.)

여당이 당정회의를 개최하고 있던 시점에 야당인 한나라당은 '국민연금 문제점 개선을 위한 토론회' 를 개최하였다. 그 토론회에서 김홍신 위원은 "개개인의 소득을 정확히 파악할 수 있는 인프라 구축이 전제되어야 한다." 고 주장하였다. 그리고 개선책으로 확대 실시 시기를 1~2년간 늦추거나 한시적으로 강제가입 규정을 임의가입 규정으로 전환하는 방안을 제시하였다(한국일보, 1999. 2. 20.).

한편, 김모임 장관은 2월 21일 한국방송(KBS) 1TV '정책진단' 프로그램에 출연하여 도시자영자 연금 확대를 당초 일정대로 실시할 것임을 다시 한 번 확인하였다(세계일보, 1999. 2. 22.). 그럼에도 연기론은 좀처럼 수그러들지 않고 있었다. 1999년 2월 22일자 국민일보와 문화일보는 각기 사설을 통해 장기간 연기 대신에 단 몇 개월의 보완책 마련을 위한 연기를 제안하였다. 그날 자민련의 차수명 정책위의장은 1998년도 소득산정 결과가 나오는 6월 이후까지 최소 6개월을 연기하는 안을 제시하였다(국민일보, 1999. 2. 22.).

1999년 2월 23일에 열린 국회보건복지위원회에서는 국민회의의 강행론, 자민련의 6개월 연기론과 한나라당의 최소 1년 연기론이 각축하였다. 그러나 정부의 강행론은 여전히 위력을 발휘하고 있었다. 특이 사항은 이 회의에서 드디어 장관인책론이 등장하기 시작하였다는 것이다(문화일보, 1999. 2. 23.). 문제가 터지면 장관인책론을 들고 나오는 것은 우리나라 국회, 특히 야당이 즐겨 쓰는 '전가의 보도' 였다.

장관인책론의 등장은 김대중 대통령의 태도와 밀접한 관계가 있었다. 김 대통령은 2월 21일에 가졌던 '국민과의 TV 대화' 와 2월 23일에 있었던 국무회의에서 강한 어조로 관계자들을 질책한 것으로 알려졌다(서울신문, 1999. 2. 23.). 국무회의에서 그는 "국민연금은 선정(善政) 중의 선정으로 노령화 시대에 절대 필요하다.…… 그러나 국민들은 칭찬은커녕 집중적으로 비난하고 있고 정부는 어려운 입장에 있다." 고 말하였다.

장관에 대한 인책론이 불거져 나오자 맨 먼저 국민연금관리공단의 책임자였던 전계휴 이사장이 1999년 2월 24일에 파문의 책임을 지고 사퇴하였다. 그러나 장관인책론은 김종필 국무총리의 강력한 반대로 관철되기가 쉽지 않은 형국이었다. 김 총리는 국민연금 확대를 '역사적 과업' 으로 평가하고 있었을 뿐 아니라 김모임 장관이 DJP 공동정권에서 자신과 같은 자민련 소속이었기 때문이다.

도시지역 확대를 정책의 최우선으로 간주하고 있던 복지부는 2월 22일에 보완책을 발표함으로써 위기를 벗어나려고 노력하였다. 소득신고에 대한 복지부의 보완책이 발표되기 이틀 전인 2월 20일 현재 소득신고 건수는 처음으로 백만 건을 넘어섰고 신고율은 9.9%를 기록하였다(한겨레신문, 1999. 2. 22.).

복지부는 보완책이 실시되면 신고율이 높아져서 당초 4월 목표인 60~70%에 도달할 것으로 기대하고 있었다. 그러나 신고율은 기대만큼 올라가지 않고 있었는데, 2월 23일 현재 수치는 13.3%였다(한겨레신문, 1999. 2. 25.).

이상의 진행 상황에서 우리는 또 하나의 국민연금 역설을 발견하게 된다. 그것은 바로 '정치 역설' 이란 현상이다. 정치인들은 국민을 대표하거나 대리하여 일차적으로 국익을 위해 활동하는 사람들이다. 그러나 정치인이 되려면 선거에서 반드시 당선되어야 한다. 낙선한 정치인은 정치인의 본분을 다할 수 없다. 그러다 보니 정치인의 일차적 목표는 사실상 국익 활동이 아니라 선거 승리로 변질되고 만다. 그러한 변질 과정에서 국익 활동과 선거 승리 사이에 갈등이 발생하면 '정치 역설' 이 나타난다. 즉, 선거에서 이기기 위해 국익 활동을 잠시 유보할 수 있다는 것이다.

한마디로 말하자면, '정치 역설' 이란 정치인이 선거를 의식하다 보면 본의 아니게 국민연금 발전에 반하는 행동을 할 수 있다는 것이다. 도시지역 확대 문제만 하더라도 확대의 연기는 국민연금 발전에 반하는 것이다. 그럼에도 확대 때문에 선거 패배가 예상된다면 일단 연기를 통해 선거패배를 모면하는 것이 정치인으로서 불가피하다. 그야말로 역설이 아닐 수 없다.

그와 같은 바람직하지 못한 상황이 현실화될지도 모르는 정치적 국면이 발생했다. 여야를 막론하고 '연금파동' 을 자기 당의 선거 승리로 연결시키고자 노력하고 있었기 때문이다. 사회복지라는 국민연금의 근본 취지를 강조하는 전문가들에게는 그와 같은 '정치 역설' 이 못마땅할 수밖에 없었다. 그리하여 백종만 교수는 동아일보 시론을 통해 "내년 국회의원 선거와 관련해 단기적으로 행정적, 기술적인 대응책 마련에만 진력하는 우를 범해서는 안 된다."라고 경고하였다(동아일보, 1999. 2. 24.). 그러나 그런 경고행위가 정치인들에게는 우이독경에 불과하다는 것이 '정치 역설' 의 한 특징이다.

연금파동의 제2국면

복지부가 당초의 소득결정 방법에서 후퇴한 보완조치를 발표한 2월 22일 이후 정부 조치에 대한 새로운 반발 움직임이 나타나기 시작하였다. 이번에는 기존 국민연금 가입자인 근로자들과 관련 단체들이 봉급생활자에 대한 비형평성과 연금기금의 부실화 문제를 제기했던 것이다.

세계일보 1999년 2월 24일자 기사에는 한국노총, 민주노총, 한국경영자총연합회 등 3개 단체의 반대 성명서가 보도되었다. 한국노총의 정길오 정책본부 선임연구원은 "복지부의 연금확대 개선대책은 자영자의 소득하향신고를 불러와 결국 노동자의 소득이 자영자에게로 흘러가는 소득역진 현상이 일어나게 될 것" 이라고 주장하였다(세계일보, 1999. 2. 24.).

이 지점에서 우리는 앞서 소개되었던 '보험 역설' 을 다시 한 번 확인할 수 있다. 인간은 본능적으로 최소의 경비를 들여 최대의 이익을 챙기려고 노력한다. 경제학에서는 이런 행동을 합리적이라고 부른다. 이와 같은 합리적 행동을 국민연금에 적용하면 최소의 보험료를 내고 최대의 연금을 받고자 하는 노력은 정당화된다.

그러나 문제는 너도 나도 합리적 행동에 몰입하다 보면 자칫 국민연금제도 그 자체가 붕괴될 위험에 처한다는 것이다. 그런 위험은 1999년 당시의 우리나라 상황처럼 자영업자의 소득 파악률이 낮을 경우에는 심각성이 훨씬 더 커질 수 있었다. 소득은폐 또는 과소 신고와 같은 일종의 범죄행위가 국가의 조세행정력 부실로 정당화되거나 합리적 행동으로 인정될 수 있었기 때문이다.

가입자 개개인은 모두 합리적으로 행동하였음에도 그들의 행동이 합쳐지게 되면 국민연금제도의 지속을 위협하는 재정불안의 문제 또는 가입자 간 비형평성 문제가 발생할 수 있다. 실제로 개인적 차원의 합리적 행위가 집단적으로는 국민연금에 대한 위해행위로 둔갑해 버리는 어처구니없는 역설이 나타났던 것이다. 이런 역설을 경제학에서는 일찍부터 '구성의 오류(fallacy of composition)'[2]라고 부르고 있다.

여하간 기존 가입자들의 집단적 반발이 표면화되면서 복지부는 신규 가입자와 기존 가입자 사이에서 이러지도 저러지도 못하는 샌드위치 신세가 되고 말았다. 이렇게 상황이 악화되자 지금까지 확대를 강행해야 한다는 편에 섰던 사람들 내부에서조차 동요와 분열 현상이 감지되기 시작하였다.

1999년 2월 23일에 열린 국민회의와 자민련의 국정협의회[3]에서 '연금파동'이 논의되었는데, 김종필 국무총리는 "4월 실시를 위해 노력하다 안 되면 연기방안을 검토해 보겠다."라고 말한 것으로 전해졌다(세계일보, 1999. 2. 26.). 그리고 국민연금관리공단 노동조합은 국민연금 확대사업의 시행을 연기하라는 성명을 발표하였다(서울신문, 1999. 2. 25.).

1999년 3월 2일에는 참여연대, 경실련, 서울 YMCA 등 9개 시민단체가 기자회견을 가졌다. 그 자리에서 '자영자소득파악위원회'를 대통령 직속 기구로 구성할 것과 신고소득인정방침을 철회할 것 등을 요구함과 동시에 4월 1일까지 정부의 거시적 조치가 없으면 확대사업의 연기를 요구하게 될 것이라고 경고하였다(문화일보, 1999. 3. 2.).

기존 가입자들의 반발이 거세지자 복지부는 기본방침을 다시 한 번 전환하는 정책의 난맥상을 보이게 된다. 즉, 4월 15일까지 소득신고를 받은 뒤 가입자의 신고소득을 검증하여 적정수준으로 상향조정하고 가입거부자에게는 재산압류와 세무조사 등의 강제조치를 취하는 등 당초의 강경입장으로 선회하는 것으로 알려졌다(세계일보, 1999. 3. 4.).

도시지역 확대 실시일자인 4월 1일이 다가올수록 정부와 여당의 태도는 더욱 불투명해지면서 혼란이 가중되었다. 한편에서는 강행 방침이 나

---

2) 부분적 성립의 원리를 전체적 성립으로 확대 추론함에 따라 발생하는 오류다. 절약의 역설, 가수요가 이에 해당한다. 다른 예를 들면, 어느 한 제품의 가격을 올리면 그 제품을 만드는 기업은 이익을 얻는다. 이에 따라 모든 제품의 가격이 오르면 모든 기업이 이익을 얻는다고 추론하게 된다. 그러나 모든 제품의 가격을 올리면 물가가 상승, 오히려 악영향을 끼칠 수 있다(네이버 경제용어 사전).

3) DJP 연합정권 또는 공동정권으로 불리는 상황에서 정책결정 및 조율을 하는 최고 기구를 말한다.

오는가 하면, 다른 한편에서는 연기론의 기세가 수그러들지 않고 있었다. 이런 난맥상이 상징적으로 나타난 현장은 정치권이었다. 그런 가운데 3월 초의 소득신고율은 23.5%를 기록하였다.

앞서 설명한 바와 같이, 근본적으로 정치인들에게는 정치적 이해타산이 우선이다. 국민연금 확대가 2000년 총선에서 여권에 악재로 작용할 공산이 크다는 우려가 확산되자 그때까지 실시 강행 지지자로 알려졌던 김종필 국무총리마저 흔들리기 시작하였다(문화일보, 1999. 3. 11.). 결국 확대 실시 여부에 대한 최종 운명은 국무총리가 주재하는 3월 13일의 양당 국정협의회에서 결정되도록 예정되었다.

3월 13일 국정협의회를 하루 앞둔 3월 12일에는 연기를 원하는 국민회의와 강행을 원하는 자민련의 상반된 입장이 격돌함으로써 권력게임의 양상마저 노출되었다(한국일보, 1999. 3. 13.). 국민회의 김원길 정책위의장은 기자간담회를 통해 16대 총선 이후 실시를 주장하였다. 반면에 김종필 국무총리는 실시를 연기할 생각이 없음을 밝혔다.

상황이 이 지경에 이르면 국민연금이라는 복지 문제가 정치권력의 힘겨루기 양상의 원인으로 변질되는 것이다. 다시 말하자면, 이제 국민연금의 '정치 역설' 이 확산일로의 국면으로 치닫고 있었다. 당시 김대중 대통령의 입장은 사태추이를 우려의 눈으로 주시하면서 한때는 장관을 질타하기도 하였지만 확대 실시 문제에 대해서는 초지일관 김종필 국무총리에게 일임하였다. 이는 DJP 공동정권의 기본 틀을 훼손하지 않으려는 의지의 표시였다.

예정되었던 3월 13일의 국정협의회 결과는 강행 쪽으로 확정되었다. 김종필 국무총리의 입장이 승리한 것이다. 그리하여 연기론의 선두주자였던 김원길 국민회의 정책위의장은 경질되었다. 강행 결정으로 낙착되는 데에는 신고율이 3월 14일 현재 43.9%까지 올라간 사실도 작용했던 것으로 판단된다(서울신문, 1999. 3. 16.).

도시지역 확대 강행론을 관철시킨 김종필 총리는 한 걸음 더 나아가

1999년 3월 18일에는 김모임 복지부 장관의 경질에 대한 반대 입장을 분명히 하였다(세계일보, 1999. 3. 18.). 그리하여 한 달 반 동안 이어졌던 '연금파동' 은 일단락되었고 이후 도시지역 확대는 확실한 가닥을 잡게 되었다.

연금파동은 결국 가입자 확대 문제에 대한 복지부의 끈질긴 맹세를 재확인시켜 주었다. 그리고 국민연금의 역사에서 '정치 역설' 현상이 크게 부각된 최초의 사례를 제공하게 되었다. 연금파동을 간단히 정리하면, '보험 역설' 에서 시작된 행정의 문제를 '정치 역설' 이 증폭시켰고 종국에는 정치적으로 해결되는 양상을 띠었다. 그리하여 소득 파악이나 연금재정의 안정화 문제 같은 보다 근본적인 대책은 후속 과제로 미루어지고 말았다.

16

외환위기 불똥 맞은 국민연금

알궂은 인연

이 책 제9장의 설명에서 우리는 1997년 외환위기 때문에 국민연금 개혁에 대한 국제통화기금(IMF)의 영향과 압력을 받게 되었다는 사실을 알게 되었다. 경제위기 시에 복지개혁이 일어나는 사례는 외국에서도 흔히 있었다. 그런데 1997년 외환위기는 특이한 상황이었다. 경제주권이 사실상 IMF로 이양된 상태에서 IMF가 연금개혁을 차관의 조건으로 내세웠기 때문이다.

IMF로부터 돈을 빌린 나라는 많다. 그러나 조건 없이 돈을 빌린 나라는 하나도 없다. 따라서 IMF로부터 돈을 빌리려면 경제 정책 일반에 대한 그들의 간섭과 압력을 각오해야 한다. 그러나 압력의 처리방법은 나라마다 다르다. 한마디로, 힘센 나라일수록 압력에 대한 굴복 정도가 낮은 것이다. 그래서 외세의 압력에 어떻게 대처하는가에 대한 국가 간 비교 연구가 비교사회정책학의 주요 주제가 된다.

국민연금이 시작된 1988년 이후 1990년대 말까지 국민연금과 연관된 대표적 국제조직인 국제노동기구(ILO) 및 세계은행(WB)과 우리나라의 직접적 접촉은 별로 없었다. 그 이유는 이 책 제7장에서 언급한 바와 같이 전자의 경우에는 우리의 UN 가입시기가 비교적 늦었을 뿐 아니라 다른 문제에 있어서도 우리나라와 ILO의 관계가 그렇게 긴밀하지 못했기 때문이다.

세계은행의 경우는 이유가 좀 다르다. 세계은행은 이미 1980년대 초반부터 여러 나라의 연금개혁에 적극적으로 개입하고 있었지만 우리나라에 대해서는 별다른 관심을 보일 계기가 없었던 것이다. 세계은행의 주된 관심은 공적연금으로 인한 정부 재정의 압박상태, 즉 공적연금의 재정불안이었는데, 대한민국의 국민연금은 실시시기가 비교적 늦었기 때문에 재정불안의 문제가 아직 가시화되지 않고 있었기 때문이다.

그러던 중 드디어 계기가 왔다. 한국 경제가 1997년의 외환위기로 인해 급전직하 곤두박질을 치게 되자, 정부는 1997년 11월 3일을 기해 IMF에 구제금융 신청을 하였다. 이에 따라 세계은행은 금융, 기업, 노동시장 및 사회안전망의 구조조정을 조건부로 한국 정부에 구조조정 차관을 제공하였다. 이들 개혁의 대상 중 사회안전망에는 공적연금제도의 구조조정이 명문화되었다.

세계은행 총재가 1998년 3월 19일자로 이사회에 보낸 보고서를 보면, 세계은행은 1997년에 활동하였던 '국민연금제도개선기획단'의 총체적 개혁 방향을 지지하고 있었음을 알 수 있다. 그러면서도 다른 나라의 경험을 살려서 이전과는 다른 개혁안(white paper)을 작성하기 위해 한국 정부가 특별조사단(task force)을 구성할 것이라는 내용이 나온다(World Bank, 1998a: 22-23). 이전과는 다른 개혁안이란 당시 세계은행이 강력하게 신봉하고 있던 다주제(多柱制, multi-pillar system)로의 전환과 적립방식의 확대를 암시하였던 것이다.

다주제에 관한 설명은 후술하기로 한다. 다만 여기서 알아야 할 사항은 당시 우리의 연금체계는 다주제가 아니라 국민연금 중심의 단주제(單柱

制)였기 때문에 세계은행은 사실상 우리나라 연금체계의 근본적인 구조조정을 원하고 있었다는 것이다. 여하간 외환위기와 후속된 구조조정 차관을 계기로 국민연금과 세계은행 간의 만남이 시작되었다.

이렇게 시작된 양자의 만남은 2002년에 우리 정부가 예정보다 앞선 시점에서 세계은행으로부터 빌렸던 돈을 모두 갚음으로써 연금개혁에는 이르지 못한 채 일단락되었다. 그 기간 동안 세계은행은 자신의 연금개혁안을 우리 정부가 채택하도록 직·간접적인 영향력을 행사하였다. 그러나 우리 정부는 그러한 압력에 대해 소극적인 대처를 하였기 때문에 차일피일 연구만 하고 법 개정은 시도하지 않았던 것이다.

억지 춘향이가 된 정부

세계은행이 우리 정부에게 긴급자금을 지원했던 초기 상황을 보면 다음과 같다. 세계은행 이사회는 1997년 12월 23일 30억 달러에 해당하는 경제재건차관(Economic Reconstruction Loan: ERL)을 한국에 제공할 것을 승인하였다(World Bank, 1997: 54). 이어서 1998년 3월 26일에는 구조조정차관(Structural Adjustment Loan: SAL)이란 이름으로 20억 달러를 승인하였다(World Bank, 1998a: iii). 그리고 1998년 10월 2일자 보고서를 통해 제2차 구조조정차관 20억 달러를 요구하였는데(World Bank, 1998b: iii), 두 번에 걸친 구조조정차관을 줄여서 각각 SAL I과 SAL II라고 한다.

국민연금과 연관되는 연금개혁에 대한 세계은행의 관심 표명은 ERL에는 등장하지 않았으며 SAL I과 SAL II에 와서 비로소 구체적으로 명시되었다. 이는 외환위기로 인해 한국 경제가 긴박한 상황에 처한 초기에는 IMF와 세계은행의 한국 사회 정책에 대한 관심이 주로 노동시장과 빈곤 구제에 집중되어 있었음을 암시하는 자료다.

일단 급한 불을 진화하였다고 판단한 그들은 그다음 단계로서 연금개혁을 제안했던 것이다. 그렇다면 왜 우리나라 연금체계를 그들이 신봉하는 다주제로 바꿀 것을 요구하였는가? 이는 당시 상황을 알면 쉽게 이해가 간다.

이 책의 제7장에서 설명한 바와 같이, 세계은행의 연금개혁 활동은 1984년부터 2004년까지 20년에 걸쳐 전 세계적으로 이루어졌다. 특히 세계은행은 자체 예산으로 연금개혁에 관한 연구사업을 장기간 지속하였고 연구 결과는 여러 나라에 배포되었다. 자신들의 연구 결과를 회원국들이 수용하도록 강요하지는 않았지만 그들의 제안에 대해 강한 자신감을 갖고 있었던 것이 사실이다. 세계은행으로부터 수많은 보고서가 나왔는데, 그중에서도 1994년에 발간된 『노년위기의 회피』가 가장 유명하였다.

우리가 세계은행으로부터 차관을 들여올 당시는 『노년위기의 회피』에 대한 세계적 평판이 최고조에 달한 시점이었다. 즉, 그들은 자신들이 권하는 다주제로 가면 어떤 나라도 자국민의 노후생활을 안정적으로 보장할 수 있다고 믿고 있었던 것이다. 사실 이 책 제13장에서 보았던 청와대 비서실의 연금개혁 시도가 벤치마킹한 모델이 바로 그것이었다. 그러니까 그들의 영향은 SAL I과 SAL II보다 3년 앞서 우리에게 위력을 떨쳤던 것이다.

세계은행이 선호하고 있던 다주제 연금체계란 어떤 것인가? 먼저 세계은행은 기존의 확정급여형 부과방식에 의존하는 공적연금 위주의 노후보장 체계가 인구 고령화와 저성장 경제하에서는 지속 가능하지 않다고 평가하였다. 이유는 연금기금의 수입에 비해 지출이 누적적으로 늘어나서 끊임없는 재정불안을 야기하기 때문이다. 그런데 대부분의 서방국가들은 제2차 세계대전 이후 복지국가 체제로 전환하면서 확정급여형 부과방식에 의존하는 공적연금 위주의 노후보장 체계를 채택하였다.

그와 같이 일국의 연금체계에 있어 공적연금에 대한 의존도가 높은 형태를 단주제라고 말한다면, 다주제는 공적연금 외에 기업연금이나 개인연금 등 노후소득보장을 위한 연금 수입의 원천을 다변화시킨다는 의미를 지니고 있었다. 따라서 다주제 체계하에서는 공적연금에 대한 재정 압박을 분산시킬 수 있는 이점을 정부가 얻게 된다.

단주제의 결함을 교정할 수 있는 대안으로서 세계은행은 공적연금의 비중은 줄이고 대신 민간 금융회사들이 운영하고 있는 사적연금 체계의 역할 비중을 높일 것(일종의 민영화)을 제안하였다. 그리하여 제1주(first pillar)인 공적연금은 강제적용으로 하되 최소 수준의 기초연금 형태로 구성한다. 제2주(second pillar)는 역시 강제적용으로 하되 적립식 확정기여형이 된다. 마지막 제3주(third pillar)는 임의적용의 개인연금이다(World Bank, 1994: 239-248).

그러나 제13장에서 설명한 것처럼, 세계은행 모델은 당시 우리에게는 너무 급진적인 개혁으로 받아들여졌고 더욱이 당시 복지부로서는 연금개혁보다 연금 확대가 더 우선적인 문제였기 때문에 채택되지 못했다. 그와 같은 사정을 알고 있었음에도 불구하고 세계은행은 1년 전에 실패했던 연금개혁에 재차 도전했던 것이다.

우리 정부가 SAL I에 서명한 시기는 1998년 3월이었다. 앞서 보았듯이, 당시 복지부는 국민의 정부 출범 이후 국민연금의 도시자영자 확대를 주목적으로 하는 「국민연금법」 개정에 총력을 집중하고 있던 시기였다. 도시자영자 확대에 전력투구하고 있던 복지부로서는 한 번 실패한 적 있는 연금개혁과 유사한 내용을 주문한 세계은행의 권고가 부담스러울 수밖에 없었다. 그럼에도 불구하고 세계은행은 1998년 10월까지 연금개혁의 청사진을 만들 범정부 차원의 위원회를 결성하고 1999년 11월까지 개혁안을 제출할 것을 요구하였다.

세계은행을 거역하면 차관을 받지 못하게 될지도 모르고 반대로 적극적으로 수용하면 도시자영자 확대가 늦어지게 되었으니 복지부는 그야말로 진퇴양난에 빠졌던 것이다. '두 마리 토끼'를 모두 잡을 수밖에 없었던 복지부로서는 '억지 춘향', 즉 도시지역 확대에 방해가 되지 않는 범위 내에서 연금개혁의 시늉을 연출하는 전략으로 낙착을 본 것 같다.

'억지 춘향' 전략을 뒷받침하는 증거로는 두 가지를 들 수 있다. 특별조사단(task force)의 발족과 개혁안 처리를 지연시켰다는 사실과 여러 정부부처가 관여해야 하는 위원회의 주관 업무를 힘이 세지도 않은 복지부가 맡았다는 사실이다.

앞에서 보았듯이, 세계은행이 태스크포스의 구성을 요구한 때는 SAL I이 타결된 1998년 3월이었다. 그런데 태스크포스인 '공사연금제도개선실무위원회(실무위원회)'의 1차 회의가 열린 날짜는 1998년 12월 11일이었다. 조사단 구성에 소요된 기간이 9개월이었음을 알 수 있다. 물론 이 기간 동안 복지부는 앞서 고찰한 도시지역 확대를 위한 「국민연금법」 개정 작업에 몰입하고 있었기 때문에 실무위원회 업무에는 신경 쓸 겨를이 없었다.

그러나 복지부가 진정으로 다주제로의 구조조정을 원하고 있었다면 「국민연금법」 개정 작업과 실무위원회 구성 작업을 얼마든지 병행할 수 있었기 때문에 위원회 구성시기는 수개월 정도 앞당길 수 있었다. 그렇게 보면 당시 복지부는 실무위원회 발족시기를 서둘러야 할 이유를 갖고 있지 않았던 것으로 해석된다.

더욱이 실무위원회의 개혁안이 만들어진 시기는 2000년 4월 말이었다. 그러나 그 당시 일정을 보면 공청회를 거쳐 최종안이 확정되는 시점은 5월로 예정되어 있었다. 그러나 공청회는 열리지 않았고 최종 개혁안이 확정되지도 않은 채 실무위원회의 회의는 더이상 없었다. 복지부가 연금개혁 업무를 유야무야 희석시켜 버렸던 것이다.

이미 수차례 언급했다시피, 정부부처 간 협력관계의 확보와 유지는 난제 중의 난제다. 특히 복지부와 같이 상대적 위세가 약한 부가 다른 부를 통솔하는 것은 더욱더 힘들다. 그리고 연금에는 국민연금, 공무원연금, 군인연금, 사립학교 교직원연금, 퇴직연금, 개인연금 등 여러 가지가 있으며 상호 관련성이 높다. 그러나 실행 책임을 맡고 있는 부처 간의 협조는 전무상태에 가까웠다.

세계은행이 요구한 연금개혁이란 국민연금만의 개혁이 아니라 모든 종류의 연금이 다 포함되어야 하는 포괄적 범위를 말하는 것이었다. 여기에 관련되는 정부부처는 재경부, 기획예산처, 국방부, 행자부, 교육부, 노동부, 국무조정실 등 적지 않은 숫자였다. 그런데도 실무위원회의 운영 책임은 상대적으로 힘이 약한 복지부가 맡았던 것이다.

복지부가 연금개혁 업무를 맡게 되면 관련 위원회의 구성과 활동 그리고 보고서 작성의 과정은 앞서 1997년 국민연금제도개선기획단의 운영과 유사해진다. 그리하여 국무총리가 위원장인 사회보장심의위원회의 결정에 따라 복지부 장관이 임명하는 위원회가 구성되었다. 그리고 그 위원회는 보고서를 작성한 뒤 복지부 장관의 추인을 받아 사회보장심의위원회에 보고하는 절차를 밟게 되어 있었다. 보고서를 접수한 사회보장심의위원회는 후속 조치의 일환으로 관련법의 개정을 결의할 수 있었던 것이다.

이상 두 가지 사실에 근거하여 유추하건대, 당시 우리 정부는 급전이 필요하였기 때문에 어쩔 수 없이 SAL I 과 SAL II에 서명하였지만 마음속으로는 연금개혁에 동의하지 않았던 것 같다. 포괄적 범위의 연금개혁은 문민정부가 1995~1996년에 한 번 시도했다가 포기할 정도로 성공하기 힘들다는 사실을 잘 알고 있었기 때문이다. 당시 청와대의 박세일 사회복지수석은 포괄적 연금개혁을 시도했다가 불가능함을 깨닫고 이후 범위를 국민연금 개혁으로 좁힌 바 있다.

1997년 국민연금제도개선기획단의 재판

'공사연금제도개선실무위원회(실무위)' 위원들의 면면을 보면 실무위가 1년 전에 활동하였던 '국민연금제도개선기획단(기획단)'의 소장 연구자들로 구성되어 있음을 알 수 있다. 실무위에는 총 28명의 위원들이 있었는데, 그중 9명은 공무원이었고 5명은 시민단체에 소속된 사회운동가였다. 연금 전문가라고 볼 수 있는 위원들은 학계에서 3명 그리고 연구기관에서 8명이 차출되었다.

실무위의 주 과제인 개혁안(white paper) 작성을 실행해야 할 위원들이 바로 그들이었다. 실무위가 출범한 지 3개월이 지날 무렵 개혁안 작성을 위한 13명의 실무작업반이 구성되었는데, 그중 8명이 1997년 기획단에서 전문적 업무를 처리하던 전문위원들이었다. 명칭이 암시하듯이 실무위는 그야말로 젊고 유능한 전문가들을 중심으로 개혁안을 작성하도록 설계되었던 것이다.

우리나라에서 사회보장제도를 전문적으로 연구하는 사람들의 숫자는 그때나 지금이나 많지 않다. 앞에서 보았듯이, 1세대 전문가들이 활동하였던 1986년까지는 그 숫자가 더 적었다. 2세대들이 등장한 이후 약간 늘어나긴 했지만 줄잡아 20~30명 내외로 보면 거의 맞다.

이들 제2세대 전문가들이 본격적으로 활동하기 시작한 것은 1997년에 기획단이 설치되면서부터다. 그리고 1년 뒤인 1998년에 실무위가 신설되었으니 그 사이에 새로운 전문가가 대규모로 발굴되기란 어려웠을 것이다.

개혁안을 만들 전문가들의 절대다수가 이미 1년 전에 행하였던 공동작업을 통해 국민연금 개혁안을 만든 사람들이었다는 사실은 실무위 개혁안의 윤곽을 미리 예상할 수 있는 근거가 된다. 당시 그들은 3개(현행 제도 유지, 이원화, 적립방식)의 대안에 대해 6개월에 걸쳐 검토한 후 최종적으로 이원화 방안을 채택한 바 있다. 결국 실무위의 구성시기와 위원의 면면을 보면 기획단의 활동내용이 다시 한 번 반복될 조짐이 농후하였다.

실무위는 1998년 12월 11일에 1차 회의를 개최하였는데, 개혁안의 3개 대안이 그 윤곽을 드러낸 시점은 출범 후 4개월이 지난 1999년 4월 23일에 있었던 8차 회의 때부터다. 3개의 대안을 보면 역시 예상대로 1년 전 기획단의 3개 안 논의와 유사한 부분을 적지 않게 발견할 수 있다(공사연금제도개선실무위원회, 2000: 6-12).

제1안은 현 제도를 보완하는 선에서 개혁의 수위를 결정하는 것이었기 때문에 엄격한 의미에서 보면 모수적 개혁에 더 가까웠다고 평가할 수 있다. 즉, 퇴직금의 법정기업연금으로의 전환 외에는 현 체제를 유지하면서 각각의 공적연금제도별로 내부적 개선 작업(예컨대, 각종 재정 안정 조치)을 거친 뒤 연계장치를 마련한다는 것이었다.

제2안은 국민연금을 공무원 등 특수직역종사자에게도 적용하도록 확대 개편하고, 퇴직금을 강제적 기업연금으로 전환하며, 조세를 재원으로 하는 사회부조식 무기여 연금의 도입을 골자로 하고 있었다. 국민연금을 전 국민의 공통연금으로 개편하는 것과 퇴직금을 기업연금으로 전환하는 것 그리고 무기여 연금의 도입과 같은 아이디어를 실현하려면 국민연금의 구조를 재편하지 않고서는 불가능하였다. 따라서 제2안은 제1안과 달리 국민연금의 구조조정을 전제로 하는 연금개혁안이었다.

제3안은 제2안보다 더 개혁적이었는데, 우선 국민연금의 균등 부문과 소득비례 부문을 분리하고 전자를 기초연금화시키는(1인 1연금화) 대신 후자에는 별도의 소득이 있는 자만 가입시키도록 설계되었다. 그리고 65세 이상이면서 공적연금 미수급자에게는 조세를 재원으로 하는 사회부조식 무기여 연금을 제공하도록 되어 있었다. 특수직역연금 역시 기초연금 보험료와 소득비례 보험료로 이분하도록 제안되었다. 그러나 퇴직금의 기업연금화는 노사의 자율에 맡긴다는 안이었다.

이상 3개 안의 공통점은 세계은행의 권고대로 다주제를 채택하였다는 것이었다. 즉, 제1안과 2안은 3주(국민연금, 법정기업연금, 개인연금)를 전제로 하고 있었으며 제3안은 4주(기초연금, 소득비례국민연금 또는 특수직역연금, 퇴직금 혹은 기업연금, 개인연금)에 기초하고 있었다.

3개 안을 1997년 기획단의 3개 안과 대비시켜 보면 다주제를 채택했다는 사실을 제외할 경우 국민연금의 균등 부문과 소득비례 부문의 분리 여부와 기초연금의 도입 여부가 3개 대안을 구별하는 주요 기준으로 작용했다는 점에서 동일하다.

한편, 기획단과 실무위의 개혁안에서 나타난 현저한 차이는 퇴직금제도의 처리 문제에서 나타났다. 기획단에서는 퇴직금을 법정기업연금화한다는 아이디어가 없었지만 실무위에서는 2개 안이 법정기업연금화를 제안하였다. 이는 세계은행이 강력하게 원하고 있었던 방향과 일치되는 부분이었다.

세계은행의 지원

실무위에 대한 세계은행의 지원은 적극적이고 포괄적이었다. 그들은 보유하고 있던 세계 여러 나라의 국민연금에 대한 자료와 연구결과물들을 실무위에 제공하였을 뿐 아니라 위원회의 운영 및 활동에 필요한 경비를 지원하였다. 특히 실무위 위원들의 해외시찰을 주선하였고 그에 필요한 예산은 물론 국제회의를 포함한 세미나 개최 지원도 적극적으로 제공하였다.

해외시찰 경비를 포함한 실무위 운영 예산의 재원은 아셈 신탁기금(ASEM Trust Fund)[1)]으로부터 마련되었다. 그런데 세계은행은 실무위가 출범한 지 3개월이 지난 시점부터 아셈 신탁기금의 활용 가능성에 대해 언급하였다. 이와 같은 사실을 통해 알 수 있는 점은 세계은행이 실무위의 업무처리 능력을 향상시키기 위해 무던히 노력하였다는 것이다.

한편, 실무위의 개혁안 작성과 관련하여 그들은 자신들의 아이디어가 가능한 한 많이 채택되도록 노력하였다. 위원회의 활동이 열기를 더하고 있던 1998년 9월 9일에는 '기로에 선 한국의 노년기 소득보장' 이란 제목으로 세계은행의 두 연금 전문가[2)]가 한국 연금제도에 대한 자신들의 분석내용을 발표하였다. 그들은 먼저 한국의 전통이었던 가족 중심의 노인

1) 아시아와 유럽의 협력관계를 강화하기 위한 목적으로 총 45개국이 1996년 3월에 결성한 Asia-Europe Meeting이 1998년 4월 런던에서 개최한 제2회 정상회의에서 아시아 금융위기 국가들의 구조개혁 및 사회복지 정책 수행에 대한 기술지원을 위해 유럽 국가들이 4천 5백만 달러를 조성하여 1998~2001년까지 운용하였는데, 우리나라는 총 9개 사업에 걸쳐 약 5백만 달러를 할당받았고, 세계은행과의 협약을 통해 9개 사업 중 5개가 사회복지정책 능력의 강화 목적과 연계되었으며, 연금개혁은 그중 하나다.

부양제도가 강제적인 퇴직저축의 형태로 전환되고 있음을 주목하였다. 그런데 그러한 전환으로 인해 사각지대 발생, 노동이동성의 제한, 비형평성 야기, 기금 운용의 비효율성 발생 등의 문제가 등장했다는 것이다. 그리고 바로 그 문제는 그들이 제안하였던 연금개혁의 동인이었다.

그와 같은 문제를 해결하려면 부분적 개선으로는 불가능하기 때문에 세계은행은 체계적인 구조조정이 필요하다고 주장하였다. 구조조정이란 세계은행이 선호하던 다주제 연금체계로의 변화를 의미한다. 그러나 그와 같은 세계은행의 시각은 앞에서 이미 살펴본 것처럼 당시 복지부의 입장과는 맞지 않았던 것이다. 즉, 복지부는 우선 국민연금을 전 국민으로 확대할 계획을 세웠고 재정 안정화 문제 등 여타 문제는 차후 점진적으로 개선한다는 복안을 갖고 있었다.

여하간 복지부와 근본적으로 다른 생각을 갖고 있던 세계은행으로서는 일단 한국의 연금체계를 다주제로 전환하는 것이 급선무였고 그러기 위해서는 두 단계의 개혁조치를 취해야 한다는 것이 그들의 생각이었다. 첫째 단계는 국민연금의 급여수준을 낮추는 대신 법정 퇴직금을 확정기여 방식과 이동이 자유로운 개인계좌 방식의 기업연금으로 전환하는 것이었다. 둘째 단계는 공무원연금을 위시한 특수직역연금을 방금 설명한 새로운 다주제 연금체계에 통합시키는 것이었다(World Bank, 2000: 43-47).

앞에서 설명한 바 있는 연금개혁의 3개 대안에 대한 본격적 논의가 실무작업반에서 다루어지기 시작한 때는 1999년 8월 중순이었다. 그와 같은 진행 상황을 보면 방금 소개한 세계은행 전문가의 발표는 실무작업반 논의에 영향을 미칠 수 있는 타이밍에서 나왔던 것이다. 세계은행이 두 번째 발표의 기회를 잡은 것은 1999년 10월 21일이었다. 이번 발표자는 세계은행 연금연구팀의 팀장이었던 홀츠만(Robert Holzman)이었는데, 발표내용은 한 달 전에 팔라시오스가 발표했던 내용과 대동소이하였다.

2) 그중 한 사람은 세계은행의 한국연금개혁팀장이었던 팔라시오스(Robert Palacios)였다.

정부의 미온적 태도

당초 실무위의 활동시한은 1999년 11월 말까지로 정해져 있었다. 그러나 1999년 10월 말에 이르렀을 무렵의 상황은 개혁안을 한 달 안에 확정지을 수 있는 준비가 되어 있지 못하였다. 복지부와의 협의 그리고 사회보장심의위원회에 대한 중간보고 또는 공청회 개최 등의 일정이 남아 있었기 때문이다. 그러나 무엇보다 더 중요한 것은 그때까지 실무위가 3개의 대안에 대한 논의를 계속 진행하였지만 합의안을 도출하지 못하고 있었다는 사실이다. 그리하여 활동시한을 2000년 5월로 연기시켰다.

이 지점에서 우리는 국민연금의 '전문 역설' 을 다시 한 번 경험하게 된다. '전문 역설' 이란 전문가들이 자기 나름대로 최선을 다해 국민연금의 발전을 위해 열심히 활동하였지만 결과적으로는 발전에 역행하는 상황이 연출된다는 것이다. 당시 '전문 역설' 의 발생 경위는 다음과 같다.

실무위에서 검토된 개혁안은 세 가지 모형이었다. 그렇게 세 가지 모형으로 출발한 근본 취지는 세 가지를 검토하다 보면 결국 최선의 안 하나가 도출될 수 있으리라는 기대에 근거하고 있었다. 그런데 실제 상황은 초기 취지를 빗나가고 말았다. 어느 정도로 심도 깊은 연구 검토가 종료되었음에도 불구하고 단일안을 성사시킬 수 있는 가능성은 보이지 않았다. 이유는 전문가들의 고집 때문이었다.

흔히 학자나 연구자들은 자신의 주장이나 입장을 쉽게 변경하지 않는 속성을 갖고 있다. 학문이란 상반되는 주장들이 대립하고 경쟁하는 가운데 발전한다고 믿고 있기 때문이다. 그런데 실무위와 같이 정책대안을 만드는 경우에는 진리를 찾고 이론을 구축하는 학문 활동과 반드시 일치하지 않는 부분이 있다. 왜냐하면 정책대안이란 그 당시 상황에서 최선의 문제 해결책을 강구하는 것이기 때문에 비교적 오랜 기간 유지되어야 하는 진리나 이론이 되어야 할 이유는 없기 때문이다.

학문의 세계에서는 문제의 궁극을 탐색하는 것이 목적이기 때문에 이견의 대립이 바람직스럽지만 정책은 문제의 해결을 추구하는 예술에 가깝기 때문에 대립보다 합의가 더 중요하다. 그런데 당시의 실무위에 소속되어 있던 학자들은 학문과 정책을 혼동하는 경우가 있었다. 그런 사고방식은 바로 자신이 지지하고 연구하던 모형에 대한 집착으로 이어져서 다른 대안에 대한 타협 거부로 나타났던 것이다.

합의를 전제로 수차례의 회의를 거듭하더라도 이견은 좁혀지지 않았고 오히려 주장의 강도만 더 높아지는 상황이 전개되었다. 합의 실패는 실무위 활동이 끝날 때까지 계속되었는데, 그 결과 최종보고서 역시 3개 안을 그대로 수록하고 말았다.

문외한들의 눈에는 이런 전문가들의 태도가 못마땅할 수밖에 없다. 최고의 전문가들이 모여 최선의 해결책을 도출하라고 요구하였음에도 전문가들은 3개의 안을 제시하였으니 그게 무슨 전문가들이냐? 그렇다면 최종 결정은 전문가가 아닌 비전문가가 하란 말인가? 더욱이 그런 결정을 정치인들에게 맡길 경우 국민연금 역설의 또 다른 형태인 '정치 역설' 이 발생할 가능성이 농후한데도 말이다.

여하간 실무위의 합의 실패는 실무위원들의 전문성과 자질에 대한 일반 국민들의 의구심을 낳게 하는 빌미가 되었다. 나아가 국민연금의 장기발전을 위한 최선의 단일모형은 결코 존재할 수 없다는 오해를 초래할 수 있는 여지를 남겼던 것이다. 아니나 다를까 이후 전개된 국민연금 발전 논의 과정에서도 전문가들의 고집이 등장하는 장면을 심심찮게 목격하게 된다. 이 부분에 대해서는 2007년 「국민연금법」 개정을 설명할 때 다시 언급하게 된다.

실무위의 활동이 어느 정도 정리되기 시작한 시점은 1999년 12월 초순이었다. 그리하여 1999년 12월 16일에는 복지부 장관에 대한 실무위의 중간보고가 있었고 이어서 12월 29일에는 사회보장심의위에 대한 중간보고를 마쳤다. 보통의 정책 과정에서는 중간보고를 받게 되면 보고를 접수한

자가 검토한 후 그 결과를 보고자에게 통보해 주는 것이 상례다. 그러나 이번 경우에는 가타부타 결과가 전달되지 않았다. 보고만 접수한 채 결과 통보는 계속되는 검토로 대체되고 있었다. 이는 연금개혁에 대한 정부의 미온적 태도를 재확인할 수 있는 증거다.

이후 실무위 활동은 단일안(통합모형) 작성을 위한 최후의 노력(워크숍 개최 등)과 보고서 작성으로 집약되었다. 그러나 통합모형 합의는 끝내 무산되었기 때문에 3개 안을 그대로 수록하는 방식의 보고서를 제출할 것을 다수결로 결정하였다. 보고서 초안의 작성 임무를 맡은 실무작업반의 활동이 본격화된 것은 2000년 4월 말이었다.

실무작업반이 발족할 당시의 계획에는 1999년 11월 말까지 보고서 작성을 완료하는 것이었다. 이후 2000년 5월로 한 차례 연기되었던 것인데, 당시 상황은 2000년 5월 시한도 맞추기가 쉽지 않았다. 여하간 실무위의 공식적 회의가 2000년 4월 26일에 개최되었는데, 그 회의에서는 보고서 초안을 검토하기 위한 다음 회의를 보고서 초안 작업이 완료된 후에 열기로 결정하였다.

실무작업반의 보고서 초안이 마무리된 시점은 2000년 8월이었다. 그러나 앞서 결정했던 초안 검토를 위한 실무위 전체회의는 더 이상 열리지 않았다. 여기서 우리는 당시 우리 정부가 실무위의 보고서를 무시하고 있었음을 다시 한 번 확인할 수 있다. 정부의 그런 태도는 앞에서 보았듯이, 2년 전의 기획단 실패 경험과 더불어 반 년 전의 연금파동이라는 쓰라린 상처와 연계되어 있었다. 다시 말해, 연금개혁에 대한 정부의 내부 동력이 좀처럼 형성되지 않았던 것이다.

여기에 덧붙여 실무위의 개혁안이 세 가지로 분산되어 있었기 때문에 그중 어느 하나를 선택하기도 쉽지 않은 상황이었다. 그래서 보고서 초안 작성 완료에 대한 보고를 받고도 그에 대한 반응은 무응답으로 나온 것이다. 결국 보고서 초안은 상당 기간 초안상태로 파묻혀 있다가 우리 정부가 IMF로부터 빌린 차관을 모두 상환한 2002년 8월 이후에 슬그머니 공개되었다.

세계은행의 태도 변화

어느 나라든 IMF로부터 돈을 빌리면 경제 정책의 주권을 상실하게 된다. 그럼에도 IMF의 압력에 저항할 수 있는 힘은 나라마다 다르다. 비슷한 시기에 연금개혁이라는 유사한 압력을 받았던 멕시코와 한국의 경험을 분석한 연구에 따르면, IMF에 대한 대응양식은 두 나라 사이에 큰 차이를 보여 주었다고 한다.

양재진은 "연금개혁의 방향 설정에서 멕시코와 한국은 커다란 차이를 보였다."고 주장하였다(양재진, 2001: 75-76). 이영옥은 "한국은 국제금융기구들의 사회정책권고안에 대해 의무 불이행을 보였고 신자유주의 정책이념의 수용 정도와 수위 결정에 있어서 멕시코보다는 국가자율성을 더 많이 발휘하였다."고 결론 내렸다(이영옥, 2003: 80). 저자는 연금개혁에 관한 두 사람의 분석에 동의한다.

외환위기를 계기로 마련된 모처럼의 복지부와 세계은행의 얄궂은 만남은 위에서 본 것처럼 깔끔한 작별인사도 없이 흐지부지 끝나고 말았다. 그러나 이 시점에서 회상하면 그와 같은 어색한 작별이 우리에게는 천만다행이었다. 복지부와 세계은행의 공식적 관계가 종료된 후 3년이 지난 시점에서 발표된 세계은행의 보고서를 보면 세계은행의 입장에 큰 변화가 생겼음을 알 수 있기 때문이다.

세계은행은 1994년의 보고서 『노년위기의 회피』 발간 후 11년 만인 2005년에 『21세기의 노후소득지원(*Old Age Income Support in the 21st Century*)』이란 제목의 새로운 보고서를 출판하였다. 세계은행은 새 보고서를 통해 세계은행 모형을 모든 국가에 획일적으로 적용할 것을 권하던 종래의 입장에서 한 걸음 물러섰다. 그리하여 연금개혁은 각 국가의 사정에 맞게 보다 유연하게 진행해야 한다고 제안하였다(국민연금연구원, 2008:

168-169). 이와 같은 입장변화를 세계은행은 자신들의 권고가 '참고자료일 뿐 청사진은 아님(A Benchmark, Not A Blueprint)' 이라고 요약하였다(World Bank, 2005: 53).

더욱더 놀라운 사실은 세계은행 2007년 보고서를 보면, 한국은 세계은행의 도움을 받아 운영했던 공사연금제도개선실무위원회의 경험을 토대로 연금정책 수립을 자력으로 수행할 수 있는 능력과 공적연금의 관리 능력을 크게 향상시켰다고 평가하였다(World Bank, 2007: 6). 이를 보면 우리 정부가 세계은행의 요구와 압력에 호락호락 넘어가지 않았던 것이 오히려 좋은 평가를 받게 했음을 느끼게 한다.

PART_ 5

연금정치

17

제1차 재정계산과 제2차 연금개혁의 시도

국민연금발전위원회의 설치

1973년의 「국민복지연금법」 제정 이후 장기간 우리나라 공적연금정책의 최우선 과제는 조기 실시와 전 국민 확대였다. 그 과정에서 정부의 정책주도권을 놓고 벌인 복지부와 재경부 사이의 각축전은 경제 부처의 우세로 기울어 있었다. 그러나 1998년의 「국민연금법」 개정과 「공공자금관리기금법」 개정 그리고 1999년의 도시자영자 확대 실시 등의 과정에서 복지부의 정책장악력은 점차 상승세를 타게 되었다.

그리하여 최초 법 제정 25년이 지난 시점에서 국민연금의 명실상부한 책임부서가 된 복지부로서는 다음 단계의 국민연금 발전을 모색해야 할 중책을 떠안게 되었다. 왜냐하면 1997년의 국민연금개선기획단의 보고서에서 밝혀졌듯, 당시의 국민연금은 여러 가지 문제점들을 안고 있었기 때문이다.

노후소득을 보장할 만큼 적정 수준의 연금을 확보해야 하는 과제가 있었고, 국민연금을 받을 수 없는 사람들의 사각지대 문제를 해소해야 했으며, 재정의 장기적 안정을 담보할 수 있는 연금개혁도 요구되고 있었다. 당시 상황은 마치 여러 가지 합병증을 동시에 앓고 있는 중환자나 다름없었다. 일시에 모든 병을 치유할 수만 있다면 더없이 좋겠지만 그것은 현실적으로 불가능하였다. 따라서 문제풀이의 순서가 중요한 정책과제로 부상하였다.

물론 이와 같은 상황은 우리나라만의 문제는 아니었다. 노후소득보장의 문제는 인류사회의 영원한 숙제이기 때문에 어느 시점의 어느 나라에게도 상황은 비슷하다. 그래서 나라마다 정도 차이는 있지만 한 문제를 풀면 연이어서 또 다른 문제 해결에 매달리는 현상을 쉽게 볼 수 있다.

국민연금의 대상 확대 문제를 해결한 복지부에게 부과된 다음의 주 과제는 재정 안정화 문제였다. 1998년 제1차 연금개혁을 준비할 당시 청와대 사회복지수석실이 주장한 '선 개혁, 후 확대' 론에 대해 복지부는 '선 확대, 후 개혁' 론으로 맞섰기 때문에, 도시자영자 확대가 완료된 1999년 이후의 최우선 정책 과제로서 재정 안정화를 손꼽는 것에 대해 복지부는 별다른 이견이 없었다.

더욱이 1998년의 「국민연금법」 개정으로 복지부는 국민연금의 장기 재정 추계를 5년에 한 번씩 의무적으로 실시하고 그 결과를 국회에 보고하도록 되어 있었다. 동법 제4조(국민연금의 재정계산 및 급여액의 조정)를 보면, 복지부 장관은 국민연금의 재정수지에 관한 계산을 하고 재정전망과 연금보험료의 조정 및 기금의 운용에 관한 계획을 수립하여 국무회의를 거쳐 대통령의 승인을 받은 후 국회에 제출하고 공시하도록 되어 있었다.

동법 시행령 11조에는 재정계산과 관련된 시간표가 명시되어 있었다. 즉, 재정계산의 시한은 3월 31일이고, 대통령 승인은 9월 말까지 받아야 하며, 10월 말까지 국회에 제출하도록 규정되어 있었다. 그와 같은 일련의 과정을 거쳐야 하는 재정 추계 작업의 최초 연도가 2003년으로 다가오고 있었다.

관련법에 따라 김원길 복지부 장관은 2002년 3월 19일에 장관 자문기구 성격의 '국민연금발전위원회(발전위)'를 설치하였다. 정운찬(서울대학교 경제학부 교수) 위원장[1]을 위시한 총 21명[2]의 위원으로 구성된 발전위는 산하에 2개의 전문위원회(19명의 제도발전전문위원회와 15명의 재정분석전문위원회)를 설치 · 운영하였다.

발전위에 맡겨진 주요 과제는 세 가지로 요약된다. 첫째, 국민연금의 장기 재정을 추계하여 재정 안정화 방안을 제시할 것, 둘째, 연금제도 사각지대를 해소하는 등의 제도 내실화 방안을 제시할 것, 셋째, 급여 구조를 개선하는 등의 급여 합리화 방안을 제시할 것 등이다. 그리고 방안 마련의 시한은 2003년 5월로 정해졌다.

총 21명 위원들의 면면을 분석하면 하나의 불안이 예견되는데, 그것은 전문성과 대표성의 충돌 가능성이었다. 그런 예상은 위원 구성을 위원들의 소속 기관별로 세분하면 금방 드러난다. 총 21명의 위원들 중 정부위원 4명, 준 공공기관 3명, 학계 5명, 가입자 대표 6명, 언론 및 시민단체 출신이 3명이었다. 이들 중 명실상부한 연금 전문가는 학계 5명뿐이었다. 결국 위원의 80%는 전문성보다 대표성을 기준으로 선발되었다고 볼 수 있다.

이 지점에서 우리는 민주사회의 정책결정 과정에 대한 고민을 하지 않을 수 없다. 민주주의의 최대 특징은 국민의 뜻이 정책결정에 많이 반영된다는 것이다. 더욱이 1990년대에 본격화된 우리나라 민주화의 물결은 의사결정에 있어 직접민주주의에 대한 요구를 사회 전반으로 확대시키는 바람을 일으켰다. 그 결과 국민연금의 관리와 운영에 있어서도 가입자의 대표성을 강화시켜야 한다는 요구가 날로 거세졌던 것이다. 그러한 요구가 발전위의 구성에도 그대로 반영되었다.

---

1) 2002년 7월에 서울대학교 총장으로 취임함에 따라 당시 서울대학교 경제학부 송병락 교수로 바뀌었다.

2) 당시 연세대학교 윤건영 교수가 위원으로 위촉되었으나 2004년 총선 출마로 사퇴함으로써 20명으로 줄어들었다.

그런데 가입자 대표가 전문성을 겸비하고 있으면 하등의 문제가 안 된다. 대표성과 전문성을 겸비한 분들을 위원으로 모시는 것이 이상적이지만 우리의 현실은 그렇지 못하였다. 그렇게 된 근본 원인은 국민연금이란 제도의 난해성 때문이다. 간단히 말하면 국민연금이란 제도의 운영에는 사회복지학, 경제학, 사회학, 인구학, 수리학, 경영학 등 종합과학적 지식이 필요하다. 그러나 앞 장에서 설명했듯, 제도 실시의 역사가 상대적으로 짧은 우리나라의 경우는 연금 전문가가 많지 않았다. 연금 전문가를 총동원하더라도 20~30명 정도에 불과한 실정이었다.

발전위 21명 위원들 중 최소한 9명(근로자, 사용자 및 지역가입자 대표 각 2인, 소비자 및 시민단체 대표 각 1인, 언론계 대표 1인)의 경우에는 전문성보다 대표성이 더 많이 반영된 인선 결과라고 해석된다. 결국 대표성을 중시한 결과로 나타났던 전문성 부족을 보강하기 위한 하나의 조치가 필요하게 되었다. 그래서 총 34명으로 구성된 두 개의 전문위원회를 추가로 설치하였던 것이다.

이와 같은 전문성 보강 조치에도 불구하고 전문성 결핍의 문제는 완전히 해소되지 않았다. 왜냐하면 상대적으로 전문성이 높은 전문위원들의 활동 결과를 전문성이 낮은 발전위 위원들이 최종적으로 결정하도록 되어 있었기 때문이다. 다시 말하자면, 위원회의 주요 결정 과정에서 전문성보다 대표성이 더 많이 작용할 가능성이 높았던 것이다.

주관 연구기관의 변동

한 가지 더 특기할 사항은 주관 연구기관이 변경되었다는 사실이다. 주관 연구기관이란 국민연금 개혁을 위한 사전조사 및 연구를 수행함에 있어 요구되는 행정 및 제반 지원업무를 책임지는 기관을 말한다. 따라서 특정 연구기관이 주관 기관으로 지명된다는 사실은 그 기관이 당시로서는 그 업무와 관련하여 최고의 수행능력을 인정받았다는 의미다.

이 책 제4장과 제11장에서 보았듯이, 국민연금 초창기인 1970년대만 하더라도 한국개발원(KDI)이나 사회보장심의위원회 연구실이 국민연금 연구의 대표 연구기관이었다. 이후 1980년대 말부터는 한국보건사회연구원(보사연)이 그 역할을 맡았다. 그리하여 1998년 10월에 설치되었던 공사연금제도개선실무위원회의 활동 때까지 주관 연구기관은 여전히 보사연이었다. 그런데 2002년에 신설된 발전위의 경우에는 국민연금연구센터(2004년 말에 국민연금연구원으로 개명)로 변경된 것이다.

국민연금연구센터(연구센터)는 국민연금관리공단(2007년 7월 23일에 국민연금공단으로 개명)의 내부기관으로서 1995년에 문을 연 기금운용연구실을 1996년 4월에 확대 · 개편하였다. 설립 배경은 조사 및 연구의 필요성 때문이었다. 즉, 국민연금의 관리 및 행정 업무를 대행하는 기관인 국민연금관리공단(공단)의 입장에서 일상 업무의 전문성과 과학성을 높이는 것이 필요하였던 것이다.

당시 보사연이 국민연금의 연구 기능을 하고 있었지만 연구주제의 성격상 보다 구체적이고 일상적이며 동시에 단기적 필요성이 강한 연구의 특성에는 잘 맞지 않았다. 그리하여 공단은 내부 연구소를 설치하도록 결정하고 당시 보사연 연금연구팀의 리더였던 정경배를 초대 연구소장으로 초빙하였던 것이다.

연구센터의 등장으로 인해 국민연금의 연구는 묵시적으로 이원화되기 시작하였다. 즉, 구조개혁과 같이 국민연금의 제도적이며 장기적이고 거시적인 성격의 연구는 보사연이 맡는 한편, 기금 운용과 같이 행정적이며 단기적 · 미시적인 성격의 연구는 연구센터가 분담하는 것이었다. 특히 연금재정의 장기 추계모형을 개발하는 중요한 기능을 수행함에 있어 연구센터는 중심기관으로서의 역할을 하게 되었다.[3)]

이런 배경에서 출범한 연구센터는 시간이 흐를수록 많은 연구업적을

3) 국민연금연구센터의 정경배 소장과 재정 추계팀은 1998년 4월에 「국민연금재정 추계」라는 제목의 연구서를 발간하였다.

산출함으로써 점차 복지부의 신뢰와 함께 일반적 명성을 얻게 되었다. 그 결과 발족 후 7년 만인 2002년에 이르러 발전위의 주관 연구기관으로 선정될 수 있었다. 이는 짧은 기간 동안이었지만 그들이 보여 준 노력과 실력이 널리 인정되었다는 사실을 증명하는 것이었다.

제1차 재정계산의 결과

국민연금의 장기 재정을 추계하는 과제를 맡은 기구는 발전위였지만 발전위가 직접 그 업무를 처리할 수는 없었다. 왜냐하면 그 일은 고도의 전문적 지식과 기술을 요하기 때문이었다. 그래서 발전위 산하에 있는 재정분석전문위원회(재정전문위)가 발전위로부터 위임을 받아 그 일을 수행하게 되었다. 재정전문위의 첫 회동은 2002년 3월 27일에 있었다. 이후 총 11회의 전문위 회의를 거쳐 목표연도(2070년)까지의 장기 추계 결과를 확정지었는데, 2002년 11월 22일에 있었던 제10차 전문위에서 대략의 윤곽이 드러났다.

주요 내용을 보면, 적립기금은 지속적으로 증가하여 2035년에 1,715조 원(2000년 불변가격으로는 603조 원)으로 최고점에 도달하게 되는 것으로 예측되었다. 문제는 그다음 해부터 나타난다. 당년도 수지적자, 즉 1년 단위로 할 때 연금기금의 수입보다 지출이 더 많은 경우가 발생하여 기금 잠식이 일어나는 최초의 해가 2036년으로 예상되었다. 그 결과 2047년에 이르면 기금에 남아 있는 돈이 없어지고 만다는 것이었다(국민연금발전위원회, 2003: 71).

2036년 당년도 수지적자와 2047년 기금 소진이란 예측은 5년 전에 활동했던 1997년의 '국민연금제도개선기획단'이 추계하였던 2020년 당년도 수지적자와 2031년 기금 소진보다 개선된 것이었다(국민연금제도개선기획단, 1997: 29). 그와 같은 개선이 발생한 주원인은 소득대체율을 70%에서 60%로 인하하였던 1998년의 「국민연금법」 개정이라고 해석된다. 이를 통해 확인할 수 있는 사실은 지속적으로 국민연금의 제도개선에 매진한다면 재정 안정화라는 난제도 해결할 수 있다는 희망의 메시지였다.

기존의 연금개혁 논의에서 장기 재정 추계가 없었던 것은 아니다. 그러나 최초의 법정 재정 계산에서 나타난 두드러진 특징의 하나는 재정 안정화를 측정하기 위해 새로운 지표를 채택하였다는 것이다. 그것이 바로 목표적립(배)률인데, 목표적립률이란 최종 목표연도(예컨대, 2070년)를 기준으로 했을 때 그해에 지출될 연금액과 지출하고 남은 기금액의 비율을 말하는 것이다. 다시 말하자면, 일종의 책임준비금 성격의 잔금이 기금에 얼마나 남아 있는가를 보여 주는 지표다. 목표적립률이 크면 클수록 기금의 잔여액이 많다는 뜻이므로 연금재정은 그만큼 안정화되는 것이다.

재정전문위는 당시 소득대체율이었던 60%를 유지한다는 가정하에 목표적립률을 2배로 하였더니 2030년에 필요한 보험료율은 당시 9%보다 10.85%가 인상된 19.85%로 나왔다. 목표적립률을 5배로 올리면 21.35%가 필요한 것으로 계산되었다. 세계은행이 선호하는 완전적립에 필요한 보험료율은 24.98%로 분석되었다(국민연금발전위원회, 2003: 74-79).

간단히 요약하자면, 현 수준의 연금급여를 받으면서 동시에 재정 안정화를 성취하려면 당장 보험료를 두 배 인상해야 한다는 결론이 나왔다. 문제는 그와 같은 보험료 인상이 현실적으로 가능하겠냐는 것이었다. 국민연금의 '보험 역설' '정치 역설' '언론 역설'을 고려하면 복지부로서는 여간 거북스런 문제가 아닐 수 없었다.

보험료 조정은 어느 누가 임의로 할 수 있는 성질의 것이 아니다. 왜냐하면 그 근거가 「국민연금법」 상에 명확히 규정되어 있기 때문이다. 국민연금이 1988년 시작할 당시 관련법은 1986년에 제정된 「국민연금법」이었다. 동법 제75조와 부칙 제4조에 의하면, 보험료율은 3%에서 시작하여 6%를 거쳐 9%로 점차 인상되는 3단계 인상 과정이 명문화되어 있었다. 특기할 사항은 시한이 명기되어 있었다는 것인데, 1998년 이후 보험료율은 여전히 9%로 기재되어 있었다.

1998년에 개정된 「국민연금법」의 부칙 제4조는 2009년까지 연금보험료 조정을 하지 않는 것으로 못 박았다. 지금 와서 돌이켜 보면, 이미 1986년 「국민연금법」에 의해 소위 보험료율 '마(魔)의 10% 벽' 이라는 징크스가 만들어진 것이다. 그런 징크스가 형성되는 배경에는 '보험 역설' '정치 역설' '언론 역설' 이 자리 잡고 있었다.

즉, 국민연금 가입자인 국민의 다수는 일상생활상의 여러 이유를 대면서 보험료는 되도록 적게 내고 연금액은 되도록 많이 받으려고 한다. 한편, 언론인들은 보험료 인상을 국가가 국민의 부담을 늘린다는 이유를 들어 반대한다. 그런가 하면, 정치인들은 국민과 언론의 반대 여론에 편승하여 표를 얻으려고 노력한다. 결국 보험료 인상이 불가피한 상황에서도 인상에 찬성하는 사람은 소수에 불과하다는 결과가 나온다.

다시 말하자면, 국민연금 행정에 있어 보험료 인상을 싫어하는 국민들은 물론 연금 전문가들마저 부지불식간에 보험료율 두 자리 수 인상에 대해서는 거부감이 형성되고 있었다. 따라서 최초의 재정 추계를 실시한 2003년의 시점에서도 그 징크스를 깨는 것은 쉬운 일이 아니었다.

그럼에도 장기 재정 추계 결과는 보험료의 두 자리 수 인상이 불가피하다는 결론이 났기 때문에 복지부로서는 난처한 입장에 처할 수밖에 없었다. 난처하기로는 복지부보다 발전위원회의 제도전문위원회가 더 했다. 왜냐하면 재정전문위는 재정 추계만 하면 일단 자신들의 일차적 임무를 완료할 수 있었지만 재정 안정화 방안을 마련해야 하는 제도전문위는 그때부터 본격적 작업을 시작했어야 하기 때문이었다.

마(魔)의 10% 벽

앞에서 본 대로, 재정전문위의 추계 작업이 윤곽을 드러낸 시점이 2002년 11월 22일이었는데, 제도전문위가 마련해야 하는 재정 안정화 방안의 기본골격이 형성된 시기 역시 비슷한 2002년 11월 20일이었다. 그날 있었던 제16차 제도전문위 회의에서 결정된 주요 사항은 두 가지다.

하나는 재정 안정화 방안에서 소득대체율의 하향조정과 보험료의 상향조정 변수를 우선적으로 고려한다는 것이었고, 다른 하나는 다주체계로 전환하는 문제나 국민연금의 이원화 문제는 후순위로 한다는 것이었다. 즉, 2003년 재정계산에서는 재정 안정화를 위한 방법 중 국민연금의 구조조정에 관한 논의보다 계수조정 논의를 집중적으로 진행한다는 뜻이었다.

2002년 11월 20일에 개최되었던 제도전문위 회의가 갖는 역사적 의의는 아직까지 제대로 평가되지 않고 있지만 실로 중대한 결정이 그날 내려졌던 것이다. 다름이 아니라 국민연금의 9% 보험료율 인상 불가 징크스, 즉 '마(魔)의 10% 벽'을 무너뜨리기로 결정했던 것이다. 그 결정은 발전위의 공식 입장으로 이어졌고 종국에는 복지부 연금개혁의 기본 정책방향으로 자리 잡게 되었다. 그러나 이후 연금개혁의 진행 과정을 보면 발전위 안에 대해 반대했던 사람들의 공통점은 여전히 그 징크스를 벗어나지 못하고 있었다.

그날 제도전문위 결정의 배경은 다음과 같다. 국민연금의 재정이 장기적으로 안정을 유지하려면 기금의 수입이 늘어나야 하는데, 기금을 늘리는 방법에는 여러 가지가 있다는 사실을 확인한 후 세부 검토를 하였다. 그 결과 최선의 방법은 보험료율 인상과 함께 소득대체율을 낮추면서 기금 운용의 수익률을 높이는 것이라고 결론지었다. 다시 말하자면, 연금재정 안정을 위해 조세를 활용하지는 않는다는 원칙을 세웠던 것이다.

무기여 방식의 기초연금과 같이 조세를 재원으로 하는 연금제도의 도입은 사회보험 방식의 국민연금과 재원조달 방식이 다르기 때문에 분리시켜 생각해야 한다는 것이었다. 뿐만 아니라 무차별적으로 다수의 노인들에게 기초연금을 제공하는 데에는 막대한 정부 재정이 요구되기 때문에 국민의 조세저항을 불러일으킬 것으로 판단되었다.

따라서 사각지대 문제가 아무리 심각하더라도 재정 안정화 문제를 능가할 수는 없다고 보았다. 왜냐하면 사각지대 문제는 국민연금제도의 존폐와 직결되는 문제가 아니지만 재정 안정화는 국민연금의 생명과 직결되었기 때문이다.

더욱이 사회보험 방식 내에서 재정 안정화 문제와 사각지대 문제를 동시에 해결할 수 있는 비법이 없었기 때문에 재정 안정화를 먼저 달성한 후에 사각지대를 해결하는 것으로 기본방향을 잡았다. 결국 '선 재정 안정, 후 사각지대 해소' 원칙의 수립은 앞서 소개했던 발전위의 3대 과제 중 제1과제에 총력을 집중하겠다는 의미를 지니고 있었다.

이 지점에서 반드시 언급해야 할 사실은 제16대 대통령 선거일이 2002년 12월 19일로 다가오고 있었다는 것이다. 한나라당의 이회창 후보와 새천년민주당의 노무현 후보가 격돌한 그 선거는 우리나라 대선 역사상 최초로 국민연금을 둘러싼 정책대결이 있었던 선거로 기록되고 있다. 국민연금에 관한 양당의 공약은 확연히 달랐는데, 한나라당은 소득대체율을 60%에서 40%로 낮추고 대신 소득대체율 20%에 해당되는 기초연금을 도입하는 급진적 개혁안을 제시한 반면, 민주당은 한나라당 안을 '용돈연금' 이라고 혹평하면서 연금의 삭감은 없을 것이라고 공약했다.

대선정국에 관한 보다 자세한 내용은 다음 장에서 설명할 것이지만 그와 같이 발전위가 기초 작업 단계를 거쳐 본격적인 방안 마련에 착수할 무렵과 대선 정국은 시기적으로 맞물려 있었다. 그것이 발전위가 대선 결과를 예의 주시할 수밖에 없었던 이유다. 왜냐하면 재정 안정화 방안을 마련하기 위한 작업이 아무리 정치와는 무관하다 할지라도 정부의 입장을 도외시하고 작성할 수는 없었기 때문이다.

그런데 2003년 재정계산의 경우 애초부터 발전위를 구성한 정부와 발전위의 보고서를 접수해야 하는 정부가 동일하지 않게 되어 있었다. 그렇기 때문에 선거 결과에 따라서는 보고서의 기본 틀까지 재고해야 하는 상황이 벌어질 가능성이 있었다.

2002년 대선 결과는 국민연금개혁에 있어 삭감을 반대했던 노무현 후보가 당선되었다. 노무현 후보의 당선은 당시 발전위와 복지부의 입장을 어렵게 만드는 원인이 되었다. 왜냐하면 발전위와 복지부 모두 이미 대선 정국 이전부터 연금삭감을 준비하고 있어 대통령의 공약 이행과 복지부의 연금개혁 사이에 충돌이 발생하는 것은 불가피해 보였기 때문이다. 따라서 연금개혁의 향후 진행 상황을 고찰함에 있어 2002년 대선에 관한 이해는 필수적이라 할 수 있다.

18

국민연금 개혁에 반대한 대통령 후보의 당선

한나라당의 선제공격

대한민국에 정책정당이 존재하는가? 국회에서 여야는 정책대결을 벌이는가? 한국인들은 스스로 이런 질문을 종종 던진다. 그리고 곧이어 부정적인 답을 내리곤 한다. 그와 같은 현상은 대통령 선거에서도 달라지지 않는다. 투표 결과를 좌우하는 중요한 변수는 정책이 아니라 지연, 학연, 금권, 조직력 등의 결코 바람직하지 못한 요인들이라고 믿는 사람들이 많다. 그러다 보니 역대 대통령 선거에서 국민연금을 둘러싼 후보들 간 정책경쟁은 찾아보기 힘들었다.

그와 같은 전례에 보기 드문 예외가 나타난 것이 2002년의 제16대 대통령 선거였다. 먼저 포문을 열었던 정당은 한나라당이었다. 한나라당 정책공약위원회가 작성한 공약집 『나라다운 나라, 내일을 약속합니다』의 복지 부문 헤드라인은 '더불어 사는 따뜻한 복지'로 작명되었다. 국민연금에 관한 공약을 보면, 기존의 제도를 기초연금과 소득비례연금으로 분리하여 기초연금에 대해서는 전 국민의 의무가입으로 1인 1연금제를 도입한다는 것이 핵심 사항이었다.

과거에 발표되었던 연금개혁안들을 회상해 보면, 기초연금과 소득비례연금의 분리 방침은 전혀 새로운 아이디어가 아니었다. 이 책의 제13장과 16장에서 살펴본 것처럼, 1997년 국민연금제도개선기획단의 개선안과 2000년의 공사연금제도개선위원회의 제3안은 모두 기초연금과 소득비례연금을 분리하여 국민연금을 이원적으로 운영할 것을 제안한 바 있었다.

그러나 당시의 복지부는 이원화 방안을 호의적으로 받아들이지 않았다. 이유는 그것이 너무 급진적일 뿐 아니라 비용이 많이 든다는 것이었다. 그런 역사적 사실이 존재하고 있었는데도, 한나라당은 2002년 대선에서 이원화 방안을 당론으로 정하였고 이어 대선 공약으로 채택하였던 것이다. 이는 국민연금 역사상 특정 정당이 복지부의 정책 방향과 크게 어긋나는 쪽으로 당론을 정한 최초의 사례다.

더욱이 한나라당 이회창 후보는 연금급여의 '대폭 삭감' 이라는 놀랄 만한 발언을 하였다. 중대한 선거를 코앞에 둔 시점에서 당선이 유력한 후보자 가운데 한 사람이 국민이면 누구나 반기지 않을 것이 뻔한 사실을 공약으로 내세운 것이었다. 즉, 이회창 후보는 국민연금의 '보험 역설' 에 과감한 도전장을 내밀었던 것이다. 여기서 한겨레신문의 시평을 쓴 김연명의 글을 인용한다.

"국민연금 개혁에 대해 이 후보는 자신의 노선을 너무도 뚜렷하게 밝히는 '폭탄발언' 을 했다. 그는 한 방송토론회에서 국민연금의 재정 안정을 위해 연금액을 60%에서 40%로 인하할 것이라는 발언을 했다.…… 연금액을 3분의 1이나 인하하겠다는 발언은 정치인으로서는 대단히 용기 있는 발언이나, 미국이나 유럽 같았으면 대통령의 꿈을 접어야 했을지도 모를 대단히 무모한 발언이기도 하다."(한겨레신문, 2002. 11. 23.)

국민연금제도에 관한 기본지식이 풍부하지 못한 일반 국민들에게 기초연금과 소득비례연금의 이원화라는 공약은 그들의 투표행위에 큰 영향을 미칠 것 같지는 않았다. 왜냐하면 일원화와 이원화의 차이가 가입자나 연금 수급자에게 어떤 이익과 불이익을 가져다줄지에 대해 가늠하기가 어렵기 때문이다.

그러나 연금액을 삭감하겠다는 것은 누구나 즉각 이해할 수 있었다. 특히 투표 성향과 연결하면 연금액을 인상하는 것에 대한 유권자의 환영보다 삭감에 대한 분노가 즉시 나타날 가능성이 높다. 양당 후보 간의 정책 대결에 관한 보다 자세한 설명은 후술하기로 한다.

그런데 이회창 후보가 그와 같이 득표 작전에는 결코 도움이 되지 못할 공약을 공표하고 한 발 더 나아가서 타 후보를 공격함에 있어 그 공약을 주 무기로 삼았던 이유와 배경에 대해서는 확실히 알 수 없다.

혹시 그와 같은 단호한 입장이 표 얻기에 유리하다고 판단했을지도 모른다. 즉, 국민연금의 재정 안정화 정책에 관한 한 한나라당은 명확한 정책을 갖고 있지만 다른 당은 그렇지 못하다는 사실을 부각시키려고 했을지 모른다. 만약 그것이 사실이었다면 그 판단은 오판이었음이 드러났다.

2002년 대선 투표 결과

2002년 12월 19일에 치러졌던 제16대 대통령 선거의 투표 결과를 보면 이회창 후보가 57만여 표 차이로 새천년민주당 노무현 후보에게 패배하였다.

선거 결과가 나오면 누구나 그런 결과를 초래한 원인에 대해 궁금해한다. 그래서 언론매체들은 원인분석에 열을 올린다. 그러나 원인분석의 결과는 대부분이 싱겁게 끝난다. 어떤 과학적 방법도 정확한 원인을 집어내지 못하기 때문이다. 그리고 복잡한 현대사회에서 특정 후보의 득표가 소수의 정책 이슈에 의해 결정되는 것이 아니기 때문이다. 더욱이 특정의 단일 정책이 특정 후보의 당락을 결정하는 절대적 변수가 되는 예는 거의 없다. 그래서 선거 결과 분석은 대부분의 경우 3~4개 내지 4~5개의 주요 원인을 열거하는 것으로 끝나는 경우가 많다.

2002년 대선을 평가한 이영환은 노무현 승리의 일등 공신을 미선, 효순 두 여중생의 죽음과 후속된 촛불시위, 선거운동 막판에 나타난 뉴미디어의 위력 그리고 TV 토론과 세대 간 대결 양상 등을 손꼽았다(월간 복지동향, 2003. 3. 1.). 그 외에도 이 후보의 두 아들 병역문제, 정몽준 후보와의 단일화 등을 지적하는 사람들이 있었다. 그렇게 본다면 국민연금을 둘러싼 이회창, 노무현 두 후보의 TV 토론[1)]은 2002년 대선 승패에 적지 않은 영향을 미친 것으로 볼 수 있다. 그래서 그 TV 토론에 대한 보다 자세한 스케치를 해 본다.

선거일을 사흘 앞둔 2002년 12월 16일 저녁에는 사회, 문화, 교육, 여성 분야에 관한 대선후보 합동토론회가 열렸다. 그날의 토론회는 세 차례 이상으로 규정된 법정 TV 토론회 중 마지막 토론회였다. 출연한 후보는 모두 3인이었는데, 한나라당 이회창, 민주당 노무현, 민주노동당 권영길 후보였다.

이날의 토론회 분위기를 전한 한국일보는 "판세 반전을 위한 모종의 승부수가 던져질 수 있다는 예측이 나오기도 하였으나 그 같은 극적인 장면은 연출되지 않았다."라고 보도하였다. 이어 "국민연금 재정문제와 관련해 벌어진 이, 노 후보 간 공방은 거의 신경전 수준으로 번졌다."라고 기록하였다(한국일보, 2002. 12. 17.). 이 부분에 대해서는 연합뉴스가 보다 자세하게 보도하였다(서울신문, 2002. 12. 17.).

두 후보 간의 공방전을 대화식으로 풀어 쓴 연합뉴스 기사를 옮기면 다음과 같다.

- 이회창 = 국민연금이 이 상태로 가면 2034년 적자가 되고 2048년 파탄날 것으로 예상되는데, 어떻게 막을 것인가? 보험료와 국민연금의 차이가 상당하

---

1) 공직선거법 제82조 제2항에는 중앙선거방송토론위원회가 3회 이상 후보 간 대담토론회를 개최하도록 규정하고 있는데, 1997년 대선 때 처음 도입되었다.

다. 이는 기본적으로 연금의 적자 구조 때문이다. 이러한 문제점에 대한 해결책은 무엇인가?

- 노무현 = 이 후보는 연금지급액을 급여액의 40% 정도로 깎아야 한다고 공약했지만 발상부터 잘못됐다. 연금은 노후생활보장을 위한 것이다. 연금기금의 수지를 맞추기 위해 깎는 것은 연금이 아니라 용돈에 불과하다. 연금문제는 우리 경제상황에 맞춰 조절해 나가면 된다. 2048년까지를 예측한다면 너무나 불확실한 얘기다.
- 권영길 = 노 후보 정책과 크게 다르지 않다. 역시 한나라당은 가진 자 위주의 재벌 중심 연금정책을 생각한다. 서민 생각을 않는다. 연금은 노후생활을 보장해 주는 데 목적이 있으나 우리는 곗돈 붓는 식이다. 국가가 전혀 책임을 지지 않는다. 기초연금제도를 실시해야 한다.
- 이회창 = 우리도 국민기초연금제도를 주장하며 구체적 방안이 있다. 노 후보는 뭔가 착각하고 있다. 현재의 재정고갈 위기를 막기 위해서는 보험료를 더 내든지 연금수령액을 깎든지 둘 중 하나를 택해야 하는데, 이를 인정하지 않는 것은 정치인으로서 정직하지 못한 태도다.
- 노무현 = 토론회에서 정직, 부정직을 말하면 어려워진다. 예의를 갖고 토론하면 고맙겠다. 연금을 깎는다면 국민연금과 사학, 공무원연금까지 깎아야 하는 불필요한 문제가 생긴다.

이상에서 인용된 이 후보와 노 후보의 공방을 보면, 국민연금 재정이 장기적으로 불안정할 것이라는 사실에 대해 대조적인 반응을 보이고 있음을 발견할 수 있다. 즉, 이 후보는 재정불안을 심각하게 인식하고 있는 데 반해 노 후보의 발언에는 심각성이 묻어나지 않았다. 그 결과 이 후보는 문제 해결을 위한 대책으로 연금삭감을 제안하였지만 노 후보는 연금삭감에 반대하면서 미래의 문제는 미래에 맡기는 해법을 제시하였던 것이다.

두 후보 사이에 그와 같은 문제 인식의 차이가 발생한 원인에 대해서는 알 수 없다. 여하간 노 후보가 이 후보를 역공하면서 사용했던 '용돈연금' 이란 단어는 그날 토론회를 계기로 연금삭감을 비방할 때 어김없이 등장하는 약방의 감초로 자리 잡게 되었다. 그리하여 오늘날까지도 자주 인용되고 있다. 그날의 토론에서 확연하게 드러난 양당의 차이는 한나라당이 이원화의 구조조정과 함께 연금삭감을 통해 국민연금의 재정 안정화를 주장한 데 반해 민주당은 묘수를 밝히지 못한 채 경제상황에 편승한다는 정도의 구상만 밝혔던 것이다.

민주당의 대통령정책자문단이 집대성한 '2002 노무현 정책공약집' 을 보면 8대 핵심 전략이 나온다. 그중 세 번째 항목에는 '빈부격차 해소와 분배구조 개선' 이란 제목이 붙어 있고 그 밑에는 소득재분배 정책이 포함되어 있다. 국민연금에 관한 정책은 소득재분배 정책의 일부로 분류되어 있다.

그런데 여기서 반드시 지적해야 할 점은 국민연금에 관한 내용에서 연금개혁은 일체 언급되지 않고 있었다는 것이다. 대신에 다음과 같은 극히 원론 수준의 간단한 설명이 나와 있다. "국민연금기금운용위원회의 상설화 및 국민연금제도의 안정적 운영" 이 그것이다. 8대 핵심 과제 중 다섯 번째 항목은 '주택, 의료, 교육 등 공공 서비스 강화' 라는 제목이 붙어 있었는데, 세부 항목으로 '국민연금제도의 안정적 운용' 이 또 나온다. 이어서 안정적 운용에 대한 추가 설명이 있는데, 그 내용은 보험료 납부가 힘든 극빈 노인계층에 대한 최소한의 생계보장과 연기금운용위원회의 상설화였다.

또 다른 문건으로서 새천년민주당 정책선거특별본부가 작성한 『떳떳한 노무현 당당한 대한민국』은 노무현의 약속을 4대 비전, 20대 기본 정책, 150대 핵심 과제로 분류하였다. 그 내용 중 국민연금과 관련된 부분은 두 군데다. 하나는 국민연금 등 4대 사회보험의 재정기반을 확충한다는 것이고 다른 하나는 모든 노인에게 경로연금을 지급한다는 것이었다(새천년민주당 정책선거특별본부, 2002: 18-21).

노무현 후보의 공약집 내용을 보면, 국민연금에 대한 공약은 사실상 구체화되지 않고 있었던 것으로 평가된다. 특히 연금개혁에 대해서는 전혀 무관심했다고 볼 수 있다. 따라서 연금개혁에 관한 한 노무현 후보가 수세적 입장을 취할 수밖에 없었던 상황이었다.

문제는 연금삭감이 확실한 해결책이 될 것이라고 과신하고 있던 이 후보에게 있었다. 연금삭감이 아무리 좋은 처방이라 해도 연금액이 줄어든다면 유권자들은 그 처방을 지지하지 않았을 것이기 때문이다. 그런 사실을 간파했던 노 후보는 재정 안정화에 대한 무대책이라는 불리한 상황을 연금을 깎지 않겠다는 공약으로 역전시킬 수 있었다고 분석된다. 그렇다면 한나라당의 연금개혁 공약이 이 후보의 대선 패배에 어느 정도 작용했을까?

그 질문에 대한 본격적인 분석을 시도해 본 사람은 없었던 것 같다. 다만 선거 후 직감적이고 피상적인 소문이 한때 나돈 적이 있다. 그 내용은 만약 이 후보가 연금삭감을 주장하지 않았다면 당선될 수 있었다는 것이다. 그 근거는 우리나라 노인인구가 4백만 명인데, 그들 중 최소한 30만 명 정도는 연금삭감 주장 때문에 노 후보 쪽으로 돌아섰다는 것이다. 따라서 30만 표가 이 후보로부터 노 후보 쪽으로 가지 않았다면 근소한 차로 이 후보의 당선이 가능했다는 것이다.

이것은 어디까지나 소문에 지나지 않는다. 그러나 이 후보의 패배와 연금개혁 이슈 간의 불편한 관계는 그후로도 상당 기간 한나라당의 국민연금 관련 당론 결정에 영향을 미쳤던 것으로 분석된다. 일례로, 2003년에 출범한 노무현 정부 시절 한나라당은 정부의 재정 안정화 대책에 대한 반격으로서 기초연금제도 도입이란 카드를 내놓았다. 기초연금에 대한 자세한 설명은 후술하기로 한다.

최근 '노년시대신문' 에 실린 오건호의 논평은 2002년 대선 패배 이후의 한나라당 연금정책에 대한 설명을 다음과 같이 전개하고 있다. "한나라당이 기초연금에서 과감한 행보를 보인 이유는 2002년 대선의 뼈아픈 기억 때문이다. 당시 이회창 후보가 노무현 후보에 패배한 이유 중 하나가 노후 의제에서 밀렸다는 것이다. TV 토론에서 이회창 후보가 미래 재정을 감안하여 급여를 깎을 수밖에 없다고 솔직하게 이야기하자, 노무현 후보가 이를 놓치지 않고 '용돈연금' 이란 비판을 꺼내들며 이회창 후보를 궁지로 몰아넣었고 한나라당은 졸지에 불효정당이 돼야 했다." (노년시대신문, 2009. 2. 27.)

'연금삭감' 공약 때문에 이 후보가 표를 잃었다는 해석과 반대로 노 후보는 연금을 삭감하지 않겠다고 호언장담함으로써 표를 얻었다는 분석도 있다. 이장규에 의하면, "2002년 당시 노무현 대통령 후보도 텔레비전 토론에 나와 버금가는 무책임한 소리로 표를 모았다. 순진한(?) 이회창 후보가 연금 적자를 해소하기 위해서는 보험료는 올리고 연금 혜택은 줄이는 고통스러운 선택을 해야 한다고 하자, 노무현 후보는 연금 혜택을 줄여서는 안 되며 보험료는 경기가 좋아지는 걸 봐 가며 올려야 한다고 듣기 좋은 소리만 골라 했다." (중앙일보, 2007. 4. 10.)

여하간 2002년 대선은 국민연금 문제가 역사상 최초로 후보 간 정책 대결의 한 안건으로 각광을 받았던 선거로 기록될 만하다. 여기서 우리가 놓치지 말아야 할 사항은 바로 이미 설명한 바 있는 국민연금 역설의 하나인 '정치 역설' 이다.

앞서 지적했듯이, 이회창 후보는 국민연금의 재정상태가 심각함을 알고 있었고 또한 솔직하였다. 그래서 그는 국민들에게 고통의 감수를 요구하면서까지 국민연금 개혁이 필요하다고 역설하였다. 그러나 노무현 후보는 현 상태를 유지하겠다고 공언하였다.

이 지점에서 제기되는 의문 하나는 노 후보가 과연 국민연금의 재정상태에 대해 어느 정도로 심각하게 인식하고 있었느냐다. 재정불안의 심각성을 충분히 인지하였지만 당장의 선거 때문에 심각성에 대한 언급을 자제했을 수 있다. 아니면 정말로 국민연금에 대해서는 알지도 못하였고 정보가 없었다고도 볼 수 있다.

이와 같은 의문을 풀기 위한 하나의 실마리는 당선 이후의 언행을 검토해 보는 것이다. 노 후보는 대통령에 당선된 이후 얼마 되지 않아 생각을 바꾸게 된다. 이 부분의 설명은 다음 장에 자세히 나오게 되지만 대통령 재임 시의 행보를 분석해 보면 알면서 모르는 척한 것 같지는 않다. 오히려 국민연금의 장기적 재정상태에 대해 충분한 점검이 없었던 것 같다. 그러다 보니 그의 해법은 구체적이지 못하였고 바로 그 점이 대통령 후보로서 약점이 되고 있었다. 그런데 막상 그 약점에 대한 상대방의 공격이 개시되자, 이를 숨기기 위해 역으로 이 후보의 약점을 파고드는 전략을 선택했던 것으로 생각된다.

결과는 노 후보에게는 성공이 그리고 이 후보에게는 실패가 돌아갔다. 연금개혁을 주장했던 후보가 낙선하고 개혁을 반대했던 후보가 당선되었다는 사실은 국민연금 발전에는 결코 도움이 안 된다. 여기서 우리가 재확인할 수 있는 진리는 정치인이 국가에 공헌하려면 일단 선거에서 이겨야 한다는 것이다.

좋은 정책을 가진 후보가 당선되면 국가에 큰 행운이 된다. 문제는 그런 경우가 항상 일어나지 않는 데 있다. 민주주의 선거에서는 나쁜 정책을 가진 후보가 얼마든지 당선될 수 있기 때문이다. 그런 경우 해당 정책은 큰 손해를 입게 된다. 그리고 그것은 국가적으로도 불행이다. 그러나 민주주의 선거에서는 어쩔 수가 없으며 그래서 '정치 역설' 이란 말이 성립된다.

2002년 대선은 연금개혁이라는 정책의 문제와 선거전에서의 승리라는 전략의 문제 사이에 양자택일의 상황이 발생한다면 어느 쪽을 택해야 정답이 되는가를 극명하게 보여 주는 모범사례를 남기게 되었다. 노 후보는 그야말로 정책에서는 졌지만 선거에서 이겼던 것이다. 반대로 이 후보는 정책에서 이기고 선거에서 졌기 때문에 국민연금 발전에 기여할 수 있는 기회를 상실하고 말았다.

대통령직인수위원회의 공약 파기

대통령직인수위(인수위)[2]는 대통령 당선자(당선자)가 취임하기까지 남아 있던 약 2개월과 취임 후 약 한 달 동안 새 정부의 국정과제 및 중장기 국가 경영 전략을 결정하는 임무를 띠고 있었다. 노 당선자의 인수위는 2003년 1월 7일에 10대 국정과제를 발표하였다. 사회복지와 연관된 과제는 '참여복지와 삶의 질 향상' 이란 제목으로 정리되었다(서울신문, 2003. 1. 8.). 그리고 당선자가 정부부처와 만나는 최초의 기회는 각 부처 장관들과의 합동토론회 형식으로 진행된 국정토론회였는데, 회의 주재는 당선자가 직접 하였다. 그런 부처별 합동 업무보고가 1월 16일부터 시작되도록 스케줄이 잡혔다.

국민연금정책을 다룬 분과는 사회문화여성분과위원회(분과위)였다. 분과위(권기홍 간사)는 4명의 인수위원과 17명의 전문위원, 행정관 8명, 실무요원 3명, 상근 자문위원 10명 그리고 180여 명의 비상근 자문위원으로 구성되었다. 분과위는 다시 4개의 자문회의로 세분되었는데, 국민연금 문제는 복지자문회의 소관이었다. 제1차 복지자문회의가 개최된 것은 2003년 1월 10일이었다.

국민연금과 관련된 최대 관심은 2002년 대선 과정에서 노무현 후보가 공약했던 '소득대체율 60% 유지' 와 재정 안정화라는 두 목표를 동시에 달성하기 위해 어떤 방향으로 연금개혁을 할 것인가에 모아졌다. 특히 앞 장에서 보았듯이, 당시에는 2003년 제1차 재정계산과 관련된 작업이 국민연금발전위원회를 중심으로 한창 진행 중에 있었다. 그런데 당시까지 복지부의 기본입장은 보험료는 올리고 연금은 깎는 것이었기 때문에 복지부의 국민연금 개혁 방향과 당선자의 공약은 타협하기 힘든 것이었다.

당선자의 의지가 관철될 수 있는 획기적 방안이 도출되든지 아니면 복

2) 「대통령직 인수에 관한 법률」에 의해 선거 11일 뒤인 2002년 12월 30일에 출범하였다. 현 외교통상부 청사 4~6층에 사무실이 마련되었으며 경비는 9억 9천만 원이 책정되었다.

지부가 당선자를 설득시키는 데 성공하든지 둘 중 하나만이 있을 뿐 그 중간의 절충안은 불가능할 것처럼 보였다. 인수위의 전개 결과를 미리 말한다면 복지부의 승리로 끝났다. 즉, 당선자가 복지부의 복안을 사실상 승인하는 쪽으로 방향 전환을 했던 것이다. 그와 같은 변화 과정은 다음과 같이 요약된다.

당선자의 생각이 변화될 수 있다는 첫 신호가 나온 것은 2003년 1월 8일이었다. 다음날 한국일보를 보면 '2003년 경제 운용 방향'에 관한 소식이 나온다. 정부가 인수위와 조율을 거쳐 8일 확정한 것으로 되어 있으며 국민연금의 중장기 재정수지를 재점검하여 2003년 3월까지 장기 발전 방향을 수립한다는 내용이 들어 있었다(한국일보, 2003. 1. 9.). '3월까지의 방향 수립'은 앞 장에서 설명한 바 있는 국민연금발전위원회의 일정을 의미하는 것이었다. 따라서 3월까지 연기한다는 뜻은 국민연금발전위원회의 활동에 기대를 걸고 있었음을 시사하는 대목이다.

그렇게 본다면 인수위가 본격적으로 활동을 시작하면서 정부와 인수위 사이에 국민연금 개혁에 관한 의견교환과 정보교환도 활발하게 진행되었을 것으로 추측된다. 그런 과정에서 복지부를 위시한 국민연금 관련 정부부처는 국민연금발전위원회의 활동을 강조했을 것으로 유추할 수 있다. 다시 말해, 국민연금 개혁에 관해서는 범정부 차원의 국민연금발전위원회의 보고서를 참고하는 것이 최선책이 될 것이라고 당선자를 설득하였을 것 같다. 더욱이 1년 가까이 활동한 국민연금발전위에 비해 인수위가 불과 2~3개월 내에 획기적 대안을 도출한다는 것은 거의 불가능하였기 때문에 그런 설득은 효력을 발휘했던 것으로 해석된다.

아무리 정부 의견이 그렇다 하더라도 당선자의 입장에서 보면 투표가 끝난 지 채 한 달도 지나기 전에 선거공약을 뒤집기는 쉽지 않았을 것이다. 그래서 일단 공약을 최대한 살릴 수 있는 방안을 일차적으로 모색하였던 흔적이 발견된다. 그리고 그 작업은 인수위의 몫이 되었다. 인수위는 2003년 1월 15일 급여액의 규모는 줄이지 않으면서 2047년쯤 예상되는 국민연금 기금의 고갈을 해소하는 한편, 소득재분배 효과를 높이는 방안의 개요를 발표하였다(문화일보, 2003. 1. 15.).

그 방안의 핵심은 표준소득월액의 등급을 당시 45등급에서 60등급으로 확장시킴으로써 고소득자의 보험료율을 인상하는 대신 급여 측면에서는 하후상박 원칙을 강화한다는 것이었다. 그러면서 보험료율은 법에 따라 2009년까지 동결하지만 2010년부터 매년 인상폭을 0.3% 정도로 가져가겠다는 안이었다.

이상의 안을 보면 인수위가 당선자의 공약을 지키기 위해 많은 고심을 한 흔적을 읽을 수 있다. 그러나 다른 한편으로는 당선자의 공약 지키기를 사실상 포기한 것이나 다름없었다. 왜냐하면 2010년 이후 보험료 인상을 수용하고 말았기 때문이다. 그러나 보험료율과 관련해서 '마의 10% 벽'을 허물겠다는 의사를 개진한 것은 획기적 변화라고 평가된다. 결국 보험료 인상의 수용은 국민연금 재정의 장기 전망을 어둡게 보았다는 뜻이 된다. 이는 국민연금 재정의 장기 전망을 밝게 보았던 당선자의 공약과 배치되는 것이었다.

이렇게 사실상의 공약 포기를 하면서도 그와 같은 인상을 주지 않기 위해 등급 확장과 하후상박의 강화와 같은 새로운 메뉴를 차려 보았던 것으로 해석된다. 그러나 그와 같은 새로운 아이디어는 더 이상 정책으로 발전하지 못하고 슬그머니 사라져 버렸다. 그렇게 된 이유에 관해서는 공개적으로 알려져 있지 않다.

추측컨대, 두 가지 정도의 이유가 있었던 것 같다. 먼저 짧은 기간 내에 만들어진 아이디어였기 때문에 시간이 흐르고 여러 사람들로부터 검토를 받으면서 그 아이디어의 실현 가능성과 효과에 대한 부정적 평가가 부상했을 것으로 생각된다. 두 번째로 정책의 최대 목표인 재정 안정화에 대한 효력이 별로 없었을 뿐 아니라 고소득층의 반발에 대한 부담이 크게 느껴졌을 것으로 보인다.

당선자의 생각 변화를 엿볼 수 있는 보다 분명한 조짐이 나타난 것은

2003년 1월 22일이었다. 그날 인수위 주최로 사회, 문화, 여성 분야 국정과제 토론회가 열렸는데, 놀랍게도 국민연금 개혁에 관한 토론내용은 보도되지 않았다. 골치 아픈 주제인 만큼 뒤로 미루었다는 추측이 나올 만하다(세계일보, 2003. 1. 23.).

당선자의 입장을 지지할 수 있는 뾰족한 대안을 만들기 힘들었고 그렇다고 경솔하게 공약을 던져 버릴 수도 없는 그야말로 진퇴양난에 처한 인수위로서는 일단 그 주제에 대한 토론을 연기함으로써 숨통을 틔게 하지 않았나 하고 분석된다. 그와 같은 인수위의 말 못할 고민이 어느 정도 드러나는 대담기사를 소개한다.

당시 인수위의 자문위원이었던 문진영은 서울신문이 마련한 대담에서 국민연금에 관한 새 정부의 정책을 다음과 같이 설명하였다. "세대 간 부과방식으로 바꿀지 아니면 현재의 보험료율이나 급여율을 바꿀 것인지를 오는 3월에 다시 정해야 한다."(서울신문, 2003. 2. 5.)

이 기사에서 3월이란 앞에서 설명한 국민연금발전위원회의 보고서 초안 작성 시기를 뜻한다. 이를 보면 시간이 흐를수록 인수위는 복지부의 영향을 받아 국민연금정책 문제를 점차 국민연금발전위원회에 떠넘기고 있었음을 알 수 있다.

당선자의 입장이 선회하였다는 추측기사가 언론에 처음 등장한 시점은 2003년 2월 18일이었다. 그날 국민일보는 "인수위가 국민연금의 보험료율과 보험급여를 연내에 조정키로 하고 이 같은 방안을 새 정부 측에 보고하기로 했다."라고 보도하였다. 이 기사를 보면 인수위가 드디어 국민연금발전위원회의 입장에 동조하는 것으로 변하였으며 이는 사실상 노후보의 공약을 파기한 것으로 해석된다. 그와 같이 당선자의 생각에 변화가 일어났다면 대통령 취임 이후 국민연금 개혁의 일정은 국민연금발전위원회와 복지부가 주도할 가능성이 커졌다고 해석된다. 이 부분에 대한 설명은 다음 장에서 하게 된다.

19

연금개혁 반대에서 찬성으로 변심한 대통령

인수위를 설득한 복지부

「대통령직 인수에 관한 법률」 제16조는 인수위원회(인수위)의 활동 경과 및 예산사용 내역을 백서로 정리해서 공개하도록 규정하고 있다. 제16대 인수위 백서의 내용 중에는 국민연금제도 개선이라는 제목의 보고가 나온다. 여기서는 쟁점사항과 장애요인을 다음과 같이 정리하고 있다. “국민부담 · 급여수준 조정 필요(세대 간 부담 형평문제 · 이해당사자의 반발 등 논란 예상)” 이를 보면 인수위는 국민연금 개혁에 관한 청사진을 제시하지 않았고 대신 쟁점과 장애요인만을 정리하는 선에서 마무리한 것 같다. 이는 인수위가 명확하게 밝히지는 않았지만 이미 앞에서 설명한 몇 가지 정황으로 유추하건대, 연금개혁 관련 업무를 국민연금발전위원회에 사실상 넘겼던 것으로 해석된다.

한편, 국민연금발전위원회 산하의 제도발전위는 마지막인 제20차 회의를 대선이 끝난 2003년 2월 11일에 개최하였다. 그 회의에서 재정 안정화를 위한 3개의 대안이 확정되었다. 제1안은 소득대체율을 기존대로 60%로 하는 대신 필요보험료율 19.85%를 충족하도록 보험료율을 점진적으로 인상하는 것이었다. 제2안은 소득대체율을 50%로 인하하고 거기에 따른 필요보험료율 15.85%를 설정하는 것이었다. 제3안은 소득대체율을 40%로 낮추는 것이었다. 그렇게 할 경우, 필요보험료율도 낮아져서 11.85%가 되는 것으로 설계되었다.

실패로 끝난 단일안 시도

국민연금발전위원회(발전위) 산하 제도전문위와 재정전문위의 활동이 종료된 시점은 각각 2003년 2월 11일과 2월 25일이었고 이어서 발전위의 마무리 작업이 2003년 3월 7일의 제5차 회의 때부터 시작되었다. 발전위의 최대 과제는 제도전문위가 제시한 3개의 대안을 검토한 후 단일안을 도출하는 것이었다. 그러나 막상 회의가 열리자, 단일화 작업은 쉽지 않았다. 전문가 그룹은 제2안을 선호하는 반면 가입자 대표 중 사용자단체는 제3안을 지지하는 것으로 나타났다.

문제는 가입자 대표 중 노동계의 의견이었다. 그들은 대안 선택에는 관심을 보이지 않았고 재정 추계가 안고 있는 보다 근본적인 문제들을 거론하였다. 그러면서 재정 추계를 다시 할 것을 요구하였다. 재정 추계를 하려면 인구추계, 가입자 수 추계, 수급자 수 추계, 보험료수입 추계 등 여러 가지 세부 추계를 해야 하는데, 이와 같은 세부 추계에 필요한 지표가 100여 개에 달한다. 그렇게 많은 지표들 중 재정상태에 비교적 많은 영향을 미치는 변수가 출산율과 기금 수익률인데, 발전위의 노동계 대표들이 바로 그 출산율에 대한 가정을 집중적으로 문제시하였던 것이다.

재정전문위가 가정했던 합계출산율은 2004년까지 1.47, 2005~2009년은 1.37, 2010~2014년은 1.36 등과 같이 2050년까지 대략 1.40 또는 그에 약간 못 미치는 수준으로 가정하였다(국민연금발전위원회, 2003: 55). 그러나 노동계 대표들은 그 수치가 너무 낮기 때문에 출산장려정책이 목표로 삼고 있는 1.6을 대안으로 제시하였다.

합계출산율의 가정치가 높아지면 연금수지는 호전되는 방향으로 움직이기 때문에 당기 수지적자와 기금 소진이 발생하는 연도도 그만큼 지연될 수 있다. 한마디로, 소득대체율을 낮추거나 보험료율을 높여야 하는 압박을 덜 받게 되는 것이다. 따라서 그들의 궁극적 요구는 국민연금 개혁에서 급여수준을 인하하거나 보험료율을 인상하지 말라는 말과 같았다. 그와 같은 입장은 16대 대선에서 노무현 후보가 공약했던 내용과 맥을 같이하는 것이었다.

두 번째로 제기한 문제점은 추계기간을 70년으로 잡은 것이었다. 그들의 주장에 의하면, 1~2년 뒤 일도 예측 못하는 판에 70년을 예측한다는 것은 믿을 수 없다는 것이었다. 특히 2060년에서 2070년 사이에 인구감소와 고령화 현상이 급격하여 국민연금 기금의 적자폭이 크게 나타났다가 이후 안정 추세를 보이고 있기 때문에 추계기간을 70년이 아니라 60년으로 단축하면 보험료율 인상폭이나 급여 삭감폭을 감소시킬 수 있다고 주장하였다.

그러나 추계기간을 60년으로 하나 70년으로 하나 재정 추계를 지속적으로 시행하는 경우에는 큰 차이가 없다. 왜냐하면 60년으로 할 경우 이번에 제외되었던 2060~2065년이 5년 후인 다음번 재정 추계에 어차피 포함될 것이기 때문이다.

더욱이 미래 현상을 현 시점에서 정확하게 가정하는 방법은 불행하게도 아직 인류사회에는 존재하지 않는다. 부득이 차선책으로서 과학적 방법을 최대한 동원함과 동시에 관련 전문가들이 모여서 협의하고 심사숙고할 따름이다. 예컨대, 문제가 된 추계기간의 경우 60년을 선택한 나라도 있고 70년을 선택한 나라도 있다. 그리고 합계출산율의 경우에는 변화의 원인에 대한 최근 추세를 분석하고 그런 추세가 지속된다고 가정하면 미래의 수치를 어느 정도 가늠할 수 있다고 믿는 것이다.

문제는 그와 같은 미래 예측에 대한 전문가들의 개인적 판단이 일치하기가 쉽지 않다는 데에 있다. 따라서 다수의 전문가들이 협의하고 그것도 부족하면 2~3개의 대안(낙관적, 중간적, 비관적)을 제시하는 방법을 택하게 된다. 그런데 국민연금발전위원회의 노동계 위원들은 그런 사실을 잘 알면서도 자신들의 요구를 굽히지 않고 있었다.

지금 와서 과거를 돌이켜 보면, 그래도 전문가들이 행하였던 방법이 좀 더 나았던 것으로 평가된다. 실제로 나타난 합계출산율의 통계청 자료를 보면 1995년에 1.65였던 것이 2000년에는 1.47로 떨어졌고 이후 2001년 1.30, 2002년 1.17, 2003년 1.19, 2004년 1.16 그리고 2005년 1.08 등으로 계속 낮아졌다가 2006년 1.12, 2007년 1.25로 높아졌다. 그러나 2008년에는 다시 1.19로 떨어지고 말았다. 발전위가 활동하던 2002년과 2003년 이후 5~6년의 실적치를 보면 노동계 대표 위원들이 예상했던 1.6이란 수치는 현실과 거리가 먼 것으로 판명되었다.

중요한 사항은 어느 예측이 더 나았느냐가 아니라 예측이 불가피한 상황에서 최선의 예측을 실행하는 방법에 관한 것이다. 설사 전문가들의 예측이 빗나간다 할지라도 전문가들에게 맡기는 것 이상 더 좋은 방법은 없다. 예컨대, 1년 후의 경제성장률에 대한 예측치를 사용함에 있어 최선의 방법은 경제학자들에게 의뢰하는 것이다. 그렇지 않고 어느 특정 이해집단에게 맡길 수는 없는 법이다. 마찬가지로 국민연금 관련 재정 추계는 국민연금 전문가집단이 해야지 이해집단의 대표들이 해서는 안 된다는 소중한 교훈을 우리는 얻게 되었다.

이제 본론으로 돌아가서, 발전위의 단일안 만들기 작업에 관한 설명을 계속한다. 단일안 도출이 쉽지 않은 상황에서 발전위는 2003년 3월 7일에 개최된 제5차회를 통해 단일안 논의는 일단 공청회와 여론조사 등을 거친 후에 재개하도록 결정하였다. 그 결정에 따라 공청회가 2003년 4월 1일에 개최되었다. 그리고 그에 앞서 3월 말경에는 3개 안에 대한 언론보도가 나오기 시작하였다.

언론기관에 따라서는 재정계산 결과에 대한 사실보도만 다룬 경우가 있었고 또 몇 개 신문은 논평을 곁들이기도 하였다. 그러나 후자의 경우에는 앞서 설명하였던 국민연금의 '언론 역설'을 재현하고 있었다. 서울신문은 '국민연금 노후보장 기능 상실'(2003. 3. 31.)이란 제목의 기사를 실었고, 국민일보는 '원금도 못 건지는 국민연금'(2003. 4. 1.)이란 제목의 사설을 내보냈다. 더욱이 서울신문은 '국민연금 재정고갈 책임 왜 납부자에게 떠넘기나'라는 진실 왜곡의 여지가 많은 제목의 기사를 재차 다루었다(서울신문, 2003. 4. 2.).

국민연금발전위는 단일안을 도출하기 위한 노력의 일환으로 2003년 4월 1일 공청회를 열었다. 이때만 하더라도 복지부는 4월 중에 복지부안을 마련할 수 있을 것으로 기대하고 있었다. 공청회에서의 논의내용이 발전위 논의와 크게 다를 바 없었기 때문이다. 그리고 발제자와 토론자의 대부분이 발전위의 위원들이거나 아니면 동일한 이해집단 소속이었기 때문이다. 그러나 공청회의 분위기는 앞으로의 험난한 입법 과정을 예고하였다.

김성태 한국노총 사무총장은 "급여수준을 낮춰 노후생활을 포기하거나 엄청난 보험료를 부담하라는 식의 대안은 받아들이기 어렵다."고 말하였다. 민주노총 이재웅 사무총장은 "2070년이 돼도 용돈에 불과한 40만원을 받게 되는 만큼 소득대체율 60%를 더 낮춰서는 안 된다."고 주장했다. 한편, 김정태 경영자총협회 조사본부장은 "보험료율을 9%로 동결하고 소득대체율은 40% 미만으로 낮추는 별도 안이 필요하다."고 제안하였다(서울신문, 2003. 4. 2.).

시민단체들의 의견 역시 부정적이었다. 참여연대 김기식 사무처장은 발전위 방안은 연금재정 안정에만 초점을 맞춘 것이기 때문에 소득대체율의 인하에 반대한다는 입장을 표명하였다(한겨레신문, 2003. 4. 2.). 그리하여 공청회를 통해 단일안 만들기 작업에 진전을 보려고 기대했던 발전위의 의도는 수포로 돌아가고 말았다. 그 결과 발전위의 막바지 작업은 더욱 더 험로를 걷게 되었다.

한편, 공청회를 전후한 시점의 언론 기사나 논평을 보면 '언론 역설' 현상을 입증이라도 하듯 발전위가 마련한 개혁안에 대한 공포분위기 조성 혹은 반대 분위기 조성 쪽으로 이어지고 있었다. 예컨대, '국민연금 지급액 17% 낮춘다' (세계일보, 2003. 3. 28.) '국민연금 조정되면-부담 늘고 급여 줄고 '용돈연금' 반발예상' (경향신문, 2003. 3. 28.) '낸 만큼도 못 받는 국민연금' (서울신문, 2003. 3. 31.) '보험료 인상, 수령액 축소 추진 안팎 / 국민연금 '국민저항' 불 보듯' (문화일보, 2003. 5. 6.) '국민연금제도개편 법안 파장' / '우리만 봉' '직장인 저항 클 듯' (경향신문, 2003. 5. 7.) 등이 대표적이다.

2003년 4월 25일에 개최된 제6차 본회의에서 발전위는 단일안 작성에 대한 최종 결론은 마지막 회의인 제7차(2003. 5. 28.)에서 내리도록 확정하였다. 마지막 회의 하루 전날인 5월 27일자 동아일보는 단일안 합의가 불가능할 뿐 아니라 발전위에 상정된 3개 안에 대한 표결조차 힘들 것으로 예상하였다. 이유는 표결에 부칠 경우 노동계는 퇴장한 뒤 대정부투쟁도 불사하겠다는 태도를 보였고 경영계는 국민연금법을 개정하지 말도록 국회에 호소할 태세라는 것이었다(동아일보, 2003. 5. 27.).

발전위의 제7차 회의는 예정대로 2003년 5월 28일에 열렸다. 주 안건인 재정 안정화 3개 대안에 대한 단일안 도출 논의가 지루하게 계속되었지만 단일안은 끝내 성사되지 않았다. 대신 3개 안에 대한 위원들의 선호도 표명을 한 결과 전문가 그룹은 제2안을, 사용자단체는 제3안을 선호하였고 노동계는 소득대체율은 60%를 유지하고 보험료율은 재정 추계를 다시 한 후 재검토할 것을 요구하였다.

제1차 재정계산은 국민연금 발전의 새로운 장을 열 수 있는 중요한 계기였던 만큼 전문가들은 물론 일반 국민들도 기대를 걸 만한 작업이었다. 그러나 발전위의 활동을 보면 그런 기대에 미치지 못했다. 왜냐하면 단일안 합의에 실패했을 뿐 아니라 어떤 위원들은 자신들도 참여해서 함께 만들었던 대안들을 극렬하게 반대하고 있었기 때문이다. 그와 같은 실망은 사실 처음부터 어느 정도는 예견된 것이었다고 할 수 있다. 발전위의 구성에 있어 전문성보다 대표성을 중시하였기 때문이다.

여하간 발전위의 분열된 모습은 발전위의 존재 가치가 무엇인가에 대한 심각한 의문을 제기하게 하였다. 재정 안정화를 위한 정책대안이 불가피한 상황에서 정부가 아닌 보다 전문적이고 객관적인 협의체가 대안 마련을 하자는 것이 재정계산제도의 근본 취지였다. 그러나 막상 발전위를 운영한 결과는 '혹 때려다 혹 붙이는 격'으로 재정 안정화는 손도 대지 못한 채 다른 문제만 덮어쓰는 양상이 되고 말았다.

단일안 책임은 몽땅 복지부로

발전위가 단일안을 만들지 못하였기에 이제 단일안 작성의 책임이 몽땅 복지부로 넘어가게 되었다. 그렇다면 처음부터 복지부가 할 것이지 굳이 발전위를 운영했어야 했던 이유가 무엇이냐는 질문이 나올 것이다. 주어진 기회를 십분 살리지 못한 국민연금발전위의 무능력은 비판받아야 마땅하지만 그런 호기를 충분히 활용하지 못한 복지부도 비난을 면치 못하는 것은 당연하다.

더욱이 최초의 재정계산이 그런 식으로 종료되었기 때문에 관련법의 개정과 같은 후속 조치의 성취 여부에 대한 우려마저 등장하였다. 여하간 복지부는 관계부처 협의 등을 거쳐 2003년 7월 말이나 8월 초에 정부안을 확정한 후 10월 정기 국회에 제출하는 일정을 세웠다.

노무현 정부 초대 복지부 장관인 김화중이 국민연금 개혁에 대한 공식 입장을 피력한 최초의 시기는 2003년 3월 4일에 있었던 기자간담회였다. 그 자리에서 김 장관은 국민연금의 저부담·고급여 구조를 개선하겠다는 의지를 밝혔는데, 이는 국민연금발전위원회의 기본 정책 방향과 일치되는 발언이었다. 따라서 그날은 노무현 후보의 대선공약이 공식적으로 소멸된 날이라고 해석된다.

그러나 이 지점에서 반드시 짚고 넘어가야 할 것은 노무현 후보의 공약이 공식적으로 폐기된 것은 사실이지만 향후 복지부의 연금개혁에 미칠 악영향까지 제거되지는 않았다는 것이다. 후속하는 전개 과정을 보면, 복지부의 연금개혁 노력에 저항하는 세력들의 논리가 상당 부분 노 후보의 대선공약과 동일선상에 있었다는 사실을 발견할 수 있기 때문이다.

앞서 설명했다시피, 노무현 후보는 국민연금의 급여액이 줄어들지 않을 것이라는 약속을 하였고 노동계와 시민단체들은 그와 함께 공동 보조를 취하였다. 문제는 보험료 인상이었다. 노 후보는 보험료를 인상하지 않겠다는 언급을 한 적이 없었다. 그러나 이미 보았듯, 보험료율 9%는 '마의 장벽' 으로 굳어지고 있었다. 결국 대선 전 '연금삭감 불가론' 에 대해 공동 보조를 취했던 대통령의 생각이 대선 후 크게 변하였음에도 불구하고 노동계와 시민단체들의 생각은 전혀 변하지 않고 있었다.

국민연금발전위원회의 개혁안에 대한 광범위한 반대 여론의 형성은 정당은 물론 국회의원들의 연금개혁 의지에도 찬물을 끼얹고 있었다. 특히 2004년 4월 총선을 앞두고 여론의 향방에 신경을 쓰지 않을 수 없었던 것이 정치계의 입장이었다. 그와 같이 개혁에 비우호적인 분위기는 심지어 여당에게도 악영향을 미치고 있었다. 2003년 7월 18일에 열린 당 · 정 협의회에서 민주당은 '소득대체율 55%' 라는 새로운 안을 제시하는 등 여당도 흔들리고 있었다(서울신문, 2003. 7. 19.).

국민연금발전위원회의 제2안을 복안으로 채택하고 있던 복지부로서는 반대 여론 때문에 자신의 입장을 강하게 밀어붙이기가 힘들었지만 그렇다고 정부안을 안 만들 수도 없는 난처한 상황에 처하고 말았다. 그 결과 당초에 수립했던 입법 과정의 시간표가 수차례 지연되고 있었다. 그래서 4월 말 복지부안 확정 계획이 7월 말로 늦추어졌다.

정부와 여당이 흔들릴수록 반대 세력의 움직임은 한층 더 강해졌었다. 한국경영자총협회는 2003년 7월 20일에 성명을 발표하고 자신들의 종전 입장인 급여수준 40% 인하를 재주장하였다(동아일보, 2003. 7. 21.). 한편,

노동계는 '총파업 불사' 까지 거론하면서 연금개혁 재검토 주장을 반복하였다. 그런가 하면, 복지부와 국민연금공단 홈페이지에는 네티즌들의 비난이 쇄도하였고 '국민연금탈퇴운동' 까지 거론되었다. 일부 인터넷 사이트에는 '국민연금반대서명운동' 이 벌어지고 있다는 기사가 나왔다(한국일보, 2003. 7. 22.).

사태가 점점 불리해지고 있던 상황에서 복지부는 정부부처 간 '밥그릇 싸움' 이란 또 다른 전선에 직면하게 되었다. 그 상황을 이해하려면 이 책의 제17장에서 설명한 국민연금발전위원회의 세 가지 과제(재정 안정화, 사각지대 해소, 급여 합리화)를 상기해야 한다.

국민연금발전위원회의 건의에 따라 당시 복지부가 마련 중이던 「국민연금법」 개정의 내용에는 보험료 인상과 급여액 인하 조치 외에도 재혼여성의 연금권 인정, 장애판정 시한의 단축, 감액노령연금의 추가감액 폐지 등의 급여개선 조치가 포함되어 있었다. 그리고 장애연금과 유족연금의 최소가입기간 연장과 조기노령연금 감액율의 상향조정 등의 급여 합리화 조치가 들어 있었다. 추가로, 국민연금기금운용위원회(기금운용위)의 전문성과 독립성을 높이기 위한 내용들도 들어 있었다.

정부부처 간 '밥그릇 싸움' 의 발단은 기금운용위를 어느 부처 소속으로 두느냐의 시비였다. 재경부와 기획예산처의 논리는, 앞으로 수백조 원까지 늘어날 수 있는 국민연금은 복지 차원을 넘어 국민경제 차원에서 다루어야 하기 때문에 국무총리실 산하에 두자고 주장하였다. 이에 반해 복지부는 총리실 산하로 될 경우, 경제부처의 입김이 강해지면서 기금이 증시부양 등에 활용되어 재정불안을 가속화시킬 소지가 있다고 반박하면서 당연히 복지부가 되어야 한다고 맞섰다.

기금 운용과 관련된 부처 간 세력 다툼의 역사는 1973년 최초의 「국민연금복지법」 제정 당시까지 거슬러 올라갈 정도의 해묵은 고질병과 같은 것이었다. 앞서 이미 설명한 것처럼 경제 부처의 주장을 따르면, 이 책의 제9장에서 설명한 「공공자금기금법」의 사례에서 볼 수 있었던 '경제 역설' 현상이 재발될 우려가 있었던 것이다. 그렇다고 복지부 단독으로 관리할 수 있는 것도 아니었다. 부처 간 협력이 요구되는 주제임에도 불구하고 개선의 여지는 보이지 않았다.

그 문제로 인한 부처 간 갈등은 결국 2003년 8월 7일로 예정되었던 「국민연금법」 개정의 입법예고 시기를 연기하도록 만든 원인으로 작용하였다. 이후 복지부의 주장이 관철된 입법예고가 실행된 시기는 2003년 8월 19일이었지만 2003년 9월 9일에 끝나는 입법예고 기간 중에도 '밥그릇 싸움' 은 계속되었다. 수차례의 우여곡절 끝에 복지부 산하에 두는 것으로 최종결정된 것은 2003년 10월 4일에 있었던 고건 국무총리 주재의 관계부처 장관회의였다.

재정 안정화와 관련해서 국민연금발전위원회가 제안한 세 가지 대안 중 제2안을 채택한 복지부의 「국민연금법」 개정안이 국무회의를 통과한 때는 2003년 10월 28일이었다. 개정안의 골자는 예상되었던 대로 부담은 늘고 급여는 줄어드는 것이었다.

먼저 보험료율을 보면 현행 9%를 2010년에 1.38% 포인트 인상한 10.38%로 만들고 이어 매 5년마다 1.38% 포인트씩 올려서 마지막으로 2030년에는 15.9%까지 간다는 것이었다. 한편, 소득대체율은 현행 60%에서 일단 55%(2004~2007년까지)로 낮추었다가 2008년부터 다시 5% 포인트를 더 낮추어 최종 50%를 적용한다는 것이었다. 정부안의 가장 두드러진 특징은 보험료율 '마의 10% 벽' 에 도전했다는 것이다. 그리하여 2010년이 되면 보험료율이 10.38%가 되고 이후 조금씩 인상되어 2030년에는 15%를 넘도록 설계되었다.

연금개혁이 필요한 이유는 재정불안 때문이다. 그런데 재정이 불안해지는 원인 중에 가장 큰 것은 인구 고령화, 즉 받는 사람은 급속도로 많아지는데 보험료를 내는 사람의 수는 빠르게 늘어나지 않는 현상 때문이다. 두 번째 원인은 낸 보험료보다 받는 연금액수가 더 많은 불균형 현상 때문이다. 이 두 가지 원인을 고려하면 재정불안을 해소하는 해결책의 핵심은 더 내고 덜 받든지 아니면 더 내든지 혹은 덜 받든지 둘 중에 하나라도 실행하는 길밖에는 없다는 사실을 이해하게 된다.

그러나 앞에서 수차 설명한 국민연금의 역설들, 즉 '보험 역설' '정치 역설' '언론 역설'을 생각하면 국민들로 하여금 더 내게 요구하는 것과 덜 받도록 요구하는 것 모두 쉽게 실천에 옮길 수 있는 방법이 아니었다. 그중에서도 특히 보험료율을 두 자리 수로 인상하는 것은 거의 불가능으로 인식되고 있었다. 그래서 역대 정부는 더 내고 덜 받는 연금개혁을 호시탐탐 노리고 있던 중 2003년 재정계산을 계기로 실행의지를 표명한 것이었다.

따라서 이번 시도의 성공 여부는 곧바로 향후 국민연금의 발전 가능성과 직결되는 것이나 다름없었다. 다시 말해, 더 내고 덜 받는 형태로의 개혁이 이루어지면 미래의 국민연금은 보다 안정적으로 발전할 수 있을 것이지만 그렇지 못하면 미래는 어두워지는 것이었다. 당시 국민연금의 발전을 학수고대하고 있던 연금 전문가들의 최대의 관심사는 과연 두 자리 수 보험료율이 달성될 수 있을지에 모아졌다. 왜냐하면 가장 성취하기 힘든 목표였기 때문이다.

정부안이 국회에 제출된 시기는 2003년 10월 31일이었다. 그리하여 복지부는 우여곡절 끝에 「국민연금법」 개정안을 국회에 제출하는 데 일단 성공하였다. 여기까지는 제1차 재정계산의 의도대로 진행되었다고 해석된다. 그러나 그때부터가 진짜 문제였다. 「국민연금법」 개정안의 국회 통과가 불투명하였기 때문이다. 계속되는 정치권과 시민단체의 강경한 반대 입장을 보면 국회 심의 과정에서 난항이 예상되었다(서울신문, 2003. 10. 29.).

20

재정 논의를 사각지대 논의로 전환시킨 한나라당

한나라당의 반격

앞서 제18장에서 본 바와 같이, 한나라당은 2002년의 제16대 대선에서 국민연금 개혁 이슈를 크게 부각시켰다가 혼이 났었다. 아무리 국익에 도움이 되는 정책 방향이라도 그것이 표를 얻는 데 도움이 안 된다면 정당과 정치인에게는 백해무익이라는 교훈을 뼈저리게 경험하였다. 다시 말하자면, 당시 한나라당은 국민연금의 '정치 역설' 현상을 만들어 낸 주연배우였던 민주당을 도운 조연배우 역할을 했던 것이다.

그런 한나라당의 입장에서 보면, 노무현 정부가 시도하는 소위 재정 안정화 연금개혁은 얄밉기 짝이 없는 것이었다. 선거 때는 한나라당의 정책을 '용돈연금'이라고 비난하여 표를 얻은 후 당선되자, 태도를 돌변하여 바로 그 '용돈연금' 방향으로 개혁을 시도하고 있었으니 말이다.

한나라당이 그런 불편한 심기를 어떻게 처리할 것인가가 연금 전문가들의 주목을 받았던 부분이다. 왜냐하면 노무현 정부의 연금개혁 방향이

제16대 대선 당시의 한나라당 공약과 동일하게 연금삭감의 방향이라면 한나라당이 정부의 정책에 지지를 표하는 것은 당연지사였기 때문이다.

그러나 다른 한편으로는 야당의 입장에서 정부의 정책을 호락호락 인정해 주면 야당 역할을 제대로 하고 있지 못하다는 비난을 받을 우려가 있었다. 더욱이 연금삭감에 대한 국민여론이 악화일로에 있었던 상황임을 고려하면 정부 정책에 찬성하는 것이 정당 이미지에 별로 도움이 되지 않는다는 판단을 내릴 수 있었다.

따라서 한나라당은 한 번 결정한 당론을 초지일관 지킬 것인가 아니면 정책은 일단 덮어두고 정치적인 야당 역할에 충실할 것인가의 두 가지 선택지 중 하나를 결정해야 하는 기로에 서 있었던 것이다. 더욱이 집권당은 이미 대선 공약을 어긴 상황이었기 때문에 한나라당의 반응이 궁금증을 더해 가고 있었다. 결론적으로 말하자면, 그런 진퇴양난의 국면에서 한나라당은 정책이 아니라 정치를 선택하였다.

그리하여 정부의 연금삭감 정책에 반대하는 입장을 취하게 되었다. 이는 국민연금의 역설과 관련하여 또 하나의 '정치 역설' 현상의 사례로 기록된다. 다시 말해, '용돈연금'을 둘러싼 최초의 '정치 역설'을 노무현 대통령이 생산하였다면, 두 번째 역설은 한나라당이 조성했던 것이다. 한나라당의 '정치 역설' 조성 과정을 살펴보도록 한다.

복지부가 「국민연금법」 개정을 위해 입법예고를 했던 2003년 8월 19일 후 6일 만인 8월 25일에 국회보건복지위원회(복지위) 회의가 소집되었다. 그런데 그 회의에서 벌어진 국회와 정부 간 공방은 국민연금 역사에서 길이 기록될 만큼 의미 있는 토론이었다. 그날의 회의록을 보면, 한나라당 의원들과 복지부 장관 사이에 때로는 수준 높은 이론적 논의가 오갔는가 하면, 때로는 가시 돋친 감정적 발언들이 상호 교환되기도 하였다.

그날의 첫 순서는 복지부 장관이 복지부 소관 주요 현안을 보고하는 것이었다. 김화중 장관은 보고를 시작하자마자 국민연금법의 개정을 위한 입법예고가 실시 중임을 언급하였고 이어서 기획관리실장(문경태)이 보다 상세한 설명을 하였다. 한나라당의 김홍신 의원이 먼저 '용돈연금' 얘기를 꺼내들면서 2003년의 제1차 재정계산은 보장성에 대한 논의가 누락되었기 때문에 주객이 전도되었다고 비판하였다. 그리고 출산율 추정의 문제와 70년 추계기간의 문제도 거론하였고 이어서 기초연금 도입에 대한 장관의 견해를 물었다.

다음으로 정책질의에 나선 남경필 의원은 국민연금의 소득분배 기능에 대해 회의적 태도를 피력하였다. 이어서 '용돈연금' 에 대한 한나라당의 불편했던 심기가 폭발하기 시작하였다. 박시균 의원은 "노무현 대통령께서 후보시절 저부담 고급여를 절대로 고치지 않겠다.…… 고 해서 대선 때 많은 표를 얻었습니다. 대통령께서나 장관께서 이에 대한 사과 없이 …….” 라는 발언을 한 후 대통령 혹은 장관의 사과를 요구하였다.

박 의원의 사과 요구에 대해 장관은 애매한 태도를 취하면서 사과하지 않았다. 그러자 심재철 의원이 재차 요구하고 나섰다. "당시에 노무현 후보가 얘기했던 것과 방금 장관께서 얘기했던 것이 충돌됩니다.…… 당시에 후보께서 잘 모르고 그런 말씀을 하셨겠지요?" 라고 질문한 뒤에 "국민을 호도한 것에 대해서 솔직하게 사과를 해야 됩니다." 라고 다그쳤다. 그러나 장관은 다시 한 번 직설적 답변은 피한 채 사과를 거부하였다.

16대 대통령 선거 기간 중에 터져 나왔던 '용돈연금' 론이 노무현 후보의 비양심적 행동의 결과였는지 혹은 무지의 행동이었는지에 대한 의문은 수수께끼 같다. 즉, 그가 국민연금의 재정상태를 뻔히 알면서도 표를 의식한 나머지 의도적으로 그랬는지 아니면 그런 심각성을 몰랐기 때문에 그랬는지에 관해 확인하고자 하는 한나라당 의원들의 집요한 질문은 계속되었다.

이원형 의원은 "후보 시절에 하신 것과 지금 추진하고 있는 복지 정책은…… 180도 다른 것입니다. 그러면 국민들한테 사과를 해야지요.…… 그때 당시에 나는 이 사정을 잘 몰랐다든지 이런 이야기를 해야 될 것 아닙니까?" 의원들의 질문공세에 장관의 쩔쩔매는 모습이 당일의 속기록에 잘 묘사되어 있다. 그럼에도 불구하고 김 장관은 끝내 사실 확인도 사과도 하지 않았다.

후술하는 설명에서 보게 되겠지만, 대통령에 대한 한나라당 의원들의 사과 요구는 그 뒤에도 간헐적으로 이어졌지만 끝내 성사되지 않았다. 반면에 후보 시절의 공약과는 반대 방향, 즉 한나라당 공약과 같은 방향으로 연금개혁을 결심한 노 대통령은 역대 대통령 중에서 가장 강력한 연금개혁 드라이브를 걸게 된다. 그러나 그 과정에서 노 대통령은 장기간의 수모와 인내를 감수하지 않을 수 없었다.

방향 상실의 연금개혁

국민연금발전위원회가 단일안 합의에 실패한 후유증은 시간이 갈수록 그 증세가 악화되고 있었다. 상황이 나빠질수록 복지부의 「국민연금법」 개정 시도는 성공으로부터 점점 멀어지고 있었다. 방금 살펴보았던 국회 보건복지위원회의 분위기는 그러한 상황을 단적으로 보여 주는 반사경이나 마찬가지였다. 여기서 한 가지 흥미로운 사실이 발견된다. 그것은 바로 정부안이 겨냥하고 있던 재정 안정화의 문제가 국회 논의를 거치면서 일반 사람들의 관심 밖으로 사라지고 말았다는 것이다.

즉, 의원들이 지적한 정부 연금개혁안의 문제점은 국민연금 미적용자를 지칭하는 소위 사각지대 문제와 연금삭감을 의미하는 '용돈연금' 의 문제 그리고 재정 추계에 사용된 지표들이 너무 비관적으로 기울었다는 등 다양하였다. 의원들이 그와 같은 문제들을 거론하고 있는 사이에 재정 안정화의 문제는 중요성의 우선순위에서 밀려나 버린 것처럼 느껴졌다. 그야말로 본말이 전도되는 상황이 벌어지고 만 것이다.

그와 같은 상황 전개는 재정 안정화 문제를 최우선으로 다루었던 국민연금발전위원회와 복지부를 점차 난처하게 만들었다. 다시 말하자면, '혹 떼려다가 혹 붙인 셈' 이 된 것이다. 어쩌다 보니 재정 안정화 방안에 대한 논의는 사라져 버리고 재정을 악화시키는 방향으로의 정책제안들이 등장하였기 때문이다. 더욱이 국회의원들의 관심사는 국민연금발전위원회의 개혁안이 논의되던 때 노동계와 사회단체들이 제기했던 문제점과 다를 바 없었다.

앞서 이 책의 제17장에서 설명한 바와 같이, 국민연금발전위원회가 사각지대 문제와 급여개선 문제를 논의하지 않았던 것이 아니다. 그러나 여러 가지 사정을 고려한 끝에 제1차 재정계산에서는 재정 안정화 문제를 최우선으로 다루자고 합의했던 것이다. 그와 같은 결정은 2002년 11월 20일에 개최되었던 제16차 제도발전전문위원회에서 내려졌다(국민연금발전위원회, 2003: 229).

사실 국민연금이 안고 있는 문제는 한두 가지가 아니다. 이처럼 해결해야 할 문제가 다수일 경우 가장 합리적인 해결 방법은 가장 기본적이고 가장 시급한 것부터 하나씩 차례대로 진행하는 것이다. 물론 한꺼번에 두 개 이상을 처리할 수 있는 능력이 있다면 이야기는 달라질 수 있다.

그러한 사정을 감안하여 국민연금발전위원회가 재정 안정화에 초점을 맞춘 개혁안을 만들자, 이를 비판하는 사람들은 재정 안정화 문제가 아닌 다른 문제를 왜 해결하지 않느냐고 질타하였다. 여기서 반드시 짚고 넘어가야 할 부분은 정부안의 반대자들이 제기하는 다른 문제들, 예컨대 사각지대 해소나 소득대체율 현상유지와 같은 주장들을 받아들일 경우 국민연금의 재정불안 문제는 해소되는 것이 아니라 오히려 더 악화된다는 사실이었다.

만약 사각지대 해소와 소득대체율 유지의 대책이 재정 안정화를 동반할 수 있는 묘수라도 된다면 그 방법을 택하는 것이 최선이다. 그러나 불행하게도 그와 같은 묘수를 알고 있거나 제시한 사람은 아무도 없었다. 바로 그 이유 때문에 복지부는 '선 재정 안정화, 후 사각지대 해소'라는 정책 방향을 가지고 반대자들을 설득하려고 노력했지만 역부족이었다.

이렇게 본다면, 복지부의 역부족은 '정치 역설' 현상과 같이 복지부로서는 도저히 통제할 수 없었던 다른 요인에 기인하고 있었음을 알 수 있다. 제16대 대선에서 노무현 후보가 연출한 '정치 역설'의 여파가 2003년도에 와서 한나라당의 반격으로 형성된 제2의 '정치 역설' 파도에 휩쓸리면서 연금개혁은 이제 행동은 없고 말만 난무하는 백가쟁명(百家爭鳴)의 시기로 넘어가게 된다.

연금개혁의 백가쟁명

위에서 언급한 2003년 8월 25일 보건복지위원회의 정책질의에서 당시 개혁국민신당의 유시민 의원은 김화중 장관을 향해 "이회창 후보께서 주장하셨던 것 중에 기초연금제가 있습니다.…… 상당히 합리적인 제안이거든요.…… 큰 틀에서 제도를 바꾸는 문제에 대해서 혹시 생각해 보신 일이 있으십니까?"라고 질의하였다. 그 질문에 대한 김 장관의 답은 다음과 같이 간단명료하였다. "우선은 그럴 의사가 없습니다."

유 의원의 제안은 '용돈연금'론, '마의 10% 벽 징크스'론, '장기 추계 부정확'론, '사각지대 해소 우선'론, '국민신뢰 구축 우선'론, '근본적 처방'론 등 중구난방이 된 연금개혁 정책 방향을 한층 더 혼란의 구렁텅이로 몰고 있었다. 왜냐하면 조세방식의 기초연금에는 막대한 예산이 소요된다. 더욱이 그 예산은 사회보험 방식에 기초한 국민연금의 재정방식이 아니기 때문에 당시 국민연금 개혁의 의제로서는 부적절한 것이었다.

그럼에도 불구하고 유 의원이 기초연금을 들고 나온 것은 사각지대 해소를 염두에 두었던 것으로 해석된다. 다시 말하자면, 연금개혁의 발단이었던 골치 아픈 재정 안정화 문제를 차치하고 국민들로부터 인기를 얻기 쉬운 사각지대 해소 문제로 시선을 돌렸던 것이다. 이렇듯 당시의 정책 분위기는 재정 안정화 문제를 집중적으로 다룰 수 있는 제반 조건으로부터 점차 멀어지고 있었다.

사각지대 해소 문제는 정치인들에게 인기품목이 되기 쉬운 조건을 갖추고 있다. 그중에서도 보험료를 내지 않고도 연금을 받을 수 있는 기초연금은 최고 인기종목이다. 불로소득을 좋아하는 다수의 국민들에게 그것은 '공짜 돈' 같은 느낌을 주기 때문이다.

유 의원에 이어 한나라당 이원형 의원이 재차 기초연금에 대한 질의를 하였다. "어려운 사람들 다 버려 놓고 나머지 사람들만 데리고 가면서 국민연금은 이렇게 하겠습니다라고 했을 때 지금 자라나는 10대, 20대가 어떻게 국민연금을 내겠어요?" 이에 대해 김 장관은 "기초연금은 사각지대를 해소하는 데에는 큰 도움을 줄 것이나 국고의 지원 등 제도의 유지비용이 막대하게 소요되는 것으로 문제가 있습니다.…… 도입 시 약 14조원의 예산이 소요될 것으로 보고 있습니다."

정부가 재정 안정화를 위해 전력투구하고 있던 중 국회의원들은 사각지대 해소에 관심을 쏟고 있는 엇박자 형국이 나타나고 있었다. 그런데 그런 엇박자를 조성하는 사람들은 정치인들만이 아니었다. 이미 보았듯이, 노동계나 시민단체가 있었고 심지어 연금 전문가들도 가세하였다. 정치인들이 표를 의식하여 정책을 논의하게 될 때 자칫 발생하게 되는 부작용을 '정치 역설' 이라 한다면, 전문가들이 어떤 이해관계에 의해서 부작용을 유발하게 되면 '전문 역설' 이 된다.

복지부의 「국민연금법」 개정안이 입법예고를 마치고 국무회의를 통과한 직후 그러니까 정부안이 국회에 제출되기 직전인 2003년 10월 28일에 국민경제자문회의가 열렸다. 이 회의체는 재경부 차관과 복지부 장관을 위시한 18명의 민 · 관 자문위원들로 구성되어 있었다. 그날 토의 안건의 하나는 '고령화에 대비한 경제정책 방향' 이란 제목의 한국개발원(KDI) 보고서를 논의하는 것이었다.

KDI는 그 보고서를 통해 고령화 대책의 핵심은 국민연금기금의 재정건전성을 확보하는 것이라고 전제하고 그 방법으로 세계은행이 권고하는 '기초연금 + 비례연금' 의 이원화 구조로 개편해야 한다고 주장하였다(서울신문, 2003. 10. 29.). 보고서의 작성자는 문형표 박사로 알려졌는데, 그는 국민연금발전위원회 산하 제도발전전문위원회 위원을 역임한 바 있었다. 사실 그는 제도발전전문위원회에서도 비슷한 취지의 발전 방향을 수차 피력한 바 있었기 때문에 이번 주장은 본인의 소신을 다시 한 번 반복한 것이었다.

국민연금발전위원회는 재정 안정화 대책을 시행한 이후에 비로소 이원화 방안을 논의하기로 결정하였다. 그런데 재정 안정화를 위한 「국민연금법」 개정 작업이 막 시작되고 있던 시점에서 KDI가 이원화 방안을 거론하였으니 국민들은 혼란에 빠질 수밖에 없었다.

문제는 시기와 장소였다. 복지부가 법 개정 작업을 진행하고 있던 시점에서 그것도 복지부 장관이 참석한 회의를 통해 복지부안과 맞지 않는 내용을 발표하였기 때문이다. 아무리 전문가로서 자신의 소신을 알리고 주장할 수 있다 하더라도 법 개정 작업에 방해가 될 수 있는 행동을 한다면 그것은 '전문 역설' 로 이어진다.

앞에서 본 바와 같이 국민연금발전위원회의 단일안 합의가 실패로 끝나자, 이후 연금개혁의 정책 분위기는 급격하게 개혁의 좌절 방향으로 기울어지고 있었다. 이제 연금개혁을 논하는 사람은 하나같이 재정 안정화 주제가 아닌 다른 이슈를 들고 나오는 현상이 벌어진 것이다. 설상가상으로 '정치 역설' 에다 '전문 역설' 까지 가세하다 보니 「국민연금법」 개정은 점점 더 나락으로 떨어지고 있었다.

결국 연금재정을 안정 기반 위에 얹어 놓겠다는 목표를 가지고 출발했던 제1차 재정계산은 본말이 전도된 상태에서 연금개혁의 백가쟁명시대를 여는 것으로 변질되고 말았다. 그런 결과가 나온 최대 원인은 2002년에 노무현 대통령 후보가 연출했던 '정치 역설' 과 그것에 의해 피해를 보았다고 생각하던 한나라당의 보복성 '정치 역설' 이었다.

국회에 제출된 정부의 법 개정안

정부가 「국민연금법」 개정법률안을 국회에 제출한 때는 2003년 10월 31일이었다. 개정법률안은 다음 날인 11월 1일에 보건복지위원회에 회부되었고 11월 24일에 처음으로 상정되었다. 그 법안의 최종 운명에 대해 미리 말한다면 보건복지위원회에서 단 한 차례 논의가 되었을 뿐 더 이상의 진전을 보지 못하고 2004년 5월 29일 자동 폐기되고 말았다. 자동 폐기의 사유는 2004년 4월 15일에 총선거가 예정되어 있었고 이어서 제17대 국회가 새로 구성되어야 했기 때문이다. 지금부터는 「국민연금법」 개정법안이 국회에 제출된 이후 자동 폐기될 때까지의 기간 중에 어떤 일이 일어났는가를 살펴본다.

정부가 2003년 10월 31일에 국회에 제출한 「국민연금법」 개정법률안이 보건복지위원회에서 토의 안건으로 채택된 최초의 날은 2003년 11월 24일이었다. 이날 김화중 복지부 장관의 제안 설명에 이어 의원들의 질의 및 토의가 이어졌는데, 발언은 주로 한나라당 의원들이 독차지하였다.

김찬우 의원은 "국민연금법 개정안에는 재정 안정 대책만 있고 그간 문제점으로 지적된 납부예외자나 장기체납자에 대한 대책이 빠져 있습니다."라고 지적한 후 "경로연금을 점진적이고 단계적으로 확대하는 것이 필요하다고 봅니다."라고 말하였다. 다음으로 김홍신 의원은 "2년 정도의 여유를 두고 정부, 학계, 노동단체, 시민단체 등이 참여하는 연금제도개선위원회를 만들어 우선 사각지대 대책을 만들고 난 후에 급여인하를 논의했으면 합니다."라고 발언하였다. 이어서 박시균 의원은 "사각지대 해소를 위한 조세방식의 기초연금제도 도입에 대한 검토도 필요하다고 사료됩니다."라는 발언을 하였다. 이후 이원형 의원과 윤여준 의원의 발언이 계속되었지만 내용은 앞선 발언자들과 대동소이하였다.

방금 인용된 11월 24일자 한나라당 의원들의 발언내용을 앞서 소개한 8월 25일자 보건복지위원회의 정책질의 내용과 비교하면 큰 차이를 찾아

볼 수 없다. 반면 정부의 「국민연금법」 개정법률안에 대한 반대 태도는 오히려 더 강화된 것을 느낄 수 있다. 특히 재정 안정화와 사각지대 해소 둘 중 어느 것을 더 우선시해야 하는가의 선택에 있어, 지난번과 달리 이번에는 '선 사각지대 해소'를 더 명확하고 강하게 주장하고 있음이 드러났다.

정부의 재정 안정화 방안에 대한 한나라당의 태도를 한마디로 요약하면 8~11월 석 달 사이에 더 부정적인 쪽으로 옮겨갔다고 판단된다. 다시 말하자면, 제17대 국회에서 「국민연금법」 개정법률안을 처리할 의사가 없었음이 확인된 날이 바로 그날이었다. 이후 국회 일정은 11월 24일자로 「국민연금법」 개정법률안을 법안소위로 회부하는 것이었다. 그러나 이틀 후로 잡혔던 법안소위의 회의는 한나라당의 등원 거부로 유회되었다.

법안소위의 유회 이유는 국민연금과는 무관한 것이었다. 노무현 대통령의 측근 비리 의혹과 관련하여 국회는 2003년 11월 10일에 2/3 이상의 찬성으로 특검법을 통과시킨 바 있었다. 그러나 노무현 대통령은 검찰 수사 후 특검 수용이라는 '조건부 거부' 결정을 내렸다. 그와 같은 결정에 대해 한나라당은 '의사당 농성 → 등원 거부 → 의원직 총사퇴 → 대통령 탄핵'과 같은 4단계의 극한투쟁을 선포하였다(서울신문, 2003. 11. 25.). 한나라당의 등원 거부는 10일 만인 2003년 12월 4일에 정상화되었다.

두 번째 법안소위 회의가 2003년 12월 8일과 9일 양일간에 걸쳐 개최되었다. 「국민연금법」 개정안도 총 42개 안건에 포함되어 있었다. 그러나 시간 부족이라는 이유로 토의조차 하지 못하였다. 그날의 분위기를 보도한 한국일보는 "시간부족은 결과적인 명분일 뿐이다. 거의 모든 복지위의 의원들이 내년 총선을 의식해 법 개정에 반대하는 것이 문제다."(한국일보, 2003. 12. 11.)라고 논평하면서 그 기사의 헤드라인을 '국민연금 개혁 물 건너가나'로 뽑았다.

2003년도 정기국회는 12월 9일로 마감되었다. 그러나 여야는 곧이어 12월 10일부터 임시국회를 소집하여 미처 심의하지 못한 법률안들을 처리하겠다고 합의하였다. 그러나 「국민연금법」 개정안의 처리는 점점 어려워지고 있었다. 그 이유를 국민일보 사설은 "총선을 앞둔 정치권의 표심 눈치 보기가 그 원인이다."라고 지적한 후 "국가적인 정책과제가 각 당의 총선 전략에 휘둘리는 현실이 안타깝다. 누구를 위한 국회인지 알 수 없을 지경이다."(국민일보, 2003. 12. 11.)라는 말로 정치권을 비판하였다. 이 책이 주장하는 '정치 역설' 현상을 정확하게 꼬집었던 것이다.

세 번째의 법안소위 회의는 2003년 12월 23일로 잡혀 있었다. 그러나 다시 한 번 한나라당의 반대로 심의는 유산되고 말았다. 사태가 이 지경에 이르자, 경향신문('국민연금, 우선 살려놔야 한다'), 세계일보('기형연금 후손에 떠넘기나 국민연금 개혁 좌초 위기'), 동아일보('표 얻자고 국민연금 위기 키워서야'), 한국일보('더 내고 덜 받는 개정안 연내 처리 무산/국민연금법 총선 이후에나 개정될 듯')는 일제히 사설 및 해설기사를 통해 정치권을 비난하였다. 그러나 정치권이 언론의 충고를 귀담아 듣기에는 이미 늦었다.

자동 폐기된 정부의 개혁안

복지부가 2002년 3월에 국민연금발전위원회를 출범시켰을 당시의 향후 시간표에는 동 위원회의 보고서를 2003년 6월까지 검토한 후 「국민연금법」 개정법률안을 만들고 그 법안을 2003년 정기국회에서 통과시키는 일정이 잡혀 있었다. 그러나 2003년의 해가 저물었어도 법안의 국회 통과라는 최종 목표는 달성되지 않았다. 대신 16대 국회는 2004년 4월의 총선을 앞두고 파장 분위기에 휩싸이고 있었다.

2004년 총선은 여당인 열린우리당(우리당)과 야당인 한나라당, 새천년민주당(민주당), 자민련의 4파전으로 치러졌다. 2002년 대선에서 노무현 후보는 민주당 소속이었다. 그렇다면 민주당이 당연히 여당이 되었어야 하지만 민주당에 큰 변화가 일어났다. 즉, 2003년 11월 11일을 기해 민주당 탈당파 40명, 한나라당 5명 그리고 개혁국민정당 출신 2명 등 총 47명의 의원을 주축으로 우리당이 새롭게 창당되었다.

우리당은 시작부터 친노무현 성향을 표방하였고 그에 호응하여 노무현 대통령은 총선과 헌법재판소의 대통령에 대한 탄핵소추안에 대한 기각 결정이 나온 후 우리당에 입당하게 된다. 여하간 2004년 총선에서 우리당은 의석 수 1/6의 미니 여당 자격으로 거대 야당들과 경쟁하였다.

그러나 총선 결과는 우리당이 대한민국 정치 역사에서 최초로 의석의 과반을 차지하는 정당으로 기록될 만큼 압도적인 승리를 거두었다. 비례대표의원을 포함하여 모두 152석을 얻었고 반면에 한나라당은 121석(16대 말에는 149석)에 그쳤다. 그리하여 우리당은 명실상부한 집권여당이 되었다.

힘 있는 집권여당의 출현은 「국민연금법」의 개정을 시도하고 있던 당시의 정부에게 유리하게 작용할 수 있는 신호탄으로 이해될 수 있었다. 그러나 뜻하지 않게 악재가 발생하였다. 앞에 제1장에서 소개한 바 있는 '안티 국민연금운동', 다시 말하자면 '보험 역설' 현상이 터졌던 것이다. 2004년 5월 5일 어느 한 네티즌이 인터넷 사이트에 '국민연금의 비밀' 이라는 글을 올렸다. 이 글이 등장하자마자, 일반 네티즌들이 대량으로 가세하였고 시민단체인 '한국납세자연맹[1]' 은 국민연금불복운동을 전개하였다. 그러자 신문과 방송도 제도의 문제점과 안티즌(anti netizen의 줄임말)의 활동에 대한 보도를 내보내기 시작했다.

'안티 국민연금운동' 은 대규모 집회와 소규모의 촛불집회로까지 이어지면서 장기화되었다. 복지부는 당황하지 않을 수 없었다. 2004년 5월 31일자 서울신문은 안절부절못하는 복지부의 모습을 "당장 이번 사태로 국민연금법 개정안이 직접적인 영향을 받지 않을까 전전긍긍하고 있다."라고 묘사하였다(서울신문, 2004. 5. 31.).

복지부가 당황하였던 이유는 '안티 국민연금운동' 을 통해 국민연금의

1) 그 단체의 회장인 김선택은 「국민연금 합법적으로 안 내는 법」이란 책을 2004년 7월에 발간하였다.

근본적 개혁, 즉 대규모의 개혁 작업이 불가피하다는 여론이 힘을 얻게 되었기 때문이다. 그때까지 복지부는 제1차 재정계산을 활용하여 급한 불인 재정불안의 문제를 우선적으로 해결하는 데 총력을 집중하고 있었기 때문에 대규모 개혁에 대한 요구가 거세지면 정책 방향을 전환해야 하는 어려움에 직면해 있었다.

'안티 국민연금운동' 의 발단에 대해 당시의 김화중 복지부 장관은 훗날 다음과 같이 회상하였다. "우선 체납자에 대한 압류처분 때문입니다. 2003년 내내 국회에서 왜 4조 원이나 못 걷느냐는 질책을 받다 보니 공단에 징수율을 올리도록 압박했습니다."(내일신문, 2004. 6. 24.)

하여간 그 기사는 국민연금의 '보험 역설' 로 인한 연금행정의 딜레마를 생생하게 보여 주었다. 상당수 국민들은 생활상의 이유를 들어 보험료를 가능하면 적게 또는 안 내려고 하였다. 그래서 납부예외자나 연체자의 수가 줄어들지 않고 있었다. 그들의 생각에는 최소한의 보험료로 최대한의 보험금을 타는 것이 최선의 길이라고 믿고 있었다. 그와 같은 현실에 대해 국회의원들은 복지부가 행정을 잘 못한다고 야단을 쳤다. 야단을 맞은 복지부는 납부예외자나 연체자들을 닦달할 수밖에 없었다. 그렇지 않으면 국회를 무시한다는 비난을 받게 되기 때문이었다. 그랬더니 이번에는 시민들이 들고 일어선 것이다.

'안티 국민연금운동' 의 기세는 수개월 지속되었지만 시작된 지 3주를 지나면서 현저하게 누그러졌다. 기세가 꺾인 데에는 세 가지 정도의 원인이 있었다. 먼저 제16대 국회 막판에 정부가 국회에 제출하였던 「국민연금법」 개정법률안이 2004년 5월 29일을 기해 자동 폐기됨으로써 2년 2개월에 걸친 「국민연금법」 개정 작업이 무산되었다. 두 번째로, 정부는 새로운 제17대 국회에 종전과 거의 동일한 「국민연금법」 개정법률안을 2004년 6월 2일에 제출하였는데, 그 법안을 통해 네티즌들의 요구 중 일부가 해결될 수 있음이 알려졌다. 끝으로, 안티즌들이 제기했던 문제점들에 대한 정부의 개선방안이 2004년 6월 3일에 발표됨으로써 네티즌들의 요구 중 일부가 수용되었음이 확인되었다.

새롭게 구성된 제17대 국회에서 어떻게 하면 제16대 국회 시절 실패했던 「국민연금법」 개정을 성사시킬 수 있겠는가에 대한 고민은 비단 정부만의 몫이 아니었다. 국회는 국회대로 국민연금문제에 더 이상 무관심할 수 있는 분위기가 아니라는 사실이 '안티 국민연금운동' 을 통해 확인되었기 때문이다. 국민의 여론과 표의 행방에 민감한 국회의원들은 경우에 따라서는 '정치 역설' 을 감행하게 된다. 그렇지만 중대 사안에 대한 무관심은 절대 금물이다.

21

국민연금에 관심 갖기 시작한 국회의원들

한나라당의 태스크포스(task force)

앞 장에서 고찰한 바와 같이, 한나라당은 제16대 국회에서 정부가 제출했던 「국민연금법」 개정법률안에 대해 전면적 거부의 태도로 일관하였다. 물론 대안으로서 기초연금과 이원화 구조를 원론적 차원에서 구두로 제시하였지만 대체법안을 만들 정도까지 발전시키지는 못하였다.

정부와 여당이 제안했던 재정 안정화 정책에 대항해서 우선 사각지대 해소를 해야 한다고 반론을 폈던 자신들의 행동에 대한 여론의 향방을 예의 주시해 왔던 한나라당으로서는 더 이상 원론적 반대만을 지속할 수는 없었다. 그와 같은 태도는 정책정당 혹은 제1야당으로서의 체면을 손상시킬 수 있었기 때문이다.

더욱이 정부가 이전의 법안과 유사한 법안을 제17대 국회에 다시 제출할 것으로 예상되던 마당에 한나라당마저 과거의 태도를 반복할 수는 없었던 것이다. 다시 말하자면, 야당으로서의 대체법안을 제출할 필요가 절실하게 느껴졌던 시점이었다. 한편, 제16대 국회의 경험을 통해 한나라당은 기초연금제도를 대안으로 삼을 것을 굳혀 가고 있던 중 2004년 5월 8일에는 그와 같은 방침을 공표하였다.

한나라당이 기초연금에 관한 심층 연구를 진행하고 있었다는 사실은 제17대 총선이 끝난 후 한 달 반 정도가 경과한 2004년 5월 말에 확인되었다. 이에 대해 2004년 6월 9일자 내일신문은 다음과 같은 기사를 실었다. "국민연금에 대한 여론의 관심이 집중되면서 17대 국회 여야 모두 이슈선점을 위한 경쟁을 벌이고 있다. 먼저 활동에 들어간 것은 야당인 한나라당이다. 한나라당은 5월 말 보건복지위를 지원하는 의원을 포함, 외부전문가 등으로 구성된 국민연금 태스크포스 팀을 구성했다."(내일신문, 2004. 6. 9.)

태스크포스 팀의 팀장은 윤건영 의원이 맡았는데, 그는 국민연금발전위원회(발전위)의 위원 겸 재정분석전문위원회의 위원장을 역임한 바 있는 연금 전문가다. 그는 발전위가 2002년 3월에 발족될 때부터 위원회에 가담하였는데, 2002년 10월에는 제17대 총선 한나라당 비례대표로 지명받기 위해 위원직을 자진 사퇴하였던 것이다.

태스크포스 팀에 일차적으로 참여한 의원은 고경화, 심재철, 안명옥, 이혜훈으로 알려졌는데, 이들 중 이혜훈 의원 역시 연금 전문가다. 그는 2002년의 발전위 구성 시 제도발전전문위원회의 위원이었지만 17대 총선에서 지역구 출마를 위해 발전위 위원직을 자진 사퇴한 바 있다. 외부 전문가로는 김용하(순천향대), 김진수(연세대), 안종범(성균관대), 전영준(인천대), 문형표(한국개발원)가 포함되어 있었다. 이들 중 김용하와 문형표는 2002년의 발전위에서 제도발전전문위원으로 그리고 전영준은 재정분석전문위원으로 활동하였다.

여기서 한 가지 짚고 넘어가야 할 사항은 국민연금제도를 둘러싼 국회의 역할과 기능이다. 대한민국 헌정 역사에서 국회나 정당이 국민연금 문제를 주도적으로 챙기기 시작한 것은 17대 국회와 한나라당이 처음이다.

1973년의 「국민복지연금법」 제정 때부터 국민연금 문제는 정부 또는 청와대가 주동적 역할을 수행하였으며 국회나 정당은 정부가 만든 법안을 심의하고 통과시키는 정도의 추종적 기능만을 해 왔던 것이다.

그런 과거의 관행을 깬 최초의 사례가 한나라당의 태스크포스다. 이제 정당, 그것도 야당이 국민연금문제에 있어 주도권을 행사할지도 모를 새로운 움직임이 가시적으로 나타났던 것이다. 선진국들 중 연금개혁이 정당과 국회의 합작으로 주도된 대표적 성공사례는 스웨덴이다. 이에 관한 보충설명은 다음 장에서 하기로 한다. 여하간 연금개혁에 있어 우리나라에서도 국회나 정당이 큰 역할을 할 수 있는가의 문제와 관련하여 전대미문의 실험이 눈앞에 전개되기 시작한 것이다.

여야의 연금정책 경쟁

제17대 국회는 2004년 6월 3일을 기해 개원하였다. 정부는 개원 날짜에 맞추어서 6월 2일에 「국민연금법」 개정법률안을 제출하였다. 이 법안의 제안 이유와 주요 내용을 제16대 국회에서(2003. 10. 31.) 제안했던 당시의 법안과 비교하면 복사판이라 할 정도로 비슷하였다. 야당이 기초연금을 정부안의 대안으로서 공식화하자, 정부는 이전의 법안으로 맞불을 놓은 것이나 다름없었다.

한나라당의 국민연금 태스크포스 팀이 대중 앞에 첫선을 보인 것은 2004년 6월 9일이었다. 이날 태스크포스 팀은 '반쪽 연금·부실연금 대안은 없는가' 라는 제목의 공개토론회를 열었다. 17대 국회 들어 한나라당이 주최한 최초의 토론회였고 박근혜 대표가 축사를 하였다.

중요한 사실은 토론회의 제목이 시사하듯이, 태스크포스 팀의 대안 마련은 재정 안정화를 겨냥한 것이 아니라 사각지대와 용돈연금을 해소하는 것이었다. 이제 정부와 야당 간에 국민연금을 둘러싼 본격적인 정책대결이 시작되었음을 알리는 신호탄이 터졌다고 할 수 있다.

야당인 한나라당이 국회 개원과 함께 국민연금 문제를 들고 나온 것에 대해 정말로 당황한 쪽은 정부가 아니라 여당인 우리당이었다. 연금개혁의 주도권을 한나라당에게 빼앗길지도 모른다는 불안감 때문이었다. 그래서 우리당은 한나라당보다 이틀 앞선 6월 7일에 한나라당과 유사한 공개토론회를 부랴부랴 개최하였다. 다음은 양당의 공개토론회를 스케치한 신문보도를 살펴본 것이다.

6월 7일에 열린 우리당의 토론회를 보도한 내일신문은 "2년간의 의견수렴에도 불구, 국민연금 개혁이 원점을 맴돌고 있다.…… 우리당 국민연금 토론회는 각 단체가 지난해 했던 주장을 되풀이, 큰 입장차를 다시 한번 확인하는 자리였다."(내일신문, 2004. 6. 8.)라고 적고 있다. 일 년 전에 나타났던 연금개혁의 백가쟁명 현상이 오히려 격화되고 있다는 보도내용이었다.

몇 가지 사례를 소개하면, 복지부의 이상룡 국민연금심의관은 재정 안정을 위한 조속한 입법이 우선되어야 하고 기초연금 도입은 장기적 검토의 주제라고 주장하였다. 이에 대해 김연명(중앙대 교수)은 현 제도를 유지하다가 재정이 고갈되어도 세금으로 충당할 수 있기 때문에 수급액을 깎아서는 안 된다고 반박하였다. 김연명의 '용돈연금론'에 대해 노인철 국민연금연구센터 소장은 개정안대로 수급률을 깎더라도 용돈연금이 아니라고 반박하였다. 동일 사안을 두고 전문가들의 견해가 이렇게 상반되면 문외한인 국민들은 정말 혼란에 빠질 수밖에 없다.

두 사람 이상의 전문가들이 모이면 과연 단일안을 만드는 것은 불가능한 것인가? 그 질문에 대한 답은 '그렇다'에 가까울 것 같다. 상황이 이쯤 되면 전문가들이 연출하는 '전문 역설'의 심각성을 걱정하지 않을 수 없었다. 문외한들의 눈에 전문가들이란 과연 어떤 사람들로 비추어졌을까?

전문가들은 각자 자신의 연구 결과와 소신에 따라 어느 한 주장을 시종일관 주장할 수 있다고 생각할지 모르지만 국민들의 입장은 그렇지 않다. 전문가들이 모였는데도 하나의 답이 나오지 않는다면 그 사람들이 관연 전문가인가라고 반문할 것이다.

'전문 역설'의 심각성은 다른 형태로도 나타나고 있었다. 김용하(순천향대학교 교수)는 군인연금과 공무원연금은 복지부 소관 주제가 아니라는 사실을 잘 알면서도 이를 개혁하지 않는 것을 강하게 성토하였다. 복지부 소관의 국민연금 개혁 이슈가 드디어 7~8개 부처에 관련되는 전체 공적연금의 개혁 이슈로 확대 · 재생산되고 있었다.

2004년 6월 7일 우리당 토론회의 백미는 유시민 의원이었다. 그는 개인의견임을 전제로 무기여 정액연금제가 바람직하다고 밝힘으로써 당시 한나라당이 구상하고 있던 기초연금제도와 상통할 수 있음이 드러났다. 특히 그는 "기초연금제를 시행하는 데 14조 원이 필요하다고 알려져 있지만 개인 생각으로는 8조 원으로도 가능하다고 본다."(중앙일보, 2004. 6. 8.)라고 말함으로써 기초연금 도입에 관한 기술적 검토가 상당 수준으로 진행되었음을 시사하였다.

우리가 그 시점에서 유 의원의 발언을 주목해야 하는 이유는, 그가 우리당에서 차지하고 있던 위치와 노무현 대통령과의 관계 때문이다. 유 의원은 당시 우리당의 제4정책조정위원장직을 맡고 있었다. 따라서 아무리 사견일지라도 당론과 맞지 않는 기초연금제를 지지하고 나선 것은 우선 여당의 국민연금 개혁 전열을 흐트러뜨릴 우려가 있는 부분이었다.

더욱이 우리당이 창당되던 2003년 11월 11일 당시 유 의원은 다른 1명의 개혁국민정당 출신 의원과 함께 노무현 진영에 합세하였고 이후 노 대통령의 측근 실세의 한 사람으로 자타가 인정하는 장본인이었다. 그런 그가 기초연금제를 거론하고 나섰다면 향후 기초연금제 도입 가능성을 무시할 수 없는 것이었다.

6월 9일에 열렸던 한나라당의 국민연금 토론회에서도 비슷한 상황이 반복되었다. 김진수(연세대학교 교수)는 "국민연금반대운동의 확산은 공적연금 체제에 대한 국민의 총체적인 태도를 반영하고 있다.…… 공적 노후보장제도에 대한 근본적이고 종합적인 개선이 필요하다."(한겨레신문,

2004. 6. 10.)라고 역설했다. 동시에 그는 다른 명칭을 사용하였지만 근본 취지는 기초연금과 유사한 의미의 최저연금제도의 도입을 제안하였다. 결국 6월 9일의 한나라당 토론회는 기초연금제 도입을 위한 당 차원의 입법 준비활동이 활성화되고 있음을 암시하였다.

김근태 장관의 등장

노무현 정부의 초대 복지부 장관이었던 김화중 장관은 2004년 6월 말을 기해 장관직에서 물러났다. 그는 1년 4개월간의 재임 시 제1차 재정계산 작업을 마무리하였고 이어서 「국민연금법」 개정법률안을 입안하여 제16대 국회에 제출하였다. 그러나 그 법안의 심의 과정에서 자동 폐기라는 씁쓸한 경험을 맛본 후 이전과 유사한 「국민연금법」 개정법률안을 제17대 국회에 재차 제출한 바 있었다. 물러나기 일주일 전에 가진 기자와의 인터뷰에서 그는 재임기간 중 제일 아쉬웠던 점으로 국민연금 개혁을 2003년도에 마무리하지 못한 사실을 들었다(내일신문, 2004. 6. 24.).

참여정부의 제2대 복지부 장관에는 열린우리당(우리당)의 김근태 의원이 2004년 6월 30일자로 임명되었다. 김 장관은 "국민연금은 현안이면서도 사회통합의 중요한 문제"라고 지적함으로써 국민연금 개혁을 최우선 과제로 생각하고 있음을 시사하였다(한국일보, 2004. 7. 1.). 이로써 복지부는 당시 자타가 인정하는 최중량급 정치인의 한 사람을 장관으로 모시게 되었다. 그가 어느 정도로 비중 있는 인사였는가를 이해하려면 우리당의 창당 초기 역사를 보면 된다.

우리당은 2003년 11월 11일에 공식적으로 창당되었고 창당 직전인 2003년 10월 27일에 결성된 창당준비위원회에서 당시 새천년민주당의 김근태 의원이 원내 대표로 선출되었다. 동료 의원들로부터 신망을 받고 있었다는 증거다. 사실 우리당의 창당은 노무현 대통령과 우리당의 초대 의장으로 당선된 정동영 의원 그리고 김근태 의원 등 3인이 주축이 되어 이루어졌다고 해도 과언이 아니다.

집권여당 실세 중의 한 사람이 복지부 장관이 되었으니 과연 정부가 16대 국회에서 실패했던 「국민연금법」 개정법률안의 통과를 성사시킬 수 있을지에 관심이 쏠리고 있었다. 그러나 야당인 한나라당이 제16대 국회에서 취했던 정부의 「국민연금법」 개정법률안에 대한 반대 태도는 제17대 국회에서도 호전의 기미가 보이지 않고 있었다.

김근태 장관이 국회 보건복지위원회 위원들과 최초로 대면한 때는 2004년 7월 7일이었다. 그날의 속기록을 보면 장관과 위원들의 명단만 달라졌을 뿐 국민연금을 둘러싼 토론 내용은 16대 국회 때의 내용을 복사한 것이나 다름없었다. 장관은 예의 '덜 받고 더 내는' 방향의 연금개혁이 재정 안정화를 위한 최선책임을 강조하는 한편, 사각지대 해소를 위한 기초연금제는 장기적으로 검토할 대상이라고 못 박았다.

이에 맞서서 한나라당 위원들은 대통령의 사과를 요구하거나 사각지대 문제가 재정불안 문제보다 더 중요하다고 주장하면서 기초연금 실시를 선전하거나 장기 재정 추계를 다시 하자고 제안하는 등 그 이전과 달라짐이 없었다. 변화의 조짐이 나타난 것은 야당이 아니라 오히려 여당이었다.

우리당의 유시민 위원은 "대통령께서 후보 시절에 약속하신 것을 꼭 100% 지켜야 된다는 것은 아니지만 이 말씀의 근본 취지에 비추어 볼 때 (소득대체율) 55% 미만으로 내려가는 의사결정을 굳이 지금 시점에서 할 필요가 있느냐에 대해 다소간의 의문을 가지고 있습니다."라는 발언을 하였다. 이어서 그는 국민연금의 문제를 네 가지로 요약하면서 정부안은 재정 안정화 문제만을 해결할 뿐 사각지대, 소득파악 그리고 기금 운용의 문제에는 속수무책이라고 평가하였다.

유 위원의 발언을 분석하면 소득대체율을 정부안보다 상향조정하는 여당의 독자적 개혁안이 만들어질 수 있음을 엿볼 수 있다. 즉, 연금개혁안을 둘러싼 백가쟁명이 다수의 법안 제출로 이어질 가능성이 높아졌던 것이다. 그리고 유 위원의 국민연금 문제 진단은 최소한 그때까지는 주로 정부안에 반대 입장을 표명한 사람들의 견해와 유사하였다. 그런데 여당 위원인 유 위원이 공개적으로 정부안에 반기를 들었다는 사실은 정부가 발의한 개혁안의 미래를 한층 더 어둡게 하였다.

지금 와서 회고해 보면, 유 위원의 그날 발언은 의미심장하였다. 왜냐하면 후술하는 설명을 통해 볼 수 있듯이, 이후 우리당은 야당과의 협상 과정에서 정부가 제안했던 50% 소득대체율을 55%로 상향조정하였기 때문이다. 더욱이 유 위원은 김근태 장관을 이어 2006년부터 복지부 장관직을 수행하였고 2007년 「국민연금법」 개정 과정에서 중심적 역할을 하였기 때문이다.

2004년 7월 7일에 있었던 김근태 장관과 보건복지위 위원들 간의 첫 회동에서 나타난 말들의 성찬에서 특기할 만한 사항이 하나 더 있다. 그것은 이 책에서 심심찮게 언급되고 있는 '경제 역설' 에 관한 것이다.

우리당의 이기우 위원은 "보건복지부는 정부부처 내에서 힘이 없는 부서입니다. 그리고 그것이 만성화되어서 뭔가 새로운 정책을 추진할 내부 동력을 얻기가 어렵습니다."라고 운을 띄웠다. 이에 대해 김 장관은 "성장주의에 밀리고 업무가 여기저기 나누어지는 과정에서 피해의식이 있어 보입니다. 행정부 내부에서 정책토론할 때 경제부처가 우선되면서 오는 좌절감이 있는 것 같습니다."라고 답변하였다.

정부부처 간 정책토론회에서 복지부가 경제부처에 밀리고 있는 상황을 못마땅하게 생각하고 있던 김 장관의 시각이 엿보이는 부분이다. 보다 구체적으로 국민연금 기금 운용을 둘러싼 부처 간 알력과 그에 따른 '경제 역설' 을 입증할 수 있는 생생한 발언이 나왔다. 1988년에 국민연금이 시작되었고 그 후 1년이 지난 1989년에 복지부 장관에 취임하여 8개월 동안 장관직을 수행한 바 있는 민주당의 김종인 위원은 다음과 같이 발언하였다.

"우리가 솔직하게 이야기하면 처음 도입 당시에 노후연금을 가지고서 노후의 보장을 위한 생각보다는 그 돈을 어떻게 거둬서 정부가 쓸 것이냐하는 것부터 생각을 해서 연금이 들어오면 무조건 50%는 정부가 특별회계에서 갖다 쓰는 형태였습니다.…… 그런데서 여러 가지 모순이 곁들여 있기 때문에 이것이 간단한 논리로만 해결이 될 수 없습니다.”

국민연금 기금 운용을 놓고 복지부와 경제부처 간에 벌어지는 세력 다툼에 관해서는 1973년의 「국민복지연금법」과 1994년의 「공공자금관리기금법」 제정에 관한 설명에서 이미 수차례 나왔다. 그러나 그와 같은 알력 관계의 핵심에서 중심 역할을 한 바 있는 전직 장관의 솔직한 고백이 공개된 것은 처음 있는 일이었다. 여기서 주목할 부분은 2004년 7월 7일의 회의를 통해 확인된 ‘경제 역설’ 에 대해 앞으로 김 장관이 어떻게 대처하느냐에 관한 것이었다. 이 부분에 대해서는 다음 장에서 후술하도록 한다.

정부안, 여당안, 야당안의 삼파전

여당인 우리당이 독자적으로 추진했던 「국민연금법」 개정법률안의 골격이 처음으로 모습을 드러낸 때는 2004년 8월 12일이었다(한겨레신문, 2004. 8. 14.). 골자는 소득대체율을 현행 60%에서 55%로 내리고 대신 보험료율 인상은 2008년 재정 추계 시로 넘긴다는 것이었다. 그렇게 하면 기금의 고갈 시점을 5년 정도 지연시킬 수 있을 것으로 알려졌다.

이러한 우리당의 수정안을 순전히 재정 안정화 측면에서만 분석하면 정부안으로부터 큰 후퇴를 한 것이다. 왜냐하면 정부안대로라면 향후 70년 동안에는 기금이 고갈되지 않을 것으로 추산되었지만, 여당안을 따르면 기금의 고갈 시점을 고작 5년 정도 연장하는 효과밖에 없는 것이었기 때문이다.

개정법률안의 골자에 대한 논의는 당 내부 통신망을 이용한 ‘사이버 의원총회’ 에 ‘국민연금법 개정 추진방안’ 을 의제로 올리는 방식을 통해 진행되었다. 그 안을 만든 핵심 인물은 유시민 의원이었다. 당시 우리당의 시간 계획에 의하면, 의총과 당정협의회를 거쳐 9월 정기국회에서 법안을 처리한다는 것이었다.

우리당 안의 핵심 내용이 알려지자, 언론의 반응들이 나오기 시작했는데, 찬성 쪽의 의견은 보이지 않았다. 한국일보는 "연금재정의 건전화라는 정부의 정책목표와는 배치되는 것"(한국일보, 2004. 8. 14.)이라고 평가절하의 논평을 실었다.

우리당이 정부안과는 별도로 독자적인 안을 시도하는 모습을 두고 당정 간의 협력체계가 약화되었다는 등 부정적 해석을 가할 수 있다. 그러나 의회민주주의의 발전이란 측면에서 보면 긍정적 해석도 가능하다. 즉, 지금까지 정부 중심의 국민연금법 운영 방식이 야당의 적극적 참여에 힘입어 정부 + 여당 대 야당의 양상을 보이다가 급기야 여당까지 정부 입장으로부터 분리됨으로써 이제 국회가 국민연금 논의 구도에서 큰 몫을 차지하게 되었다는 것이다.

우리당의 '국민연금법 개정 추진방안' 을 놓고 당정 간에 논의가 진행되고 있던 중에 야당이었던 한나라당은 2004년 9월 6일에 개최된 국민연금 공청회를 통해 자신들의 개편안을 제시하고 나섰다(한겨레신문, 2004. 9. 7.). 한나라당 안의 핵심은 현행 국민연금을 이원화시키고 균등 부분은 기초연금화함으로써 사각지대를 없애고 소득비례 국민연금은 선택적으로 가입하도록 하는 것이었다. 이는 한나라당이 2002년 대선에서 공약으로 채택한 정책의 연장선상에 있는 것이었는데, 기초연금의 재정조달 방법에 대해서는 여전히 명확한 답을 내놓지 못하고 있었다.

유시민 의원이 대표 발의자로 되어 있던 여당안은 2004년 10월 16일에 국회에 제출되었다. 우리당은 11월 중에 공청회를 통해 자신들의 안을 검토한 후 야당과의 협의를 거쳐 2004년 정기국회에서 통과시킨다는 방침을 세운 것으로 알려졌다.

그러나 여당안에 대한 언론의 반응은 호의적이지 못했기 때문에 여당의 계획이 성사될지는 불투명하였다. 한겨레신문은 사설을 통해 우리당의 안을 "더 내고 덜 받는 쪽으로 바꾸려는 정부 개정안을 적당히 얼버무린 것으로서 올바른 방향이 아니다."(한겨레신문, 2004. 10. 18.)라고 비판하였다. 서울신문 사설은 "정부안이 국민적인 저항에 직면한 상황에서 우선 수급액만 줄이고 더 내는 부담은 2008년 다음 정부로 떠넘기자는 속셈이다."(서울신문, 2004. 10. 18.)라고 논평하였다. 경향신문 사설은 "당장 눈앞의 반발이 심하다고 해서 집권당으로서의 책임을 슬며시 회피하려는 것은 아닌지 묻고자 한다."(경향신문, 2004. 10. 18.)라고 몰아세웠다.

이상의 사설들을 보면 어느 사이에 언론들의 태도가 정부 쪽 안을 지지하는 방향으로 바뀌었음을 느낄 수 있다. 정부안이 처음 나온 2003년도에는 '더 내고 덜 받는' 쪽의 연금개혁을 혹평하였던 언론들이 이제는 정부안을 올바른 방향이라고 지적하는 것이다. 이와 같은 언론의 태도 변화는 또 다른 형태의 '언론 역설'이라 볼 수 있다. 언론의 입장에서 볼 때 정부안을 비판하는 것이 유리하면 정부에 반기를 들다가도 상황이 바뀌어서 여당안을 비판하는 것이 유리하다고 판단되면 재빨리 정부를 옹호하고 나서는 것이다.

여하간 우리당의 안이 국회에 제출되자, 국회 보건복지위원회의 업무는 더욱 복잡해졌다. 정부안에다 여당안이 하나 더 늘어났기 때문이다. 한편, 야당인 한나라당은 정부안과 여당안 모두를 반대하면서도 자신들의 대안을 좀처럼 제출하지 못하고 있었다. 표면상의 이유는 신중에 신중을 기한다는 것이었지만 속사정은 기초연금의 재원조달 방식에 대한 고민이었다. 거기에다 국민연금의 이원화로 인해 국민연금의 소득대체율이 급격하게 감소되는 것이 알려질 경우 나타날 국민저항에 대한 두려움까지 있었던 것으로 추정된다.

기초연금의 재원을 조달하는 방법에는 두 가지밖에 없었다. 하나는 보험료를 걷어서 충당하는 것이고 다른 하나는 조세를 통해 마련하는 것이다. 그런데 보험료 방식에 대해서는 보험가입자들의 반발이 일어날 것이 명약관화하였다. 왜냐하면 보험료 방식의 기초연금은 현행 국민연금의 재원조달 방식과 대동소이하기 때문에 국민연금의 약점인 자영업자들의 낮은 소득파악률과 낮은 징수율의 문제를 극복하기 어려웠기 때문이다. 다시 말하자면, 보험료 방식의 기초연금은 재원조달의 측면에서 어려움이 예상되고 있었다.

더욱이 자신이 낸 보험료로 조성된 기금의 일부를 보험료도 내지 않은 사람들의 기초연금 재원으로 사용하도록 허락하는 가입자들은 많지 않을 것으로 판단되었다. 또한 소득에 비례해서 보험료를 내는 경우라면 고소득자는 저소득자에 비해 더 많은 액수의 보험료를 내게 되는데, 받는 기초연금의 액수가 누구에게나 동일하다면 형평성 문제가 발생할 것이 예상되기도 하였다. 설상가상으로 기초연금이 도입되면서 기존 국민연금의 급여가 줄어든다면 이를 흔쾌히 받아들일 국민은 많지 않을 것으로 예견되었다.

이와 같은 형평성 논리와 연금삭감 반대 논리는 국민연금제도의 시행과정에서 나타나는 '보험 역설' 에 해당된다. 즉, 보험가입자는 일단 적게 내고 많이 받으려고 노력하는 데 반해 재정 안정의 측면에서는 많이 내고 적게 받는 것이 유리하기 때문에 두 입장 사이에 갈등과 알력이 발생하는 것이다. 당시 여당인 우리당은 바로 그 '보험 역설' 로 인해 만들어진 보험료율 '마의 10% 벽' 징크스 때문에 고심하고 있었다. 그와 같은 작금의 상황을 옆에서 보고 있던 한나라당이 '보험 역설' 에 정면으로 도전하기는 힘들었을 것으로 해석된다.

보험방식에 대한 국민의 반대가 거세다면 남은 선택은 세금을 걷어서 기초연금을 지급하는 방법밖에 없었다. 그런데 이 조세방식을 한나라당이 쉽사리 선택할 수가 없었다는 것이 고민의 핵심이었다. 사실 조세방식의 기초연금은 한나라당뿐만이 아니라 어느 정당에게도 '뜨거운 감자' 였다. 즉, 자기의 것으로 만들고 싶은 마음은 강렬하지만 쉽사리 입에 넣었다가는 입천장에 화상을 입게 될 것이기 때문이었다. 특히 감세를 당론으로 표방하던 한나라당이 증세로 이어질 수밖에 없는 조세방식의 기초연금제를 채택하는 것은 정책의 모순을 드러내는 것이기도 하였다.

그럼에도 불구하고 한나라당은 더 이상 시간을 끌 수도 없었다. 왜냐하면 2003년 이후 거의 2년간이나 대안 없이 정부안을 반대하면서 보건복지위원회의 심의 과정을 사실상 마비시키고 있었기 때문이다. 그러던 중 고대하던 한나라당의 기초연금안이 드디어 제 모습을 드러냈다. 시간에 쫓기기도 했겠지만 한편으로는 자기들이 강조해 왔던 기초연금에 대한 국민의 호의적 반응 그리고 2004년 5월의 연금대란을 경험하면서 이제는 대안을 내놓을 적기가 왔다고 판단했던 것 같다.

윤건영 의원이 대표 발의자로 된 한나라당의 안은 2004년 12월 3일 국회에 제출되었다. 그 법안의 골자는 현행 국민연금의 균등 부분을 분리시켜 기초연금화하고, 기초연금은 65세 이상의 모든 노인들에게 국민연금 가입자 평균소득월액의 20% 수준을 지급하며, 소득비례연금은 소득대체율 20%로 인하하는 대신 보험료 역시 현행 9%에서 7%로 낮춘다는 것이었다. 그 법안의 기조는 2002년 대선에서 한나라당이 정했던 공약의 핵심 내용과 맥을 같이하고 있었다.

문제는 기초연금의 재원조달 방식이었는데, 국가가 전액 부담한다는 원칙만 제시되었을 뿐 그 이상의 구체적 방법은 오리무중이었다. 당시에 들리는 소문으로는 현행 10%의 부가가치세 세율을 2% 인상함으로써 재원을 충당하겠다는 복안을 갖고 있다는 정도였다. 당시로서는 기초연금에 소요될 예산이 대략 8~9조 원으로 추산되었는데, 그것을 조세로 조달하겠다는 뜻으로 해석되었다.

과거 1년여 동안 한나라당은 정부와 여당의 연금개혁 구상에 정면으로 맞서기 위해 기초연금 아이디어를 주 무기로 삼았다. 그 결과 국민이나 언론은 기초연금, 즉 사각지대 해소에 혼이 팔린 나머지 한나라당이 꿈꾸고 있던 재정 안정화 정책이 얼마나 급진적이고 가혹한 개혁안이었는가에 대해서는 알지 못하고 있었다.

한나라당의 국민연금 개혁안대로 따라가면 모든 노인은 소득대체율 20%에 해당하는 기초연금을 일단 받게 된다. 거기에다 추가로 20%를 더 받으려면 7%의 보험료를 내야 한다. 결국 둘을 합하면 7%의 보험료율에 40%의 소득대체율이 되는 셈이다. 그런데 만약 기초연금의 재원이 조세라면 실제로 국민연금은 7%의 보험료율에 20%의 소득대체율이 된다.

바로 이 7%의 보험료율에 20%의 소득대체율은 기존에 제시되었던 어떤 종류의 연금개혁안보다 급진적이고 가혹한 것이었다. 그러나 다수의 사람들은 바로 그와 같은 부분에 대해 이해하지 못하고 있었다. 여하간 한나라당의 법률개정안이 제출됨으로써 2004년 6월 2일에 제출되었던 정부의 「국민연금법」 개정법률안 그리고 2004년 10월 16일의 여당안과 함께 세 개의 개정안이 치열한 각축전을 벌이게 되었다.

22

실세 장관도 해결 못 한 연금개혁

본격화된 국회논의

한나라당의 안이 국회에 제출된 시점이 2004년 12월 3일이었는데, 정기국회가 끝나갈 무렵이어서 회기 내에 어떤 합의안을 도출하기에는 너무 늦었다. 왜냐하면 국회에서 법률이 개정되기 위해서는 여러 단계를 거쳐야 하는데, 거기에는 상당한 시간이 소요되기 때문이다.

그 과정을 보면, 여러 개의 정부안과 여당안 그리고 야당안들이 국회에 제출되는 것으로부터 시작한다. 국회에 제출된 법안들은 일단 상임위원회로 회부된다. 다음으로, 상임위원회는 자기 소속 법안심사소위원회(법안소위)에 법안들을 넘겨서 검토를 의뢰한다. 법안소위의 검토가 완료되면 상임위원회에서 유사한 법안들에 대한 단일안 작성 작업을 하게 된다.

단일안 합의가 성사되면 그 법안은 법제사법위원회(법사위)로 넘겨져서 역시 법안심사소위원회와 전체 상임위원회를 거치게 된다. 법사위 심사가 완료된 법안은 최종적으로 국회본회의로 옮겨져서 비교적 쉽게 국회를 통과하는 행운을 얻게 된다. 그러나 반대로 단일안 작성에 실패하면 전망은 불투명하게 된다. 만의 하나 어느 당이 국회활동을 보이콧하거나 사보타지하는 비정상적 상황이 벌어지면 국회 통과는 힘들어진다.

따라서 「국민연금법」 개정법률안의 국회 통과와 관련해서 정부가 기대했던 시점인 2004년 정기국회는 시간 부족 때문에 사실상 불가능하였다. 그렇지만 통과 지연의 진짜 이유는 여야 간에 단일안 도출이 거의 불가능하다는 사실이었다.

그 이유는 복잡하지 않았다. 양자 간 견해 차이가 너무 컸기 때문이다. 즉, 정부 및 여당안은 재정 안정화를 위해 '더 내고 덜 받는' 방향으로 관련 수치를 변경하는 소위 모수적 개혁안이었다. 그러나 야당안은 사각지대 해소를 염두에 둔 연금제도의 근본 구조를 변경하는 소위 구조적 개혁안이었다.

모수적 개혁과 구조적 개혁은 연금개혁의 접근방법에 있어 극과 극이라고 할 수 있을 정도로 타협안을 끌어내기가 쉽지 않다. 왜냐하면 모수적 개혁은 현행의 기여 방식을 유지한 채 보험료율이나 급여율 등의 관련 계수를 변화시키는 것이다. 그러나 기초연금의 도입과 같은 구조적 개혁은 기여방식을 무기여 방식으로 전환하는 등 다른 형태의 연금으로 변화시키는 것이다. 결과적으로 말하자면, 여야가 어렵사리 한자리에 앉아 본격적으로 연금개혁을 논의하기 시작하였지만 그것은 사실상 동상이몽이나 마찬가지였다.

정부가 기대했던 2004년 시한을 넘긴 「국민연금법」 개정법률안의 통과는 이제 2005년을 기약할 수밖에 없었다. 그와 같이 국회 논의가 지지부진하던 상황 속에서 예기치 않던 사건이 발생하였다. 2004년 11월 19일에 터져 나온 김근태 장관의 '국민연금 뉴딜 투자 반대' 파문이 바로 그것이다. 그 사건은 당시 복지부의 최대 현안이었던 정부 제출의 국민연금 개혁법안 통과에는 별 도움이 안 되었던 것으로 분석되는데, 좀 더 구체적으로 살펴보면 다음과 같다.

김근태 복지부 장관은 2004년 11월 19일 복지부 홈페이지에 연기금 운용 문제를 비판하는 글을 올렸다. 그 핵심 내용은 정부가 당시 야심차게 추진하고 있던 '경제 활성화를 위한 종합투자계획(한국형 뉴딜정책)' 에 있어 경제부처가 월권행위를 하였다는 것이다.

문제의 발단은 국가기반 시설과 교육복지시설 건설 및 적대적 기업 인수합병을 막는 데에 소요될 막대한 자금의 일부를 국민연금 기금에서 차용하겠다는 이헌재 재경부 장관의 발언이었다. 김 장관의 입장에서 보면, 국민연금 기금의 운용 방향을 경제부처가 주도하는 것은 1998년 「국민연금법」 개정 이전의 과거 관행이었지만 당시의 「국민연금법」에는 위배되는 것이었다.

당시 「국민연금법」 제83조는 국민연금의 기금을 보건복지부 장관이 관리 · 운용하도록 규정하고 있었으며 그 구체적인 방법으로서 국민연금 기금운용위원회(운용위원회)의 의결에 따르도록 명령하고 있었다. 한편, 운용위원회의 구성을 보면, 복지부 장관이 위원장직을 맡고 정부 측 당연직 위원으로 재경부 차관을 포함한 4명의 차관이 지정되어 있었다. 따라서 재경부 장관은 국민연금 기금의 운용과 관련된 의결 과정에서는 제외되어 있었다.

그럼에도 불구하고 한국형 뉴딜 정책에서는 재경부 장관이 총괄 지휘자 역할을 맡고 있었기 때문에 그의 입장에서 보면 재원조달에 관한 언급을 하지 않을 수도 없는 상황이었다. 사실 국민연금 기금의 관리권을 두고 복지부와 경제부처 간의 갈등은 수십 년간 잠복된 상태에서 계기만 있으면 언제라도 불거져 나올 휴화산 같았다. 그런 가운데 경제부처의 월권행위는 사라지지 않고 있었던 것이다. 그와 같은 상황은 앞 장에서 살펴본 2004년 7월 7일의 김근태 장관과 국회 보건복지위원회 위원들 간의 첫 회동 시 김종인 의원이 지적했던 것과 동일하였다.

그런 관행에 대해 김 장관이 정면으로 도전한 것이다. 김 장관은 그 글을 통해 "경제부처가 용처에 대해서 앞서서 주장하면 내가 낸 돈을 정부 마음대로 하는 것 아니냐 하는 의구심과 불신이 증폭돼 국민연금 자체에 대한 부정으로 비화될 수 있다."고 말하였다(세계일보, 2004. 11. 20.). 그리고 기자에게 "정부 내에서 이 문제에 대해 말을 많이 했다. 그런데 부처 간 경쟁이 생각보다 심하더라. 이야기가 잘 안 됐다."라고 말하기도 하였다(동아일보, 2004. 11. 20.).

국민연금 역설 중의 하나인 '경제 역설', 즉 경제부처가 국익을 위해 국민연금 기금을 사용하려고 노력하였지만 국민연금에 대한 불신을 키우는 등 국민연금 발전에는 오히려 악영향을 초래하는 결과가 나타나는 현상을 재확인할 수 있는 부분이다. 김 장관이 일으킨 파문에 노 대통령이 실망했다는 반응이 나오면서 한때는 정치적 파워 게임의 양상까지 보이는 듯했지만 결국 김 장관의 사과로 끝이 났다.

재경부 장관에 대한 복지부 장관의 과감한 도전은 국민연금 기금의 운용과 관련된 향후 경제부처의 태도변화에는 긍정적인 영향을 미친 것으로 평가될 수 있다. 그러나 당시의 복지부 최대 현안이었던 「국민연금법」 개정법률안의 처리에는 악영향을 끼쳤다. 왜냐하면 당시 국회에 제출된 정부의 「국민연금법」 개정법률안의 주요 내용에는 기금의 운용에 관한 것들이 포함되어 있었기 때문이다. 중요한 법안을 통과시켜야 하는 시점에서 정부 내 부처 간에 충돌이 발생하였다면 국회에 대한 정부의 힘이 약해질 것은 불 보듯 뻔한 일이었다.

국회로 넘어간 연금개혁의 공

정부가 제출한 「국민연금법」 개정법률안의 국회 처리가 2005년으로 넘어오면서 제일 먼저 기대되었던 국회는 2005년 2월의 임시국회였다. 그러나 보건복지위원회의 활동이 지지부진하기는 해가 바뀌어도 마찬가지였다. 여야가 양보할 생각이 없었기 때문에 정부안, 여당안 그리고 야당안 사이의 이견만 확인되었을 뿐 이를 좁히기 위한 더 이상의 노력은 진전을 보지 못하고 있었다. 사정은 4월 임시국회에서도 여전하였다. 당시 실세 장관이라고 일컬어지던 김근태 장관의 최우선 과제로 지목받던 연금개혁이 취임 10개월이 지났음에도 돌파구를 찾지 못하고 있었다.

차일피일 시간이 흘러가는 가운데 정부 주도의 '더 내고 덜 받는' 방향으로의 연금개혁 가능성은 점점 희박해지고 있었다. 정부 입장에서는 국회 상임위원회를 통한 통상적인 법안 처리가 성사되기 어렵다는 최종 판단을 내리지 않을 수 없는 시점이 다가오고 있었다. 왜냐하면 제17대 국회에서 정부의 연금개혁안이 최초로 국회에 제출된 때는 2004년 6월 2일이었다. 이후 한 번의 정기국회와 두 번의 임시국회 회기가 종료되었지만 법안 통과는 사실상 어렵게 되었던 것이다. 기존의 전략으로는 진전을 보기 어렵다는 판단이 나올 수밖에 없었다.

정부가 「국민연금법」 개정법률안의 국회 통과를 위한 새로운 전략을 구상하고 있다는 신호가 처음 감지된 것은 2005년 4월 14일이었다. 그날 국회 본회의에서 사회 · 문화 분야 대정부 질의가 있었는데, 국민연금 개선방안에 대한 답변에서 이해찬 국무총리는 "가능한 한 이번 국회에서 연금개선을 위한 특별위원회(특위)를 만들어 새로운 틀을 만들어야 한다."라고 답변하였다(내일신문, 2005. 4. 15.).

새로운 전략의 핵심은 국회의장이 직접 관리하는 특별위원회(특위)를 구성하여 여야가 합의에 도달하게 한다는 것이었다. 이는 그때까지 정부가 2년 가까이 끈질기게 추구해 왔던 국회 상임위 중심의 전략을 사실상 포기한다는 것이다. 다시 말하자면, 정부가 통상적 통로를 거쳐 정부의 개혁안을 통과시키려고 노력했지만 정부의 노력이 한계에 봉착했다는 것이다. 따라서 정부가 선도하는 과거의 방식을 탈피하는 대신 국회가 직접 챙기는 방식으로 전환한다는 것이다. 이를 다른 각도에서 해석하면 지금까지 정부가 할 만큼 했으니 이제부터는 국회가 해 보라는 책임 추궁의 뜻도 된다.

국민연금법 개정을 위한 국회 특위에 대한 정부 차원의 구상이 확인된 것은 이해찬 총리의 국회 발언 이틀 후였다. 2005년 4월 16일 밤에 방영되었던 한국방송(KBS) 심야토론에 김근태 장관이 출연하였는데, 그 자리에서 김 장관은 "기초연금제를 포함한 개혁방안이 국회에서 제대로 토론된 적이 거의 없다."라고 전제하고 "이번 임시국회에 특별위원회를 설치해 개혁방안을 공개 토론하자."고 제안하였던 것이다(동아일보, 2005. 4. 18.).

복지부가 연금개혁의 전략을 수정하게 됨에 따라 한나라당이 줄기차게 요구하던 기초연금제에 대한 정부 입장도 '전면 반대'에서 '검토 가능'의 수준으로 다소 완화되는 기색이 나타났다. 김 장관은 2005년 4월 28일 한국언론재단 주최로 열린 '고령사회 대응과 현안과제'에 관한 포럼에서 "한나라당의 문제인식도 일리가 있으며 중요한 것은 국민연금 개혁에 대한 국민적 공감대를 확보하는 것"이라고 강조하였다. 그는 이어서 "국민연금 개혁을 위해 여 · 야당과 정부가 참여하는 국민연금대책 특위를 구성하자."고 재차 제의하였다(동아일보, 2005. 4. 29.).

야당과의 합의 없이는 「국민연금법」 개정이 불가능하다는 판단을 내린 정부와 여당의 입장에 대한 한나라당의 반응이 나올 때까지 소요된 기간은 4월 임시국회의 종료를 포함해서 두 달이 걸렸다. 그리하여 2005년 6월 10일을 기해 우리당과 한나라당은 정책협의회를 연 뒤 국회의장 직속기구인 특위(국민연금특별위원회) 설치에 합의를 보았다. 이로써 「국민연금법」 개정에 대한 희망이 되살아나게 되었다. 그러나 특위 가동 시한을 연말까지로 정하였기 때문에 법 개정은 연말 이후로 넘어가게 될지도 모른다는 우려가 제기되었다.

여기서 한 가지 짚고 넘어가야 할 사항이 있다. 그것은 국회가 주동이 되어 연금개혁을 추진한다는 새로운 전략에 관한 부분이다. 앞에서 수차 설명한 것처럼, 우리나라는 물론 외국의 경우에도 연금개혁은 흔히 정부와 여당이 주관해서 진행하게 된다. 이 경우 비교적 신속하게 개혁을 진행할 수 있다는 이점이 있지만 야당의 협력이 배제될 수 있기 때문에 정권이 바뀌면 관련법도 따라서 바뀌는 단점을 갖고 있다. 그래서 그 대안으로 아예 국회가 주관하는 방법이 있다.

국회가 연금개혁을 주관하는 경우는 합의안을 도출하기까지 많은 시간이 소요된다는 단점이 있지만 일단 합의에 이르면 이후 과정은 일사천리로 진행될 뿐 아니라 정책의 지속 가능성이 높다는 장점을 지닌다. 특히 선거에서 표를 얻기가 힘든 연금개혁 이슈에 대해서는 모든 정당들이 가급적 회피하려는 경향을 보인다. 이런 상황하에서는 모든 정당의 공동책임으로 개혁을 추진하는 아이디어가 각 정당의 정치적 부담을 줄일 수 있기 때문에 좋은 전략이 될 수 있는 것이다.

그와 같은 전략의 성공사례를 기록한 대표적인 나라가 스웨덴이란 사실은 그 당시에도 이미 알려져 있었다. 스웨덴의 국민연금이 재정 불안정을 노출하기 시작한 시기는 1970년대 이후다. 그리하여 1980년대 중반부터 스웨덴 정부는 연금제도를 재검토하기 시작하였고 1990년에 제1차 개혁안을 만들었다. 그러나 정부의 개혁안은 여론의 지지를 받지 못하였다. 그 결과 7개 정당이 참가하는 연금개혁 실무작업반을 구성하게 되었다. 그 작업반이 만든 개혁안은 1994년에 의회에 제출되었고 이어서 그 안에 동의하는 5개 정당이 참여한 또 다른 실무작업반이 최종 개혁안을 도출함으로써 스웨덴의 연금개혁안은 작업 시작 8년여 만인 1998년 6월 8일에 의회를 통과하는 데 성공하였다.

국회 특별위원회마저 공전

스웨덴의 성공사례가 우리나라에서도 실현될 수 있을지가 관심의 초점이 되고 있었지만 성공 여부는 불투명하였다. 국민연금특별위원회(특위)를 구성하기로 합의한 여야가 그다음 절차인 특위 위원장 자리를 놓고 경합을 벌이는 바람에 더 이상의 진전을 보지 못하는 판국이 되고 말았기 때문이다.

김근태 장관은 2005년 9월 28일 한겨레신문과의 인터뷰에서 다음과 같은 푸념을 토로하였다. "여야가 국회 국민연금개혁특위 위원장 자리를 어느 당에서 맡느냐를 놓고 교착상태에 빠져 있다."라고 하면서 연말까지의 국회 통과를 약속한다면 위원장을 한나라당에서 맡는 방안도 고려할 수 있음을 내비쳤다. 더욱이 그는 "한나라당이 제안한 기초연금제도에 대해 8~9조 원에 이르는 재원을 확보할 수 있다면 개인적으로 찬성한다."라는 발언을 통해 한나라당의 특위 참여를 독려하였다(한겨레신문, 2005. 9. 30.).

국회 특위의 공전사태가 계속되고 있었지만 상황이 호전될 기미는 보이지 않고 있었다. 그런 가운데 노무현 대통령은 2005년 10월 12일의 국회 시정연설을 통해 연금개혁의 절박성을 재차 강조하고 나섰다(경향신문, 2005. 10. 14.). 그러던 중 국회 특위가 가까스로 위원장(우리당의 이석현 의원) 선출에 합의하였다. 그리고 제1차 회의를 2005년 11월 16일에 소집하여 특위의 활동시한을 2006년 2월 말까지 2개월 더 연장하였다. 이어서 위원장을 포함한 두 당 소속의원 7명으로 구성된 운영위원회를 구성한 뒤 재정건전화 소위원회와 기금운영관리체제 소위원회를 구성하기로 합의한 것까지가 전부다. 다시 말하자면, 더 이상 진전을 보지 못하였다.

정부가 제출한 「국민연금법」 개정법률안의 국회 심의가 제17대 국회의 첫 정기국회에서도 처리되지 못하는 최악의 사태에 대한 우려가 고조되고 있던 시점에서 또 하나의 악재가 터졌다. 유시민 의원이 「효도연금법」안을 의원입법 형태로 2005년 11월 29일을 기해 국회에 제출함으로써 정부안의 국회 통과를 한층 더 어렵게 만들고 말았다.

「효도연금법」안 제출이 하나의 사건이 된 이유는 간단하다. 그때까지 정부와 여당의 국민연금 개혁안은 현행 기여방식 또는 보험방식을 유지하는 가운데 모수적 개혁을 통해 재정 안정화를 먼저 달성하겠다는 방향을 견지하고 있었다. 그런데 느닷없이 유시민 의원이 그러한 정부와 여당의 기존 입장에 배치되는, 즉 오히려 한나라당의 입장에 동조하는 법안을 제출한 것이다.

「효도연금법」안의 제안 이유서를 보면, 유 의원의 최대 관심사는 재정 안정화가 아니라 사각지대 해소라는 사실이 확연히 드러난다. 그가 보기에 사각지대 문제가 심각한데도 현행 경로연금[1]은 대상자가 제한된다는 문제점이 있었고 한나라당이 제안하는 기초연금은 구체적인 재원방안을 제시하지 않는 문제점이 있다고 평가하였다.

자신의 대안인 「효도연금법」안은 대상자를 65세 이상 전체 노인들 중 소득수준이 낮은 노인들부터 정함으로써 결과적으로 전체 노인의 50~60%로 대폭 확대하고 연금액도 월 10만 원 수준으로 인상하자는 것이었다. 이 법안의 내용을 보면, 2004년 6월 7일에 열렸던 우리당의 토론회에서 유시민 의원이 발언했던 내용을 떠올리게 된다.

그날 유 의원은 사견임을 전제로 무기여 정액연금제가 바람직하다고 밝힌 바 있다. 그러면서 당시 한나라당의 기초연금제 시행을 위해서는 14조 원이 필요하다고 알려져 있지만 자신의 생각으로는 8조 원으로도 가능하다고 발언함으로써 무기여 연금을 구상하고 있음을 암시하였다. 그렇게 본다면, 2005년 11월 29일의 「효도연금법」안은 2004년 6월 이후 유 의원이 마음속에 품고 있었던 무기여 연금의 희망을 입법안으로 구체화한 것이라고 해석할 수 있다.

유 의원의 「효도연금법」안 제출로 인해 「국민연금법」 개정 작업의 양상은 정부안, 여당안 그리고 야당안 등이 혼전을 벌이는 국면으로 돌입하였다. 그럼으로써 2005년 정기국회에서의 법 개정 희망마저 사라지게 되었던 것이다. 「효도연금법」안 제출 이전에도 정부안과 한나라당의 안이 첨예하게 대립되는 가운데 재정 안정화 문제는 정책의 주요 이슈에서 밀려나고 있었는데, 이제 「효도연금법」안까지 그러한 혼전에 가담하게 되면 '정치 역설' 이 야기하는 폐해는 더 커질 수밖에 없었기 때문이다.

2005년 연말이 가까워오는데도 「국민연금법」 개정법률안이 통과될 가능성 희박해 보이던 시점에서 서울신문은 다음과 같은 의미심장한 사설을

---

1) 65세 이상의 생활보장 대상의 노인들에게 소득수준에 따라 매월 4~6만 원을 지급하였다.

실었다. “김근태 복지부 장관은 한때 국민연금 개혁에 팔을 걷어붙이는 듯하더니 이젠 포기하고 보따리를 쌀 태세다.”(서울신문, 2005. 12. 28.) 한마디로 김 장관의 우리당 복귀가 임박했음을 암시하는 사설이었다.

1년 반 전인 2004년 6월 30일에 김 장관이 복지부 장관으로 임명될 때만 하더라도 연금개혁은 장관이 해결하고자 마음먹었던 복지부 현안 제1순위를 차지하고 있었다. 그래서 그는 백방으로 노력하였다. 그리고 그의 노력은 큰 소득 없이 2005년 상반기까지 계속되었다. 그러나 국회의장 직속기구인 국민연금특별위원회가 2005년 6월 10일에 설치되면서 김 장관의 연금개혁 노력은 사실상 패전 장수가 명예로운 퇴각을 하기 위한 마무리 수순을 밟기 시작한 것이나 다름없었다.

김근태 장관과 그의 전임자이었던 김화중 장관의 연금개혁 노력을 수포로 만든 장본인은 한나라당이었다. 한나라당은 처음부터 국민연금의 재정 안정화 문제보다 사각지대 해소를 더 강조하였다. 그러나 정부와 여당의 입장에서 재정 안정화도 성취하고 사각지대도 해소할 수 있는 비법을 제시하지 못하였다. 그 결과 연금개혁의 논의는 한나라당의 기초연금 주장에 끌려다니는 꼴이 되고 말았다. 왜냐하면 한나라당의 트레이드 마크가 된 기초연금에 대한 국민의 기대와 호응이 높았기 때문이다.

정부가 국회에 제출한 ‘더 내고 덜 받는’ 방향의 연금개혁안이 2004년 6월부터 2005년 12월까지 2년 반 동안 국회에서 공전되고 있는 동안 국민연금의 재정상태는 더욱 악화되고 있었다. 다시 말하자면, 국민연금의 사정은 더욱 나빠지고 있었는데도 정당과 국회의원들은 제각기 나름대로의 그럴듯한 논리와 이유를 내세우면서 국익을 위해 애쓰고 있다는 식으로 항변하고 있었다. 이와 같은 2004년 6월부터 2005년 12월까지 2년 반 동안의 국민연금 역사는 ‘정치 역설’ 의 극치를 보여 줬다고 말할 수 있다.

동일한 기간 동안 ‘정치 역설’ 이 기승을 부린 측면만 보면 국민연금 역사의 후퇴임에 틀림없다. 그러나 다른 측면으로 눈을 돌리면 발전적 모습이 발견되기도 한다. 그것은 다름 아니라 국민연금 역설의 또 다른 종류인 '언론 역설' 이 야기하는 폐해가 감소하였다는 점이다.

앞에서 설명했듯이, 2002년과 2003년에 걸쳐 언론사가 보여 줬던 '더 내고 덜 받는' 방식의 연금개혁에 대한 태도는 부정적이었다. 그러나 놀랍게도 정부의 「국민연금법」 개정법률안이 국회에서 공전되고 있던 2005년 중반기에 이르면 언론의 태도가 정부안에 대한 긍정적인 방향으로 변화하였음을 느낄 수 있다.

그와 같은 변화를 직감할 수 있는 몇 가지 사례를 소개해 본다. 2005년 4월 15일자 국민일보 사설에는 "한나라당은 국민연금의 사각지대 해소가 더 시급하다면서 기초연금제 도입을 강조하고 있다. 야당은 왜 이 시점에 현안인 연금 부담-급여체계 개혁과 직접 관계가 없는 별개의 안을 들고 나와 주제를 흐트러뜨리는지 참 이해하기 힘들다."라는 주장이 나온다. 이 사설을 2년 전인 2003년 4월 1일자 같은 신문 사설 제목인 '원금도 못 건지는 국민연금' 과 비교하면 격세지감을 느낄 수 있다. 후자의 사설은 2003년도에 있었던 제1차 재정계산을 근거로 한 국민연금발전위원회의 재정 안정화 방안이 공표되었을 때 나왔던 것이다.

이어서 한겨레신문은 2005년 8월 27일자 사설의 제목을 '국민연금 개혁, 올해는 마무리해야' 라고 뽑았으며 경향신문의 2005년 10월 14일자 사설은 "더 내고 덜 받는 인기 없는 일에 서로 나서지 않으려는 책임회피로 시간만 흘려보내고 있다."라고 비판하였다.

한국일보는 2005년 12월 1일자 사설에서 "지난 3년 동안 표류한 것도 모자라 또다시 당리당략 싸움이라니 정말 해도 해도 너무한다."라고 개탄하였다. 서울신문은 2005년 12월 28일자 사설을 통해 "국민연금 사각지대 해소 노력 못지않게 시급한 것이 재정 안정화 대책이라는 게 우리의 판단이다."라고 논평하였는데, 이 논조는 2년 9개월 전인 2003년 3월 31일 같은 신문 기사 제목이었던 '국민연금 노후보장 기능 상실' 과는 대조적이었다.

이와 같이 정부의 연금개혁안이 극심한 '정치 역설' 의 피해를 입고 있는 가운데 노무현 정부의 제2대 복지부 장관마저 연금개혁의 꿈을 이루지 못한 채 임기를 끝내야만 하는 슬픈 운명이 다가오고 있었다. 2006년 연초 개각의 시점이 얼마 남지 않았기 때문이었다. 김근태 장관은 2005년 12월 30일에 노 대통령을 만난 자리에서 퇴임이 임박했음을 확인했던 것으로 알려졌다(경향신문, 2006. 1. 4.).

23

한발 물러선 정부

연금개혁에 초조한 대통령

노무현 대통령은 2006년 1월 2일을 기해 개각을 단행하였는데, 신임 복지부 장관에는 유시민 의원을 내정하였다. 노 대통령이 유 의원을 복지부 장관으로 내정한 이유 중의 하나는 국민연금제도 개혁 때문이라고 알려졌다(경향신문, 2006. 1. 7.). 대통령은 유 의원이 국민연금 개혁을 완수할 수 있는 적임자로 보았다는 것이다.

당시 노 대통령은 국민연금 개혁에 대해 지대한 관심을 가지고 있었던 것으로 여러 차례 확인되었다. 일례로, 그는 2006년 1월 18일 대국민 신년 연설을 통해 우리 사회가 가장 시급히 해결해야 할 문제로 국민연금 개혁을 손꼽을 정도였다(내일신문, 2006. 1. 20.).

바로 그런 상황에서 대통령의 최 측근으로 알려진 유 의원이 그 과업을 수행하는 최고 책임자로 내정된 것이다. 그러나 유 의원의 내정 사실이 알려지자, 야당과 언론은 물론이고 심지어 여당 내부에서도 심한 반대의 목소리가 터져 나왔다. 대통령의 연금개혁 의지를 실현시키는 데 앞장서야 할 장관 내정자가 그 소임을 다하기에는 부족한 점이 있다는 우려가 나오고 있었다.

유 의원은 2003년에 보궐선거를 거쳐 국회의원이 된 이후 줄곧 복지위원회를 중심으로 활동하였다. 특히 2004년 10월 16일에는 국민연금법 개정법률안을 그리고 2005년 11월 29일에는 효도연금법안을 국회에 각각 제출하는 등 국민연금 분야에 남다른 관심을 보여 왔다. 한마디로, 국민연금에 대한 전문성과 일의 추진 능력에 대해서는 문제가 없다고 알려졌다.

그러나 다른 부분에서는 의문의 여지가 많았다. 우선 야당이나 언론과의 관계가 원만하지 못하다는 점과 그의 튀는 언행은 여야 간 대타협이 절실한 연금개혁의 과정을 어렵게 하는 요인으로 지적되었다. 그러나 최대의 난점은 여당인 우리당의 내부 반발이었다. 특히 당내 중도보수 성향 의원들은 유 의원의 강경 개혁 성향이 국정 운영에 부담을 줄 수 있다는 이유를 들어 그의 입각을 반대한 것으로 알려졌다(경향신문, 2006. 1. 4.).

유 의원의 입각에 대한 부정적 여론 때문에 노 대통령의 최종 결정이 한 달 이상 지연되던 중 2006년 2월 7일이 되어서야 인사청문회가 열렸다. 유 장관은 청문회 사흘 뒤인 2월 10일에 취임하였다. 신임 유 장관의 취임은 전임 김근태 장관 재임 시 이루지 못했던 연금개혁의 불씨를 다시 지피기에 충분하였다.

준비된 장관

유 장관의 연금개혁에 대한 열정과 복지부 장관 업무 수행에 대한 준비 상태에 관한 자신의 진술은 최근 한 권의 책을 통해 공개되었다. 그 책에 의하면, 유 의원이 노 대통령에게 복지부 장관을 하고 싶다는 의사를 표시한 최초 시기는 우리당 전당대회가 열렸던 2005년 4월 2일 직후였다. 유 의원의 요청에 대한 대통령의 답변은 오래지 않아 전달되었는데, 당시로서 예상 입각시기는 2005년 7월 초순이었다고 한다(유시민, 2009: 249). 그러니까 유 의원이 실제로 장관에 취임하기까지 10개월 간의 준비기간이 있었던 것이다.

장관에 임명되기 전 상당기간 동안 연금개혁에 대한 사전준비의 시간을 가질 수 있었던 것은 유 장관으로 하여금 연금개혁에 대한 자신감을 갖게 하였다. 이렇게 당시의 상황은 여러모로 연금개혁의 지지 분위기를 조성하는 데 유리하였다. 특히 전문가와 언론사들은 연내에 연금개혁을 마무리할 것을 촉구하였는데, 이는 유 장관에게 큰 힘이 되었다. 언론이 이처럼 연금개혁에 적극 가담한 것은 매우 이례적이라 해석된다.

당시의 전문가 견해와 몇몇 사설들을 소개한다. 한국개발원(KDI)과 한국사회보험연구소는 연금개혁이 하루 지연됨에 따라 후세대에게 전가되는 부채는 매일 800억 원이 늘어나는 것으로 분석하였다(동아일보, 2006. 2. 13.). 한편, 서울신문의 우득정 논설의원은 "필자는 유시민 안을 '반쪽개혁' 이라고 혹평을 가한 바 있다.…… 하지만 지금의 상황으로 볼 때 반쪽개혁이라도 추진하라고 권하고 싶다."(서울신문, 2006. 2. 14.)라는 말로 유 장관을 응원하였다. 한국일보는 2006년 3월 2일자 사설에서 "국회 국민연금제도개선특위가 2월 28일로 예정된 마지막 회의도 열지 못한 채 자동 해체됐다."고 개탄하면서 '국민연금 폭탄 돌리기 언제까지' 라는 제목을 달았다.

전임 김근태 장관이 한때 기대를 걸었던 국회 특위가 소득 없이 끝나자, 연금개혁 공론의 장은 다시 국회 보건복지위원회로 옮겨지게 되었다. 그와 같은 분위기 아래 유 장관이 자신의 개혁 구상에 대한 기본방향을 공개한 때는 2006년 3월 31일이었는데, 장관 취임 50일 만이었다.

그날 열린 국민연금개혁방안 토론회에서 유 장관은 "공무원연금을 개혁해야 국민에게 국민연금 개혁을 말할 수 있다." 고 개혁 전선을 확대함과 동시에 한나라당의 기초연금제를 수용할 수 있음을 제시하였다(문화일보, 2006. 4. 4.). 그날 유 장관의 발언내용을 검토하면, 놀라운 사실이 발견된다. 공무원연금을 언급한 부분인데, 공무원연금은 행정자치부 장관의 소관 업무이기 때문에 사전협의 없이 복지부 장관이 언급했다면 분명히 월권행위였기 때문이다.

문제는 공무원연금 개혁의 필요성에 대한 복지부 장관의 언급이 과연 국민연금 개혁에 어떤 영향을 줄 것인가에 대한 평가였다. 혹자는 개혁의 전선이 확대되면 관리와 운영이 그만큼 힘들어질 수 있고 더욱이 공무원연금은 복지부 업무 소관이 아니기 때문에 월권행위로 비춰질 수 있었기 때문에 국민연금 개혁에는 부정적이라는 평가를 내릴 수 있었다. 반면 월권이지만 옳은 말을 했을 뿐 아니라 그때까지 복지부가 안고 있던 심리적 부담을 덜어 버릴 수 있기 때문에 긍정적으로 작용할 것이라는 해석도 가능하였다.

이와 같이 상반된 평가가 나올 수 있는 상황에서 언론들은 대체로 긍정적인 평가를 하고 있었다. 한겨레신문은 '연금개혁 논의, 첫 단추 잘 끼워야' 라는 제목의 사설에서 "정부가 선거를 앞두고 이해당사자의 반발을 감수하고 연금개혁에 강한 의지를 보인 점은 일단 평가할 만하다." 라고 하였다(한겨레신문, 2006. 4. 4.). 문화일보의 2006년 4월 4일자 사설 역시 '연금개혁, 공무원연금부터 모범 보여라' 라는 제목으로 유 장관 편을 들었다. 그 외에도 2006년 4월 5일자 경향신문, 세계일보, 국민일보, 한국일보 등이 비슷한 논조의 사설을 실었다.

이처럼 연금개혁의 분위기는 고조되고 있었다. 한편, 그런 분위기 속에서 유 장관은 곧바로 야당과의 공개협상으로 나아가지 않고 신중한 행보를 걸었던 것으로 훗날 알려졌다. 앞서 인용한 책에 의하면, 유 장관은 2006년 5월부터 한나라당과 비밀협상을 벌였다는 것이다. 보다 구체적으로 설명하면 다음과 같다.

한나라당의 협상 대표는 윤건영 의원과 박재완 의원이었고 당시 보건복지위원회 한나라당 의원이었던 정형근 의원이 중재자 역할을 하였다(유시민, 2009: 277). 유 장관은 그 책에서 구체적인 협상내용에 대해서는 밝히지 않고 있다. 그러나 전후 정황을 고려해 볼 때 자신의 효도연금법안과 한나라당의 기초연금법안을 단일화시키는 대신 '더 내고 덜 받는' 방향의 우리당 「국민연금법」 개정안을 한나라당이 수용하는 방향이 아니었을까 하고 추측해 본다.

불행하게도 비밀협상은 결렬되고 말았다. 만약 협상이 성사되었더라면 「국민연금법」 개정 작업은 실제보다 1년 정도 앞당겨질 수 있었을 것이다. 그러나 협상이 결렬되었기 때문에 다음 순서로 유 장관은 여당인 우리당으로 하여금 「국민연금법」 개정안과 「기초연금법」 제정안을 의원입법 형태로 발의하도록 함으로써 공개적인 입법 절차를 밟기로 한 것으로 알려졌다.

복지부의 수정안

유 장관의 취임 이후 복지부는 3월부터 태스크포스를 가동시키면서 기존의 정부안을 손질한 후 야당과의 협상에 나설 준비를 하였다(한국일보, 2006. 6. 5.). 이후 복지부가 수정안을 제시할 것이라는 가능성이 최초로 공개된 것은 2006년 6월 2일이었다. 그날 우리당 정책위원회에 정부의 수정안이 제출되었던 것이다.

그 안에 따르면, 「노인복지법」을 개정하여 65세 이상 노인 중 저소득층 45%에게 월 8만 원의 연금(기초노령연금)을 지급한다는 것이 큰 변화였다. 특기할 만한 사항은 그때까지만 하더라도 정부는 기초노령연금을 「노인복지법」으로 해결하려고 생각하였지, 별도의 법을 새로 제정할 생각이 없었다는 것이다. 그리고 재정 안정화 정책에 있어서도 약간의 변화가 나타났다. 종전의 '더 내고 덜 받도록' 하는 원칙은 유지하되 더 내는 비율과 덜 받는 비율을 모두 인하하자는 내용이었다.

좀 더 세밀하게 살펴보면, 야당과의 협상 분위기를 마련해 보고자 하는 노력의 흔적을 엿볼 수 있다. 당시까지의 여야협상이 교착상태에 빠졌던 주원인은 한나라당이 연금개혁의 우선순위를 재정안정이 아니라 사각지대 해소 문제로 전환시켰기 때문이다. 따라서 정부와 여당의 입장에서 야당과 대화를 하려면 어떤 형태로든 기초노령연금제도를 수용할 수밖에 없다는 판단을 내린 것으로 해석된다.

그러나 재원 마련의 난점을 고려해서 기초노령연금의 대상범위와 액수는 한나라당안보다 축소하는 방향으로 결론 내렸던 것으로 추정된다. 그 결과 한나라당이 제안했던 전체 노인들 대신 저소득층 45% 노인들에게만 그리고 액수는 한나라당의 10만 원에서 1/5 정도를 깎은 8만 원 선으로 지급한다는 것이었다.

그럼에도 불구하고 애초에 수립했던 '더 내고 덜 받는' 방향으로의 국민연금 개혁을 통해 재정 안정화를 성취하겠다는 원칙은 일단 고수한다는 의지를 표명한 것이었다. 이렇게 되면 연금개혁의 정책목표상에 큰 변화가 발생하게 된다. 그와 같은 변화를 이해하려면 앞에서 설명한 여야의 입장을 다시 한 번 정리해 볼 필요가 있다.

2003년의 국민연금발전위원회의 보고서와 같은 해 9월에 정부가 국회에 제출했던 「국민연금법」 개정법률안의 근본 기조는 '선 재정 안정, 후 사각지대 해소' 였다. 반면 한나라당은 '선 사각지대 해소' 라는 카드로 정부와 여당을 압박하였다. 약 3년간의 교착상태가 이어지자, 정부와 여당이 먼저 기조변화를 시도한 끝에 '선 재정 안정, 후 사각지대 해소' 원칙을 '두 문제 동시 해결' 로 바꿨던 것이다.

정부와 여당의 변신은 기초연금제도의 도입을 넘어 재정 안정화 방안 내에서도 감지된다는 점을 주목할 필요가 있다. 다시 과거를 회상하자면, 2003년의 국민연금발전위원회 보고서에는 재정 안정화 대책으로 세 가지 방안을 제시한 바 있다. 세 가지 방안의 차이는 보험료율의 인상폭과 연금의 소득대체율 인하폭을 얼마나 높게 혹은 낮게 잡느냐에 따른 차이였다. 제1안이 19.5%와 60%였고, 제2안은 15.85%와 50%였으며, 제3안은 11.85%와 40%였다. 그와 같이 삼자택일의 국면에서 당시의 정부와 여당은 제2안을 택하였다.

그런데 2006년 6월 2일 안에서는 '12~13%로의 인상과 40%로의 인하'로 변경시켰다. 다시 말하자면, 보험료율 인상폭은 3.9~2.9% 포인트를 낮추었고 소득대체율은 10% 포인트 더 낮게 잡았던 것이다. 이는 2003년 국민연금발전위원회가 제시했던 세 가지 방안 중에서 제3안과 유사하게 된다. 제3안이 나머지 두 안과 차이 나는 점은 '가장 적게 내고 가장 적게 받는' 방향이란 것이었다.

정부와 여당이 제2안에서 제3안으로 변경한 이유는 두 가지로 추정된다. 첫 번째 이유는 보험료 인상에 대한 국민저항, 즉 '마의 10% 벽' 이란 징크스를 극복하는 데에는 인상폭이 낮을수록 더 유리하다는 판단이 섰던 것 같다. 이는 특히 여당인 우리당 내 다수 의원들의 목소리를 반영시킴으로써 정부안에 대한 여당의 지지를 강화할 수 있다는 계산이 작용했을 것으로 추측된다.

두 번째 이유는 야당인 한나라당을 협상 테이블에 나오도록 유도함에 있어 급여율을 낮추는 것이 유리할 것으로 판단했던 것 같다. 한나라당은 2002년 대선 공약에서 밝혔듯이 국민연금의 적정 소득대체율을 대략 40% 선으로 보고 있었다. 그래서 정부와 여당이 40%로 낮추면 야당의 소득대체율 시비는 피할 수 있다는 계산을 한 것 같다.

기초노령연금에 대한 대통령의 결단

2006년 6월 2일에 공표된 정부의 「노인복지법」 개정안은 한나라당이 2004년 12월에 제출한 기초연금법안과 유 장관이 2005년 11월에 제출한 효도연금법안을 절충한 것이었다. 절충 과정에서 명칭은 한나라당의 안을 일부 수용하였고 대상자와 연금액수는 「효도연금법」안을 선택하였던 것이다.

대상자와 액수에 있어 한나라당의 안을 몽땅 수용할 수 없었던 이유는 소요예산의 방대한 규모 때문이었다. 즉, 한나라당의 안대로라면 연간 8~9조원이 소요되는데, 그와 같은 예산을 신규로 마련할 방법을 찾기 어려웠기 때문이다. 그래서 소요예산 규모를 2조 원 정도로 줄였던 것이다.

문제는 2조 원이었다. 말이 쉬워 2조 원이지 대한민국의 복지부 장관치고 감히 누가 단일 항목의 신규 예산으로 매년 2조 원 이상이 추가로 소요될 사업을 상정할 수 있을까? 2조 원의 규모에 대한 독자들의 이해를 돕기 위해 김대중 대통령 시절에 제정된 「국민기초생활보장법」을 상기할 필요가 있다.

그 법이 본격화된 2001년 예산과 2000년 예산을 비교하면 약 1조 원에 이르는 차액이 발견된다. 김대중 대통령의 복지정책 중 최대의 업적으로 칭송받는 기초생활보장제도의 신규 예산규모가 약 1조 원이었다면 당시 유 장관이 계획하고 있던 기초노령연금의 신규 예산은 그 두 배에 해당하는 거액인 것이었다. 여하간 본론으로 돌아가서, 앞서 제기되었던 질문에 대한 해답을 역시 앞에서 소개한 유 장관의 책을 통해 찾아본다.

유 장관이 2조 원 규모의 「효도연금법」안을 구체화한 시기는 그가 장관으로 내정된 2006년 초로 알려졌다. 유 장관은 이해찬 총리에게 "정부가 「효도연금법」안과 「국민연금법」 개정안을 한 묶음으로 처리한다는 방침을 세우면 노인단체와 고령 유권자들이 「국민연금법」 개정안 처리에 힘을 보탤 것"이라는 논리를 제시했더니 총리는 흔쾌히 동의했다는 것이다(유시민, 2009: 276).

연금개혁을 성취하겠다는 정치인들의 노력은 가상하지만 그러한 노력의 배후에는 표를 의식하고 있는 정치인들의 적나라한 모습이 숨어 있기에 한편으로는 씁쓸한 느낌이 드는 부분이다. 이 부분 역시 국민연금 역설 중의 하나인 '정치 역설'에 해당된다.

여하간 총리의 동의를 얻은 유 장관으로서는 다음 순서로 대통령의 재가를 받는 것이 급선무였다. 유 장관이 대통령의 허락을 받은 시점은 장관 임명장을 받고 난 후 얼마 안 되는 시점이었으므로 대략 2006년 2월 중

순쯤 된다. 유 장관은 청와대 관저로 가서 자신의 구상을 설명하고 대통령의 허락을 얻어내는 데 성공하였다(유시민, 2009: 280). 이 대목을 통해 우리는 노 대통령의 연금개혁에 대한 강한 의지와 유 장관에 대한 돈독한 신임을 재확인할 수 있다.

사실 노 대통령이 유 장관을 얼마나 강렬하게 신뢰하고 있었는가를 보여 주는 또 하나의 자료가 있다. 시작할 때 2조 원이었던 소요예산은 국회 심의 과정에서 지급대상자가 늘어나면서 2조 6천억 원으로 불어났다가 다시 3조 4천억 원까지 올라갔다. 그 무렵 두 사람의 대화내용 중 일부를 옮겨 적어 본다.

> 유 장관: 대통령님, 돈을 조금 더 주셔야겠습니다.
>
> 대통령: 얼마나?
>
> 유 장관: 조금만 더 있으면 됩니다.
>
> 대통령: 글쎄, 얼마나 더?
>
> 유 장관: 8천억 원 정도만 더 있으면 됩니다.
>
> 그러자 대통령이 버럭 큰 소리를 내시는 게 아닌가.
>
> 대통령: 자네는 8천억 원이 조금이야?
>
> 유 장관: 국민연금법 개정하고 가난한 어르신들 잘 모시는데, 그 정도는 큰 돈 아닙니다. 국가 장래를 생각하셔야지요.
>
> 대통령: 알았어, 생각해 보자고.

이상의 대화를 보면 「국민연금법」 개정과 국가 장래를 연계시키는 정치인들의 발상이 인상적이다. 여하간 다시 한 번 노 대통령의 연금개혁 의지와 유 장관에 대한 신임을 동시에 확인할 수 있다. 애초의 2조 원이 3조 4천억 원으로 늘어났음에도 유 장관에 대한 지원은 변함없이 계속되고 있었기 때문이다.

대통령의 막강한 지원을 등에 업은 유 장관은 자신의 개혁 구상을 밀어

붙이기 시작하였다. 2006년 6월 5일에는 문화방송(MBC) 라디오 '손석희의 시선집중' 프로그램에 출연하여 "이번에 마련된 국민연금법 개정안에 국회에서 주장한 기초연금제를 일부 수용, 기초노령연금 도입을 포함시켰다."고 말하였다(문화일보, 2006. 6. 5.). 이로써 연금개혁의 대타협이 국회에서 본격적으로 진행될 것이 예고되었다.

24

정치협상 제물로 변한 연금개혁

언론과 야당의 반대

2006년 6월 2일에 공표된 정부의 연금개혁 수정안은 지난 3년여 동안의 쓰라린 경험 끝에 나온 고민의 산물이었다고 평가할 수 있을 만큼의 큰 변화를 담고 있었다. 그와 같은 변화를 언론이 지나칠 리 없었다. 일제히 쏟아져 나온 논평을 보면, 놀랍게도 반대 일색이었다. 이는 앞에서 설명한 2005년 하반기에 나타났던 언론의 연금개혁 촉구와 같은 지지적 태도로부터의 돌변이었다. 몇 가지 사례를 소개한다.

문화일보의 2006년 6월 5일자 사설은 정부의 수정안을 "개혁이 아니라 당대에는 가급적 욕을 듣지 않고 선심을 쓰겠다는 식에 머물렀다."고 평하였다. 사설은 연간 2조 원의 재원염출 방법에 대해 강한 의문을 제기하였을 뿐 아니라 보험료율과 소득대체율의 하향조정을 개혁의 후퇴라고 몰아세웠다. 또 다른 신문의 사설은 "타협과 절충은 자칫하면 땜질식 처방이 되고 말 우려도 없지 않다."라고 경종을 울렸다(한국일보, 2006. 6. 5.).

서울신문의 2006년 6월 6일자 사설은 "공무원과 군인 등 특수직역연금 개혁 방안이 함께 제시되지 않은 것은 유감이다."라고 엉뚱한 시비를 걸었다. 같은 날 세계일보 사설은 "보건복지부가 제시한 국민연금 개혁안에서는 개혁 의지를 읽기 어렵다. 국민연금 개혁은 누이 좋고 매부 좋은 식의 선심 쓰기로는 결코 이룰 수 없다."라고 폄하하였다. 국민일보 사설도 '절충형 연금개혁 기대 못 미친다' 라는 제목의 사설을 통해 반대 의사를 표시하였다.

한국일보 기사에 의하면, 한나라당의 반응은 부정적이었다. 즉, 한나라당의 한 관계자는 "정부안은 기존 정책의 골격을 유지하면서 살을 조금 바꾸는 것으로 이 정도 개혁으론 연금제도 선진화는 요원하다."라는 평을 내놓음으로써 기존의 반대 입장에서 변화를 보이지 않았다. 더욱이 여당인 우리당의 문병호 제5정책조정위원장은 "기초노령연금을 놓고 당내 의견이 엇갈리고 있다."고 말함으로써 정부의 수정안에 대한 미래 전망을 어둡게 하였다(한국일보, 2005. 6. 5.).

정부의 수정안에 대한 야당과 여론의 반대가 일어나자, 예의 '전문 역설' 까지 가세하여 상황을 더욱 복잡하게 만들고 있었다. 예를 들면, 연세대학교 김진수 교수는 문화일보에 기고한 글의 제목을 '공무원연금부터 개혁하는 게 순서' 라고 뽑음으로써 가뜩이나 지체되고 있던 국민연금 개혁의 발목을 잡았다(문화일보, 2006. 6. 8.). 그런가 하면, 한양대학교 나성린 교수는 세계일보 시론의 제목을 '국민연금 개혁, 재정 안정이 핵' 이라고 달았다(세계일보, 2006. 6. 10.). 이렇게 전문가들이 중구난방으로 외쳐대는 백가쟁명이 재현되고 있었다.

유시민 장관의 야심찬 수정안이 야당과 여론으로부터의 반대에 부딪쳤고 이후 외면당하는 가운데 복지부가 기대했던 수정안에 대한 국회의 여야 간 협상은 또다시 교착상태에 빠지고 말았다. 그러던 중 정부가 연금개혁에 다시 한 번 발동을 걸어 본 시점은 정부의 수정안이 발표된 후 두 달이 지난 8월 초순이었다.

정부는 대통령 직속의 '저출산 · 고령화대책 연석회의'를 2006년 8월 10일에 개최하기로 결정하면서 국민연금 개혁을 회의 의제로 채택하였다. 논의될 개혁안의 주요 내용은 지난 6월 2일자 정부 수정안과 동일한 것이었지만 개혁 추진의 전략상에는 약간의 변화조짐이 나타났다(국민일보, 2006. 8. 9.).

종전과 마찬가지로 국회 중심의 협상을 진행하되 협상 과정에 가입자 단체와 시민단체들을 참여시킨다는 것이었다. 즉, 정부, 노동계, 여성계, 시민단체 등이 참여하여 일종의 사회협약을 맺게 되면 앞으로 있을 정기 국회에서 한나라당을 끌어들일 수 있다는 계산이었다. 그러면서 행정자치부가 공무원연금의 개혁을 시작한다는 점도 강조하였다.

여기서 한 가지 흥미로운 것은 정부나 정당이 시민 · 사회단체들과 정책 제휴를 하거나 연대를 형성하는 현상이다. 특정 정책의 찬반을 놓고 비정부기구(non-government organization: NGO)가 정부나 정당과 연대하는 것은 민주주의 사회에서는 자연현상이나 다름없다. 그러다 보니, 특정 단체는 친정부적 성향을 가지기도 하고 또 특정 정당과 친화적 관계를 유지하기도 한다. 그럴 경우 대략 이념적 성향이 연대 형성의 주요 원천이 된다.

위에서 언급한 정부의 사회협약 아이디어는 그와 같은 정책연대를 정부가 기대했다는 뜻이다. 그런데 불행하게도 그 아이디어는 실현되지 못하였다. 실패의 원인에 대해서는 알 수 없지만 추측컨대 시민 · 사회단체들과 정부 간에 의견 차이가 너무 컸기 때문으로 판단된다. 즉, 정부가 일차적으로 원하는 것은 '더 내고 덜 받는' 연금이었지만 시민 · 사회단체들의 주 관심은 사각지대 해소였기 때문이다.

2007년에 들어 연금개혁 논의는 정당별 · 사회단체별 정책연대가 본격적으로 형성되는데, 예상치 못한 현상이 나타났다. 즉, 정당들의 이념적 스펙트럼을 본다면 한나라당과 민주노동당은 극과 극에 위치하게 되는데, 그런 두 정당이 한때 기초연금에 대해서는 제휴하였다는 것이다. 더욱이 김용하는 한겨레신문의 시론에서 한나라당과는 평소 친하지 않은 것으로 알려져 있던 한국노총, 민주노총, 참여연대, YMCA, 여성단체연합 등이 한나라당 편에 가담한 것으로 공개하였다(한겨레신문, 2007. 4. 24.).

여당의 수정안

연금개혁을 위한 범사회단체의 참여 전략이 별다른 효과를 보지 못한 채 2006년 정기국회가 열릴 시점이 다가오고 있었다. 연금개혁 논의의 중심이 다시 국회로 이동하면서 여당인 우리당의 움직임도 바빠졌다. 우리당은 정책위원회와 보건복지위원회 소속위원들이 참석하는 연석회의를 갖고 「기초노령연금법」 제정안을 최종적으로 확정한 뒤 2006년 9월 중으로 국회에 제출한다는 계획을 수립하였다(서울신문, 2006. 9. 12.). 이는 「노인복지법」을 통해 기초노령연금을 해결하겠다던 종전의 입장이 바뀌었음을 의미한다. 즉, 「기초노령연금법」이란 명칭의 독립입법을 통해 한나라당이 내세우는 기초연금제도를 적극 수용했다는 의미를 부각시키려고 노력한 것이다.

이어서 그다음 날인 2006년 9월 13일에는 한명숙 국무총리가 주재하는 '저출산 · 고령화대책 연석회의'가 열렸다. 그 회의는 국민연금 개혁의 문제를 주요 의제로 확정했는데, 그 자리에서 우리당의 강기정 의원은 여당이 야당과의 대타협을 성사시키기 위해 수정안을 곧 발표할 것임을 시사하였다(한겨레신문, 2006. 9. 14.).

여당이 마련 중이던 기초노령연금제도와 「국민연금법」의 일부 개정에 대한 윤곽이 드러난 시점은 강 의원을 위시한 10명의 여당 의원들과 유 장관이 정책간담회를 개최했던 2006년 9월 20일이었다. 그 간담회에서 공개된 기초연금제도의 핵심내용을 살펴보면 65세 이상 노인 438만 명 중 저소득층 60%에게만 기초노령연금을 지급한다는 것이었다. 연금액수는 소득수준에 따라 차등으로 지급하도록 설계되었다. 즉, 기초생활보장 수급 노인에게는 월 10만 원, 차상위계층 노인에게는 7만 원, 그 밖의 노인에게는 5만 원씩 지급한다는 것이었다.

이 안을 보면 우리당이 야당과의 타협을 성사시키기 위해 얼마나 애를 쓰고 있었는가를 느낄 수 있다. 왜냐하면 여당이 추진하고 있던 협상안 작성의 기본원칙은 정부안과 한나라당안의 중간을 선택하여 양자로부터 한발씩 양보를 받아내겠다는 것처럼 보였기 때문이다. 그래서 먼저 기초노령연금에 심혈을 기울인 것 같다.

다시 한 번 정부안과 우리당 및 한나라당의 안을 정리해 본다. 정부가 애초에 제안했던 기초노령연금의 대상자는 65세 이상 전체 노인의 45%였고 연금액수는 8만 원이었다. 그러니까 여당의 수정안이 정부안과 다른 점은 대상규모 면에서 45%보다 더 높은 60%로 늘렸고 연금액수는 정부의 일률적 8만 원을 5만 원에서 10만 원까지 차등으로 바꾼 것이다. 그렇게 되면 소요예산(2조 6천억 원)이 정부안보다 6천억 원 정도 더 늘어나는 것으로 알려졌다.

바로 이 대목에서 우리는 앞 장에서 소개한 유시민 장관과 대통령 사이에 있었던 대화를 연상하게 된다. 정부가 야당은 물론 여당과의 타협 과정에서 소요경비가 계속 늘어났기 때문에 유 장관은 예산 확보를 위해 동분서주하게 되었는데, 앞에서 인용한 대화내용은 최후 단계에서 유 장관이 노 대통령의 결심을 받아내는 담판 장면이었다. 여하간 유 장관은 예산 확보에서 일단 성공하였기 때문에 정부안을 수정하는 데까지 진전을 볼 수 있었던 것이다.

한편, 한나라당안은 모든 노인을 대상으로 국민연금 가입자 평균소득의 9%에 해당하는 월 13만 5천 원의 연금을 지급하기 시작한 후 2028년에 20%인 30만 원까지 도달하도록 점차 인상한다는 것이었다. 한나라당안(8~9조 원)과 정부안(2~3조 원)은 처음부터 소요예산 규모에서 너무나 큰 격차가 존재하고 있었다. 그래서 우리당이 수정안을 마련했던 것인데, 우리당 안이 정부안보다는 다소 높은 예산을 요구하고 있었기 때문에 종전의 격차를 약간 좁히는 데 그쳤다.

우리당의 수정안은 약간의 추가 수정을 거친 뒤 강기정 의원이 대표 발의자가 되어 2006년 9월 29일 국회에 제출되었다. 추가 수정은 연금액수 부분에서 이루어졌다. 즉, 10만 원, 7만 원 그리고 5만 원의 3등급 연금을 10만 원과 7만 원 등 2등급으로 줄였던 것이다. 그리하여 국민기초생활보장 수급자와 차상위 저소득층 노인은 공히 10만 원을 그리고 일반 노인들은 7만 원을 받는 것으로 설계되었다. 소요예산이 또 늘어난 것이다.

다시 말하지만, 기초연금은 사각지대 해소를 위한 대책이지 재정 안정화 대책은 아니다. 노무현 정부가 시작되면서 한나라당은 시종일관 재정 안정화 문제에 대해서는 관심을 보이지 않았다. 대신에 사각지대 문제만을 집중적으로 거론하였다. 그 와중에서 정부와 우리당이 한나라당과의 타협을 위해 기초연금에 몰입하다 보니 연금개혁의 원래 출발점이었던 재정 안정화 주제는 여야 정치인들 모두의 관심대상에서 사라져 버린 것 같은 분위기가 연출되고 있었다.

그렇다면 재정 안정화 대책은 어떻게 되고 있었는가? 연금개혁이 차일피일 지연되는 것을 안타깝게 보고 있던 일부 언론과 연금 전문가들은 국회와 야당을 향해 조속한 연금개혁을 촉구하였다. 그러나 가입자단체와 시민단체 그리고 야당이 재정 안정화 문제를 거론하는 경우는 거의 없었다. 그만큼 정부와 여당은 국회에서 야당과의 어려운 힘 겨루기를 계속하고 있었던 것이다.

재정 안정화 문제는 표를 잃게 하는 원인이기 때문에 그 문제를 거론하는 정치인은 별로 없었다. 그런 사정은 야당뿐 아니라 여당에도 마찬가지였다. 그래서 우리당의 강기정 의원이 다시 한 번 총대를 멨다. 강의원은 2006년 9월 20일의 정책간담회에서 보험료율은 현행 9%를 유지한 채 소득대체율만 현행 60%에서 50%로 낮추는 재정 안정화 방안을 공개하였다(경향신문, 2006. 9. 21.). 그날 공개된 수정안 역시 강기정 의원을 대표 발의자로 한 의원입법 형태를 취하면서 2006년 9월 29일에 「기초노령연금법」안과 함께 국회에 제출되었다.

핵심 내용을 보면 보험료율은 현행 9%를 유지하고 소득대체율은 현행 60%에서 50%로 내린다는 것이었다. 그와 같은 여당의 수정안이 어떤 의미를 지니고 있는가에 대해서는 당시의 언론조차 철저하게 분석해 내지 못하고 있었다. 그러나 그 내용은 실로 놀랄 만한 변신이었다. 그것은 다름 아니라 기존에 정부와 여당이 견지해 오던 재정 안정화 대책의 핵심 원칙이 무너졌다는 것이다. 다른 말로 표현하면, 협상의 타결을 위해서는 재정 안정화의 기본원칙도 폐기처분할 수 있다는 식의 태도변화가 나타났다.

재정 안정화 기본원칙의 파기

우리당이 2006년 9월 29일에 제출한 「국민연금법」 개정법률안의 숨은 의미를 파악하기 위해서는 우선 정부와 여당이 견지해 오던 재정 안정화 대책의 주요 원칙을 다시 한 번 상기해 볼 필요가 있다. 정부는 「국민연금법」이 정한 바대로 제1차 재정계산을 위해 2002년에 국민연금 발전위원회(발전위)를 가동시켜 재정 안정화 대책을 보고하도록 명령하였다.

2003년에 나온 발전위의 보고서는 재정 안정화를 가늠하는 잣대로서 적립배율이라는 지표를 선정하였다. 적립배율이란 해당연도의 연금지출액 대비 기금 잔액의 비율을 말한다. 기금에 남아 있는 돈이 많을수록 재정 안정도는 높다는 뜻이며 그런 상태는 높은 수치의 적립배율로 나타난다. 그런데 발전위는 2070년의 정책목표를 적립배율 2배로 설정한 바 있다. 다시 말하자면, 2070년 연말 기준으로 기금의 잔액이 그해에 지급했던 연금 총 지출금액의 2배에 해당된다는 것이었다.

이어서 발전위는 보험료율과 소득대체율의 조합을 통해 세 가지의 안정화 방안을 제시하였다. 제1안은 소득대체율 60%와 보험료율 19.85%였으며 제2안은 각각 50%와 15.85% 그리고 제3안은 각각 40%와 11.85%였다. 발전위가 추산한 바에 의하면, 세 가지 방안 중 어느 것을 선택하더라도 2070년을 기준으로 할 때 적립배율 2배 목표는 달성 가능한 것이었다.

결국 세 안을 상호 비교하면 재정 안정화 정도에서는 동일하지만 연금액수의 높고 낮음의 정도에는 차이가 난다는 결과가 나온다. 즉, 세 안 중 연금액수가 가장 높은 쪽은 제1안이었고 가장 낮은 쪽은 제3안이었다. 여기서 한 가지 더 유의해야 할 점은 국민연금에는 보험의 원리가 일부 내장되어 있기 때문에 받을 돈이 내는 돈과 연계되어 있다는 것이다. 따라서 제3안과 같이 가장 적게 받는 경우는 내는 보험료도 가장 적은 것이 당연하였다.

앞서 이 책의 제18장에서 설명한 바와 같이, 연금개혁을 반대하던 노무현 후보가 대통령이 된 이후에는 발전위의 보고서를 받아들이고 그 방향으로 관련법의 개정작업에 착수하였다. 그래서 참여정부의 초대 및 제2대 복지부 장관은 세 가지 방안 중 중간인 제2안에 기초한 「국민연금법」 개정법률안의 국회 통과를 위해 노력하였다. 그러나 불운하게도 두 사람 모두 성공하지 못하였다.

제3대 유시민 장관은 2006년 6월 2일의 수정안 제시를 통해 제2안에서 제3안으로 변경하였다. 유 장관이 제2안 대신에 제3안을 선택하였다는 말은 상대적으로 '많이 내고 많이 받으면서도' 2070년의 적립배율 2배를 유지할 수 있는 방법 대신에 상대적으로 '적게 내고 적게 받으면서' 2070년의 적립배율 2배를 유지할 수 있는 방법으로 바꿨다는 의미를 지닌다. 다시 말하자면, 재정 안정화 목표에는 변화가 없었다는 것이다.

여기서 우리가 망각해서는 안 될 사항은 제2안에서 제3안으로의 변화가 일어났어도 장기적 재정 안정화 목표에는 전혀 흔들림이 없었다는 사실이다. 다만 차이가 있다면 제3안으로 옮겨가면 연금액수가 줄어들게 된다. 그러나 그 정도의 대가 지불은 불가피하였다. 이미 지적하였듯이, 내는 것을 덜 내면 받는 액수도 감소되는 것이 보험의 기본원리이기 때문이다.

그런데 2006년 9월 29일의 최종 여당안을 보면, 소득대체율은 50%로 낮추고 대신 현행 9% 보험료율을 인상하는 결정은 2008년에 있을 제2차 재정계산 결과를 본 후에 정한다는 식으로 무기한 연기해 놓고 있다. 야당이 반대할 뿐 아니라 여당에게도 부담스러운 보험료 인상은 일단 없던 일로 덮어 버리겠다는 계산을 한 것이다. 결국 '마의 10% 벽' 징크스에 굴복하겠다는 의사를 표시한 것이었다.

그렇게 하면 여야 간의 협상타결에는 도움이 될지 모른다. 그러나 문제는 재정 안정화의 장기적 전망이 어떻게 달라지느냐다. 기존의 입장에는 발전위가 제안하였고 그것을 정부와 여당이 수용했던 적립배율이란 주요 지표가 있었기 때문에 그것에 근거한 재정 안정화 대책 세 가지가 도출될 수 있었던 것이다.

그런데 만약 그 기본을 던져 버린다면 소득대체율과 보험료율의 조합은 그야말로 과학적 의미를 상실한 단순 숫자놀음으로 변질되고 마는 것이다. 더 큰 문제는 적립배율이란 잣대를 더 이상 사용하지 않기 때문에 장기적인 재정 안정화 대책을 평가할 수 있는 기준을 상실하였다는 데 있다. 따라서 앞으로의 재정 안정화 논의는 주먹구구식 논의로 전락할 수밖에 없는 정책 후퇴가 예상되기 시작하였다.

그와 같은 우려가 현실로 나타난다면 이는 국민연금의 발전 측면에서 볼 때 비극적 사건이 되고 만다. 1998년의 「국민연금법」 개정 시 처음 도입되었던 재정계산제도의 근본 취지는 재정 안정화 달성이었다. 그리고 그 법에 따라 지난 3년간 정부는 소정의 절차를 밟았지만 연금개혁 논의가 정치권으로 넘어가면서 재정 안정화는 점차 성취해야 할 정책목표가 아니라 해서는 안 될 기피대상이 되고 만 것이다. 결국 '재정 안정화라는 혹 떼려다 기초연금이라는 혹만 붙인 격'이 되고 만 것이다.

여당 수정안에 대한 엇갈린 반응

여당의 수정안이 공개되자, 언론과 가입자단체에서는 즉각 찬성과 반대가 엇갈리는 혼조세를 보였다. 2006년 9월 22일자 서울신문 사설은 "이번 개혁안이 기금 고갈시기를 5년 정도 늦추는 것에 불과하다는 사실을 들어 '반쪽 개혁'이라는 지적이 제기되고 있다. 당초 정부안이…… 최선의 안이기는 하나 정치권과 국민 모두가 반대하는 이상 거부감이 적은 차선책이라도 강구해야 한다."

이 사설을 보면, 당초 정부안을 최선책으로 평가한 부분이 이채롭다. 왜냐하면 2003년 10월에 제출되었던 당초 정부안이 나왔을 당시에는 어느 언론매체도 그것을 최선이라고 평가하지 않았기 때문이다. 그리고 차선책이라도 행동에 옮기는 것이 말만 하는 것보다 더 낫다고 판단하는 인식은 지난 3년의 지연 경험을 통해 터득한 지혜라고 해석된다.

한편, 2006년 9월 22일자 세계일보 사설은 "반발을 의식해 보험료 인상이나 기존 연금수급액의 삭감을 추진하지 않은 것은 사실상 개혁을 포기한 미봉책이다."라고 비판하였다. 같은 날짜의 한국일보 사설은 "국민연금은 정파적 이해를 따질 만큼 한가로운 상황이 아니다. 얄팍한 계산으로 개혁을 늦추거나 시늉만 낼 경우 돌이킬 수 없는 불행한 사태가 온다. 정부와 여당은 '더 내고 덜 받는 개혁'의 원칙을 고수해야 한다."라고 역시 여당의 수정안을 반대하였다. 한국노총은 여당이 표명한 보험료율의 현행 유지 방침에 대해서는 언급하지 않은 채 급여율 인하 계획에 대해서는 반대 의사를 표시하는 성명을 발표하였다(내일신문, 2006. 9. 22.).

여당이 수정안을 제시한다는 소식에 한나라당은 조건부 환영의 태도를 보였다. 2006년 9월 14일자 한겨레신문은 "한나라당은 정부 여당이 기초연금 수용과 기초연금 급여율 20%에 대한 로드맵 제시 등 두 가지 전제조건을 수용하면 언제든지 대타협에 나설 수 있는 태도다."라는 기사를 실었다. 한나라당이 모처럼 협상에 응할 자세를 표명한 점 그리고 협상의 전제조건을 제시하였다는 점은 고무적인 징후로 해석되었던 것이다.

그러나 여당 수정안의 구체적 내용이 알려지자, 한나라당의 반응은 다시 부정적 태도로 환원되고 말았다. 전재희 당시 정책위 의장은 "정부가 내놓은 기초노령연금제는 연금이 아니라 수당"이라고 평가절하하면서 기초연금이 연금으로서 제구실을 하려면 소득대체율이 최소 20%는 되어야 한다고 주장하였다(한겨레신문, 2006. 9. 21.).

기초연금의 20% 소득대체율안은 한나라당이 2004년도부터 초지일관 주장하고 있던 것이었다. 따라서 우리당의 수정안이 과연 협상용으로서 효력을 발휘할지에 대해서는 낙관하기 어려운 분위기였지만 태도변화의 조짐이 없는 것도 아니었다. 동아일보는 기초연금의 연차적인 인상 원칙이 받아들여진다면 수급자 범위를 70%까지 축소할 수 있다는 입장을 한나라당이 표명한 것으로 보도하면서 "여야 협상을 통한 연금개혁안이 올해 안에 정기국회를 통과할 가능성이 높아졌다."는 낙관론을 보도하였다(동아일보, 2006. 9. 21.).

보건복지위원회의 진통

2006년도 정기국회가 열기를 더해 가는 11월 초순이 되었지만 연금개혁의 연내 타결 가능성은 희박해지고 있었다. 이유는 개혁방안을 놓고 여야가 여전히 의견을 모으지 못하고 있었기 때문이다. 당시 보건복지위원회 법안소위에는 30개가 넘는 「국민연금법」 개정안이 상정되어 있었다.

이견을 좁히기 위해 2006년 11월 6일에 개최되었던 법안소위는 기초연금의 적용대상을 집중 논의했지만 별다른 성과 없이 다음 회의를 11월 15일에 열기로 합의하고 해산하였다(내일신문, 2006. 11. 8.). 그 결과 상임위의 추후 활동에 대한 전망은 다시 불투명해졌다.

정기국회 회기를 얼마 남겨 놓고 있지 않은 상황에서 여야 간 협상에 다시 한 번 청신호가 켜진 것은 2006년 11월 말이었다. 2006년 11월 25일자 경향신문은 "여야가 국민연금 개혁에 대한 잠정 합의안을 도출함에 따라 3년간 끌어온 국민연금법 개정안의 국회 처리 가능성이 높아졌다."라는 기사를 내보냈다.

그 기사의 구체적 내용을 보면, 보건복지위 소속 민주노동당 현애자 의원은 11월 24일 기자회견을 통해 다음과 같은 사실을 공개하였다는 것이다. 즉, 2006년 11월 23일에 열린 보건복지위원회에서 3당(우리당, 민주노동당, 민주당) 의원들은 합의안을 마련하였으며 11월 30일에는 전체회의를 열어 합의안을 처리키로 의견을 모았다는 내용이었다.

한나라당을 제외한 3당이 만든 합의안을 보면 종전의 각자 입장을 중간선에서 절충한 것임을 한눈에 볼 수 있다. 즉, 2008년 1월부터 75세 이상 노인들의 일정 비율(60~80%)에게 국민연금 가입자 평균소득의 5%(월 8만 3천 원)에 해당하는 기초노령연금을 지급하되 2008년 7월부터는 70세 이상 그리고 2009년 1월부터는 65세 이상으로 수급연령을 단계적으로 점차 낮추기로 하였다.

한편, 기초노령연금의 급여율은 매년 0.5%씩 올려 2028년에는 15%까지 인상한다는 것이었다. 그리고 국민연금에 대해서는 현행 60%의 소득대체율을 2008년부터 50%로 낮추고 장기적으로는 40%까지 내리기로 하였다. 보험료율은 2009년부터 매년 0.39%씩 인상하여 2018년에는 12.9%까지 높이기로 하였다.

2006년 11월 23일의 3당 합의안 내용 중 추가 합의가 필요한 부분이 대상자 범위 등 아직 남아 있었지만 큰 줄기는 타결된 것으로 알려졌다. 여하간 정치적 협상의 첫 열매가 나타났다는 점에서 높이 평가할 수 있다. 그러나 한나라당이 제외된 채 3당만의 합의는 아쉬운 대목이었다.

이 합의안을 기존의 정부안 및 여당안과 비교하면 기초노령연금의 경우 대상자는 확대되었고 연금액은 단일 기준으로 되면서 점차 인상되도록 설계된 것이 특징이다. 반면 국민연금의 경우 소득대체율에서는 여당안이 그리고 보험료율에서는 정부안이 반영되었음을 볼 수 있다. 특히 보험료율 측면에서 우리당이 한때 포기하였던 '마의 10% 벽' 징크스에 대한 도전의 기회를 되살렸다는 점은 큰 진전이라고 해석된다.

3당의 합의안에 대해 한나라당은 자신들의 주장인 65세 이상의 모든 노인에게 14만 원의 기초노령연금을 주고 2028년까지 30만 원 수준으로 인상한다는 것과 국민연금은 이원화시키고 비례연금은 7%의 보험료율에 20%의 소득대체율로 축소하겠다는 종전의 안으로 맞서고 있었다. 문제는 2006년 11월 30일로 예정된 보건복지위의 표결처리 가능성에 관한 것이었다. 왜냐하면 일부 신문에서는 한나라당의 물리적 저지 가능성을 점치고 있었기 때문이다(세계일보, 2006. 11. 29.).

운명의 11월 30일 상임위원회가 예정대로 열려 표결에 들어갔다. 표결 대상 법안은 우리당과 민주당이 절충에 합의한 「국민연금법」 개정안이었는데, 주요 내용은 보험료율을 2018년까지 단계적으로 12.9%까지 올리고 소득대체율은 2008년부터 50%로 내린다는 것이었다. 투표 참여율은 100%였는데, 당시 총 20명의 보건복지위 분포를 보면 우리당 10명, 한나라당 8명 그리고 민주노동당(민노당)과 민주당이 각각 1명씩이었다. 투표 결과는 11:9의 통과로 나왔다. 우리당과 민주당 소속 11명 전원이 찬성표를 던졌지만 나머지 한나라당과 민노당 전원은 반대표를 던졌던 것이다.

여기서 한 가지 이상한 사실은 민노당의 태도변화였다. 앞에서 보았듯이, 불과 일주일 전만 하더라도 민노당은 3당 합의 구도의 한 축을 형성하였는데, 11월 30일의 표결에서는 그 구도에서 뛰쳐나와 한나라당과 동일 보조를 취했던 것이다. 그와 같은 입장변화의 이유는 일주일간의 최종 막후교섭에서 자신들의 주요 주장이 관철되지 않았기 때문으로 추정된다. 한편, 그날을 계기로 이후 한나라당과 민노당은 일정 기간 동안 연금개혁의 동반자관계를 유지하였는데, 이는 앞서 지적한 바와 같이 이념적 스펙트럼 측면에서 보면 흔치 않은 일이었다.

교섭 과정에서 한나라당과 민노당이 결코 양보할 수 없었던 내용은 기초연금의 급여수준을 점차 상향조정한다는 것이었다. 즉, 시작은 가입자 평균소득의 5%에서 하지만 점차 인상시켜 2030년에는 15%가 되어야 한다는 것이 민노당의 주장이었는데, 정부와 여당은 그와 같은 미래의 인상계획을 끝내 수용하지 않았던 것이다.

하여간 11월 30일의 「국민연금법」 개정안 통과로 인해 우리당과 민주당의 연합전선과 이에 대항하는 한나라당과 민노당의 연합전선이 형성되었다. 여기서 한 가지 덧붙일 사항은 가입자단체, 시민단체, 노동단체 등은 한나라당과 민노당의 연합전선과 제휴하였다는 것이다. 이와 같은 양대 전선의 형성이 국민연금의 발전 과정에서 어떤 영향을 미치게 될 것인가에 대해 전망하는 작업은 의미심장하다.

우선 단기적으로는 연금개혁의 시기를 앞당기는 효과가 있을 것으로 전망할 수 있었다. 그때까지의 국회 논의 양상을 보면 여야가 한 치의 양보도 없이 대치하는 가운데 입법 처리는 마냥 지연되고 있었다. 그러나 이제 구체안을 놓고 야당의 일부가 여당과 합세하는 한편, 야당끼리 공동전선을 형성하게 될 경우 타협의 분위기가 강화될 수 있었기 때문이다.

한편, 장기적으로는 연금개혁을 둘러싼 정쟁의 과열 양상을 완화시킬 수 있을 것으로 전망되었다. 우리나라에서 연금개혁이 정쟁의 주요 이슈가 된 것은 2002년 대선 때가 처음이었다. 그 후 약 4년 동안 그 문제를 놓고 정치권은 합리적 태도와 비합리적 태도를 동시에 보여 줬는가 하면 '정치 역설' 로 인해 국민연금 발전을 저해하기도 하였다. 그러나 그 와중에 정치권은 연금개혁 이슈가 정치적 이득을 안겨 주는 효자 품목이 결코 아니라는 교훈을 터득해 가고 있었다.

2006년 11월 30일에 열린 보건복지위원회는 「국민연금법」 개정안 외에 「기초노령연금법」 제정안도 상정하여 표결 처리를 시도하였지만 실패하였다. 대신 12월 7일에 처리하는 것으로 합의하였다. 한나라당과 민노당이 기초연금의 대상자 범위와 지급액을 더 올려야 한다고 강력하게 주장했기 때문이다.

11월 30일의 보건복지위의 결정은 그간 국회에서 지지부진하던 입법 처리의 진도를 한 발짝 나가도록 했다는 점에서 건설적이었다고 평가할 수 있다. 그러나 그 이후의 일정에 대해서는 결코 낙관할 수 없었다. 그날 상임위가 끝난 후 한나라당 박재완 의원은 "기초연금에 관한 법을 따로 낼지 협상을 통해 수정을 요구할지 정해지지 않았다."라고 말함으로써 당론 결정에 시간이 필요함을 시사했다(경향신문, 2006. 12. 2.).

법제사법위원회의 느린 횡보

보건복지위에서 통과된 법안은 다음 단계로 법제사법위원회(법사위)로 넘어가서 또 심의 절차를 밟게 된다. 통상 해당 상임위에서 합의된 경우 법사위에서는 내용 검토보다 자구 수정 등 외형적 모양새 가꾸기를 주로 하는 것이 관례이지만 그렇지 않는 경우도 간혹 있다.

그런데 11월 30일 보건복지위 회의가 끝난 후 한나라당 소속 법사위원인 나경원 의원은 "아직 법사위에 상정되지는 않았지만 개정안에 문제가 있다는 의견을 가진 분들이 많다. 이번 정기국회에서 통과될지 좀더 지켜봐야 할 것" 이라고 발언하였다(경향신문, 2006. 12. 2.). 보건복지위를 통과하더라도 법사위 통과가 어려울 수 있음을 느끼게 하는 대목이었다.

한편, 2006년 12월 7일에 예정되었던 보건복지위 전체회의에는 우리당과 민주당의 절충안, 즉 2008년 1~6월에는 70세 이상 그리고 7월부터 65세 이상 노인 중 소득수준 하위 60%에게 매월 국민연금 가입자 평균소득의 5%인 8만 9천 원을 지급하는 「기초노령연금법」안을 상정하여 표결 처리하였다. 표결 결과는 재석의원 12인 중 찬성 11인, 기권 1인으로 통과되었는데, 한나라당 의원 모두가 불참하였고 민노당 의원이 기권하였다. 그 법안은 곧바로 법사위로 넘겨졌다.

2006년 12월 7일을 기해 「국민연금법」 개정안과 「기초노령연금법」안이 모두 법사위로 넘어가자, 한국일보의 양정대 기자는 "국민연금 개혁은 9부 능선을 넘게 됐다." 라는 표현으로 낙관적 전망을 하였다(한국일보, 2006. 12. 8.). 그런 낙관적 분위기가 나올 때만 하더라도 양 법안은 2006년 12월 중순쯤 국회 본회의에서 통과될 수 있을 것으로 점쳐지기도 하였다.

그러나 그런 밝은 분위기와는 대조적으로 미래를 불확실하게 전망하는 분위기가 있음도 보도되었다. 한나라당이 법안에 찬성한 것이 결코 아니기 때문에 법사위나 본회의에서 어떤 태도로 나올지 모른다는 점이었다. 그리고 놀랍게도 양홍주 기자는 여당 내의 정치역학에 대한 분석을 내놓았다. 즉, 연금개혁이 일단 종료되면 유시민 장관의 정치적 위상이 올라갈 것을 우려하는 여당 의원들이 그를 견제하기 위해 이탈표를 던진다는 것이었다(한국일보, 2006. 12. 8.).

낙관론과 비관론 둘 중 어느 것이 현실이 될 것인가에 대한 예측은 당시 연금 전문가들에게는 좋은 내기감이 되고 있었다. 그런데 막상 뚜껑을 열고 보니 비관론 쪽이 맞았다. 「국민연금법」 개정안과 「기초노령연금법」 제정안에 대한 심의를 해야 할 법사위가 정부와 여당의 수차례에 걸친 간곡한 요청에도 불구하고 열리지 않게 된 것이다. 한나라당이 법안소위부터 출석을 거부하고 나왔다. 그와 같은 상황이 2007년 3월까지 이어졌다.

한나라당이 법사위를 개점휴업상태로 변질시키는 데 사용되었던 논리는 두 가지였다. 첫째, 앞에서 소개한 바와 같이 당시 한나라당은 기초연금에 관한 법률안을 따로 낼지 아니면 협상을 통해 수정을 요구할지 두 가지 방향을 놓고 당론 결정을 고민하고 있었다. 둘째, 국민연금제도와는 전혀 무관하게 당시 국회 최대 현안 중의 하나였던 「사학법」 개정과 연계하여 한나라당이 국회를 공전시키고 있었다.

나라걱정을 하는 국회의원들이 항상 합리적 행동만을 하는 것은 아니다. 때로는 비합리적이고 얼토당토 않는 태도를 취함으로써 국민들이 오히려 국회를 걱정하게 만든다. 그런 어처구니없는 행위 중의 하나가 소위 'all or nothing(전부가 아니면 전무)' 전술, 즉 특정 법안을 성취하기 위해 다른 모든 법안을 희생시켜도 좋다는 일종의 옥쇄작전을 펴는 것이었다. 국민연금 개혁 역사에서 2006년 말과 2007년 전반기는 「사학법」 때문에 「국민연금법」이 희생당하는 사례를 기록한 시기였다.

25

복지부 장관 미워서 연금개혁 반대

연금개혁의 불씨 살린 복지부 장관

법사위로 넘어간 「국민연금법」 개정안과 「기초노령연금법」 제정안에 대한 심의가 2개월 이상 지연되고 있던 가운데 이에 대한 언론과 전문가들의 비난이 쏟아졌다. 문화방송(MBC) TV의 'PD수첩' 은 2007년 1월 16일 '연금 더 내고 덜 받는다고?' 라는 제목으로 국민연금을 둘러싼 각계각층의 입장과 정부 개혁안의 문제점을 다루었다. 2007년 2월 7일자 내일신문에는 '국민연금법 개정의 조속한 처리를' 이란 제목으로 국민연금관리공단 박경호 기획이사가 기고를 하였다. 한국개발원(KDI)은 2007년 2월 11일에 발표한 '고령화 사회 대비 협동연구 보고서' 에서 연금의 구조조정을 촉구하였다. 고려대학교 경제학과의 이만우 교수는 '연금개혁 더 이상 늦춰서는 안 된다' 라는 제목의 기고문을 2007년 2월 23일자 경향신문에 실었다.

연금개혁 관련법의 조속한 처리를 누구보다 손꼽아 기다리던 사람은 복지부 장관이었을 것이다. 유시민 장관은 2007년 1월 29일에 있었던 한국언론재단 주최의 포럼에서 "공무원연금과 국민연금은 시기상으로나 내용상으로 같이 개혁하는 게 옳다."면서 다시 한 번 연금개혁의 전선을 확대시켰다. 그와 같은 발언은 개혁 전선의 확대를 통해 연금 논의에서 발을 빼버린 한나라당을 끌어들이기 위한 전략으로 해석된다.

한나라당의 반응이 신통치 않자, 유 장관은 2007년 2월 23일 문화방송(MBC) 라디오 프로그램 '손석희의 시선집중'에 출연하여 한나라당을 향해 독설을 퍼부었다. 즉, "(한나라당은) 국민에 대한 책임성, 국정에 대한 책임성은 1% 미만"이라고 말했던 것이다. 이어서 한나라당의 지도부를 공격하기도 하고 공무원연금 개혁이 지지부진한 것에 대해서는 행자부 장관(박명재)을 비판하기도 하였다(서울신문, 2007. 2. 24.). 그와 같은 발언은 모두 연금개혁 관련법의 2007년 2월 국회 처리를 촉구하기 위한 의도에서 나온 것으로 보인다.

국민연금 개혁의 조속한 마무리를 초조하게 기다리기는 노 대통령도 마찬가지였다. 2002년 대선에서 당시 한나라당의 이회창 후보를 상대로 '용돈연금' 논란을 불러일으킨 장본인이었지만 대통령 당선 이후에는 입장을 변경함으로써 한나라당으로부터 사과를 끈질기게 요구받고 있었기 때문에 연금개혁에 대한 마음의 빚이 컸을 것으로 분석된다.

그런 노 대통령에게 빚을 갚을 수 있는 모처럼의 기회가 왔다. 다름이 아니라 노 대통령이 2007년 2월 9일에 한나라당의 강재섭 대표를 청와대로 초청하여 국정현안에 대한 회담을 가졌던 것이다. 회담 결과 다섯 개 항에 걸친 공동발표문이 나왔는데, 제1항은 민생경제를 위해 여섯 가지 과제를 추진하는 데 적극 협력하기로 한다는 내용이었다. 그 여섯 가지 과제 중에는 국민연금제도 개혁의 과제가 포함되어 있었다.

관심의 초점은 두 사람 사이의 논의내용이 앞으로 얼마만큼 진전될 수 있을까에 모아지고 있었다. 물론 열린우리당과 한나라당은 그날 회담에서 논의된 내용을 2월 임시국회에서 처리하기 위해 곧 협의에 나설 예정이라고 보도되었지만(한겨레신문, 2007. 2. 10.) 그날 회담 분위기를 보면 전망은 밝지 못했다. 즉, "민생문제엔 의견을 모았지만 대통령의 정치적 중립과 개헌 문제 등 정치현안에선 한 치 양보도 없이 첨예하게 대립했다."는 기사가 함께 나왔기 때문이다(한겨레신문, 2007. 2. 10.).

이와 같은 언론과 전문가들의 비난 및 촉구 그리고 정부와 여당의 압력에 대해 한나라당은 두 달 넘게 묵묵부답으로 일관하고 있었다. 그러던 한나라당의 태도에 변화의 조짐이 나타난 때는 2007년 3월 1일이었다. 그날 전재희 한나라당 정책위 의장은 "국민연금법 수정동의안 발의[1]를 검토 중인 것은 사실"이라면서 그 이유를 "한나라당이 퇴장한 상태에서 국민연금법 개정안이 복지위를 통과했으며 현재 개정안으로는 근본 개혁이 되지 않는다고 생각한다."라고 밝혔다(세계일보, 2007. 3. 2.).

전재희 의장의 발언을 분석하면 다음과 같은 사실을 추정할 수 있다. 먼저 한나라당은 2006년 11월 30일과 같은 해 12월 7일에 내린 복지위의 다수결 원칙에 의한 연금개혁안에 대해 승복할 수 없다는 것이었다. 그래서 2개월간 법사위의 심의를 거부한 채 국회 본회의에서 진검승부, 즉 자신의 수정동의안을 본회의에 직접 상정하여 다시 한 번 정부 및 여당안을 상대로 표 대결을 펼쳐 보는 방안을 검토하였다는 것이다. 그 결과 진검승부를 감행하는 방향으로 당의 분위기가 기울고 있었던 것으로 알려졌다.

문제는 국회 본회의에서 진검승부를 했을 때 이길 승산이 있는가에 대한 점검이었다. 당시 국회의석 분포를 보면, 한나라당의 의석은 모두 127석이었기 때문에 한나라당 단독의 힘만으로는 152석의 우리당에 승산이 없었던 것이다. 그래서 그날 전재희 의장은 일부 다른 세력과의 논의가 불가피하다는 점을 시인함과 동시에 기초연금 지급대상의 범위와 지급액 부분에서 다소의 양보 가능성도 있음을 시사하였다(세계일보, 2007. 3. 2.).

다른 세력과의 공조 가능성과 연관해서 검토되어야 할 부분이 있다. 다

1) 「국회법」 제95조에는 수정동의안 제출에 관한 규정이 나온다.

시 말하자면, 연금개혁과 관련하여 한나라당이 염두에 두고 있던 동조세력 또는 협조세력은 과연 누구인가? 그 질문에 대한 해답을 찾으려면 우선 민노당(9석)을 떠올릴 수 있다. 앞에서 보았듯이, 한나라당은 이미 2006년 11월 30일과 같은 해 12월 7일의 복지위 활동에서 연합전선을 구축한 경험이 있기 때문에 민노당과 동반자가 되는 것은 어렵지 않을 것으로 판단되었다.

그런데 한나라당의 고민은 두 당이 연합하더라도 과반수 의석이 되지 않기 때문에 여전히 승산이 없다는 데에 있었다. 그렇다면 사정이 불리함에도 불구하고 엄청난 비난을 받게 될지도 모를 수정동의안 제출을 감행하는 것은 무모하기 짝이 없는 어리석은 행동이 된다. 한나라당은 과연 그렇게 어리석은 정당이었는가? 이 질문에 대한 답을 찾으려면 당시의 우리당 내부사정에 대한 역사를 반드시 알아야 한다.

한나라당의 계산

2003년 11월에 창당하여 2004년 4월 총선거의 압승으로 승승장구하던 우리당은 이후 재보궐선거와 2006년 5월 31일 지방선거에서 잇달아 패배하는 등 정당지지도가 10% 선을 헤맬 정도로 고전하고 있었다. 그런 상황으로는 2007년 대선에서의 패배 역시 명약관화하였다. 그리하여 등장한 타개책이 대통합신당의 건설이라는 대안이었다. 그 대안에 따라 2006년 하반기부터 민주당과의 재통합, 시민사회 등 다양한 연대 등이 모색되고 있었다. 그렇게 당내 분위기가 어수선한 가운데 당 소속 국회의원 일부가 탈당을 선언하였다.

의원 탈당의 최초 케이스는 2007년 1월 22일에 당을 떠난 임종인 의원이었다. 임 의원을 뒤따르는 의원들이 속출하였는데, 2월 6일에는 23명이 한꺼번에 탈당함으로써 우리당의 의석 수가 한나라당에 이어 2위로 내려앉게 되었다.

한마디로, 2007년 2월의 당시 여당인 우리당의 내부 상황은 지리멸렬 그 자체였다. 따라서 한나라당이 보기에는 탈당한 전 우리당 의원들이 탈당한 후에는 우리당에 협조할 것 같지 않다는 판단을 한 것 같다. 바로 그와 같은 표 계산이 한나라당으로 하여금 국회 본회의에서의 진검승부라는 결정을 내리도록 유도했던 것으로 분석된다.

사실 그때까지의 정치 상황을 분석해 보면, 한나라당은 정부의 연금개혁에 제동을 걸면서 자신들의 강점이라고 판단한 기초연금을 성사시키기 위해 가능한 한 최대로 시간을 끄는 일종의 지연 전술을 쓰고 있었다. 그러나 우리당의 내부 사정에 변화가 발생하자, 지연 전술에서 표 대결이라는 정면돌파 전술로 전환한 것으로 해석된다.

그와 같은 한나라당의 지연 전술은 정부와 여당을 궁지에 몰아넣을 수 있을 만큼 효력을 발휘하였다. 그러나 다른 한편으로 국민연금의 발전 측면에서 보면, 막대한 추가손실을 유발하는 부작용을 낳기도 하였다. 우선 정부와 여당으로 하여금 '70년 후의 적립배율 2배' 목표를 포기하게 함으로써 재정 안정화 계획을 후퇴시켰다. 나아가 연금개혁을 지연시킴으로 인해 추가 손실을 발생시켰다. 왜냐하면 재정 불안정으로 인한 잠재부채는 시간의 흐름에 따라 기하급수적으로 늘어나는 경향이 있기 때문이다.

앞에서 수차 설명한 바와 같이, 당시의 국민연금제도는 '덜 내고 많이 받는' 공식에 기초하고 있었기 때문에 공식을 수정하는 개혁이 하루라도 늦어지면 그만큼 개혁의 비용이 늘어날 수밖에 없었다. 그렇게 본다면 한나라당의 전술은 소탐대실, 즉 정치에서는 승리했지만 국익에는 도움이 되지 않는 것이었다. 이런 현상이야말로 이 책이 분석하고 있는 '정치 역설' 인 것이다.

한나라당이 유발한 '정치 역설' 을 좀 더 세밀하게 고찰해 본다. 하나의 법률안이 국회에서 법으로 통과되는 과정은 단순하지 않다. 가장 통상적인 방법은 상임위원회(상임위)를 거치면서 여야 간에 절충하고 타협하여 단일안을 도출하는 것이다. 단일안이 여의치 않으면 표 대결을 거쳐 다수결로 결정한다. 그러나 「국회법」 제95조에는 통상적인 방법과는 다른 수정동의안 제출에 관한 규정이 나와 있다. 즉, 의원 30인 이상의 찬성이 있으면 상임위 과정을 거치지 않고 국회 본회의에 직접 수정동의안을 제출할 수 있는 길을 열어 놓고 있다.

그러니까 정부와 여당이 제출한 연금개혁안이 상임위를 통과하였음에도 한나라당은 「국회법」 제95조에 따라 자신들의 개혁안을 본회의에 직접 상정하여 다시 한 번 표 대결을 펼쳐 보겠다는 의지를 불태우고 있었던 것이다.

유시민 장관의 한나라당에 대한 비난에도 불구하고 2월 임시국회는 연금개혁 관련 법안들을 처리하지 못한 채 2007년 3월 6일에 종료되었다. 그 결과 연금법안은 2007년 3월 12일부터 4월 2일까지 열리는 3월 임시국회에서 다시 논의될 수밖에 없었다.

그러나 과연 본회의에서 표 대결이 벌어질지에 대해서는 어느 누구도 장담하지 못하였다. 그와 같은 분위기를 보도한 2007년 3월 8일자 세계일보에는 흥미로운 내용이 실렸다. 연금개혁에 대한 국회 처리의 전망이 불투명한 이유로서 정부안과 한나라당안 사이에 큰 차이가 존재한다는 것과 정부안대로 통과될 경우 그 공적이 유시민 장관에게 돌아간다는 지적이 있었다. 정적이 많았던 유 장관 때문에 연금개혁이 안 될 수 있다는 우려가 다시 나온 것이다.

본회의에 직접 수정동의안을 제출하는 것에 대한 정치적 부담을 안고 있던 한나라당이 최종 결정을 내린 시점은 대략 3월 말로 추정된다. 정부와 여당이 제출한 「국민연금법」 개정안과 「기초노령연금법」안을 심의할 법사위의 개최를 한나라당이 합의해 준 시점이 바로 그때였기 때문이다.

그때까지 지연 전술을 사용하던 한나라당으로서는 4월 2일로 끝나는 3월 임시국회까지 넘기게 되면 연금개혁 실패의 책임이 한나라당에 있다고 하는 여론의 질타를 의식하지 않을 수 없었다. 특히 기초노령연금을 '공짜' 연금으로 기대하고 있던 노인들의 표를 감안하지 않을 수 없었다.

더욱이 본회의에서의 표 대결에 어느 정도 승산이 있다고 판단했다면 더 이상 시간을 끌 필요가 없었던 것이다.

그와 같은 태도에 대해 2007년 4월 2일자 경향신문 사설은 "의원 일정 수의 서명을 받아 수정안을 내는 것은 법적으로 보장돼 있고 또한 실제 가끔 있는 일이기도 하다.…… 한나라당의 국민연금 수정안은 그 내용이 공개된 적이 없다. 일반 국민은 물론 정부 관계자들조차 정확히 모르는 상태다. 그러니 수정안을 내는 진의가 의심스럽다."라고 비판한 후 "오랜 산고 끝에 마지막 처리 단계에 있는 지금 판을 깨는 일은 없어야 한다. 한나라당은 개혁안 처리에 협조하는 성숙한 모습을 보여 주기 바란다."라고 요청하였다.

정부의 반응은 훨씬 더 강경하였다. 한나라당의 수정동의안 제출이 최종 확인된 2007년 4월 1일에 권오규 경제부총리, 유시민 복지부 장관, 장병완 기획예산처 장관은 긴급회동을 갖고 "한나라당의 국민연금법 개정 수정안이 보건복지위에서 제시된 내용이라면 받아들일 수 없다."고 밝혔던 것이다(동아일보, 2007. 4. 2.).

표 대결을 벌인 네 법안

3월 임시국회가 열리고 있던 2007년 3월 29일에 드디어 법사위의 법안소위가 열렸다. 그리고 그다음 날에는 법사위 전체회의가 개최되었다. 자구심사가 이루어졌지만 회의 결과는 주요 내용에 대한 수정 없이 원안대로 가결되었다. 3개월 넘게 잠자고 있던 법안이 단 이틀 만에 처리되었다. 이로서 국회 진검승부의 준비는 끝났으며 이제 2007년 4월 2일 오후 2시 국회 본회의의 의결 절차라는 결전의 순간만 남겨두게 되었다.

3월 임시국회 마지막 순간인 2007년 4월 2일이 되자, 한나라당은 예상대로 민노당과 연합하면서 「기초노령연금법」과 「국민연금법」 수정동의안을 제출하였다. 그렇다면 여야 법안 사이에는 과연 어떤 차이가 있었기에 통상적인 방법으로 법안 처리를 하지 못하고 수정동의안까지 제출하면서 끝까지 으르렁거렸는가에 대해 점검할 필요가 있다. 그렇게 함으로써 지난 3년 반 동안 정부와 한나라당이 연금개혁을 둘러싸고 벌인 정책 대결과 정치적 신경전을 보다 명료하게 이해할 수 있다.

우선 투표대상이 되었던 4개 법안의 주요 내용을 살펴본다. 정부와 여당이 제출한 「기초노령연금법」안은 2008년 1월부터 70세 이상 노인 가운데 소득이 하위 60% 이내인 노인들을 대상으로 월 8만 9천 원(가입자 평균 소득의 5%)을 지급하게 되는데, 2008년 7월부터 대상자가 65세 이상으로 확대되도록 예정되어 있었다. 한편, 정부와 여당이 제출한 「국민연금법」 개정안에 의하면, 현행 9%의 국민연금 보험료율을 12.9%로 인상하고 현행 60%인 소득대체율은 50%로 낮추도록 설계되었다.

반면에 한나라당과 민주노동당이 제출했던 수정안 중 기초연금은 65세 이상 노인의 80%에게 가입자 평균소득액의 10%(시작은 5%에서 한 후 2018년까지 상향조정)를 지급한다는 것이었다. 그리고 국민연금의 보험료율은 현행대로 유지하되 소득대체율은 40%로 낮춘다는 내용을 담고 있었다.

기초연금의 대상범위를 비교하면 여당의 60%에 비해 한나라당은 80%로 20% 포인트 더 높게 잡고 있었다. 연금액수에서는 여야 간에, 특히 시작 초기에는 큰 차이가 없었다. 그러나 한나라당이 2018년까지 점진적으로 인상할 것을 못 박고 있는 데 반해 여당은 미래에 대한 약속을 하지 않았다.

국민연금의 보험료율과 소득대체율 간의 상관관계를 보면 여당은 12.9%를 내고 50%를 받는 데 비해 한나라당은 9%를 내고 40%를 받도록 설계하였다. 요약하자면, 좀 더 내고 좀 더 받게 하자는 것이 여당안이며 한나라당 안은 좀 덜 내고 좀 덜 받자는 것이었다.

그런데 이런 비교를 하다보면 다음과 같은 의문이 생긴다. 여야의 입장 차이가 생각만큼 크지 않은데, 왜 합의를 해서 단일안을 만들지 못하고 막판까지 진검승부를 하게 되었는가? 사실 막판에 제출된 법안들만 보면 여야 간의 차이가 크지 않았다고 볼 수도 있다.

그러나 앞에서 고찰하였듯이, 지난 3년 반의 과정을 보면 여야 간에 무수한 줄다리기와 정책경쟁이 있었다. 따라서 2007년 4월 2일 현재의 여야 간 입장 차이는 여야 간에 있었던 직 · 간접의 협상에 힘입어 많이 좁혀졌다고 해석된다. 협상 과정을 좀 더 구체적으로 살펴보면 다음과 같다.

2007년 4월 2일 진검승부의 발단은 국민연금 개혁, 즉 '적게 내고 많이 받는' 방식을 '더 내고 덜 받는' 방식으로 바꾸려는 법 개정 시도에서 시작되었다. 국민연금 역사를 보면, 제1차 개혁이었던 1998년의 「국민연금법」 개정은 큰 충돌 없이 이루어졌다. 그러나 2003년에 시작된 두 번째 시도는 3년 반이 넘는 극한대립의 양상을 연출하였다. 그런 3년 반을 회상해 보면, 재정 안정화와 같은 연금개혁의 기조가 후퇴하였던 반면 사각지대 해소 등의 연금개선 측면에서는 일정 정도의 진전이 있었음을 알 수 있다.

제2차 연금개혁은 국민연금발전위원회(위원회)의 2003년도 보고서로부터 연유되었다. 보고서를 통해 위원회는 세 가지의 재정 안정화 방안을 제시하였는데, 그중 어느 것을 택하더라도 2070년까지 기금이 고갈되지 않을 것으로 추산되었다. 이어서 정부는 위원회의 세 가지 방안 중 두 번째 것을 선택하고 그것에 기초한 「국민연금법」 개정안을 국회에 제출하였다.

그러나 한나라당은 연금을 줄이는 연금개혁보다 수급자를 늘리는 연금개선이 더 시급하다는 반론을 펴면서 기초연금의 도입을 주장하였다. 그와 같이 초기 한나라당의 태도는 기초연금에 주력하면서 재정 안정화 문제는 비켜 나갔다. 재원 확보가 난제이긴 하였지만 무상으로 지급한다는 이유로 인해 기초연금의 인기가 높을 수밖에 없다는 사실을 한나라당이 십분 활용하였다. 그와 같은 여야 간의 근본적 시각 차이 때문에 제16대 국회에 제출되었던 「국민연금법」 개정안은 제대로 심의되지 못한 채 회기 만료로 인한 자동 폐기의 비운을 맞았다.

第17대 국회가 열리자마자, 정부는 그 이전과 유사한 「국민연금법」 개정안을 다시 국회에 제출하였다. 재정 안정화 기반을 완전히 구축한 후에 사각지대 문제를 해소하겠다는 정부의 의지가 다시 표면화되었던 것이다. 이에 대해 야당은 사각지대 해소가 더 시급하다는 주장을 굽히지 않으면서 정부가 제출한 「국민연금법」 개정안에 대한 심의를 지연시켰다.

연금개선과 연금개혁을 말로만 하던 한나라당이 보다 구체적인 법률안을 국회에 제출한 시기는 최초의 정부안이 제출된 것보다 1년 이상이나 늦었다. 이후 한나라당은 자신들의 안, 즉 기초연금을 우선적으로 처리하지 않으면 어떤 종류의 연금개혁도 수용할 수 없다는 강경 입장을 고수하였다.

초기에 밝혀진 한나라당의 국민연금법 개정안 중 재정 안정화 측면은 사실 정부 · 여당안보다 더 급진적이고 가혹한 개혁으로 분석될 수 있다. 왜냐하면 조세를 재원으로 하는 기초연금의 소득대체율 20%를 제외한 순수 국민연금의 소득대체율은 20%에 불과하였는데, 이는 당시 여당안의 40%에 비하면 절반에 해당되었기 때문이다. 그러나 다수의 국민들은 한나라당의 연금개혁을 기초연금과 동일시하다 보니 그 뒤에 가려져 있던 재정 개혁의 급진성을 미처 느끼지 못하였던 것이다.

이와 같이 초기 국면은 재정 안정화와 사각지대 해소가 팽팽히 맞서는 바람에 마치 여야가 동상이몽을 하는 것과 같아서 양자 간의 절충 및 타협의 가능성은 희박하였다. 그와 같은 경색된 분위기를 전환시키기 위한 양보는 여당과 정부에서 먼저 시작되었다. 우선 정부와 여당은 어떤 형태로든 기초연금을 수용함과 동시에 소득대체율과 보험료율 그리고 기초연금의 대상자 범위와 연금액수 등에 대한 계수 조정의 가능성을 열었던 것이다.

그렇게 되자, 한나라당에서도 조금씩 협상에 응하기 시작하였고 그 결과 마지막 진검승부까지 오게 된 것이다. 계수변화를 간단히 정리하면 정부와 여당의 경우 기초연금 대상자는 처음에 저소득층 노인 40%에서 시작하여 최종 60%까지 인상되었고 연금액수는 소득별 3단계를 제안하였다가 막판에는 가입자 평균소득의 5%로 단일화하였다. 반면 한나라당은 처음에 전체 노인을 대상으로 가입자 평균소득의 5%에 해당하는 금액을 지급하되 점차 20%까지 인상한다는 안을 제시하였다. 그러나 막판에는 대상을 전체 노인에서 저소득층 노인 80%로 축소하였고 연금액수는 5%에서 시작하여 10%까지 인상하는 것으로 낮추었다.

국민연금과 관련해서는 정부와 여당은 소득대체율을 현행 60%에서 50%로 낮추고, 보험료율은 9%에서 15.9%로 높이는 안을 최초에 제시하였다가, 40%의 소득대체율과 11.9%의 보험료율로 바꾼 바 있다. 그러나 막판 카드는 50%의 소득대체율과 12.9%의 보험료율로 낙착되었다. 이에 반해 한나라당의 최초 아이디어는 현행 60%의 소득대체율을 20%로 낮추고 대신 현행 9%의 보험료율을 7%로 인하한다는 것이었다. 그러나 막판에 제시된 수정안에는 소득대체율을 40%로 낮추되 보험료율은 현행 9%를 유지하는 것으로 변경되었다.

코미디로 변한 진검승부

드디어 3월 임시국회 마지막 날인 2007년 4월 2일의 아침이 밝았다. 그 날 오전의 상황에 대해 유시민 장관은 앞에서 소개했던 자신의 책을 통해 "아침에 표 점검을 해 보니 부결 가능성이 높았다."라고 전하면서 그 이유를 우리당을 탈당한 의원들의 반대 때문으로 보았다. 그러면서도 유 장관은 대통령에게 "그냥 표류하다가 폐기되는 것보다는 차라리 부결되는 편이 다시 일을 시작하는 데 좋다."는 논리를 들어 표결 강행 방침을 재확인하였다(유시민, 2009: 282). 이는 제16대 국회에서 「국민연금법」 개정안이 자동 폐기되었던 경험을 제17대 국회가 되풀이해서는 안 된다는 의지를 피력한 것으로 해석할 수 있다.

「국회법」 제96조는 수정안의 표결 순서를 규정하고 있는데, 최후로 제출된 수정안부터 먼저 표결하는 것으로 되어 있다. 따라서 4개의 법안에 대한 표결 순서는 「국민연금법」 개정안에 대한 한나라당의 수정안(정형근 의원 등 134인 발의)을 먼저 투표에 부치게 되었다. 만약 그것이 부결되면 그다음은 정부 및 여당의 개정안을 처리하는 것이었다. 「국민연금법」 개정안에 대한 투표에 이어 「기초노령연금법」의 한나라당 수정안(박재완 의원 대표 발의)을 투표하고 만약 그것이 부결되면 정부 및 여당의 안을 투표에 부치게 되어 있었다.

2007년 4월 2일 오후 본회의에 출석한 의원은 모두 270명이었다. 투표 결과를 보면, 첫 번째 안건이었던 「국민연금법」 개정안에 대한 한나라당의 수정안은 찬성 131표, 반대 136표, 기권 3표로 가결에 필요한 136표에 5표가 부족함으로써 부결되었다. 그다음 순서인 정부 및 여당의 개정안은 찬성 123표, 반대 124표, 기권 23표를 받음으로써 역시 부결되었다. 세 번째 안건인 「기초노령연금법」의 한나라당 수정안은 재석의원 266인 중 찬성 122표, 반대 144표로 부결되었다. 마지막으로 진행된 정부 및 여당의 「기초노령연금법」안은 재석의원 265인 중 찬성 254표, 반대 9표, 기권2표로 통과되었다.

이와 같이 총 네 건에 달하는 연금개혁 관련법에 대한 투표 결과에서 가결된 것은 정부와 여당이 제출한 「기초노령연금법」안 한 건뿐이었다. 이와 같은 결과는 의원들의 투표행위가 비논리적일 뿐 아니라 웃음을 자아낼 만큼 비이성적이라는 비판을 받게 하였다. 그 이유는 다음과 같다.

우선 재정 안정화와 직결되는 「국민연금법」 개정안의 경우 여야의 안이 모두 부결되었는데, 이는 국회가 연금개혁에 대해 반대한다는 의미를 지니기 때문에 보통의 상식으로는 이해할 수 없는 처사다. 반면 정부 재정을 늘려야 하는 「기초노령연금법」안을 통과시킨 것은 연금제도에 대한 의원들의 기본지식을 의심하지 않을 수 없게 한다.

앞에서 수차 설명하였듯이, 연금개혁의 논의는 연금재정의 장기적 불안, 즉 미래의 어느 시점이 되면 연금지출을 위해 막대한 금액의 정부 재정이 들어가야 하는 비정상적 사태가 발생하기 때문에 이를 사전에 예방하자는 취지에서 시작된 것이다. 그런데 3년 반 동안의 국회 활동 결과로 나타난 국회의원들의 인식을 보면 재정불안에 대한 우려는 전혀 남의 일이었음이 확인된 것이다. 반면 재정부담이 늘어나더라도 표 얻기에 도움이 된다고 판단되면 여지 없이 그 안에 찬성하는 성향을 드러냈다. 그와 같은 결과를 정부 측 입장에서 본다면 재정불안이라는 혹을 떼려다 기초연금이라는 또 다른 혹을 붙인 격이 되었던 것이다.

2007년 4월 2일 오후 본회의 투표 결과가 나오자, 정치권은 서로 상대방의 잘못을 지적하는 데 열을 올렸다. 정치권의 입장을 취재한 2007년 4월 4일자 경향신문 기사를 보면 김형오 원내대표는 "정부안과 한나라당 안이 모두 부결됐지만 한나라당 안이 더 많은 지지를 받은 만큼 앞으로 이를 중심으로 합리적인 안을 만들겠다."라고 말한 것으로 전해졌다. 천만다행했던 일은 한나라당이 연금개혁의 대열에서 완전히 철수하지 않고 추가 노력을 약속했다는 점이었다.

우리당의 정세균 의장은 "감세를 외쳐 온 한나라당이 갑자기 수십조, 수백조 원이 들어가는 수정안을 본회의에 불쑥 내미는 것은 도저히 납득할 수 없다."라고 비난하였다. 한편, 무더기 기권표를 던졌던 통합신당모임은 "원안, 수정안 모두 국민연금 재정의 안정을 도모하기엔 미흡하다."면서 자신들의 행위를 정당화하였다.

2007년 4월 2일 본회의 투표 결과에 대한 여러 가지 원인 분석 중 압권은 역시 우리당을 탈당한 의원들의 집단행동에 관한 내용이었다. 소문에 의하면, 그들은 유 장관이 미워서 기권해 버렸다는 것이다. 그날의 투표 결과를 다시 점검해 보면, 탈당파 31명 중 표결에 참여한 27명 가운데 18명(통합신당모임 14명, 민생정치모임 4명)이 기권하였다. 만약 그들이 기권하지 않았다면 정부와 여당의 「국민연금법」 개정안은 무난히 가결될 수 있었다는 가정이 성립되기 때문에 그러한 분석은 더욱더 큰 아쉬움을 남겼다.

앞에서 소개되었던 유 장관의 책에 나오는 우리당 탈당파의 반대표 예상은 결국 현실로 나타났다. 그런데 그러한 사실을 확인할 수 있는 발언이 한나라당에서 나왔다. 전여옥 최고의원은 "모 인사에 대한 반감 때문에 탈당파가 부표를 던졌다는 말이 있는데, 이래서야 전직 여당의원이라 할 수 있느냐."라고 비꼬았다는 것이다(경향신문, 2007. 4. 6.).

국익을 생각하는 국회의원들이 나라의 백년대계라고 할 수 있는 국민연금을 논하면서 어찌 사사로운 감정에 사로잡힐 수 있겠는가라고 반문할 수 있을 것이다. 그러나 그런 사실이 국민연금의 역사에서 실제로 나타났다. 이 책이 주목하고 있는 국민연금 역설 중의 하나인 '정치 역설'이 재확인되는 부분이다.

정치권의 유치한 행동과는 달리 정부의 실망과 언론의 비난은 극에 달하였다. 복지부 관계자는 "2003년부터 의욕적으로 추진한 법안이 사실상 폐기돼 지금으로선 어떤 얘기도 할 수 없다."라는 말로 실망감을 표현하였다(서울신문, 2007. 4. 3.). 다음 날엔 권오규 경제부총리, 장병완 기획예산처 장관, 유시민 보건복지부 장관 등 3인이 공동명의로 '국민연금법 개정안 부결에 대한 정부 입장' 이란 성명서를 내고 국민연금제도의 조속한 개선을 정치권에 촉구했다(경향신문, 2007. 4. 4.).

유시민 장관은 개인 블로그에 올린 '국민 여러분께 드리는 글' 에서 "오늘 이 시각부터 보건복지부는 새로 시작하는 마음으로 국민연금 개혁에 착수합니다. 이제는 어제와는 다른 방식으로 저도 힘을 보태겠습니다."라고 역설하였다(경향신문, 2007. 4. 6.). 그의 발언을 분석하면, 향후 한나라당과의 협상 과정에서 기존의 정부 입장을 수정하거나 양보할 수 있다는 가능성을 시사한 것으로 해석된다. 며칠 후에 판명된 사실이었지만 그가 얘기한 "저도 힘을 보태겠습니다."라는 말의 의미는 장관 사퇴였다.

언론의 반응을 정리해 본다. 세계일보는 2007년 4월 4일자 사설에서 "국민연금 개혁안이 부결된 데는 특히 정부 연금 개정안을 대신해 느닷없이 수정동의안을 제출하고 정부 개혁안에 반대표를 던진 한나라당의 책임이 크다.…… 연금개혁안에 반대해 놓고 정작 국민 부담을 새로 늘리게 하는 기초노령연금법에는 찬성하는 이율배반은 대선을 앞두고 노인 표를 의식한 속 보이는 짓이다.…… 유시민 복지부 장관에게 반감을 가진 열린 우리당 탈당파들의 기권이 국민연금 개혁안 부결에 일조했다는 해석도 있으나 입에 담기조차 민망하다."라고 비판하였다.

같은 날 국민일보 사설은 "각 당이 노인 표를 의식해 부수법안에만 매달리고 정치적 부담이 가는 개혁법안은 외면한 꼴이다."라고 혹평하였다. 한국일보 사설은 "정치권은 정부 개정안을 더 이상 훼손하지 않는 범위에서 재논의를 거쳐 새로운 개혁안을 조속히 처리해야 한다."라고 촉구하였다.

시민단체들은 언제나 그랬듯이 연금개혁을 원점에서 그리고 사회적 합의기구를 통해서 해야 된다는 주장을 되풀이하였다. 참여연대 박원석 협동사무처장은 "연금가입자들의 불신을 해소하려면 지금이라도 사회적 합의를 통해 법 개정을 추진하는 자세가 필요하다."라고 강조했다(한국일보, 2007. 4. 4.).

26

계속되는 정치협상에 진전은 없어

국민연금법 개정과 기초연금법 제정의 상관관계

앞에서 보았듯이, 언론은 하나같이 정치권을 비난하면서 정부의 「국민연금법」 개정 계획을 적극 지원하고 나섰다. 한때 정부의 연금개혁에 대해 부정적이었던 언론의 태도가 무슨 이유로 그와 같이 변화되었을까? 2007년 4월 2일 본회의 투표 결과가 많은 사람들로부터 비난과 질책을 받았던 이유를 이해하려면 먼저 그날 투표에 부쳐진 두 종류의 법안, 즉 「국민연금법」 개정안과 「기초노령연금법」 제정안의 상관관계를 알아야 한다.

앞에서 여러 차례 설명한 바와 같이, 「국민연금법」 개정안의 주목적은 재정 안정화였던 반면 「기초노령연금법」 제정안의 주목적은 사각지대 해소였다. 정부가 연금개혁에 시동을 걸었을 당시에는 재정 안정화에 우선순위를 두었다. 그러나 한나라당 등 정치권이 가세하면서 사각지대 문제가 오히려 핵심 쟁점이 되었다. 여야 간의 팽팽한 줄다리기가 장기화되자, 국회의 논의 과정이 교착상태에 빠져들고 말았다.

국회의 공전사태를 타개하기 위해서는 정부 측의 양보가 필수적이라는 사실을 인식한 유시민 장관은 「국민연금법」 개정과 「기초연금법」 제정이란 두 개의 사안을 하나의 묶음으로 엮어 보는 전략을 수립하였다. 다시 말하자면, 정부가 야당에게 기초연금이라는 선물을 주면 야당은 정부에게 「국민연금법」 개정을 반대하지 않는 정도의 답례를 해 줄 것으로 기대했던 듯하다.

그러한 전략을 수립할 당시를 회고한 유 장관은 교착상태에 빠져 있던 「국민연금법」 개정안을 무동력 새우잡이 배인 멍텅구리 배에 비유하였다. 당시 상황을 인용해 본다. “장관 지명을 받자마자, 이해찬 당시 총리에게 이 무동력 법안에 예인선을 붙이자고 건의했다.…… 정부가 두 법안을 한 묶음으로 처리한다는 방침을 세우면 효도연금법(기초연금법)에 관심을 가진 노인단체와 고령 유권자들이 국민연금법 개정안 처리에 힘을 보탤 것”이라고 주장했던 것이다(유시민, 2009: 276).

유 장관의 전략에 따르면, 「국민연금법」 개정안은 멍텅구리 배였고 「기초노령연금법」 제정안은 예인선이었다. 즉, 양자는 분리 독립되어 존재할 수 없는 실과 바늘 같은 하나의 세트였다. 그와 같은 한 묶음 속의 두 법안 중 하나는 부결되고 다른 하나는 가결되었던 것이다. 유 장관의 비유대로라면, 예인선은 움직일 수 있게 된 반면 멍텅구리 배는 여전히 닻에 묶여 버렸던 것이다. 그렇다면 멍텅구리 배가 없는 예인선은 더 이상 예인선이라 부를 수 없게 된다.

다른 배를 끌어야 할 예인선이 혼자서 돌아다녀 봐야 무슨 소용이 있겠는가? 그와 같은 모습은 황당하고 우스꽝스러운 것임에 틀림없었다. 그래서 다수의 사람들이 비난의 목소리를 높였던 것이다. 그렇다면 「국민연금법」 개정안에 동의하지 않은 국회의원들은 무슨 생각을 하였을까? 이 책에서 수차 등장하고 있는 ‘정치 역설’을 적용하면 그 답이 곧바로 나온다.

유 장관은 「국민연금법」 개정안과 「기초노령연금법」 제정안의 상관관계를 멍텅구리 배와 예인선의 관계로 비유하였지만 당시의 많은 연금 전문가들은 쓴 약과 감초의 관계로 보았다. 즉, 「국민연금법」 개정안은 가입자들에게 단기적으로는 고통스러운 쓴 약과 같아서 선뜻 먹으려고 하지 않기 때문에 쓴맛을 완화시키는 기초노령연금이라는 감초와 함께 복용하도록 처방을 내린 것이다. 그런데 국회의원들은 표 얻기에 유리한 감초만 받아들인 반면 표를 잃게 하는 쓴 약은 슬쩍 던져 버렸다. 결국 무엇을 위한 감초인가라는 힐책을 받을 수밖에 없었던 것이다.

곧바로 재개된 정치협상

2007년 4월 2일 본회의 투표 결과는 국민연금 역사에서 씻을 수 없는 불명예의 오점을 남겼다. 그러나 역사적 사실에는 언제나 100% 나쁜 것으로만 해석할 수 없는 부분이 있다. 이번 경우에도 마찬가지였다. 그것은 다름 아니라 투표 결과가 너무나 황당하고 어처구니가 없었기 때문에 그런 행동의 장본인들조차 자신들의 행동에 불만을 가지게 되었다는 것이다. 다시 말해, 그날을 계기로 그들은 여야가 힘을 모아 보다 나은 법안을 만드는 것에 진력하겠다는 분위기를 조성하기 시작하였다.

정부는 그와 같은 긍정적 측면을 의외로 이른 시기에 포착할 수 있었던 것 같다. 즉, 개혁을 외면했다는 비난여론이 예상보다 거세게 일어나자, 어떤 식으로든지 손을 쓸 수밖에 없는 것이 정치권의 입장이라고 분석하고 일주일 내에 새로운 시도의 이니셔티브를 정부가 잡을 계획임을 밝혔다(한국일보, 2007. 4. 4.).

정부가 취할 새로운 행동 계획의 실마리는 유 장관의 사퇴의사 표명으로부터 나타나기 시작하였다. 유 장관은 국회 본회의 투표 결과가 밝혀진 지 나흘 후인 2007년 4월 6일 「국민연금법」 개정안이 국회에서 부결된 데 책임을 지고 노 대통령에게 사의를 표명하였다(한국일보, 2007. 4. 7.). 사의 표명의 동기에 대한 유 장관 자신의 설명을 보면, 주무 장관을 문책 경질하는 것이 연금개혁의 불씨를 살리는 최선의 길이라고 판단하였다는 것이다. 즉, 그렇게 함으로써 법안 부결에 대한 강력한 역풍을 불러일으킬 수 있다는 논리를 폈다(유시민, 2009: 283).

유 장관은 그날 MBC 라디오에서 "저 때문에 정말 법 개정이 어렵다면 장관직 하는 게 국민에 대한 도리는 아니다."라고 말한 것으로 전해졌다(한국일보, 2007. 4. 7.). 한편, 한덕수 총리는 국회에서 홀로 통과된 「기초노령연금법」안에 대해 대통령이 거부권을 행사하도록 건의할 방침을 밝혔고 청와대는 "건의가 오면 검토할 예정"이라고 대응하였다(한국일보, 2007. 4. 4.). 이는 「기초노령연금법」과 「국민연금법」을 한 묶음으로 처리하겠다는 정부의 기존 입장을 재확인할 뿐 아니라 세트로서의 두 법안을 다시 검토할 의사를 표명한 것이었다.

여기서 우리가 한 번쯤 되짚고 넘어가야 할 것이 있다. 그것은 하나의 법안이 최종 단계의 입법으로 공포되려면 정부와 국회가 긴밀히 협조해야 한다는 사실이다. 아무리 좋은 법안을 정부가 국회에 제출해도 국회가 거부하면 법이 될 수 없다. 마찬가지로 아무리 국회가 가결해도 대통령이 거부하면 국회는 그 법안을 재심의해야 한다.

「기초노령연금법」안에 대한 대통령의 거부권 행사를 고려할 수 있었던 것도 입법 과정 중에 엄연히 포함되어 있었던 것이다. 실제로 참여정부 들어 그때까지 대통령의 거부권 행사가 현실화되었던 예는 2003년 「대북송금특검법」, 2003년 「측근비리특검법」, 2004년 「사면법」 그리고 2004년 「거창사건 등 관련자의 명예회복에 관한 특별조치법」 개정안 등 네 건이었다.

「기초노령연금법」안에 대한 대통령의 거부권 행사에 대해 2007년 4월 7일자 서울신문 사설은 찬성의 입장을 표명하였다. 그 이유로 "기초노령연금법은 국민연금법과 동시에 처리돼야 한다.…… 국회는 이러한 사실을 뻔히 알면서도 약사발(국민연금법)은 걷어차고 사탕(기초노령연금법)만 삼키는 선택을 했다."라고 지적하였다. 한마디로 말하자면, 국회의 선택이 잘못되었기 때문에 바로잡아야 한다는 것이었다.

연금개혁의 불씨를 다시 지피기 위해 정부가 부산히 움직이기 시작하였을 즈음 한나라당과 열린우리당도 각각 「국민연금법」 개정안을 다시 국회에 제출해서 4월 임시국회 회기 안에 처리한다는 방침을 세웠다(동아일보, 2007. 4. 9.). 한 가지 흥미로운 사실은 한나라당의 유력한 대선주자인 이명박 전 서울시장과 박근혜 전 대표 두 사람 모두 국민연금 개정안이 4월 임시국회 회기 내에 처리돼야 한다는 원칙을 지지하는 것으로 알려졌다는 것이다(동아일보, 2007. 4. 4.).

한나라당의 유력한 대선주자들이 연금개혁의 조기 타결을 원하고 있었다는 사실은 다소 의외라고 해석된다. 왜냐하면 한나라당은 지난 3년 반 동안 정부와 여당이 주도하는 연금개혁의 발목을 번번이 잡아 왔기 때문이다. 그리고 그 과정에서 정부와 여당을 괴롭히는 데 성공하였다. 그런데 제17대 대선을 8개월 앞둔 시점에서 어떤 형태로든 조기 타결을 하겠다는 말은 이번 대선에서는 연금개혁을 더 이상 주요 쟁점으로 삼지 않겠다는 의미로 해석할 수 있다.

2002년 대선에서 한나라당의 이회창 후보는 연금개혁을 들고 나왔다가 재미를 보지 못했다. 이후 참여정부 시절의 한나라당은 연금개혁 카드가 아니라 사각지대 카드를 가지고 정부와 여당을 몰아세웠다. 그러다가 2007년 대선에서는 더 이상 국민연금 카드는 사용하지 않겠다는 의사 표시를 한 한나라당의 입장을 분석하면 의미심장한 결과가 발견된다.

그것은 다름 아니라 지난 4~5년간의 경험을 통해 중요한 교훈을 얻었다는 것이다. 즉, 연금개혁 이슈를 조기에 처리하지 않고 대선까지 가게 되면 대선에서 연금개혁이 다시 한 번 주요 쟁점이 될 수밖에 없다. 그런데 그와 같은 상황은 모든 대선 후보자들에게 정치적으로 큰 부담이 된다. 왜냐하면 미완성상태의 연금개혁에 대해 후보자들은 어떤 식으로든 공약을 제시하지 않을 수 없는 상황이지만 어느 누구도 묘안을 찾기가 쉽지 않았기 때문이다.

선진국이나 개발도상국을 불문하고 정당들은 싫든 좋든 한번쯤은 연금

개혁에 지대한 관심을 갖게 된다. 그리하여 여야 간에 치열한 공방전이 벌어진다. 그 결과 심한 경우에는 연금개혁 이슈 때문에 정권교체가 일어나기도 한다. 그런데 그와 같은 공방전은 오래 지속되지 못하고 길어야 10년 정도에서 끝이 난다. 그리고는 모두들 중요한 진리를 터득하게 된다.

그 진리는 다름이 아니라 연금 문제는 결코 정쟁의 대상이 되어서는 안 되며 또 될 수도 없다는 사실이다. 특히 정당이 연금문제를 놓고 정쟁을 벌이는 동안에도 후세대가 부담해야 할 잠재부채는 계속 늘어나기 때문에 결국 최대의 피해자는 국민이라는 사실을 국민이 깨닫게 되면 결과적으로 남는 것은 정치 불신뿐이다. 따라서 연금 문제는 조기 타결이 최선책이라는 진리에 도달하게 된다. 한나라당의 대선주자들이 그와 같은 중요한 교훈을 터득하였다면 그것은 국민연금 발전의 역사에서 하나의 큰 수확으로 기록될 만하다.

이와 같이 연금개혁의 불씨가 되살아날 수 있는 분위기가 점차 무르 익어 갈 무렵 서울신문은 사설을 통해 4월 임시국회에서 연금개혁을 완성해 줄 것을 다음과 같이 강력히 촉구하였다. “열린우리당 · 정부 법안과 한나라당 · 민노당 법안은 상당히 근접해 있는 만큼 우선 법안 통일에 각 당이 성의를 보여야 한다. 대동소이한 사안에 대해서는 대승적인 양보가 있어야 한다.”(서울신문, 2007. 4. 9.)

조기 타결에 대한 여론의 압력에 화답이라도 하듯 한나라당 제6정책조정위원장인 고경화 의원은 2007년 4월 8일 “지난 2일의 수정동의안 내용을 중심으로 조속한 시일 내에 「국민연금법」 개정안을 다시 국회에 제출할 예정이라고 약속함으로써 연금개혁 움직임에 힘을 실어 주었다. 이어서 보건복지위 우리당 간사인 강기정 의원도 같은 날 “민주당, 통합신당 모임과 협의해 이번 주 중에 개정안을 발의하겠다.” 면서 “가급적 4월 임시국회 중에 처리하는 것을 목표로 하고 있다.” 라고 말한 것으로 보도되었다(세계일보, 2007. 4. 9.).

여야 간에 협상과 타협의 분위기가 조성되자, 법안의 절충안에 대한 구체적 내용이 언급되기 시작하였다. 한겨레신문은 "열린우리당은 이미 통과된 기초노령연금법은 손대지 않되 국민연금법은 얼마든지 수정할 수 있다는 태도다."라고 보도하면서 국회보건복지위원회 우리당 간사인 강기정 의원의 다음과 같은 발언을 인용하였다. "대선을 앞두고 보험료율을 올리는 게 부담이라면 보험료율을 9%로 동결시키고 급여율을 40%로 낮추는 방안도 수용할 수 있다."(한겨레신문, 2007. 4. 10.)

같은 날 한나라당 전재희 정책위의장은 "한나라 · 민주노동당 공동발의안을 중심으로 국민연금법 개정안을 다시 제출할 것"이라고 밝혔다(서울신문, 2007. 4. 10.). 그렇다면 그 안의 핵심 내용은 65세 이상 노인인구 80%에 급여율 10%의 기초노령연금을 지급한다는 것이다.

2007년 4월 2일 본회의 투표가 있은 이후 일주일 만에 재협상의 분위기가 조성되긴 하였지만 야당의 입장에는 변화가 감지되지 않고 있었다. 열린우리당은 「기초노령연금법」에 대한 대통령의 거부권 행사에 반대하였고 「국민연금법」의 경우에는 보험료율과 급여율을 조정하는 쪽으로 생각하고 있었다. 그러나 한나라당은 「기초노령연금법」을 집중적으로 거론하면서 구체적 수치는 전과 동일하였다.

2007년 4월 2일 본회의 투표에서 기권하였던 통합신당모임의 태도가 여전히 중요한 변수로 남아 있었다. 그런데 그들의 태도 역시 별다른 변화의 기미를 보이지 않고 있었다. 이종걸 통합신당모임 정책위의장은 "국민연금특위를 만들어 근원적인 해결안을 만들든가, 대선주자들이 공약하는 것도 해결방법"이라고 말함으로써 내부 의견 조율이 되지 않았음을 암시하였다(한겨레신문, 2007. 4. 10.).

개혁 주관자를 총리로 격상

노 대통령은 2007년 4월 10일 오전 국무회의 석상에서 나흘 전 유시민 장관이 표명한 장관직 사퇴에 대해 '유보' 결론을 내렸다. 대통령은 "복지부의 현안들이 어느 정도 매듭지어질 때까지 복지부 장관의 직무에 전념할 필요가 있고 사의 수용 여부는 그 이후에 검토해 판단하는 것이 좋겠다."라는 뜻을 전한 것으로 보도되었다(세계일보, 2007. 4. 10.). 그러나 장관 경질을 유보하는 대신 당시 막 시작되고 있던 국회 내의 재협상 과정을 주관하는 정부의 최고 책임자를 복지부 장관에서 국무총리(한덕수)로 격상시켰다.

이와 같이「국민연금법」개정의 문제가 정치권에서 재차 '뜨거운 감자'로 떠오르자, 그동안 잠잠하던 '전문 역설' 현상이 다시 고개를 들고 일어났다. 한겨레신문의 2007년 4월 11일자 기사를 보면, 전문가들의 견해가 점진적 개혁과 근본적 개혁의 두 방향으로 분열되어 있음을 알 수 있다. 윤석명 한국보건사회연구원 연금보험팀장은 "한 번의 논의로 연금기금의 재정 안정화, 연금급여의 적절성, 사각지대 해소 등을 모두 만족시키기는 사실상 불가능에 가깝다."고 전제한 후 "재정 안정화 대책은 일단 숫자의 차이일 뿐이어서 차이를 좁혀 합의안을 만들어야 한다."라고 주장했다. 배준호 교수는 "법적으로 5년에 한 번씩 연금기금의 재정추계가 이뤄지도록 돼 있다."며 "마침 2008년이 이에 해당되므로 지급수준에서 합의안을 찾고 장기적인 대책은 내년에 다시 해야 할 것"이라고 말했다.

반면 김용하 교수는 "적절한 노후소득보장을 위한 사회적 분담에 대한 합의가 꼭 필요하다."며 "연금개혁이 빠르면 빠를수록 좋지만 정치권에서 쉽사리 합의가 어려운 점을 감안해 대선 이후로 논의를 연기하는 것도 무방하다."고 말했다. 이재훈 민주노총 정책부장은 "현재처럼 기형적인 구조를 전제로 국민연금법을 개혁하자는 방식에는 동의할 수 없다."며 "사회적 합의 틀에서 재논의해야 한다."고 주장했다.

2007년 4월 13일에는 전국농민총연맹, 민주노총, 한국노총 등 가입자단체가 공동주최한 '국민연금 개혁 토론회'가 열렸다. 거기에서 이태수 교수는 연금부담의 세대 간 불평등과 재정 안정화가 국민연금 개혁의 이유가 될 수 없다고 주장하였다. 이 교수는 "정부는 국민연금 개혁을 논의할 때 노후 빈곤예방이라는 본래 목적을 상실해서는 안 된다."며 "정부 측 연금개혁의 근거인 기금고갈론은 돈의 입출 균형을 맞추려는 단순한 보험수리적 개념에 불과하다."고 지적했다(서울신문, 2007. 4. 14.).

노 대통령이 2007년 4월 10일의 국무회의에서 국민연금 개혁에 대해 발언한 다음 날, 괴상한 소문이 나돌았다. 한나라당과 우리당을 위시한 6개 정파가 대통령에게 개헌 발의를 유보해 줄 것을 요청하기로 합의했다는 사실이 알려지면서 그 합의의 대가로 「국민연금법」 통과가 담보되었다는 루머였다(국민일보, 2007. 4. 12.).

루머는 어디까지나 루머이기 때문에 진실을 확인하기란 쉽지 않다. 다만 정치인들의 행위에는 그와 같은 어처구니없는 일이 가끔씩 발생한다는 것이다. 제24장에서 이미 소개하였듯이, 「국민연금법」 개정 작업이 엉뚱하게 「사학법」과 연계된 적이 있었다. 그 때문에 「국민연금법」 개정안의 처리가 지연되는 손해를 입었다. 이번에는 「국민연금법」이 헌법 개정 이슈와 연계되면서 이득을 챙길 수 있게 되었다는 것이다. '정치 역설' 의 두 얼굴을 확인할 수 있는 대목이다.

정치권에서 진행되고 있던 협상이 가속화될 수 있는 기회는 2007년 4월 17일을 기해 우리당 진영과 한나라당 진영이 각기 자신들의 「국민연금법」 수정안을 국회에 제출함으로써 마련되었다. 그날 한겨레신문은 재정 안정화 방안에서는 우리당이 보험료율 9%에 연금급여율 45%라는 새로운 협상안을 제시함으로써 한나라당의 보험료율 9%와 급여율 40% 안과 거의 같아졌다고 보도하였다(한겨레신문, 2007. 4. 17.). 그 부분만 보면 일단 협상의 진전이 기대되었다.

그러나 남은 쟁점이 기초노령연금이었는데, 이 부분은 전망이 밝지 못했다. 한나라당은 80%의 적용률은 절대 양보할 수 없다는 입장을 고수하였다. 다만 급여수준 측면에서 종전에 내놓았던 2018년 평균소득액의 10% 안을 "2008년부터 5%를 주되 2018년부터는 10%가 되도록 노력한다."는 문구로의 변경은 가능하다는 입장이었다(한겨레신문, 2007. 4. 17.).

반면 우리당은 이미 지난 4월 2일에 통과된 「기초노령연금법」은 바꿀 수 없다는 입장이었다.

결국 기초연금과 관련된 쌍방의 입장 차이는 적용률에서 20% 차이가 날 뿐 아니라 급여수준에서도 5% 차이가 나고 있었다. 기초연금에 소요될 재정 측면을 보면 양자의 차이가 보다 잘 드러난다. 즉, 우리당의 안대로라면 2조 4천억 원의 추가예산이 소요될 것으로 예상되었다. 그러나 한나라당의 안을 따르면, 4조 4천억 원이 있어야 할 것으로 추산되었다. 이와 같은 차이는 2007년 4월 2일 국회 본회의 투표 당시의 차이와 동일하기 때문에 이제 본격적인 협상의 대상이 되었다고 볼 수 있다.

여기서 우리가 놓쳐서는 안 될 차이가 하나 더 있다. 그것은 법체계의 문제로서 우리당은 「기초노령연금법」과 「국민연금법」의 이원체계를 유지하자고 주장한 반면 한나라당은 「기초노령연금법」을 폐지하고 「국민연금법」을 개정하여 동법 내에 기초연금을 둘 수 있도록 일원체계로 변경하자는 것이었다.

그와 같은 법체계 문제의 뿌리는 2002년 대선에서 한나라당이 채택하였던 국민연금의 균등부분(국민연금 산식에서 A부분)과 비례부분(국민연금 산식에서 B부분)을 분리시키겠다는 공약을 통해 찾을 수 있다. 한나라당은 A와 B를 분리하여 A를 기초연금화시킴으로써 사각지대를 해소하는 반면 국민연금의 재분배 기능을 몽땅 A로 몰아 버리고자 하였다. 대신 B를 100% 비례연금으로 운영하되 A와 B의 소득대체율을 각기 20%씩으로 하면 보험료 '마의 10% 벽' 징크스에 대한 우려 없이 재정 안정화를 이룰 수 있다고 생각했던 것이다.

그러나 우리당은 '용돈연금' 론을 통해 A의 소득대체율 20% 유지가 장기적으로 쉽지 않은 반면 B의 20%는 너무 낮다고 판단하였다. 더욱이 한때 A와 B를 분리하여 운영해 보았던 영국, 스웨덴, 일본 등의 경험은 분리운영이 기대만큼 유리하지 않았다는 이유를 들어 분리에 반대하였다.

우리당은 「국민연금법」 내에 기초연금을 도입하자는 한나라당의 주장을 2002년 대선 한나라당의 공약과 동일한 것으로 판단하였기 때문에 그 주장을 계속 반대하였던 것으로 추정된다. 사실 국민연금의 급여수준을 삭감하자는 제안을 맨 먼저 제기한 것은 한나라당이었는데, 우리당이 '용돈연금' 론을 들고 나오는 실수를 저지르는 바람에 여당이 된 이후의 우리당은 오히려 급여를 깎는 정당으로 인식되었고 한나라당은 사각지대를 해소하는 정당으로 탈바꿈하는 기이한 현상이 벌어졌던 것이다.

PART_ 6

역설 속의 발전

27

침몰 직전에서 구사일생한 연금개혁

협상의 타결

기초연금을 둘러싼 협상 진전의 전망은 앞에서 본 것과 같은 역사적 경험 때문에 불투명하였다. 그런 분위기가 이어지고 있던 상황에서 최초의 잠정합의 소식이 전해진 것은 2007년 4월 19일이었다. 그날 양당 실무협상 대표인 한나라당 박재완, 우리당 강기정 의원은 국민연금의 보험료율을 현행 9%로 유지하되 급여율은 현행 60%에서 2008년에는 50%로, 2009년부터는 매년 1%씩 낮춰 2018년에 40%가 되도록 하는 것에 합의하였다. 그리고 「기초노령연금법」 문제는 그다음 날인 4월 20일에 실무협상을 계속해서 결정하기로 했다(동아일보, 2007. 4. 20.).

2007년 4월 20일의 실무협상에서는 마지막 걸림돌마저 제거됨으로써 연금개혁의 협상은 사실상 마무리 단계로 접어들게 되었다. 기초노령연금과 관련해 쟁점이 되었던 적용률에서 80%를 주장하던 한나라당이 우리당의 60%안에 양보하는 대신 급여율에서는 우리당이 한나라당에 양보함으로써 현행 5%에서 시작하되 2028년까지 10%로 인상하기로 하였던 것이다.

이와 같이 정치협상이란 각자가 내세웠던 각종 수치들을 놓고 두 안의 중간을 택하거나 혹은 한 항목을 상대방에게 양보하면 상대방은 반대급부로 다른 항목을 양보하는 방식으로 진행되기 마련이다. 그러다 보니 마지막으로 합의된 수치들에서 개혁의 함의는 퇴색하고 오로지 협상 타결의 용이성만이 주요 요인으로 작용했음을 느끼게 한다.

수차 언급했지만 연금개혁의 시발점은 재정 안정화였다. 그렇다면 최종 합의안에 따르면, 재정 안정화의 전망은 어떻게 되는가? 이 질문에 대한 답은 재정 고갈시기를 2047년에서 14년 늦추는 효과를 얻었다는 것이다. 다시 말해, 재정 안정화 숙제는 여전히 미완성상태로 남아 있게 된다는 것이었다.

반면 사각지대 해소에는 어느 정도 기여할 수 있다는 소득을 얻었다. 연금개혁의 초기 단계에서 사각지대 문제는 재정 안정화를 일단 해결한 뒤 2008년 제2차 재정계산을 거친 뒤에 하기로 예정했었다. 그러나 한나라당이 갑자기 사각지대 문제를 정치쟁점화하는 바람에 재정 안정화 문제와 사각지대 해소 문제를 동시에 처리하는 결과가 만들어졌던 것이다.

당초 예정대로 2003년 제1차 재정계산으로 재정 안정화 문제를 깔끔하게 해결한 뒤 2008년 제2차 재정추계를 통해 사각지대 문제를 완전히 해소하는 단계적 접근법이 더 나은 것인지? 아니면 이번과 같이 두 문제를 동시에 접근하여 두 문제 모두 깨끗하게 처리하지는 못했지만 상당 부분 문제 해결에 도움을 주는 방법이 더 나았는지? 이 두 질문에 대한 해답은 독자들의 생각에 따라 천차만별로 나타날 것이다. 왜냐하면 첫 번째 질문은 역사의 가정인 데 반해 두 번째 질문은 경험적 사실에 근거하고 있는데, 두 질문은 상호 이질적이어서 정답을 찾기가 불가능하기 때문이다.

여하간 양당 간 협상 타결의 소식이 전해지자, 언론의 즉각적 반응이 나오기 시작하였다. 끈질기게 조기 타결을 요구해 왔던 한국일보는 2007년

4월 21일자 사설을 통해 "이 안이 최선의 결론이 아니라 정당 간 이해를 절충한 미흡한 것임에도 불구하고 국가 재정의 파탄이 뻔한 상황에서 국민연금 운용의 방향전환이 법제화됐다는 점에 의미를 둔다."라며 긍정적 평가를 실었다.

그러나 다른 신문의 사설은 부정적이었다. 2007년 4월 21일자 경향신문 사설은 "또 한 번 무산되는 것보다는 낫다고 할지 모르겠다. 하지만 정치적 타협에만 매달려 제도의 본질이 훼손됐다."고 논평했다. 같은 날짜 문화일보 사설은 "12월 대선과 4월 총선을 의식한 표 포퓰리즘이고…… 차세대 내지 차차세대의 책임 몫만 더 늘리는 당대의 무책임이라는 것이 우리 판단이다."라고 반대 입장을 표명하였다.

세계일보 역시 2007년 4월 21일자 사설에서 "합의내용이 국민연금 개혁의 취지를 살리기에는 한참 못 미친다."고 하면서 사설 제목을 '정치권 야합이 낳은 국민연금 미봉'으로 뽑았다. 더욱더 혹독한 악평은 한겨레신문으로부터 나왔다. 2007년 4월 23일자 사설을 통해 "한나라당과 열린우리당이 만들어 낸 합의안은 선택 가능했던 여러 조합들 중 국민노후소득이란 관점에서 볼 때 최악이다."라고 평가한 후 "17대 국회와 참여정부는 연금개혁에서 차라리 손을 떼는 것이 낫다.…… 진정한 합의를 거쳐 차기 국회와 정부에서 하게 하라."고 요구하였다.

협상 타결의 가능성이 한층 더 높아진 계기는 한덕수 국무총리와 김형오 한나라당 원내대표의 회담에 의해 마련되었다. 두 사람은 2007년 4월 23일에 만나서 「기초노령연금법」을 개정한다는 조건으로 국민연금법 개정안의 4월 임시국회 회기 내(4월 30일이 만기) 처리에 합의했다는 것이다(경향신문, 2007. 4. 24.). 그럼에도 불구하고 한나라당은 여전히 「국민연금법」 개정안을 「사학법」 재개정 및 「로스쿨법」과 연계 처리한다는 방침을 굽히지 않고 있었기 때문에 막판 변수는 남아 있었다.

지연되는 국회 본회의 처리

정부와 한나라당의 2007년 4월 23일 회동의 결과가 알려지자, 민주노총과 한국납세자연맹은 즉각 반발하고 나선 것으로 보도되었다(경향신문, 2007. 4. 24.). 민노총은 "열린우리당과 한나라당은 국민연금법 개정과 사학법 재개정을 맞바꾸려는 정치적 야합을 중단하라."고 촉구하였다. 한편, 한국납세자연맹은 4월 21일부터 보건복지부 홈페이지에서 '사이버 시위'를 시작했다고 공표하였는데, 하루에 100여 건씩의 항의시위가 올라오면서 '안 내고 안 받겠다.' 혹은 '의무가입을 폐지하라.'는 항의가 쏟아지고 있다고 주장하였다.

국민연금 가입자단체와 민주노동당 역시 「기초노령연금법」 개정안에 독소조항이 들어 있다고 반발하였다. 이를 취재하였던 한겨레신문의 기사를 인용하면 다음과 같다(한겨레신문, 2007. 4. 26.). 그들이 말하는 독소조항이란 기초노령연금의 수급범위에서 종전의 하위소득 노인 60% 범위가 법안에서는 "100분의 60 수준이 되도록 노력해야 한다."로 후퇴되었다는 것이다. 그리고 재원부담에 있어서도 국가 대 지방자치단체의 분담비율이 애초에는 50~95%의 국비부담이었는데, 협상을 거치면서 40~90%로 낮아졌다는 것이었다.

민주노동당 오건호 전문위원은 "지급범위를 법적으로 명확히 규정하지 않으면 노후소득보장은 물 건너간다."라고 주장하였다. 그와 같은 이유를 들어 가입자단체와 민주노동당은 4월 27일과 30일에 개원될 예정이었던 국회 본회의 일정에 맞추어서 연금관련법 개정안을 반대하는 집회를 열기로 결정하였다. 그리고 민노당 소속의원 9명 모두는 연금법 및 「사학법」 개정안 합의에 항의하기 위해 국회에서 밤샘농성을 하였다.

결국 정부, 우리당, 한나라당의 3자 합의 때문에 연금개혁과 관련해서 한때 맺어졌던 한나라당과 민노당 그리고 가입자단체의 연대관계는 완전히 붕괴되고 말았다. 자신의 이해관계에 도움이 된다고 생각하면 찰떡같이 뭉쳤다가 도움이 안 된다고 느끼는 순간 가차 없이 헤어져 버리는 것이 국민연금에서 나타나는 '정치 역설'의 한 단면임을 볼 수 있다.

여당과 한나라당 사이에 이루어진 기초노령연금에 대한 합의는 두 건의 「기초노령연금법」 일부 개정법률안으로 작성되어 국회에 제출되었다. 한나라당의 박재완 의원과 우리당의 강기정 의원이 각각 대표 발의자로 명기된 두 개의 법안이 제출된 시기는 합의 발표 이틀 후인 2007년 4월 25일이었다.

양당의 합의가 이루어졌고 합의사항 이외의 부분에 대해서는 지난 3년 반 동안 수차례의 검토를 거쳤기 때문에 4월 임시국회 회기 내에 관련 법안의 처리가 어렵지 않을 것으로 예상되기도 하였다. 그러나 4월 국회의 회기 마지막 날인 4월 30일까지 관련 법안의 국회 처리는 끝내 성사되지 않았다.

노무현 대통령의 다음 발언을 보면, 노 대통령은 그 원인을 한나라당의 국회 전략에서 찾고 있었다. "한나라당이 국회를 마비시켜 놓고 있는데, 이는 국회가 파업 내지 폐업상태에 들어가 있는 것"이라고 주장하였다(내일신문, 2007. 5. 7.). 노 대통령의 그와 같은 발언은 4월 임시국회 회기가 종료된 다음 날인 2007년 5월 1일의 국무회의 석상에서 나온 것이었다. 즉, 대통령은 3대 쟁점 법안(사학법, 로스쿨법, 국민연금법)이 끝없이 표류하는 근본 원인을 한나라당의 '사학법 연계' 전략으로 파악하고 있었던 것이다.

정당정치에 있어 한 당이 다른 당을 비난하면 다른 당이 즉각 반격에 나서는 모습은 관행처럼 당연지사로 통한다. 따라서 노 대통령의 비난을 받은 한나라당이 침묵할 리 없었다. 한나라당의 유기준 대변인은 "3대 법안은 4월 내 처리할 예정이었으나 사학법 재개정에 반대하는 우리당 일부 의원들 때문에 4월 처리가 물 건너갔다."라고 책임을 우리당 쪽으로 돌렸다(내일신문, 2007. 5. 7.).

4월 임시국회에서의 처리가 무산되었기 때문에 연금개혁 관련 법안의 처리는 빨라야 6월 임시국회가 될 수밖에 없었다. 두 달간의 여유가 있긴 했지만 정치권의 분위기는 가라앉아 있었고 2007년 12월의 대선이 다가오고 있었다. 제16대 국회에서 한 번 자동 폐기된 적 있는 「국민연금법」 개정 작업이 제17대 국회에서 재연될지도 모른다는 우려가 나오고 있었다.

유 장관의 사임과 대통령의 담화문 발표

그와 같은 착잡한 분위기에 전환점을 제공한 것은 유시민 장관의 사퇴 결정이었다. 유 장관의 사임 사실이 알려진 것은 2007년 5월 21일이었다. 그는 사퇴 발언을 통해 "국민연금법 개정이 늦어지면 하루 800억 원의 잠재부채가 쌓이는데, 아무도 책임지지 않는다." 면서 "유력 대통령 후보들이 대선에서 정치 쟁점화하지 말고 올 6월 국회에서 통과되도록 힘을 보태달라." 고 호소하였다(서울신문, 2007. 5. 22.).

앞 장에서 설명한 바와 같이, 유 장관은 연금개혁 관련법들이 2007년 4월 2일 국회 본회의에서 우스꽝스러운 모습으로 표결·처리되자, 대통령에게 사퇴의사를 표명한 바 있었다. 자신의 사퇴가 연금개혁 작업에 도움을 줄 것이라는 논리를 펴면서 말이다. 그러나 노 대통령은 즉각 사표를 수리하지 않고 유보했었다가 그날 드디어 받아들였던 것이다.

유 장관의 사임이 연금개혁에 어떤 영향을 줄 것인가에 관해서는 곧바로 예측하기는 어려웠다. 그러나 한 가지 분명한 사실은 당시 지지부진하던 연금개혁 논의에 활기를 불어넣을 수 있을 것으로 기대되었다는 것이다. 그 당시의 분위기를 전한 기사를 보면 "복지부 안팎에선 우선 난관에 빠진 국민연금법 개정안 처리가 급물살을 탈 것으로 기대하고 있다. 유 장관 사퇴가 명분 없이 연금법안 처리를 미루고 있는 정치권에 강한 압박으로 작용할 것이란 전망이다." (서울신문, 2007. 5. 22.)라면서 희망을 살려나가고 있었다.

장관 경질 이후 복지부는 연금개혁의 분위기를 쇄신하기 위해 홍보에도 적극 나섰다. 그리하여 국민연금 개혁의 필요성과 시급성을 알리기 위해 1분 20초짜리 동영상 손수제작물(UCC)인 '따로 국밥, 마라톤 대회'를 제작한 후 각종 포털사이트와 동영상 전문 사이트에 게시하였다(내일신문, 2007. 5. 28.). 그리고 2007년 6월 4일에는 복지부 연금정책팀 전 직원들이 오전 9시 30분부터 국회의원실 전체를 대상으로 홍보 리플렛을 전달했다. 그 리플렛에서 복지부는 "올해 대선, 내년 총선 등의 정치일정을 고려할 때 이번 6월 국회가 사실상 개정안 처리의 마지막 기회"라고 주장하였다(내일신문, 2007. 6. 4.).

정부의 막판 노력에도 불구하고 국회의원들의 행태는 개선의 기미를 보이지 않았고 오히려 악화되고 있었다. 국회 보건복지위원회의 일정에 따르면, 「국민연금법」 개정안의 정상적 처리시한은 6월 22일까지 상임위를 통과하는 것이었다. 그럼에도 불구하고 그 시한을 넘기고 말았던 것이다. 6월 15일부터 상임위 내의 법안소위가 열렸지만 소위 위원장을 누가 맡느냐는 자리다툼 때문에 파행을 거듭했다는 것이다(서울신문, 2007. 6. 23.).

6월 임시국회에서의 정상적 처리가 사실상 힘들어졌다는 분위기가 확산되고 있던 시점에서 최후의 노력은 대통령이 직접 나섰다. 노 대통령은 2007년 6월 27일에 발표한 '민생 · 개혁법안 조속처리 관련 대국민담화'에서 "2개월에 한 번씩 국회를 여는 관례에 얽매일 것이 아니라 7월 임시국회를 소집해서라도 밀린 법안은 처리해 주시기 바란다."고 요청하였다(문화일보, 2007. 6. 27.). 이 문구를 보면 당시 대통령까지 연금개혁 법안의 6월 임시국회 통과를 비관하고 있었음을 알 수 있다.

6월 임시국회 처리에 대한 가망이 거의 꺼져 가고 있을 무렵 느닷없이 한 줄기 희망의 빛이 던져졌다. 노 대통령의 6월 27일 대국민담화에 화답이라도 하듯이 한나라당과 열린우리당의 김형오 및 장영달 두 원내대표가 비공개 회동을 가졌고 이어 국회 보건복지위원회 간사인 한나라당 김충환, 열린우리당 장복심 의원 간의 접촉에서 6월 국회 처리를 최종적으로 합의했던 것이다.

법안과 관련된 합의사항을 보면, 국민연금 보험료율의 단계적 조정률이 종전의 매년 1%에서 0.5%로 완화되는 것이었다. 이렇게 되면 현행 60%가 2008년에 50%로 줄어드는 것까지는 동일하지만 2008년 50%에서 시작하여 40%까지 점감되는 데 소요되는 기간은 종전의 10년(2018년까지)에서 20년(2028년까지)으로 늘어나게 되었다. 그리고 기초노령연금의 수급자 범위를 현행 60%에서 더 확대하는 방안에 대해서는 계속 협의하는 것으로 알려졌다.

막판 합의에 대한 사실을 공개하는 자리에서 한나라당 김충환 간사는 "당초 연금법 처리는 원내대표와 정책위 의장들 사이에 합의됐던 사항이었지만 열린우리당이 사학법 재개정 문제를 갑자기 틀어 버리는 바람에 처리하지 못했다."고 해명한 뒤 "이번 국회에서 처리해 주기로 대승적으로 양보했다."고 생색을 내었다(한겨레신문, 2007. 6. 29.).

그때까지의 정치협상의 과정을 보면, 수차 합의에도 불구하고 합의 이행이 생각만큼 원만하게 진행되지 않는 경우가 허다했기 때문에 이번 합의도 과연 어느 정도로 지켜질지에 대한 우려가 있었다. 그러나 그러한 우려는 2007년 6월 29일 오전 법안심사소위에서 개정안이 의결된 후 공식 발표됨으로써 불식되었다. 같은 날 국회보건복지위원회는 합의안을 위원회 대안으로 의결하였다. 그리고 동 법안은 2007년 7월 3일 법사위 및 본회의를 통과하여 2007년 7월 23일자로 공포되었다.

최종 법안에 대한 언론의 평가

국민연금개혁, 즉 연금제도의 장기적 재정 안정화를 성취하기 위해 급여수준을 낮추거나 보험료율을 높이는 방향으로의 법 개정 작업은 지금까지 두 번 있었다. 그 첫 번째가 1998년의 「국민연금법」 개정에 따라 소득대체율이 70%에서 60%로 낮아진 것이다. 두 번째 시도는 2002년 3월에 국민연금발전위원회가 설치되면서 시작되었는데, 본격적인 입법 과정의 시발점은 정부가 2003년 10월 말에 「국민연금법」 일부 개정법률안을 제출한 때였다. 이후 우여곡절과 파란만장의 4년을 거친 끝에 드디어 최종 타결을 볼 수 있었던 것이다.

제2차 국민연금 개혁에 대한 평가를 하기 위해 선행되어야 할 작업은 이번의 개혁을 통해 무엇이 어떻게 달라졌으며 그러한 변화와 개혁에 대한 기대 효과가 무엇인지를 정확하게 파악하는 것이다. 그런데 지난 4년간의 입법 과정에서, 특히 정치협상이 진행되면서 너무나 많은 대안들이 쏟아져 나왔기 때문에 일반 국민들은 물론이고 웬만한 전문가들조차 그 내용을 알기가 쉽지 않다. 그래서 여기서는 최종 내용을 중심으로 정리해 보기로 한다.

첫째, 이번 개혁에서 최초로 시도되었던 두 자리 수로의 보험료율 인상, 즉 '마의 10% 벽' 징크스를 파괴해 보겠다는 과감한 시도는 끝내 실패로 돌아가고 말았다. 그리하여 2007년 개정법에서도 보험료율은 종전과 같이 9%로 유지되었다.

둘째, 급여율은 종전의 소득대체율 60%에서 2028년까지 40%로 점차 깎아내리게 되었다. 급여율 인하 시도는 1998년에 이어 두 번 모두 성공하였다. 이와 같은 사실을 통해 알 수 있는 중요한 사항은 우리 국민들은 국민연금의 재정 안정화를 위해 '덜 받는' 방법과 '더 내는' 방법 그리고 '덜 받고 더 내는' 방법 등 세 가지 방법 중에서 오직 '덜 받는' 방법만을 수용한다는 사실이 확인된 셈이다.

셋째, 당초 정부가 시도했던 70년 후의 재정 안정화 목표는 달성되지 못한 반면 기금의 고갈시기를 2047년에서 2060년까지 13년 정도 연장시키는 효과를 얻었다. 따라서 재정 안정화 문제 해결의 과제는 여전히 살아남게 되었을 뿐 아니라 지금보다 더 어려운 숙제를 후세대 국회와 정부에게 슬쩍 넘기고 말았다.

넷째, 한나라당을 위시한 일부 정당들의 강력한 요구에 힘입어 당초 정부가 의도하지 않았던 무기여 연금이 도입되었다. 기초노령연금이란 이름을 가진 무기여 연금제도의 가장 큰 장점은 사각지대 해소 측면에서 상당한 효과를 볼 수 있다는 것이다. 그리고 그 재원은 국민연금 기금과는 별도로 중앙 및 지방정부의 일반회계에서 나오게 된다. 그리하여 2008년부터 65세 이상 노인들 중 저소득층 60%에서 시작하여 2009년에는 70%까지 급여대상이 확대되도록 예정되어 있었다. 기초노령연금의 수준은 2008년 시작할 때 국민연금 가입자 평균소득의 5%에서 시작하여 2028년에는 10%에 도달하도록 되어 있다.

다섯째, 이 책에서 자세히 설명하지 않았지만 2007년 국민연금 개혁 내용에는 재정 안정화와 같이 깎아내리는 '연금개혁' 만 있었던 것이 아니다. 재정 안정화 측면에서는 오히려 손해가 되지만 현세대 가입자들에게는 유리한 소위 '연금개선' 도 포함되어 있다는 사실은 별로 홍보되지 않았다. 예컨대, 출산 크레디트와 군복무 크레디트의 도입, 중복급여에 대한 규제 완화 그리고 이혼한 배우자에게 지급하는 분할연금을 배우자가 재혼한 경우에도 계속 받을 수 있게 하는 등의 개선 조치가 있었다.

이와 같은 내용이 알려지자, 언론들은 즉시 논평을 내보냈는데, 지지하는 쪽보다 반대하는 쪽이 더 많았다. 정치적 합의와 조기 타결의 중요성을 줄곧 강조해 온 한국일보는 2007년 6월 30일자 사설에서 "최선이라 할 수 없지만 국가 재정과 국민복지 사이에서 최대공약수를 찾아냈다는 점에서, 무엇보다 정치권의 합의로 마련됐다는 점에서 의미가 작지 않다." 라고 격려하였다.

한편, 2007년 7월 2일자 동아일보 사설은 "이번 개정안은 개혁이라고 이름 붙이기가 부끄러운 반쪽짜리다." 라고 평가한 후 그런 결과의 원인을 "12월 대통령 선거를 앞두고 현재 보험료를 부담하는 세대와 노인층 표를 의식한 정치권 포퓰리즘" 으로 돌렸다.

2007년 6월 30일자 한겨레신문 사설은 다음과 같이 동아일보보다 더 매섭게 몰아붙였다. "현행 60%인 급여율을 2028년 40%까지 낮추기로 한 것은 심각한 문제다. 그야말로 용돈연금을 만들고 말았다.…… 정부와 정치권이 정부재정의 구실은 전혀 고려하지 않고 그저 가입자들에게 거둬들이는 기금만으로 제도를 운용하겠다는 생각에 갇힌 채 제도 개선을 논의한 결과다."

이상의 언론 논평을 보면, 분석의 초점을 정치적 합의에 두는가 아니면 재정 안정화 혹은 연금수준의 적절성에 두는가 등에 따라 평가 결과가 상당히 달라지고 있음을 느낄 수 있다. 그런데 여기서 한 가지 놀라운 사실은 기초노령연금에 대한 분석은 찾아보기 힘들다는 것이다. 기초노령연금이 거론되었을 초기에는 막대한 재정부담에 대한 일부 언론의 부정적 시각이 등장하기도 하였지만 그런 시각은 곧 여론의 뒤안길로 묻혀 버리고 말았다. 그렇다고 기초노령연금의 도입을 적극 환영하는 것도 아니었다.

그러나 사실 기초노령연금제도의 도입은 우리나라 공적연금제도 역사에서 하나의 큰 획을 그은 대사임에 틀림없다. 왜냐하면 국민연금이 법제상으로만 전 국민을 대상으로 하는 보편적 제도였지 국민의 1/4은 공적연금의 혜택에서 사실상 배제되어 있었는데, 그러한 사각지대를 기초노령연금이 상당 부분 해소시킬 수 있게 되었기 때문이다. 그리하여 비로소 우리나라도 명실상부한 공적연금을 구비하게 된 것이다.

요약해서 말하자면, 연금개혁을 시작할 당시 최대의 정책목표는 재정 안정화였고 사각지대 문제는 2순위로 밀려나 있었는데, 결과적으로는 재정 안정화와 사각지대 해소를 동시에 처리하게 되었다는 소득이 발생한 것이다. 이와 같은 경험을 잘 살린다면 앞으로의 연금개혁에서는 재정 안정화와 사각지대 해소 이외의 목표, 예컨대 연금의 다변화(다주제로의 전환) 같은 목표도 동시에 고려할 수 있을 것으로 추정된다.

일말의 희망을 보여 준 연금정치

2004년 6월에 시작된 제17대 국회에서 열린우리당과 한나라당이 국민연금 개혁을 놓고 줄다리기를 벌인 연금정치의 모습은 대한민국 정치사에서 길이 남을 한 편의 드라마라고 해도 과언이 아닐 정도로 역동적이고 극적이었다. 제17대 국회 개원과 동시에 시작하여 2007년 6월 27일 최종 합의에 도달하기까지 3년간의 드라마 아닌 드라마를 어떻게 평가해야 할까? 이에 대한 답변은 위에서 소개한 언론의 논평에서도 볼 수 있듯이 다양하게 나올 것이다.

우선 당초 연금개혁의 목표만 생각한다면 목표 달성에 실패한 것은 부정할 수 없는 사실이다. 그럼에도 불구하고 기금의 고갈시점을 13년 정도 연장시킨 점은 앞으로 더 좋은 대안을 만드는 데 필요한 시간을 벌었다는 의미에서 성과라고 평가할 수 있다. 더욱이 의도하지 않던 사각지대 문제를 풀 수 있는 하나의 실마리인 기초노령연금제도를 도입했다는 것은 횡재라 할 수 있다. 왜냐하면 일시에 2조 원이 넘는 단일 항목의 사회복지 관련 예산사업을 신규사업으로 책정한다는 것은 우리 정부의 재정 형편상 거의 불가능한데, 그러한 불가능이 현실로 나타났기 때문이다.

물론 그와 같은 예산 수립의 장본인은 참여정부이지만 모든 공이 그들에게 돌아가는 것은 아니다. 애초에 참여정부는 그렇게 할 생각이 없었기 때문이다. 기초연금 아이디어는 한나라당이 제시했던 것이고 참여정부로 하여금 그것을 수용하도록 압력을 행사했던 정당도 한나라당이었다. 그렇게 본다면 지난 3년간의 우리나라 연금정치에 대한 평가는 위에서 예시한 몇 가지 정책 목표에 한정해서 진행하기보다 포괄적인 분석틀을 사용하는 것이 더 좋을 것 같다.

연금정치를 분석함에 있어 사용될 수 있는 하나의 포괄적이면서 국가간 비교가 가능한 분석틀은 정치대결과 정책대결이라는 두 가지 개념을 이용하는 것이다. 먼저 정치대결이란 정당 간 경쟁의 양상이 무조건적 반대행동이나 감정대립의 사례 등과 같이 저차원에 머물고 있는 상황을 뜻한다. 이런 상황하에서는 상대방이 제시하는 정책에 대한 전문적 검토 능력이 부족하며 상대 정책을 존중하는 정치문화가 정착되기도 힘들다. 따라서 고도의 지식과 기술을 요하는 연금개혁 이슈는 주로 정부와 전문가

집단에서 논의되며 국회와 정당은 겉도는 현상이 발생한다.

한편, 정책대결은 연금 구조, 연금산식, 재원조달 방법, 관리운영 체계 등 전문적인 문제를 놓고 여야가 각기 다른 세부 지침을 결정한 후 상호 경쟁을 펼치게 되는 상황을 의미한다. 정책대결이 정치대결과 다른 점 중에 최대의 차이점은 연금 정책의 대결 양상이 시간의 흐름에 따라 점차 합의안을 도출하는 방향으로 수렴된다는 것이다. 이와 같은 현상이 나타나는 이유는 정책대결 과정에서 자신과 상대방의 강점 및 약점을 동시에 파악하고 나면 어느 한쪽이 절대적 우위를 차지할 수 없음을 터득하기 때문이다. 뿐만 아니라 연금개혁 이슈가 장기화될수록 정치권에 대한 불신만 높아진다는 사실을 깨닫게 되기 때문이다.

연금개혁 문제는 선진국의 정치인들이 우리보다 훨씬 앞서서 경험한 것이다. 그와 같은 선진국의 경험과 우리의 경험을 비교하면 한 가지 유사한 점을 발견할 수 있다. 그것은 연금정치 발전의 5단계가 존재한다는 것이다.

제1단계는 정부주도형 단계인데, 정치대결과 정책대결 모두가 활발하지 못하기 때문에 연금개혁을 정부가 주도하는 단계다. 제2단계는 맹목적 충돌 단계로서 정책대결은 없고 정치대결만 있기 때문에 국민들은 짜증이 날 수밖에 없다. 이어지는 제3단계는 합리적 충돌 단계인데, 정치대결과 정책대결이 공존함으로써 연금개혁에 대한 논의가 활성화되고 연금개혁이 국정과제에서 높은 우선순위를 차지한다. 제4단계는 타협 단계로서 정치대결은 약화되고 정책대결이 강화됨으로써 결국 타협에 이르게 된다. 제5단계는 기술주도 단계인데, 연금 이슈가 정책 안건에서 밀려나고 남은 문제는 초당적이고 기술적인 차원의 논의에 집중된다.

연금정치 발전의 5단계를 우리나라에 적용하면 다음과 같은 결과가 나온다. 제1단계는 1973년의 「국민복지연금법」 제정을 전후한 시기부터 2002년 11월까지 약 30년 동안의 긴 기간이다. 이 책의 제13장에서 설명한 바와 같이, 1997년 5월에 국민연금제도개선기획단이 설치되었는데, 정부가 주도하는 연금개혁의 전형을 보여 주는 사례다. 그와 같은 상황은 2002년 12월 대선을 계기로 제2단계인 맹목적 충돌 단계로 넘어가게 되었다. 그다음의 3단계인 합리적 충돌 단계는 2004년 12월에 한나라당의 안이 국회에 제출되면서 시작되었다. 제3단계에 대한 설명은 이 책 제22장부터 등장한다. 그리고 정치적 타협 중심의 제4단계는 2007년 6월 말부터 시작되었는데, 그 부분의 설명은 제27장에 집중적으로 나와 있다.

이와 같은 포괄적 분석의 결과를 선진국과 비교해 보면 다음과 같은 차이를 발견할 수 있다. 첫째, 선진국에서는 5단계까지 진행되었지만 우리는 이제 막 4단계에 접어들었기 때문에 아직 5단계에 이르지 못했다는 점이다. 둘째, 우리의 경우 2단계에서 4단계까지 도달하는 데 소요된 기간이 상대적으로 짧았다는 것이다.

이상의 특징들을 한마디로 요약하면, 우리는 연금개혁을 제도 도입과 거의 동시에 시작하였으며 정치권이 연금개혁 이슈를 정쟁의 대상으로 삼기 시작한 후 연금정치의 발전 상황은 전형적인 압축성장의 양상을 띠고 있다는 것이다. 이와 같은 분석을 근거로 앞으로의 상황을 예측한다면 먼저 제5단계 진입시기 역시 다른 나라에 비해 이른 시기에 올 것으로 예측된다. 제5단계의 두드러진 특징은 연금 이슈가 더 이상 정쟁의 대상이 아니며 보험료율이나 급여수준과 같은 연금개혁의 핵심 부분은 관련법의 개정을 통해 이루어지는 것이 아니라는 점이다. 즉, 자동조절장치를 입법화함으로써 법 개정을 위한 국회 논의의 필요성을 대폭 감소시키게 된다.

28

피로증상 나타난 국민연금 개혁

2007년 대선

2007년 7월 3일에 완료된 「국민연금법」과 「기초노령연금법」 개정 작업의 발단은 2002년 3월에 시작된 제1차 재정계산이었다. 그러니까 재정계산을 시작해서 보고서를 제출하고 그것에 기초한 일련의 입법활동을 마무리하는 데까지 소요된 기간은 5년 4개월이었다. 당초 정부의 예상 소요기간이었던 1년 9개월에 비하면 3년 반이나 연장된 셈이다.

「국민연금법」은 정부로 하여금 매 5년마다 재정계산을 반드시 하도록 하고 있다. 따라서 제2차 연금개혁 작업이 일단락된 2007년 7월 3일 무렵은 이미 2차 재정계산을 시작했어야 하는 시기와 맞물려 있었다. 1차 재정계산을 시작하였을 때가 2002년 3월이었던 점을 감안하면 2차는 3~4개월이 늦었음에도 불구하고 1차의 마무리 작업이 지연되고 있었기 때문에 정부로서는 노심초사할 수밖에 없었다.

정부와 국회가 「국민연금법」과 「기초노령연금법」 개정을 위한 막판 진통을 겪고 있던 2007년 6월이 되자, 더 이상 지체할 수 없었던 정부는 국민연금재정추계위원회(추계위)를 발족시켰다. 그리고 같은 해 10월에는 국민연금운영개선위원회(운영위)를 구성함으로써 본격적인 재정추계 작업에 들어갔던 것이다. 제2차 재정계산에 대한 보다 상세한 설명은 후술하기로 하고 먼저 대선 정국에 관한 설명에 들어간다.

이미 2002년에 한 번 경험하였듯이, 재정계산을 시작하는 시기와 대통령 선거의 준비가 시작되는 시기는 같은 해의 비슷한 시점에 동시에 진행되도록 짜여져 있다. 이는 재정계산과 대선 모두 5년에 한 번씩 치르도록 법에 명시되어 있기 때문이다.

2002년 대선에서 승리한 노무현 대통령의 참여정부는 임기 5년 중 거의 4년 4개월 동안 연금개혁 문제를 놓고 한나라당과 대치상태를 계속하다가 막판에 극적인 타결을 보았음은 이미 설명하였다. 성질 급한 한국인들의 성격에 비추어 볼 때 4년여 동안 실랑이를 벌였다면 웬만한 사람이면 지친 나머지 나자빠질 것이다. 더욱이 그 실랑이는 정치적인 성질의 것은 물론이고 정책대결도 함께 포함되어 있었기 때문에 5개월 앞으로 다가온 제17대 대선(2007년 12월 19일)에서 각 정당들이 내세울 만한 새로운 아이디어를 개발한다는 것은 거의 불가능한 상황이었다. 한마디로, 이제 '연금개혁' 의 '개혁' 자만 들어도 기진맥진하는 일종의 심리적 소진(消盡) 상태가 여야 모두에게 나타날 수 있는 분위기였다.

연금개혁 관련법의 국회 통과를 둘러싼 여야 간의 격전이 2007년 7월 3일을 기해 일단락되자, 정치권은 물론 정부, 언론, 전문가집단, 시민 · 사회단체 할 것 없이 모두가 숨고르기에 들어갔다. 지난 4년간이 너무 힘들었기 때문이다. 2007년 7월 3일 이후 국민연금과 관련된 신문기사를 분석하면 기금 운용의 지배 구조와 가입자의 기준소득월액 상 · 하한선의 조정이 주된 이슈였으며 재정 안정화와 사각지대 문제는 더 이상 논의되지 않고 있었다.

그와 같은 소강국면에 전환점을 마련한 것은 대선 정국이었다. 심리적 소진상태가 극심할지라도 대통령 선거에 임하는 각 정당의 입장에서 보면 국민연금에 대한 공약을 빼먹을 수 없는 처지였다. 왜냐하면 2002년 대선에서부터 연금개혁은 정쟁의 핵심 이슈 중 하나였기 때문이다. 더욱이 2007년 7월 3일의 정치적 타결에도 불구하고 재정 안정화 문제와 사각지대 문제가 말끔히 해소된 것이 아니었기 때문에 추가 개혁의 여지는 얼마든지 남아 있는 상황이었다.

국민연금을 둘러싼 이른바 후보자 '빅 3' 간 최초의 정책대결은 투표를 9일 앞둔 2007년 12월 10일에 있었다. 그날 대한노인회가 초청한 정책경연에 대한 경향신문의 보도를 인용한다(경향신문, 2007. 12. 11.). 먼저 대통합민주신당의 정동영 후보는 기초노령연금의 대상자 범위를 현행 60%에서 80%까지 확대하겠다는 공약을 공개하였다. 대상 확대를 통해 사각지대 해소를 강화시키겠다는 의사를 표명한 것이다. 이명박 한나라당 후보는 노후소득보장을 위한 연금제도 개혁이라는 원론 차원의 공약만을 제시하였다. 무소속의 이회창 후보는 기초연금 수급액을 현행 8만 원에서 20만 원으로 인상하고 수혜대상도 60%에서 80% 선으로 넓힌다는 청사진을 내놓았다.

이와 같이 제1차 정책대결의 양상은 정동영과 이회창 두 후보가 기초노령연금에 대한 구체적 공약을 제시한 반면 이명박 후보는 구체적 수치를 제시하지 않았다. 한 가지 공통점은 세 후보 모두 국민연금의 보험료율이나 소득대체율에 관해서는 언급을 회피하였다는 것이다. 특히 2002년 대선에서 연금 삭감을 주장하였다가 낭패를 본 이회창 후보가 이번에는 정반대로 기초노령연금을 크게 확장하는 쪽으로 입장을 선회하였음을 볼 수 있다.

2002년 대선에서는 이회창 후보와 노무현 후보 사이에 뚜렷이 구분되는 국민연금 공약의 대결이 있었다. 그런데 2007년 대선에서는 그와 같은 정책대결을 다시 한 번 기대하기가 어려울 것 같았다. 주된 이유는 앞에서 언급한 '개혁 피로증' 에 의해 어느 정당도 연금개혁을 놓고 정책대결을 벌이고 싶지 않았던 것이다. 다시 말하자면, 앞 장에서 소개했던 연금 정치 발전의 5단계 중 4단계에서 5단계로 넘어가는 징후가 나타나기 시작한 것으로 해석할 수 있다.

특히 2007년 대선은 2002년과 달리 각 후보들의 최종 공약이 발표되는 시점이 늦었을 정도로 공약 만들기 작업이 어려웠던 것 같다. 그와 같은 사실을 보도한 서울신문의 2007년 12월 11일자 기사는 "정치, 경제, 교육 분야의 공약은 어느 정도의 대립 각을 보이고 있는 데 비하여 복지 분야 공약의 경우 대동소이하다는 점이 특이하다면 특이하다."라고 논평하였다. 그러다 보니 복지 분야의 한 세부 영역인 국민연금 관련 공약에서는 정당별 차이를 찾아내기가 더 어려워진 것이다.

2007년 12월 3일자로 발행된 한나라당 공약집의 제목은 『일류국가 희망공동체 대한민국』이다. 그 책 117쪽에는 노후소득보장을 위한 연금제도 개혁이란 과제가 수록되어 있다. 그 과제의 첫 번째 소 과제는 "기초노령연금과 국민연금을 통합하여 일원화된 연금체계를 형성하고 기초노령연금을 기초연금으로, 국민연금을 비례연금으로 구조화"하는 것이었다(한나라당, 2007: 117).

방금 인용한 한나라당의 2007년 대선 공약을 2002년 공약과 비교해 보면, 후반부는 5년 전과 동일하며 다만 전반부가 추가되었음을 볼 수 있다. 다시 말하자면, 기초연금과 비례연금을 분리시키는 아이디어는 이회창 후보나 이명박 후보가 동일하게 채택하였던 것이다. 결국 5년 사이에 기본노선에서 큰 변화는 없었다는 뜻이다.

한편, 대통합민주신당의 정동영 후보 공약집은 책자로 공개되지 않은 것 같다. 대신 정동영 의원실을 통해 입수한 자료를 보면 "국민연금과 특수직연금의 연계를 추진하고 5대 사회보험의 관리운영을 효율화하겠습니다." 그리고 "기초노령연금 급여를 조기에 인상하고 대상을 확대하며 전달체계를 개편하겠습니다."라고 적혀 있다(정동영, 2007: 43).

이와 같이 이명박 후보와 정동영 후보 사이에는 국민연금 정책을 둘러싼 정면충돌의 여지를 찾아보기 어렵다. 이 후보가 국민연금의 구조조정을 공약으로 내세운 데 반해 정 후보는 기초연금의 금액과 대상 확대를 강조하는 등 두 후보의 공약이 서로 다른 문제에 초점을 맞추고 있었기 때문이다. 더욱이 이번에는 어느 후보도 '연금삭감' 을 주장하지 않았다.

2002년 대선과 비교하면, 이번에는 두 후보 모두 상대 후보 공약에 대해 논쟁을 벌이거나 시비를 걸 만한 좋은 먹잇감을 발견하지 못한 것으로 분석된다. 예컨대, 2002년 대선에서 노무현 후보는 이회창 후보의 '연금삭감' 공약을 '용돈연금' 이라고 공격하였다. 그러나 2007년 대선 공약에서는 어느 후보도 그와 같이 유권자의 표를 떨어뜨릴 만한 공약을 내세우지 않았다.

그나마 토론거리가 될 수 있었던 것으로 이명박 후보가 내세운 국민연금의 구조조정 문제를 지적할 수 있다. 그러나 이 문제는 유권자들이 이해하기에는 너무 어렵기 때문에 논의 자체가 유권자들의 표심과 연결될 수 없었다. 다시 말하자면, 국민연금의 균등 부분과 소득비례 부뷴을 분리시키겠다는 공약이 가입자나 수급자들에게 어떤 영향을 미칠 것인가에 관한 명확한 그림이 보이지 않았기 때문에 유권자들의 관심을 사지 못하였다는 것이다.

유권자들이 쉽게 이해할 수 없기 때문에 대선 쟁점이 될 수 없기로는 기초노령연금과 국민연금을 통합하겠다는 이명박 후보의 공약도 다를 바 없었다. 이명박 후보가 기초노령연금과 국민연금을 통합하여 일원화하겠다고 말하였지만 구체적인 방안이 공표되지 않았기 때문에 일반 국민은 물론 전문가들조차 구체적 내용을 분석하고 평가하기가 힘들었다.

그러면 남은 문제로서 연금보험료율의 인상을 예상할 수 있는데, 2007년 대선에서 어느 후보도 그것을 공약으로 채택하지 않았다. 이는 2002년 대선에서 이회창 후보가 급여삭감을 주장했다가 낭패를 봤던 경험의 결과인 듯하다. 한마디로 요약하자면, 제17대 대선에서 당선이 유력했던 두 후보는 최소한 국민연금 문제를 가지고는 정책대결을 벌이지 않았다.

투표일을 사흘 앞둔 2007년 12월 16일에는 대선후보 3차 TV 토론회가 열렸다. 2002년 대선 TV 토론회에서 이회창과 노무현 두 후보 간의 '용돈 연금' 공방을 회상하면 이번 토론회에서는 또 어떤 이변이 연출될지 사뭇 기대가 높았다. 그러나 결과는 재미없이 끝났다. 그날 토론회를 스케치한 한국일보는 다음과 같이 보도하였다(한국일보, 2007. 12. 17.).

이명박 후보는 "국민기초노령연금을 국민 60%가 받도록 한나라당이 제안하고 있다."고 소개하였는데, 60%는 당시 「기초노령연금법」상에 이미 규정되어 있는 수치였다. 정동영 후보는 "현재 9%를 받아서 50%를 제공하는데, 이를 더 낮추면 용돈연금이 된다."며 "재설계할 것이다."라고 제시하였다. 당시 「국민연금법」에 의하면, 소득대체율을 2009년부터 매년 0.5%포인트 씩 깎아 나가면서 2028년에는 40%가 되도록 설계되어 있었다. 그런데 정 후보는 그 40%를 50%가 되도록 하겠다는 주장을 공표했던 것이다.

기대가 되었던 후보는 무소속의 이회창 후보였다. 왜냐하면 2002년 대선에서 연금개혁을 주요 안건으로 올려 놓았던 장본인이었기 때문이다. 이 후보는 "연금 고갈을 면하려면 보험료 높이고 지급률 낮추는 게 해법이다. 2002년 대선 때 이 주장을 했더니 당시 노무현 후보가 말도 안 된다고 했다."면서 "기초연금과 소득비례연금으로 이원화해야 한다."는 주장을 5년 전과 동일하게 내세웠다. 이어서 그는 기초노령연금에 대해서도 언급하였다. "이명박 후보가 지급대상을 60%로 하겠다는데, 뭔가 잘못 알고 계신 것 같다. 현재 60%인데 저는 80%로 올리겠다."고 이명박 후보의 오해를 꼬집었다.

2002년 대선과 달리 2007년 대선에서는 경제 문제가 유권자들의 관심을 집중시켰던 반면, 연금개혁 이슈는 유권자나 후보자들의 이목을 끌지 못하였다. 그리고 연금개혁과 관련된 후보자들 간의 공약 차이도 별로 의식되지 못한 채 투표가 끝났다. 투표 집계 결과는 한나라당 이명박 후보의 압승으로 나타났다. 이명박 후보는 1,149만 2,389표(48.67%)를 획득함으로써 617만 4,681표(26.14%)를 얻은 2위 정동영 후보를 531만여 표 차로 따돌렸는데, 1, 2위 간 득표 차는 역대 직선제 대선 중 가장 큰 것으로 집계되었다.

2008 대통령인수위 가동

연금개혁과 관련해서 이명박 대통령 당선자가 후보 시절에 공약했던 내용은 크게 두 가지로 요약된다. 하나는 현재 별도의 법으로 존재하고 있는 기초노령연금과 국민연금을 묶어서 하나의 법체계로 통합시키는 것이었다. 그리고 다른 하나는 현재 두 부분으로 구분되는 국민연금의 균등부분과 소득비례 부분을 분리함과 동시에 균등 부분은 기초연금화시키고 소득비례 부분만 국민연금으로 존치시키는 것이었다. 한마디로 말해, 두 종류의 구조개혁을 하겠다는 의지의 표명이었다.

그와 같은 당선자의 의지를 실현시키기 위한 첫 관문이 대통령직 인수위원회(인수위)다. 즉, 인수위의 작업 과정에서 그와 같은 구조개혁에 대한 청사진이 국정과제 우선순위에서 높은 위치를 차지해야 되고 이어서 기본원칙이 구체화되어야 하는 것이다.

인수위 작업에 대한 전망을 가늠할 수 있는 신문기사가 최초로 등장한 것은 2007년 12월 27일자 세계일보였다. 기사에 의하면, 한나라당 고경화 의원은 "기초노령연금과 국민연금은 밸런스를 맞춰 가야 하는 쌍끌이 정책"이라면서 "개별법으로 되어 있는 두 연금을 한 법에 묶어서 일원화된 연금체계를 만들어야 한다."고 말한 것으로 전해졌다. 같은 날 당선자의 자문교수로 활동했던 김용하 교수(며칠 뒤에 인수위 사회교육문화분과 상임자문위원이 됨)는 "현재 기초노령연금과 국민연금 관계에 불투명한 부분이 있다."고 전제한 후 "17대 국회에서는 논의가 어렵고 18대 국회가 개원하면 정부도 안을 만들어 본격 논의할 것"으로 전망하였다(세계일보, 2007. 12. 27.).

연금개혁과 관련된 인수위 활동이 처음 공개된 것은 2008년 1월 7일이었다. 같은 날짜 국민일보 기사에 의하면, 그날 인수위에서는 보건복지부 업무보고가 있었다는 것이다. 복지부는 브리핑을 통해 "연금체계의 불안과 사각지대의 불안이 남아 있어(국민연금에 대한) 국민적 불신이 해소되지 않고 있다."며 "국민연금 개혁을 위해 태스크포스 팀(TF)을 구성해 종합 개편안을 마련키로 했다."고 말했다.

이상에서 볼 수 있듯이, 인수위는 연금의 구조개혁에 대해 지대한 관심을 표명하였다. 그 부분에 대해 많은 독자들은 의아하게 생각할지 모른다. 왜냐하면 연금개혁이 마무리된 것이 불과 6개월 전인 2007년 7월 3일이었고 대선에서 연금개혁이 쟁점 이슈가 되지 못했는데, 또 무슨 개혁을 더해야 하는가라고 의문을 제기할 수 있기 때문이다. 그러나 인수위로서는 연금의 구조개혁에 무관심할 수 없는 속사정이 있었다. 그 부분을 이해하려면 기초노령연금의 소요재원 마련에 대한 기본지식을 알아야 한다.

한나라당이 2004년 말부터 주창해 오던 기초연금 혹은 무기여 연금의 재원 규모에 대해서는 적게는 2~3조 원에서 많게는 8~9조 원 또는 14조 원까지 각양각색으로 추산된 바 있었지만 그때까지 정부의 공식 발표는 없었다. 그러나 2007년 7월 3일 「기초노령연금법」이 확정되고 난 이후에는 기초노령연금의 예산추이에 대해 정부가 더 이상 침묵하고 있을 수가 없었던 것이다.

보건복지부와 국회 예산정책처에 따르면, 2008년 국비와 지방비를 포함한 기초노령연금 예산은 2조 2,002억 원이었다. 문제는 향후 전망이었다. 복지부가 공개한 '기초노령연금 장기재정계획'에 따르면, 연금수준을 점차 인상하지 않고 현행 그대로인 국민연금 가입자 평균소득월액의 5%로만 유지할 경우에도 지출은 연평균 11.8%씩 증가해서 2025년에는 14조 6,620억 원에 달할 것으로 예상되었다. 만약 급여수준을 한나라당의 주장대로 10% 수준까지 올리면 2028년의 예상 지출액은 37조 원에 달한다는 것이었다(한국일보, 2008. 1. 7.).

이와 같은 소요예산 전망을 보면 기초노령연금의 시행 초기에는 조세방식에 의해 재원을 조달할 수 있을지 모르지만 장기적으로는 지속 가능하지 않은 방법임을 쉽게 느낄 수 있다. 왜냐하면 고령화로 인한 수급자 수의 증가 그리고 생활수준의 향상에 따른 급여인상의 압력을 고려한다면 기초연금 예산의 증가 속도는 가히 폭발적일 것으로 예상되기 때문이다. 사실 우리보다 앞서 기초연금제도를 실시하였던 영국, 스웨덴, 일본 등이 기초연금제에서 실패한 이유가 바로 재원조달 문제 때문이었다.

따라서 조세가 아닌 다른 대안을 찾아야만 하는데, 그 대안의 하나로 국민연금의 기금에 눈을 돌리고 싶은 유혹이 발생한다. 즉, 앞으로 상당 기간 막대한 규모로 쌓여 가는 기금의 일부를 기초연금의 재원으로 삼을 수는 없는가 하고 말이다. 만약 국민연금 기금의 일부를 기초연금의 재원으로 활용하려면 현재와 같이 「기초노령연금법」과 「국민연금법」이 분리되어 존재하는 법체계는 불리해진다. 왜냐하면 각각의 독립 법 아래에서 서로 다른 재원확보 방안에 의존하고 있기 때문이다.

그러나 두 개의 법이 하나로 통합된다면 재원을 통합하는 것도 용이해진다. 바로 그 이유 때문에 한나라당과 인수위는 연금의 구조개혁을 갈망하고 있었던 것으로 분석된다. 기초연금은 원래 한나라당의 아이디어였는데, 한나라당의 고집에 밀려서 참여정부가 마지못해 수용한 것이었다.

당시 야당이었던 한나라당은 재원조달에 대해서는 심각하게 고민하지 않고서도 정부와 여당을 거세게 몰아붙일 수 있었다. 그러나 이제는 상황이 역전되었다. 재원마련에 대해 고민해야 하는 여당이 되었기 때문이다. 여기서 역사의 아이러니가 발견된다.

참여정부가 '용돈연금' 론 때문에 대선 승리에 도움을 받았지만 바로 그것 때문에 이후 5년 동안 야당으로부터 곤욕을 치러야 했던 것과 유사하게 기초연금으로 집권에 도움을 받았던 한나라당이 앞으로 5년 동안 기초연금 때문에 야당으로부터 시달림을 받을 우려가 커지고 있었던 것이다. 따라서 인수위는 가능한 한 조기에 기초노령연금의 재원확보 문제를 해결하고 싶었던 것으로 해석된다.

사실 한나라당이 기초연금 아이디어를 최초로 제시했을 당시의 설계에 의하면, 기초연금의 소득대체율을 20%로 하는 대신에 소득비례인 국민연금의 소득대체율도 20%로 대폭 낮게 잡았다. 그 안이 얼마나 가혹한 개혁안이었는가에 대한 분석은 앞의 제21장에서 제시하였다.

상기하는 의미에서 그 안의 핵심을 다시 언급하면 다음과 같다. 국민연금은 소득비례 방식에 따라 7% 보험료율의 보험료를 내고 20%의 소득대체율에 해당하는 연금을 받도록 설계되었다. 따라서 지금까지 60%의 연금을 받을 것으로 예상했던 사람들의 불만이 터져 나올 것은 확실하였다. 덧붙여 낸 것에 비례해서 받기 때문에 소득재분배 기능은 폐지될 수밖에 없었다. 더 큰 문제는 기초연금의 재원을 안정적으로 확보하는 방안이 제시되지 않았다는 것이었다.

초기 한나라당안의 가혹성은 그러나 정치협상의 결과 다소 완화되었다. 즉, 한나라당의 방안 중 기초노령연금의 수준은 20%가 아니고 5%에서 시작하여 10%까지 인상하는 쪽으로 줄어들었다. 대신 국민연금은 당초의 7% 보험료율에 20%의 소득대체율이 아니라 9%의 보험료율에 소득대체율 40%로 늘어났다.

따라서 인수위가 과연 한나라당의 초심인 기초연금 20%와 국민연금의 20%로 환원시킬 계획을 재확인할 것인가에 대해 관심이 모이고 있었다. 한국일보 2008년 1월 8일자 보도를 보면, 인수위가 "국민연금과 기초노령연금을 통합, 국민연금 수령액을 줄이되 기초노령연금의 수급액은 단계적으로 높이기로 했다."는 것인데, 보험료율은 현행대로 9%를 유지하되 연금수령액을 생애 평균소득의 25% 정도로 낮추는 방안을 검토하고 있는 것으로 알려졌다. 이 기사만 보면 인수위가 어느 정도 한나라당의 초심으로 돌아가고 있었던 것처럼 보인다.

인수위의 논의가 공개되자, 언론의 논평이 뒤따랐다. 세계일보는 2008년 1월 8일자 사설에서 "제도가 바뀌면 저소득자가 고소득자에 비해 유리한 연금을 받던 불합리가 사라질 수 있어 바람직한 방향이라고 하겠다." 라는 엉뚱한 찬성론을 폈다. 재정 안정화, 사각지대 혹은 노후생활보장 등을 평가척도로 사용한 것이 아니라 국민연금의 재분배 기능을 부정적으로 보고 있는 시각을 드러냈던 것이다.

한편, 한겨레신문은 2008년 1월 8일자 사설을 통해 인수위가 연금개혁을 서두른 점을 잘한 일로 칭찬하면서 국민연금과 기초노령연금의 통합을 논의과제로 선정한 것을 높이 평가하였다. 그러면서 "노후소득보장이라는 연금의 본래 취지가 달성될 수 있어야 한다.…… 갈수록 늘어날 기초연금 재원을 어떻게 마련할 것인지도 고민해야 할 사항이다."라는 해결하기 어려운 주문을 하였다.

논의만 무성했던 인수위

인수위 활동이 정점에 이르렀던 2008년 1월 29일에 다소 의외의 보도가 나왔다. 인수위 제도개혁 태스크포스가 '더 내고 덜 받는' 쪽으로의 국민연금 개혁을 검토 중이라는 내용이었다(문화일보, 2008. 1. 28.). 좀 더 구체적인 수치를 보면, 보험료율을 현행 9%에서 단계적으로 12.9%로 올리는 방안과 급여율을 현행 50%에서 30%로 낮추고 보험료율은 10~10.5%로 인상하는 방안도 검토되는 것으로 알려졌다.

연금개혁의 백가쟁명시대가 다시 한 번 재현되는 것 같은 느낌이 드는 소식이었다. 그런데 한 가지 흥미로운 사실이 있다. 야당 시절에는 '더 내고 덜 받는' 쪽으로의 국민연금 개혁안을 그렇게도 반대하던 한나라당이 집권에 성공하자마자 동일 사안에 대해 '고려할 수 있다'는 식으로 태도를 변화시켰다는 것이다. 정치란 이런 것이구나 하는 감이 들어 무상하기까지 하는 대목이다.

'더 내고 덜 받는' 연금개혁과 연금보험료 '마의 10% 벽' 허물기는 참여정부에서 정부와 우리당이 시도했고 한나라당은 반대하였던 방안이었다. 결국 그 안은 한나라당의 반대에 부딪혀서 좌절상태로 추락했었는데, 이제 한나라당의 집권을 계기로 부활의 조짐을 보이게 된 것이다.

이와 같은 현상은 정치무상에도 불구하고 국민연금 발전의 측면에서 분석한다면 긍정적인 평가를 받을 만하다. 왜냐하면 사각지대를 해소하든, 급여수준을 적정화시키든, 재정 안정화를 목표로 하든 어느 경우를 막론하고 보험료율을 올리는 것은 불가피한 전제조건이기 때문이다. 그런데 그와 같은 기본원리를 통상 야당은 무시하기 마련이다. 이제 여야가 한 번씩 정권교체를 경험하면서 상대방의 입장을 이해할 수 있게 되었기 때문에 막무가내식 반대는 사라질 것이라는 기대를 할 수 있게 되었다.

백가쟁명식 인수위 논의의 막판 아이디어 중에는 '중복지급 금지' 방안이 들어 있었다. 2008년 2월 22일자 경향신문 기사에는 "기초연금 지급대상자를 전체 노인의 60%에서 80%로 확대하는 대신 기초연금액을 빼고 국민연금을 지급한다는 안"이 소개되었다. 즉, "현재의 기초노령연금을 기초연금으로 명칭을 바꾸고…… 국민연금을 보험료를 낸 만큼 받아가는 비례연금으로 구조화"한다는 것이었다.

그 아이디어의 핵심은 기초연금의 대상자를 늘리는 대신 소득비례연금의 수준은 대폭 삭감한다는 것이었다. 그렇게 되면 사각지대는 많이 해소되면서 동시에 '적게 내고 적게 받는' 국민연금의 재정 안정화를 달성하기 쉬워진다는 생각과 일맥상통하는 것이었다. 그러나 기초연금과 국민연금을 동시에 수령할 수 있었던 기존의 수급자가 중복지급을 하지 못할 경우에 발생하는 급여차이액은 가입자 평균소득의 최대 5%에 이르게 될 것으로 알려졌다.

가입자들이 보험료 인상을 혐오하지만 그렇다고 연금 감액을 환영하는 것은 결코 아니다. 위에서 소개한 '중복지급 금지' 방안에 대한 논평에서 배준호 교수는 "이는 중소득층의 연금수급액을 대폭 깎겠다는 것이나 다름없다."라고 지적한 것으로 알려졌다. 그리고 복지부 관계자는 "수급액을 줄일 경우 국민연금에 대한 거부감이 더욱 심해질 것으로 예상돼 현실적으로 어려운 방안" 이라고 말한 것으로 전해졌다(경향신문, 2008. 2. 22.).

이상에서 본 바와 같이, 인수위 논의가 백가쟁명식으로 진행되고 있다는 언론보도는 이명박 정부의 연금개혁에 대한 전망을 불투명하게 만드는 원인으로 작용하고 있었다. 그렇지 않아도 '개혁 피로증세' 가 대선기간 중 정치권에서 감지될 수 있었는데, 인수위에서마저 아이디어와 말만 무성했지 구조개혁의 확고한 방향조차 드러나지 않고 있는 상황이 계속되었다. 그래서 연금 전문가들의 관심은 인수위 보고서로 쏠릴 수밖에 없었다.

제17대 대통령인수위원회 백서의 타이틀은 '성공 그리고 나눔: 이명박 정부의 국정철학과 핵심 정책과제' 로 되어 있다. 그 보고서에서 인수위는 5대 국정지표, 21대 전략목표 그리고 193개 국정과제를 선정하였다. 5대 국정지표 중 세 번째가 능동적 복지인데, 능동적 복지라는 국정지표는 4개의 전략목표로 세분된다.

그 4개의 전략목표 중 첫 번째 것이 '평생복지 기반 마련' 이라는 전략목표이고 국민연금 개혁은 그 전략목표 아래에 위치한 국정과제에 소속되어 있다. 국정과제는 우선순위에 따라 핵심 과제, 중점 과제, 일반 과제로 다시 삼분되는데, 국민연금과 기초노령연금의 통합은 핵심 과제로 분류되었다. 한마디로 말하자면, 국민연금 개혁 과제는 능동적 복지에 소속된 총 42개 국정과제 중 7개 핵심 과제의 하나로 분류될 정도로 비교적 높은 우선순위를 배정받았던 것이다.

다음으로 연금개혁에 관한 부분을 집중적으로 조명해 본다. '국민연금과 기초노령연금통합 및 재구조화' 라는 제하의 설명은 백서의 135~137쪽에 걸쳐 나온다. 그중 주목해야 할 부분은 136쪽에 나오는 추진계획과 관련된 것이다. 여기에는 "2007년 국민연금법 개정 수준의 급여조정 계획은 그대로 유지하는 것이 바람직할 것으로 판단되며 연금보험료도 현행 수준 이상으로 높이는 것은 국민부담 측면에서 적절하지 않다." 라는 결론이 나와 있다(문화체육관광부, 2008: 136). 다시 말하자면, 보험료율과 급여수준에서는 더 이상의 변화를 꾀하지 않겠다는 의지를 분명히 하였다.

그렇다면 변화되는 것은 무엇인가? 변화는 크게 두 가지다. 첫째, 현행 「기초노령연금법」을 폐지하고 명칭을 기초연금으로 바꾸면서 「국민연금법」에 통합시킨다. 둘째, 기초연금의 지급대상자를 현행 60%에서 80%로 확대한다. 그러나 두 개의 기본 방향에도 불구하고 국민연금에 통합된 기초노령연금과 현행 균등 부분 및 소득비례 부분과의 삼각관계가 어떻게 정리될 것인가에 대해서는 구체적 언급이 없었다.

그래서 다음과 같은 질문이 제기된다. 기초노령연금이 국민연금과 통합되더라도 기존의 균등 및 소득비례 부분은 그대로 존속하며 다만 기초연금이라는 별도의 연금이 추가되는 것인가? 만약 그렇다면 그 경우 기초연금의 재원조달 방법은 무엇인가? 또 다른 형태라면 균등 부분과 기초노령연금이 통합되어 기초연금으로 단일화되고 나머지 소득비례 부분만 따로 분리되는가? 만약 그렇다면 기초연금의 재원조달 방법은 무엇인가?

추측컨대, 인수위에서도 이와 같은 질문들과 유사한 내용들이 검토되었을 것이다. 그러나 쉽게 결론이 나오지 않았던 것이 아닌가 하고 추론한다. 사실 위에서 제기된 질문들에 대한 답변을 제공하기에는 인수위라는 기구가 적합하지 않았다. 왜냐하면 인수위는 정권 인수를 위한 준비기구이지 연금개혁을 위해 마련된 기구가 아니었기 때문이다.

그래서 백서는 "구체적 추진을 위해서는 새 정부 출범 후 가능한 한 조속히 공적연금개혁 TF팀을 구성해…… 공적연금 TF팀에서는 본 과제 외에도 공무원연금 등 특수직역연금 개선, 국민연금 등 공적연금 연계방안 마련, 국민연금 기금 운용체계 개편도 함께 검토"하는 식으로 주문하였다. 공적연금개혁 TF팀은 총리실 산하에 두되 보건복지가족부를 주관부처로 하였다. 그리고 희망사항으로 "정기국회에 개정안을 제출해 2008년 말까지는 법률안이 통과될 수 있도록 해 2009년부터는 개혁된 제도가 시행될 수 있도록 한다."라는 시간표를 제시하였다(문화체육관광부, 2008: 136-137).

인수위가 연금개혁을 위한 기구가 아닌 이상 보다 구체적인 방안을 제시하는 것이다. 우선 구체안을 작성하기에는 활동기간이 너무 짧았다. 거기에다 앞에서 지적한 대로 당시의 분위기는 개혁을 시도하기에 너무나 부적합할 정도로 '개혁 피로증' 이 광범하게 확산되고 있었다. 그리고 제2차 재정계산 작업이 한창 진행되고 있었기 때문에 인수위는 국민연금재정추계위원회(재정추계위)와 국민연금운영개선위원회(운영개선위)를 의식하지 않을 수 없었다. 특히 운영개선위는 출범 시부터 제도개혁보다 운영의 합리화를 목표로 정했기 때문에 이명박 후보의 공약이었던 구조개혁과 조화되기 어려웠다.

개혁 피로증과 제2차 재정계산

앞에서 관찰한 바와 같이, 2007년 7월 3일의 「국민연금법」과 「기초노령연금법」의 국회 통과 이후에 나타난 '개혁 피로증' 이 제일 먼저 감지된 것은 정치권이었다. 그래서 17대 대선에서는 연금개혁이 후보 간 공약대결의 주요 쟁점 리스트에서 빠져 버렸다. 그런가 하면, 국회는 추가 논의를 했어야 함에도 불구하고 시작조차 하지 않고 있었다. 예를 들면, 2007년 7월 27일에 공포된 「기초노령연금법」 부칙 제4조 제2항에는 "연금지급액의 조정에 따른 소요재원 대책, 상향조정의 시기 및 방법, 기초노령연금과 국민연금의 통합 등을 논의하기 위해 2008년 1월부터 국회에 연금제도개선위원회를 설치 · 운영한다."라는 규정이 나온다. 그러나 그 규정은 지금까지 실행되지 않고 있다.

그 규정을 결의한 국회는 제17대 국회였고 현재의 국회는 2008년 4월 총선 이후에 새롭게 구성된 제18대 국회다. 그래서 임기 말이라는 이유로 연금제도개선위원회가 17대 국회에서는 구성되기 어려웠을지 모르지만 18대 국회마저 위원회 구성을 외면하고 있는 현상의 원인을 '개혁 피로증' 이라고 보는 것이 적절할 것으로 분석된다.

이와 같이 정당과 국회가 연금개혁과 연관하여 '개혁 피로증' 을 보이고 있는 증거는 어렵지 않게 볼 수 있었다. 그런데 '개혁 피로증'을 읊기로 말한다면 정당이나 국회보다 정부가 한 발 앞섰다. 다만 밖으로 잘 드러나지 않았을 뿐이다. 「국민연금법」 개정 문제로 4년여 동안 거의 탈진 상태가 된 정부, 그중에서도 특히 복지부로서는 연이어서 또 다른 연금개혁을 시도할 수 있는 동력이 소진되었던 것 같다. 그와 같은 분석의 근거는 제2차 재정계산의 운영방식에서 변화가 발생했다는 사실을 통해 확연하게 드러난다.

1998년에 개정된 「국민연금법」 제4조 제2항에 의하면, 복지부 장관은 "5년마다 국민연금의 재정수지에 관한 계산을 실시하고, 국민연금의 재정 전망과 연금보험료의 조정 및 국민연금 기금의 운용에 관한 계획 등을 포함한 국민연금 운영 전반에 관한 계획을 수립하여, 국무회의의 심의를 거쳐 대통령의 승인을 얻어야 하며, 이를 국회에 제출하고 대통령령이 정하는 바에 의하여 공시하여야 한다."로 나와 있다. 이 규정은 지금까지도 효력을 발휘하고 있다.

그렇지만 그 규정에 따라 실시된 2003년의 제1차 재정계산과 2008년의 제2차 재정계산 사이에는 목표와 운영방식에 있어 현저한 차이를 보이고 있다. 한마디로 요약하자면, 1차에서는 제도개혁을 목표로 일원화된 위원회를 운영하였지만 2차에서는 운영개선을 목표로 위원회를 이원화시킴과 동시에 업무 중요성의 무게중심을 재정추계 쪽에 두기로 하였던 것이다.

다시 말하자면, 제2차 재정계산에서는 1차 때와 달리 관련법 개정 작업의 폭을 좁히는 대신 구조개혁과 같은 거창한 과제는 되도록 시도하지 않겠다는 의지가 표명되었던 것이다. 이와 같은 차이가 발생한 근본 원인은 1차 재정계산의 경험에서 발생한 '개혁 피로증' 때문으로 추정된다.

그와 같은 '개혁 피로증'을 진단할 수 있는 직설적 표현이 국민연금재정계산보고서에 나온다. 즉, 2차 재정계산에 따른 제도 및 기금운영계획안은 "제도개혁에 대한 피로감이 큰 상황인 점을 감안, 가능한 한 제도의 안정적인 운영 및 신뢰 회복에 기여하는 대책을 중심으로 검토"하며 "구체적 대책 마련보다는 향후 논의에서 검토할 사항 등 중장기적 개선방안이나 개선 방향을 제시하는 수준에서 운영계획안을 마련" 한다는 것이었다(국민연금운영개산위원회, 2008: ii)

'개혁 피로증' 에 빠져 들었던 국민연금운영개선위원회와 달리 국민연금재정추계위원회는 5년 전과 다름없이 향후 70년간의 재정상태를 추계하였다. 2003년 재정추계와 다른 점이 있다면 인구변수 가정과 관련된 부분이었다. 즉, 이전에는 3등급(낙관적, 중간적, 비관적)으로 접근하면서 중위 가정 중심으로 발표하였던 데 비해 이번에는 기본 가정(비관적)과 대안 가정(낙관적) 등 2등급으로 줄이는 한편, 두 개의 비중을 동등하게 취급하여 제시하였다.

재정추계 결과를 보면 2044년에는 당년도 수지적자가 발생하고 2060년에는 소진되는 것으로 나타났다. 5년 전의 제1차 재정추계 결과와 비교할 때 당년도 수지적자 발생연도는 8년 지연되었고 기금소진 연도는 13년 늦어졌다(국민연금재정추계위원회: 2008: iv). 그와 같은 차이는 2007년「국민연금법」개정의 효과라고 볼 수 있다.

2008년 추계와 2003년 추계를 비교함에 있어 특기할 사항은 추계 결과에 대한 국민들의 반응에서 큰 차이가 나타났다는 것이다. 2003년의 경우에는 추계기간을 70년으로 정한 것에 대한 시비, 합계출산율에 대한 비판 등 추계방법에 관한 기술적 문제를 놓고 전문가들, 시민단체들, 언론 등이 신랄한 비난을 가했다. 그러나 2008년에는 일절 그런 현상이 사라져 버렸다.

추계방법에 대한 비판이 사라진 원인에 대해 궁금해진다. 우선 생각할 수 있는 것이 2008년의 추계 과정에서 방법론상으로 진일보한 점을 지적할 수 있다. 예컨대, 2차 추계에서는 다양한 민감도 분석을 실시함으로써 추계의 신뢰도를 높이는 노력을 보였다. 그럼에도 불구하고 2003년이나 2008년의 추계방법에는 큰 변화가 없었기 때문에 5년 전의 극심한 반대가 재현되지 않았던 이유에 대한 궁금증은 쉽게 수그러들지 않는다.

그에 대한 추가적인 답변으로서 추계방법에 대한 국민들의 이해도 향상을 생각할 수 있다. 즉, 국민연금의 재정 논의에 있어 장기 재정추계는 필수적이며, 재정추계를 한다면 기존의 방법보다 더 나은 방법을 창안할 수 없다는 불가피성에 대해 어느 정도의 의견일치가 나타났다고 추정하는 것이다. 그런 추정은 일견 일리가 있어 보이지만 그렇게 짧은 기간에 예상 밖의 큰 학습 효과가 나타났다는 사실에는 믿기 어려운 부분이 있다. 그러다 보니 다른 더 큰 이유를 찾아낼 필요가 있었다.

가장 큰 이유는 2003년에는 추계 결과가 보험료율 인상과 소득대체율 하락에 직접적으로 연계되어 있었지만 2008년에는 아예 보험료율 인상과 소득대체율 하락의 제안이 없었기 때문이라 생각한다. 다시 말하자면, 국민들의 이해관계인 연금개혁 저지와 직접적으로 연관되는 경우에는 추계방법에 대해 시비할 필요가 있었지만 그렇지 않으면 무관심해도 무방하다는 것이었다.

한마디로 요약하면, 추계 결과가 연금 삭감과 관련되어 있으면 이를 막기 위해 추계방법에 대한 시비를 걸 필요가 발생하지만 그렇지 않은 경우에는 그것을 문제시할 이유가 없는 것이다. 이런 현상 역시 국민연금의 역설에서 등장하는 '보험 역설' '언론 역설' '정치 역설'이다.

이상에서 보는 바대로 2007년의 「국민연금법」 개정은 재정 불안정의 문제를 다소 완화시켰음을 알 수 있다. 그리고 같은 해에 제정된 「기초노령연금법」은 공적연금 수급자의 비율을 일시에 60~70% 증가시킨 효과가 있었다. 한마디로 요약하면, 2007년의 연금개혁은 국민연금의 재정 불안과 사각지대 문제의 완화에 기여한 것이 확실하다.

그러나 문제는 그런 연금개혁에도 불구하고 재정 불안과 사각지대 문제가 완전히 해소되지 않았다는 점이다. 혹자는 연금개혁이란 단판승부가 아니라 반영구적 게임이라고 말한다. 맞는 말이다. 그렇다면 우리는 이 시간에도 아직 미완성으로 남아 있는 연금개혁을 준비해야 한다. 그런데 많은 사람들이 '개혁 피로증'으로 고생하고 있다. 다시 말하자면, 다음 차례의 연금개혁을 준비하고 있는 사람들이 별로 없다는 것이 진짜 문제다.

여기서 한 가지 걱정이 떠오른다. 앞의 제6장에서 언급한 바 있는 '잠자는 숲속의 공주(sleeping beauty)' 이야기다. 1973년에 제정되었던 「국민복지연금법」이 장장 13년 동안 깊은 잠에 빠져 들었던 적이 있다. 그런 공주를 잠에서 깨운 이웃나라 왕자는 1986년의 「국민연금법」을 만들었던 전두환 대통령이었다. 2007년의 연금개혁 이후 분위기는 마치 1974년 무렵과 비슷하다는 느낌이 든다. 국민연금이 다시 한 번 깊은 잠에 빠진다면 그를 깨울 다음의 왕자는 누가 될 것인가? 지금 분위기를 보면 이명박 대통령은 아닌 것 같다.

이명박 정부가 앓고 있는 국민연금 '개혁 피로증' 의 또 다른 증거는 앞에서 설명한 바와 같이 인수위가 제안했던 공적연금 TF팀의 구성과 운영에서도 잘 드러난다. 지금까지 알려지기로 국무총리실은 '공적연금개혁협의회' 라는 이름의 TF팀을 2008년 4월에 구성하였고 이후 몇 차례 회의를 했다고 한다. 그러다가 언제부터인지 모르지만 현재는 개점휴업상태라는 것이다.

그러다 보니 인수위가 희망했던 2008년 정기국회에서의 「국민연금법」 개정 작업은 이미 실패하고 말았다. 그리고 2009년 정기국회도 소득없이 종료되었다. 이와 같이 국회, 정부, 정당을 막론하고 널리 확산되고 있는 '개혁 피로증' 은 상당기간 지속될 것으로 예상된다. 왜냐하면 2002년 3월부터 2007년 7월까지 진행된 국민연금 개혁의 입법 과정에서 관련 당사자들은 물론이고 일반 국민들까지 과도한 에너지를 쏟아부었던 것이 확실하기 때문이다. 반면 결과로 얻은 수확에 대해 만족해하는 사람은 많지 않기 때문에 결국 우리 모두 허탈감에 빠지고 말았다고 해석된다.

역설 타파의 행동 지침

대한민국의 사회현상 중에는 시작은 늦었지만 발전은 급속하게 전개되는 사례들이 많다. 경제성장이 그렇고 민주주의가 그렇다. 그래서 대한민국을 압축성장의 대표주자라고 부른다. 국민연금도 예외가 아니다. 1973년에 최초의 법을 만들었을 때 우리는 다른 나라에 비해 많이 늦었었다. 1988년에 제도가 비로소 시행에 들어갔을 때는 더욱 늦었다.

그렇게 시작은 늦었지만 불과 11년 만에 법률상의 '전 국민 연금시대'를 열었다. 실제상의 '전 국민 연금시대'를 달성하기까지 소요된 기간은 제도 실시 이후 20년 만이다. 참고로 선진국의 경우 국민연금이 전체 국민으로 확대되기까지 소요된 기간을 보면 독일 81년, 프랑스 55년, 이탈리아 46년 그리고 영국은 37년이 걸렸다(Flora, 1984: 59, 74-77, 김상균, 2006: 106 재인용).

11년이라는 우리나라의 기록을 깰 만한 나라는 앞으로도 많지 않을 것으로 예상된다. 그러나 이런 압축성장의 이면에는 어두운 그림자가 드리워져 있다. 국민의 절반이 국민연금의 폐지를 원하고 있다는 사실이다.

국민연금에 대한 불신이 문제가 되는 이유는 바로 그것 때문에 국민연금의 향후 발전이 지장을 받고 있다는 것이다. 우리는 지난 2003년부터

2007년까지 약 4년간 연금개혁을 둘러싸고 나라가 요동칠 정도의 진통을 경험하였는데도 재정 안정화, 사각지대 그리고 급여수준 문제 어느 하나도 시원하게 해결하지 못하였다.

설상가상으로 지금은 '개혁 피로증'에 빠져드는 이상기류가 느껴지는 판국이다. 할 일이 태산인데, 일할 사람이 없다는 말이다. 이런 현상의 근저에는 국민연금에 대한 국민의 불신이 꿈틀거리고 있다. 따라서 국민연금에 대한 국민의 불신을 감소시키거나 해소하지 않고서는 어떤 종류의 국민연금 발전도 기대할 수 없다는 결론이 나온다. 그렇다면 이 문제를 어떻게 해야 하는가?

우리나라만큼 국민연금을 혐오하는 국민이 많은 나라는 이 세상에 없다. 왜 이런 현상이 발생했을까? 이 질문에 대한 해답을 찾기 위해 이 책은 국민연금의 지난 36년간 역사를 관통하고 있는 원인을 발견하고자 노력하였다. 그리고 그것을 국민연금의 5대 역설로 정리하였다.

한마디로 요약하자면, 국민연금의 역사는 다섯 가지 역설들로 얼룩져 있다. 보험 역설, 경제 역설, 정치 역설, 전문 역설, 언론 역설 등 다섯 가지 역설들의 일부 또는 전부의 조합이 만들어 낸 결과가 국민연금의 역사라는 것이다. 따라서 국민들이 국민연금을 싫어하는 원인도 5대 역설 때문이다.

역설은 때로 횡재를 가져다주기도 한다. 2007년의 연금개혁은 재정 안정화 측면에서는 반쪽짜리 개혁이었지만 뜻하지 않게 사각지대 해소라는 행운을 가져왔다. 그러나 역설에서 문제가 되는 경우는 피해나 손해가 발생했을 때다. 그중에서도 가장 큰 문제는 국민연금에 대한 국민의 신뢰를 추락시키는 행위와 관련된 역설이다.

아무리 좋은 제도라 하더라도 국민이 지지하지 않거나 국민이 사랑하고 아끼지 않으면 지속이 불가능하다. 단기성 제도라면 국민의 불신이 있더라도 잠깐 참으면 지나가 버릴 수 있다. 그러나 장기성 제도는 그런 잔꾀가 통하지 않는다. 국민연금의 나이가 이제 고작 스무 살이지만 지금과 같은 국민의 불신이 지속된다면 향후 20년을 버틸 수 있을지 의문이다.

교육을 백년대계라고 일컫는다. 맞는 말이다. 그러나 오늘날과 같은 고령화 사회에서는 국민연금 역시 백년대계에 속한다. 보통사람의 경우 30세부터 꼬박꼬박 30년(앞으로는 35년) 동안 보험료를 내고 60세(앞으로는 65세)가 되어서 받게 되는 것이 국민연금이다. 말이 쉬워 30년이지 젊은이들에게 그렇게 긴 세월 동안 저축하라고 말하는 것은 고통분담의 요구와 다를 바 없다. 국민연금에 대한 신뢰가 없다면 불가능한 일을 국가가 국민들에게 요구하고 있는 것이다. 문제는 국민들이 국민연금을 불신하고 있다는 사실이다.

그렇다면 우리 국민들은 왜 국민연금을 신뢰하지 않는가? 이 책을 통해 우리는 다섯 가지 역설 때문에 그런 결과가 만들어졌다는 사실을 알게 되었다. 5대 역설의 대표적 현상들을 요약하면 다음과 같다.

국민연금의 5대 역설

역설	행위자	행위동기	상징적 행태	결과	국민연금에 미치는 영향
보험 역설	국민	합리성 실현	덜 내고 더 받기	국민연금 재정불안	불만 · 불신 조성
경제 역설	경제관료	경제성장 대책 마련	적립기금 빌려 쓰기	기금수익률 저하	기금펑크론 조장
정치 역설	정치인	국리민복 청사진 제시	표를 의식한 인기 정책	주장의 일관성 상실	연금개혁 지연
전문 역설	연금 전문가	제도 발전 제안	자기주장 고집	합의 실패	비전문성 횡행
언론 역설	언론인	특종 뉴스 보도	선정적 표현	사실의 과장 · 왜곡	불만 · 불신 증폭

먼저 보험가입자들이 만들어 내는 '보험 역설'을 보자. 머지않아 기금이 바닥난다고 아우성인데도 보험료 인상은 한사코 반대하는 것은 대단

한 역설이다. 왜냐하면 돈 내는 사람은 없고 돈 받으려는 사람만 있다면 그 제도는 지속 가능하지 않기 때문이다. 한편, 젊을 때는 한 푼이라도 적게 내려고 몸부림치다가 노인이 되면 한 푼이라도 더 받으려고 야단법석을 떠는 것도 역설임에 틀림없다.

두 번째 역설은 경제 관료 또는 경제성장을 중시하는 경제인들이 생산하는 '경제 역설'이다. 초기 국민연금 기금은 지출이 적고 수입이 많기 때문에 수십 또는 수백조 원의 기금이 누적된다. 그런 기금을 마치 조세로 오인하여 경제개발을 위한 자금으로 활용하고 싶어 하면 역설이 된다. 왜냐하면 국민연금 기금은 노후소득보장을 목적으로 조성되는 돈이지 경제개발하자고 모은 돈이 아니기 때문이다. 더욱이 불원간 적자를 기록하게 되어 있는데도 싼 이자로 빌려 쓴다면 기금의 안정성을 더욱더 악화시키게 된다.

세 번째로 국민연금의 역설은 정치인들이 형성하는 '정치 역설'이다. 표를 얻지 못하는 정치인은 정치인이 아니다. 그런데 연금개혁은 표 얻기에 불리한 항목이기 때문에 표를 의식하는 정치인은 일차적으로 연금개혁을 반대해야 마땅하다. 그러나 연금개혁의 반대 입장은 국민연금 발전에는 방해가 된다. 바로 그와 같은 상황이 국민연금의 정치 역설이다. 연금개혁을 둘러싸고 여당 시절과 야당 시절에 따라 행동의 일관성을 상실하는 것도 일종의 정치 역설이다.

네 번째 역설은 연금 전문가들에 의해 형성된 '전문 역설'이다. 국민연금 발전을 위한 최선의 대책을 마련한다는 목적으로 전문가들이 한자리에 모이지만 최선의 대책은 좀처럼 발견하지 못하고 각자의 주장만 우긴다면 역설이 된다. 전문가들이 합의하지 못한다면 문외한들이 대책을 짜낼 수밖에 없기 때문이다. 그렇게 될 경우 전문가들은 무엇을 위한 전문가인가라는 비난을 받게 되는 것이다.

끝으로 언론인들이 조성하는 '언론 역설'이 있다. 국민연금의 재정상태가 불량할 뿐 아니라 광범위의 사각지대가 존재하고 있으며 급여수준이 낮다는 사실을 국민들에게 알리는 것은 언론의 일차적 책임이다. 그러나 그와 같은 보도 과정에서 본의 아니게 발생하는 부작용, 즉 국민들의 불안감 때문에 국민연금에 대한 불신이 발생하였다면 그것은 역설이 된다. 한편, 정부가 시도하는 연금개혁을 국민들이 싫어할 경우 국민 편에 서는 것이 민주언론일지 모르지만 그 언론은 국민연금 발전을 저해하는 역설을 조성하게 된다.

우리는 이와 같은 5대 역설이 국민연금의 발전에는 역기능을 하고 있음을 알게 되었다. 그렇다면 역기능을 순기능으로 전환시키거나 역기능을 약화시키는, 즉 역설 타파의 방법은 무엇인가? 이 질문에 대한 답을 찾아내려면 먼저 역설 형성의 원인을 파악해야 할 것이다. 그다음으로 원인을 제거함으로써 역설 발생을 줄일 수 있다.

역설 생성의 원인을 파악하는 방법은 역설을 만드는 사람들의 행위를 분석하는 것이 편리하다. 국민연금 5대 역설의 배경에는 5대 역설 형성자가 있다. 보험가입자인 일반 국민들이 만들어 내는 것이 보험 역설이었다. 나라경제를 걱정하는 경제 관료들은 경제 역설을 생산한다. 그런가 하면 국리민복을 고민하는 정치인들이 형성하는 것이 정치 역설이다. 그리고 연금제도 발전을 연구하는 연금 전문가들은 전문 역설의 조립자다. 끝으로 국민여론에 절대적 영향을 미치는 언론인들은 언론 역설을 창조한다.

그렇다면 그들은 왜 국민연금의 발전을 저해하는 각종 역설을 만들어 내는가? 국민연금이 미워서 아니면 국민연금 때문에 불이익을 당했기 때문에 혹은 이유 없이 등등 여러 가지 원인을 생각해 볼 수 있다. 각자 특수한 사정을 가정해 볼 수도 있다.

그러나 한 가지 공통점이 있다면 모두들 국민연금에 대해 악의를 가지고 있지 않다는 사실이다. 더욱이 국민연금을 해치려는 의도는 갖지 않고 있다는 것이다. 결국 무의식중에 또는 어쩌다 보니 그렇게 되고 만 것이라는 변명이 성립한다. 사실 역설은 역설 형성자의 의도와 상관없이 만들어지는 경우가 허다한데 국민연금의 역설에서도 유사한 상황이 벌어지고 있는 것이다.

그럼에도 불구하고 역설 형성자의 비의도적 행위 뒤에 숨어 있는 동기 같은 것이 존재한다. 그런 동기의 공통점은 국민연금을 자신이 추구하는 이해관계 성취의 수단으로 인식하고 있다는 것이다. 보험가입자들은 국민연금을 통해 금전적 이득을 노리고 있으며, 경제 관료들은 국민연금 기금을 활용하여 경제성장을 추구하며, 연금 전문가들은 국민연금을 연구 대상물로 여기고, 언론인들은 국민연금 기사를 통해 자신의 언론사를 유명하게 만들려고 노력하며, 정치인들은 국민연금을 이용하여 유권자의 표를 얻으려 한다.

한마디로, 모두들 자신의 이해관계에 매몰된 나머지 다른 사람들의 입장을 미처 생각할 겨를이 없다. 더욱이 국민연금이 어떻게 되는가를 걱정할 만큼 넓은 시야를 가질 여유가 없다. 그리하여 '국민연금 발전' 이라는 논제를 문자 그대로의 논제로 이해하는 사람은 없고 국민연금을 통해 이득을 얻고자 하는 사람들만 남아 중구난방으로 설왕설래하는 형국이 만들어진 것이다.

이와 같은 근시안적 사고방식과 이기적 행위의 충동이 국민연금 역설의 근본 원인이라고 한다면 역설 타파의 작업은 5대 역설의 존재 사실에 대한 이해로부터 출발해야 할 것이다. 청나라 선비이었던 회남자(淮男子)는 "잘 알면서 모른다고 여기는 것은 숭상할 바이지만, 모르면서 잘 안다고 여기는 것은 병이다."(知而不知, 尙矣; 不知而知, 病也) (전광진, 조선일보, 2007. 12. 3. 재인용)라고 무식의 위험성에 대해 경고하였다.

사실 우리 주변에는 국민연금 역설은 차치하고 국민연금제도에 대한 기본지식마저 없는 사람들이 부지기수다. 그러면서 인구 고령화를 걱정하는가 하면, 효사상의 쇠퇴를 개탄하기도 한다. 심한 경우에는 국민연금의 폐지를 주장하거나 연금개혁을 반대한다. 그들의 대부분은 현재 시행되고 있는 '군복무기간이나 출산에 대한 가입기간 추가산입' 의 의미를 알지 못한다.

사람이 모르면 용감해지는 법이다. 그래서 국민연금을 해치는 발언도 서슴거리지 않는다. 왜냐하면 그런 발언이 국민연금 발전을 저해한다는 사실을 모르기 때문이다. 그들의 용감성은 무모한 행동으로 이어지기도 한다. 국민연금을 발전시켜야 할 어떤 종류의 의무감도 느끼지 못하기 때문이다. 그리고 그들에게는 또 다른 특징이 있다. '업적은 내 것이고, 잘못은 네 탓으로' 돌리는 이중플레이가 바로 그것이다. 국민연금이란 주제가 자기에게 도움이 된다면 벼락같이 달려들었다가 가치가 없다고 느끼면 이슬같이 사라지고 마는 것이다. 그러다 보니 마치 '악화가 양화를 구축하듯이' 국민연금을 잘 모르는 사람들이 국민연금의 운명을 좌지우지하고 있다. 용감한 사람들의 목소리는 하늘을 찌르는데, 그렇지 못한 사람들은 어리둥절하고 있다.

이제부터는 국민연금의 미래 운명을 국민연금을 제대로 알고 있는 사람들, 그러면서 동시에 국민연금을 사랑하고 아끼는 사람들에게 맡겨야 한다. 그러기 위해서는 국민연금에 대한 사회교육과 국민교육이 필수적이다. 1980년대 말 한국방송(KBS) TV는 대국민용 경제교육을 장기간 실시한 적이 있다. 지금도 경제신문은 물론이고 웬만한 일간지들은 경제교육에 지면을 할애하고 있다. 그와 같은 노력을 통해 우리 국민의 경제지식은 많이 향상되었으리라 확신한다. 그렇다면 이제 언론매체가 국민연금 교육을 실시할 때가 되었다.

영자신문 Korea Herald는 2009년부터 외국인 독자들을 대상으로 국민연금 관련 질문에 대한 답변을 제공하고 있다. 외국인 독자들의 궁금증을 풀어 주는 것도 필요하지만 우리 국민들을 겨냥한 계몽 서비스가 더 시급하다. 그런 뜻에서 본다면 영향력이 상대적으로 큰 주요 일간지나 종합방송 채널들이 국민연금 계몽 서비스를 해 준다면 좋을 것이다.

국민연금만 튼튼하다면 고령화 문제의 절반은 해결된 것이나 다름없다. 특히 우리와 같이 고령화 속도가 급속한 나라에서는 국민연금 발전에 대한 대비를 사전에, 그것도 국민계몽을 통해 해야 한다. 복지부나 국민연금공단에서 간헐적으로 국민연금에 대한 홍보를 하고 있지만 국민연금에 대한 국민의 불신을 해소하는 데는 역부족이다. 가장 큰 이유는 복지부나 국민연금공단을 국민들이 불신하고 있기 때문이다. 같은 내용의 홍보물이라도 복지부나 국민연금공단이 아닌 다른 기관이 하면 효과가 더 클 것이다.

최근 대학에서는 일종의 지역사회 서비스 프로그램의 일환으로 시민들을 대상으로 하는 성인 교양 강좌를 운영하고 있다. 서울대학교는 2009년 2학기부터 '제3기 인생대학'이라는 명칭의 기초소양 과정을 시험적으로 운영하기 시작하였다. 고령화 사회를 대비하기 위해 40~50대 시민들을 대상으로 운영되는 1년 과정인데, 교육내용에는 '고령화 사회의 사회복지 제도' 및 '재무설계'와 같은 국민연금 관련 과목들이 포함되어 있다.

복지부나 국민연금공단은 자신들이 직접 나서서 국민연금을 홍보하거나 교육하려고 시도하는 것보다 제3의 기관을 활용하는 간접 방식에 대해 심도 있는 계획을 준비할 필요가 있다. 대학들의 지역사회 서비스 프로그램을 활용하는 방법 외에도 다양한 길이 있다. 예컨대, 대학 입학이 결정된 고등학교 3학년 학생들을 대상으로 하는 교양수업 시간을 활용해서 국민연금에 대한 기초교육을 하는 방법도 생각할 수 있다. 그리고 지자체가 운영하는 각종 문화관이나 시민단체들의 교양 프로그램과 연계한 사회교육도 고려할 수 있다.

국민교육을 통해 특히 젊은층들의 국민연금 역설에 대한 이해가 어느 정도 수준에 도달하면 다음 단계의 국민연금 발전 전략은 '역설 줄이기'와 같은 실천행동에 초점을 맞출 필요가 있다. 왜냐하면 역설을 이해한다고 해서 역설 생성에 가담하지 않는다는 보장이 없기 때문이다. 세상을 살다보면 알면서도 실천하지 못하는 경우가 허다하다.

철학에서 말하는 지행합일설(知行合一說)에 의하면, 알면 반드시 행동으로 옮기는 것이 인간이다. 역으로 표현하면, 알면서도 행동하지 못하는 경우는 진실로 알지 못했음을 의미한다. 따라서 교육을 통해 국민연금 역설을 학습하였다고 해서 곧바로 그가 역설 타파에 동참하리라고 기대할 수 없다. 이는 교육 후 실천행동으로 이어지는 또 다른 수양의 과정이 있어야 함을 알려 주는 말이다.

그런데 역설의 대부분은 자연발생적 속성을 지니고 있기 때문에 역설 타파의 행동은 극도의 인위적 노력에 의해서만 가능하다. 그렇다면 국민을 지행합일로 인도하는 또 다른 전략에는 어떤 것이 있는가? 그에 대한 일목요연한 답은 권선징악(勸善懲惡)이다.

국민연금 발전에 이바지하는 사람들에 대해서는 그와 같은 행동을 더욱더 강화시키도록 권장하되 저해하는 사람들에게는 그렇게 하지 못하도록 제재를 가하는 것이다. 이와 같은 권선징악의 원칙을 현실화하려면 최소한의 제도화가 필요하다.

예컨대, 국민연금 기금을 잘 운용하기 위한 특별위원회의 구성과 운영에 관한 법률을 제정한다면 국민들의 불신을 완화시키는 데 도움이 될 것이다. 그리고 현행 「국민연금법」에 따라 매 5년마다 집행하는 재정계산을 위한 위원회 운영 규정 중 최종 보고서 작성의 원칙을 고쳐서 가능한 한 단일안을 도출할 수 있도록 하는 것도 한 방법이 될 것이다.

이제 이 책의 마지막 페이지를 접어야 할 시간이다. 그런데 독자들 중에는 이 책의 제목에서 나오는 낙타가 실제로 책의 내용에는 한 번도 언급되지 않았던 사실을 의아해할지 모른다. 그래서 그 부분에 대한 약간의 설명이 필요할 것 같다.

제목을 작명하면서 저자는 독자들로 하여금 낙타와 국민연금을 연상하도록 권장해 보고 싶었다. 하지만 연상의 내용에 대해서 개입할 생각은 추호도 없었다. 더구나 이 책은 국민연금의 역설 발견에 초점을 맞추었기 때문에, 본론에서 양자의 상관관계는 그다지 중요하지 않았다.

독자의 눈에 따라서는 낙타가 인내력의 동물이 되기도 하고 인간에게 유익한 동물이 되기도 한다. 혹자는 우리 풍토에 잘 어울리지 않는 이국적 동물로 느낄 수 있고 또는 민첩하지 못하고 게으른 동물이라고 평할 수도 있다. 이처럼 낙타를 바라보는 독자들의 견해는 다양하다. 마찬가지로 국민연금을 인식하는 국민들의 태도 또한 천차만별이다. 국민연금을 효자보다 더 낫다고 하면서 고맙게 생각하는 사람들이 있는가 하면, 당장이라도 폐지해야 할 혐오의 대상으로 바라보는 사람들도 있다.

낙타와 국민연금 간의 상관관계에서 굳이 공통점을 찾는다면 사람들이 내리고 있는 평가의 다양성일 것이다. 더 이상의 공통점이나 유사점을 발견할 수 있다면, 그것은 저자의 몫이 아니라 독자들의 자유다. 그리고 양자는 서로 무관하다고 말해도 상관없다.

다시 한 번 강조하지만 고령화 시대 국가의 제1순위 준비물은 튼튼한 국민연금이다. 그런데 현행 우리의 국민연금은 재정 건전성에서 결함을 안고 있다. 이 책은 그러한 결함의 원인을 5대 역설에서 찾았다. 그렇다면 남은 일은 역설을 타파하는 것이다. 우리 모두가 역설 타파에 나서고자 할 때 이 책이 조금이라도 도움이 된다면 저자로서는 더없이 기쁠 것이다.

■ 개인연금

개인이 임의로 가입하는 사적연금의 한 종류를 말한다. 이 제도는 ① 노령화 사회의 진전으로 노후소득보장제도 확충의 필요성이 높아지고, ② 국민연금, 공무원연금, 기업의 퇴직금제도 등의 미비점을 보완하고, ③ 국민의 장기저축에 대한 관심을 제고시켜 금융권의 장기 수신기반을 확충함으로써 금융시장의 발전을 도모하기 위하여 1994년부터 도입되었다. 만 20세 이상의 국내 거주자이면 누구나 가입할 수 있으며 10년 이상 월 100만 원 이내로 적립한 후 만 55세부터 5년 이상 연 단위 연금 형태로 받게 된다. 취급기관은 은행, 생명보험, 손해보험, 투자신탁, 농협, 수협, 축협 및 우체국 등이다. 또한 연간 72만 원 한도 내에서 불입액의 40%까지 소득공제 및 이자소득 비과세의 혜택이 주어지고 있다. 도입 초기에는 가입건수가 많았으나 1997년 금융위기 이후 수익률이 낮아졌고 세제혜택도 덜 매력적이어서 해약률이 높아졌으며 현재는 대중의 관심에서 멀어졌다.

■ 개인퇴직계좌

퇴직연금의 한 유형으로서 우리나라에는 2005년 말에 도입되었다. 제도의 목적은 직장을 바꾸는 사람들의 노후저축을 지원하기 위한 것이다. 방법은 중간정산 또는 퇴직 시 수령한 퇴직금을 특정 금융회사(퇴직연금 사업자)의 개인퇴직계좌에 넣으면 과세 없이 확정기여형처럼 운용하다가 55세 이후 연금 또는 일시금으로 수령한다. 금융회사가 적립금을 얼마나 잘 운용하느냐에 따라 나중에 받을 연금액수가 달라진다. 금융회사별 수익률에 관한 정보는 전국은행연합회가 상시로 공시하고 있다. 추가로 퇴직연금을 참고하라.

■ 공공부조(공적부조)

이 책에서는 사회부조와 동의어다. 추가로 사회부조를 참고하라.

■ 공(적) 보험

이 책에서는 공적연금과 동의어다. 추가로 공적연금을 참고하라.

■ 공적연금(보험)

연금제도는 그 운영 주체가 국가인 공적연금제도와 민영의 금융회사들이 운영하는 사적연금제도로 나뉜다. 우리나라의 공적연금제도로는 일반 국민을 대상으로 하는 국민연금제도와 특수직 종사자를 대상으로 하는 특수직역연금제도, 즉 공무원연금, 군인연금, 사립학교교직원연금과 「별정우체국법」에 의한 체신공무원연금제도가 있다. 이들 공적연금제도의 주된 재원조달 방식은 보험료를 납입하는 사회보험이다. 사회보험의 가입은 가입자의 자유의사에 의해 성립되는 것이 아니라 법에 의하여 강제적으로 시행되는 특징을 갖고 있다. 사회보험이 목표로 하는 사회적 위험은 질병, 사망, 노령, 실업, 기타 장애 등으로 인하여 활동능력의 상실과 소득의 감소가 발생하는 경우다. 추가로 사적연금보험과 사회보험을 참고하라.

■ 구조적 개혁

연금개혁은 개혁의 폭에 따라 대폭의 구조적 개혁과 소폭의 모수적(母數的) 개혁으로 구분된다. 기존의 공적연금을 민영화하거나 민영제도의 방식을 과감하게 수용하고 기존 노후보장 틀의 구조를 완전히 또는 부분적으로 바꾸는 형식의 개혁을 구조적 개혁이라 한다. 공적연금의 민영화는 이미 1980년대 초 칠레(1981)를 필두로 하여 남미 국가의 일부를 중심으로 이뤄졌다. 추가로 모수적 개혁을 참고하라.

■ 국민기초생활보장

우리나라 공공부조제도를 일컫는 고유명사다. 1961년에 제정된 「생활보호법」을 대체하는 「국민기초생활보장법」을 1999년에 제정하여 2000년 10월부터 시행에 들어갔다. 이 제도는 생활유지 능력이 없는 빈곤한 사람들을 대상으로 국가가 생계, 주거, 교육, 의료 등 기본적인 생활을 보장하고 자립을 지원하는 것을 목적으로 한다. '공돈' 을 받고 놀고 먹는 등 서구 복지국가에서 나타난 '복지병' 전철을 밟지 않도록 일할 수 있는 사람에게는 일자리를 제공하고 생활이 어려운 사람에겐 최저생활을 보장하는 '생산적 복지' 철학을 기초로 하고 있다. 여기에 소요되는 재원은 조세로 충당되는 정부의 일반회계다. 2009년 7월 현재 수급자는 152만 9천 939명인데, 전체 국민 대비 2.9%이다. 2009년도 소요예산은 총 7조 2,277억 원에 이른다. 추가로 공공부조를 참고하라.

■ 군복무 크레디트(군복무기간에 대한 가입기간 추가 산입)

국민연금법 제18조에 따라 의무병역(공익근무 포함)으로 인한 소득 중단과 그에 뒤따르는 보험료 납입 공백의 일부를 보전해 주는 제도로 군복무기간을 국민연금 가입기간 6개월로 인정한다. 즉, 추가된 기간만큼은 보험료를 내지 않았는데도 낸 것으로 인정해 주기 때문에 가입자들에게는 그만큼 혜택이 늘어나게 된다. 추가로 출산 크레디트를 참고하라.

■ 균등 부분

국민연금의 기본연금액을 결정하는 산정공식(산식) 또는 연금(급여)산식은 크게 균등 부분과 소득비례 부분의 두 부분으로 나뉘어져 있다. 일례로, 1999년부터 2007년까지 적용했던 산식은 1.8(A+B)(1+n/240)이었다. 여기서 A는 연금 수급 3년 전 3개년도의 전체 가입자의 평균소득월액을 뜻하며 B는 가입자 본인의 가입기간 평균소득을 말한다. n은 20년을 초과하는 가입기간 월수다. 이 산식에서 A는 가입자 개인의 소득에 관계없이 누구에게나 동일한 급여(정액)인데, 이는 국민연금의 재분배 효과를 반영하기 위한 목적에서 취해진 조치다. 그래서 A부분을 균등 부분 또는 전체 가입자의 평균소득이라 부른다. 한편, B는 보험료 납입 시 각기 상이한 개인별 소득을 기준으로 하기 때문에 수급 시 연금액도 개인에 따라 달라진다. 그래서 그 부분을 소득비례 부분이라 부른다. 2007년 「국민연금법」 개정으로 인해 기본연금액 산식은 변경되었다. 추가로 기본연금액 산정공식을 참고하라.

■ 급여산식

이 책에서는 기본연금액 산정공식과 동의어다.

■ 기금소진

국민연금의 재정건전성을 알려 주는 지표 중의 하나다. 기여형 국민연금제도는 도입 초기 대략 40여 년 동안 노령연금의 수급자가 없거나 적기 때문에 기금의 수입이 지출보다 많아서 잉여분이 해마다 누적된다. 그러나 제도가 성숙되어 노령연금의 수급자가 늘어나기 시작하면 기금의 지출이 급격하게 증가하기 때문에 어느 시점이 되면 당해연도 기금의 수입이 지출에 못 미치는 적자연도가 발생하게 되고 그 상태가 지속되면 기금의 잔액마저 사라지는 기금소진 현상이 발생한다. 국민연금의 장기 추계에 의하면, 2060년에 기금소진이 발생할 것으로 추정된다. 이런 현상이 발생하는 큰 원인은 보험료에 비해 급여수준이 높게 설정된 것과 인구 고령화와 저출산 현상이다. 연금개혁은 이와 같은 기금적자와 기금소진을 예방하기 위한 조치다. 추가로 당기수지적자를 참고하라.

■ 기대여명

특정 나이에 있는 사람이 앞으로 몇 년을 더 살 수 있는가를 보여 주는 지표다. 예컨대 어느 해에 갓 태어난 0세 아이의 기대여명이 80세라고 한다면 그해 출생한 아이들은 80세까지 살 것으로 예상된다. 한 나라를 기준으로 한 해 동안 사망한 사람들의 평균 나이를 평균수명이라 부르는 데 반해 기대여명은 앞으로 더 살 것으로 예상되는 나이를 통계적으로 계산한 것이다. 생명보험회사가 개인의 보험료율을 결정할 때 없어서는 안 되는 기본자료가 간이생명표인데, 그것은 기대여명을 보여 주는 표다. 고령화 사회에서는 기대여명이 해마다 상승하고 있다. 통계청 자료에 의하면, 우리의 경우 10년 전에 비해 남자는 5.57년 여자는 4.61년이 길어졌다. 2007년 현재 우리의 기대여명은 남자의 경우 76.13년이고 여자는 82.73년이다.

■ 기본연금

국민연금의 급여액은 기본연금액과 부양가족연금액의 합산으로 되는데, 기본연금액은 「국민연금법」에 규정된 기본연금액 산정공식에 의해 산출되며 정액으로 지급되는 부양가족연금액 역시 「국민연금법」에 명시되어 있다. 2009년 4월부터 2010년 3월까지 적용되는 부양가족연금액은 배우자의 경우 연 21만 4,860원이고 18세 미만의 자녀는 1인당 연 14만 3,220원이다.

■ 기본연금액 산정공식(급여산식)

확정급여형인 국민연금은 미래에 받게 될 연금액을 산출하는 공식을 사전에 공표해야 한다. 국민연금이 시작된 1988년부터 지금까지 연금 산식은 수차례 변경되어 적용되었으며 2007년 「국민연금법」 개정에 따라 향후 단계적으로 달라지도록 설계되어 있다. 이와 같은 변화의 원인은 재정 안정화를 위해 연금의 소득대체율을 줄여 나가는 연금개혁을 하고 있기 때문이다. 현행 산식은 매우 복잡하게 되어 있는데, 소개하면 다음과 같다.

기본연금액

$$= \left[\frac{2.4(A+0.75B)\times P1/P}{1988\sim1998\text{년}} + \frac{1.8(A+B)\times P2/P}{1999\sim2007\text{년}} + \frac{1.5(A+B)\times P3/P}{2008\sim2027\text{년}} + \frac{1.485(A+B)\times P4/P}{2009\sim2027\text{년}} + \frac{1.2(A+B)\times P23/P}{2028\text{년 이후}} + \frac{X(A+A)\times C/P}{\text{출산 크레디트}} + \frac{X(A+1/2A)\times 6/P}{\text{군복무 크레디트}} \right] \times (1+0.05n/12)$$

*상수, P값 매년변동

기간	1988~1998년	1999~2007년	2008~2027년	2028년 이후
상수	2.4	1.8	1.5 (매년 0.015씩 감소)	1.2
소득대체율	70%	60%	50% (매년 0.5씩 감소)	40%
가입월수	P1	P2	P3~P22	P23

A = 연금수급 전 3년간의 평균소득월액의 평균액
B = 가입자 개인의 가입기간 동안의 기준소득월액의 평균액
P = 가입자의 전체 가입월수(노령연금액 산정 시에만 출산 및 군복무 크레디트를 포함한 전체 가입월수)
n = 20년 초과월수
X = 1.5~1.2까지의 비례상수 중 노령연금 수급권 취득시점의 상수
C = 추가가입기간 12, 30, 48, 50(균분하는 경우에는 6, 15, 24, 25)

* 출산 및 군복무 크레디트로 증가되는 연금액 및 가입기간은 노령연금액 산정 시에만 적용

■ 기업연금

이 책에서는 퇴직연금과 동의어다.

■ 기여(형) 연금

연금제도의 재원조달 방법에는 가입자가 내는 보험료를 활용하는 기여형 연금과 조세를 활용하는 무기여형 연금으로 양분된다. 그리고 기여형 연금에는 국가가 운영하는 공적연금과 민간 금융회사가 운영하는 사적연금이 있다. 그러나 무기여형

연금은 사적연금에는 없다. 따라서 공적연금의 재원조달 방법은 사회보험료를 재원으로 하는 기여방식과 조세를 재원으로 하는 무기여 방식으로 구분된다. 기여형 공적연금은 강제적으로 적용되며 가입자의 건강수준, 직업위험도 등의 조건을 무시하는 점이 사적연금과 다른 점이다. 기여방식을 사회보험 방식이라 부르기도 하며 무기여 방식을 사회부조 방식이라고도 한다. 학자에 따라서 기여라는 용어 대신 갹출이란 단어를 사용하기도 하고 무(無) 대신 비(非)를 사용하기도 한다. 추가로 보험방식 연금, 사회보험 방식 연금과 무기여형 연금을 참고하라.

■ 기초생활보장

이 책에서는 국민기초생활보장과 동의어다.

■ 기초연금

일정 연령(60 혹은 65세) 이상의 모든 노인들에게 최소한의 생활보장을 위하여 연금을 주는 제도다. 국가에 따라서는 노후빈곤 해소 목적 외에 소득재분배 기능을 기대하기도 한다. 기초연금에서는 그 재원이 보험료(기여금)든 조세든 정액지급이 원칙이지만 근속연수에 따라 차등 지급되기도 한다. 조세방식의 경우 거주기간에 따라 감액되기도 한다. 우리나라의 현행 기초노령연금이 기초연금인가 혹은 아닌가에 대한 논란이 있다. 추가로 기초노령연금을 참고하라.

■ 기초노령연금

2007년 4월 제정 공포된 「기초노령연금법」에 기초하여 실시되는 제도다. 우리나라가 오늘날까지 발전할 수 있도록 그리고 자녀들이 세계를 상대로 경쟁할 수 있도록 헌신해 왔으나 정작 자신의 노후를 대비하지 못하여 경제사정이 어려울 뿐 아니라 국민연금의 혜택도 받지 못하는 노인들의 생활에 도움을 주기 위하여 마련되었다. 65세 이상의 노인들 가운데 소득과 재산이 적은 60%(2009년부터 70%로 확대)를 대상으로 하되, 2008년 1월부터는 70세 이상에만 적용되었으며 같은 해 7월부터 65세 이상으로 확대되었다. 2009년도 연금액은 국민연금 가입자 평균소득의 5% 기준인 8만 8천 원을 단독가구 노인에게 지급하며 부부가구에 대해서는 14만 800원을 지급하고 있다. 대상자는 자녀의 소득이나 재산 유무에 관계없이 노인 단독 또는 부부의 소득과 재산만을 고려하여 선정하는 것이 특징이다. 2009년 6월 말 현재 총

수급자 수는 353만 7,887명(여성이 65.6%)이며 총 급여비는 3조 4,106억 원이다. 재원은 국고보조금이 72.3%를 차지하고 나머지 27.7%는 지방재정 분담금이다. 추가로 기초연금을 참고하라.

■ 다주제(多柱制, multi-pillar system)

기둥이 지붕을 떠받치고 있는 모습을 연상한 것으로서 연금제도를 지붕에 그리고 연금의 종류를 기둥(柱, pillar)에 비유한 말이다. 세계은행(WB)이 즐겨 사용하는 단어다. 하나의 연금으로 노후빈곤 문제가 해결될 수 있는 경우에는 단주제(單柱制)이고 두 개 이상의 연금(공적연금, 퇴직연금, 개인연금 등)이 있어야 되는 경우에는 다주제(多柱制)가 된다. 선진국들의 경우 1970년대까지는 공적연금 위주의 단주제가 유행하였으나 이후 연금개혁이 시작되면서 다주제가 대세를 이루고 있다. 특히 1990년대 중반부터 세계은행과 국제노동기구(ILO)는 되도록 많은 사람들이 여러 종류의 연금을 갖도록 적극 권장하고 있다. 우리나라의 경우 공무원연금 등 특수직역연금 가입자는 단주제를 통해 노후소득보장이 어느 정도 가능하지만 국민연금 가입자에게는 다주제가 불가피하다. 참고로 ILO는 다주제라는 용어 대신 다층제(多層制)를 사용하고 있다. 추가로 다층제를 참고하라.

■ 다층제(多層制, multi-tier system)

세계노동기구(ILO)는 모든 노동자가 노후보장을 위해 여러 종류의 연금제도에 가입할 필요가 있다는 사실을 강조하면서 다양한 연금제도들의 상호관계를 계단(層, tier)에 비유하였다. 예컨대, 4층집을 지으려면 먼저 1층, 2층, 3층을 건축해야 하는 것과 같은 원리다. ILO에 의하면, 저층일수록 모든 국민이 가입할 수 있게 보편성을 갖기를 권장하고 있다. 추가로 다주제를 참고하라.

■ 당기수지적자

국민연금의 재정건전성을 알려 주는 지표 중의 하나다. 기여형 국민연금제도는 도입 초기 대략 40여 년 동안 노령연금의 수급자가 없거나 적기 때문에 기금의 수입이 지출보다 많아서 잉여분이 해마다 누적된다. 그러나 제도가 성숙되어 노령연금의 수급자가 늘어나기 시작하면 기금의 지출이 급속도로 증가하기 때문에 어느 시점이 되면 당해연도 기금의 수입이 지출에 못 미치는 적자연도가 발생하게 되고 그

상태가 지속되면 기금의 잔액마저 사라지는 기금소진 현상이 발생한다. 국민연금의 장기 추계에 의하면, 현행 제도가 지속될 경우 2044년에 당기수지적자가 발생할 것으로 예상된다. 이런 현상이 발생하는 큰 원인은 내는 기여금에 비해 타 가는 연금액이 너무 높게 설정된 점과 인구 고령화와 저출산 현상이 나타나는 것이다. 연금개혁은 이와 같은 기금적자와 기금소진을 예방하기 위한 조치다. 추가로 기금소진을 참고하라.

■ **모수적(母數的) 개혁**

연금개혁에 있어서 기존 제도를 유지하면서 제도상의 주요 변수들을 재조정하는 개혁방식을 뜻하며 부분적 개혁이라고도 한다. 지급개시 연령의 연장, 급여수준의 삭감 및 보험료율의 인상 등이 그 예다. 국민연금의 경우 1998년의 「국민연금법」 개정이 모수적 개혁의 전형적 사례다. 추가로 구조적 개혁을 참고하라.

■ **목표적립배률**

국민연금의 재정 건전성을 알려 주는 지표 중의 하나다. 최종 목표연도(예컨대, 2070년)를 기준으로 했을 때 그해에 지출될 연금액과 지출하고 남은 기금액의 비율을 말하는 것이다. 우리나라에서는 국민연금발전위원회가 2003년에 이 지표를 정책목표의 하나로 채택한 바 있었지만 아직 공식화되지 않고 있다. 추가로 적립배율을 참고하라.

■ **무기여(형) 연금**

보험료를 내지 않고도 연금 수급권을 가질 수 있는 연금을 말한다. 노령이나 장애, 실업 등으로 인해 소득이 중단되거나 감소했음에도 기여형 연금에 가입하지 못해 연금을 받지 못하는 사람들의 생활보장을 지원하기 위해 급여액 전부를 조세로 조달한다. 2008년부터 실시에 들어간 기초노령연금이 대표적인 무기여 연금이다. 추가로 기초노령연금과 기여형 연금을 참고하라.

■ **민간보험연금**

이 책에서는 사보험연금과 동의어다.

■ **민영보험연금**

이 책에서는 사보험연금과 동의어다.

■ 보험(방식)연금

이 책에서는 기여형 연금과 동의어다.

■ 부과방식

공적연금의 재원을 마련하는 사회보험 방식에는 부과방식과 적립방식이 있다. 부과방식은 연금 지출을 위한 기금이 적립되어 있지 않을 경우 1년을 단위로 경제활동 중인 젊은 사람들로부터 돈을 거둬서 그해의 노인들에게 연금을 지급하는 방식을 취하게 된다. 만약 한 국가가 지급해야 하는 연간 연금액이 보험료 수입만으로는 조달되지 않는 경우에는 조세에 근거한 정부의 일반회계로부터 충당하게 된다. 일반회계로 충당하면 머지않아 정부재정이 붕괴위험에 빠지기 때문에 연금개혁이 필요하게 된다. 우리 국민연금의 경우 당분간은 일반회계의 도움을 받지 않아도 된다. 추가적으로 적립방식을 참고하라.

■ 부조(방식)연금

이 책에서는 사회부조 방식 연금과 동의어다.

■ 분할(노령)연금

분할연금제도는 이혼을 한 부부의 경우 혼인기간 중 가입으로 인해 발생된 연금을 부부간 분할하는 것이다. 국민연금에서는 1998년 말 「국민연금법」 개정 시 도입되었다. 「국민연금법」 제64조는 분할연금을 배우자의 국민연금 가입기간 중의 혼인기간이 5년 이상인 자가 특정의 경우에 해당될 때 배우자였던 자의 노령연금의 반을 분할한 금액이라고 규정하고 있다. 특정의 경우란 노령연금 수급권자인 배우자와 이혼한 후 60세가 된 때, 60세가 된 이후에 노령연금 수급권자인 배우자와 이혼한 때, 60세가 된 이후에 배우자였던 자가 노령연금 수급권을 취득한 때 그리고 배우자였던 자가 노령연금 수급권을 획득한 후 본인이 60세가 된 때를 말한다. 분할연금의 청구권은 해당 경우 발생 후 3년이 지나면 소멸된다.

■ 빈곤선

어느 개인이나 집단이 빈곤상태에 있는가를 판단할 때 사용하는 기준선을 말한다. 빈곤선에는 절대빈곤선과 상대빈곤선의 두 종류가 있다. 절대빈곤선은 육체적 능률을 유지하는 데 필요한 최소한의 생활수준을 유지하기 위해 필요한 소득 혹은 지출을 말한다. 보건복지가족부 장관이 매년 9월 1일에 발표하는 최저생계비가 이에 해당한다. 상대빈곤선의 대표적인 지표는 중위소득(전체 가구를 소득 순서로 배열했을 때 한가운데에 해당하는 소득)의 일정 비율(40%, 50%, 60% 등)을 택하는 경우다. 추가로 최저생계비를 참고하라.

■ 빈곤율

소득불평등 정도의 측정 또는 가난의 구조, 경제 상황의 추정 등을 행함에 있어 사용되는 중요한 지표로서 전체 인구 중 빈곤선 이하에 속하는 인구의 비율을 말한다. 빈곤선의 종류에 따라 절대빈곤선을 사용하면 절대빈곤율이 되고 상대빈곤선을 사용하면 상대빈곤율이 된다. 추가로 빈곤선을 참고하라.

■ 사각지대

원래 시선이 닿지 않는 각도에 위치한 지역을 의미하지만 국민연금에서는 사회안전망의 건실성을 판정하는 지표다. 국민연금법 제61조는 노령연금의 수급자 자격요건으로서 최소 10년(월수로 120회) 이상의 보험료 납입을 요구하고 있다. 그런데 법적으로는 국민연금제도의 적용을 받게 되어 있으나 실직, 저소득, 학업, 투옥 등의 이유로 인해 최소한의 보험료를 내지 못하기 때문에 앞으로 노인이 되었을 때 연금을 받지 못하게 되는 사람들이 생겨날 수 있다. 사각지대는 바로 그러한 사람들의 집단을 일컫는 말이다. 사각지대가 넓게 형성될수록 사회안전망은 그만큼 허술해진다.

■ 사(적)보험연금

이 책에서는 사적연금보험과 동의어다.

■ 사업장가입자(직장가입자)

「국민연금법」의 규정에 의하면, 가입자는 사업장가입자와 지역가입자로 구분된다. 사업장가입자란 사업장에 고용된 근로자 및 사용자로서 동법 제8조에 따라 국민연금에 가입된 자다. 공무원 등 특수직역연금의 가입자는 여기에서 제외된다. 추가로 지역가입자를 참고하라.

■ 사적연금

이 책에서는 사적연금보험과 동의어다.

■ 사적연금보험

공적연금보험의 대칭어다. 상업보험연금 또는 민간보험연금 및 민영보험연금이라고도 불린다. 은행, 보험사, 증권사 등의 민간이 설립한 금융회사가 판매하는 연금보험의 상품을 말한다. 사적연금보험의 판매 목적에서 제1순위는 해당 금융회사의 이익 창출이며 노후소득보장은 제2순위다. 바로 이 점이 공적연금보험과 다른 점이다. 추가로 공적연금(보험)을 참고하라.

■ 사회보장제도

국민이 안정적인 삶을 영위하는 데 방해가 되는 요소, 예컨대 빈곤이나 질병, 실업, 사망, 생활불안 등의 이유로 소득이 중단되거나 감소되는 위험에 대해 국가적인 부담 또는 사회보험 방식에 의하여 위험을 감소시키는 사회 안전망을 말한다. 자본주의가 필연적으로 야기하는 빈곤 등의 문제에 대해 국가가 이를 해결함으로써 자본주의 국가를 유지하고 안정을 도모하기 위한 것이다. 「사회보장기본법」 제3조 1호에 의하면, "사회보장이란 질병 · 장애 · 노령 · 실업 · 사망 등 각종 사회적 위험으로부터 모든 국민을 보호하고 빈곤을 해소하며 국민생활의 질을 향상시키기 위하여 제공되는 사회보험, 공공부조, 사회복지 서비스 및 관련 복지제도를 말한다."라고 정의하고 있다.

■ 사회보험

사회보장의 주요 수단은 사회보험과 사회부조(공공부조)로 구분된다. 사회보험의 가입은 가입자의 자유의사에 의해 성립되는 것이 아니라 법에 의하여 강제적으로 시행되는 특징을 갖고 있다. 사회보험이 목표로 하는 사회적 위험은 질병, 사망, 노령, 실업, 기타 장애 등으로 인하여 활동능력의 상실과 소득의 감소가 발생하는 경우다. 사회보험은 독일 비스마르크에 의한 1883년의 질병보험(초기에는 노동자보험이라 부름)에서 시작되었다. 우리나라에서는 1960년에 도입된 공무원연금이 사회보험의 효시다. 추가로 사회부조를 참고하라.

■ 사회보험방식 연금

공적연금의 적용대상인 보험 가입자가 강제적으로 사회보험료라는 기여금을 소득비례나 정액으로 납부한 후 연금수급권을 획득하는 방식이다. 노후빈곤을 대비하기 위해 경제활동 시기에 보험료를 내면 노후에는 연금을 수령하게 된다. 대부분의 사회보험 방식에서는 기여금 수준에 따라 급여수준이 차등화된다. 우리나라에서는 국민연금이 대표적인 사회보험 방식 연금이다. 추가적으로 기여형 연금을 참고하라.

■ 사회부조(공공부조)

사회보장의 주요 수단은 사회부조와 사회보험으로 구분된다. 사회부조의 수급자가 되려면 자신의 소득이 일정 수준 이하에 머물고 있음을 증명하는 자산조사를 통과해야 한다. 보다 자세한 내용은 우리나라 사회부조의 고유명사인 국민기초생활보장을 참고하기 바란다. 추가로 사회보험을 참고하라.

■ 사회부조 방식 연금

공적연금의 재원을 조달하는 방식에는 사회부조 방식과 사회보험 방식이 있다. 사회부조 방식은 일정 연령(60세 혹은 65세) 이상의 노인들 중 국가가 빈곤하다고 판정한 사람들을 대상으로 일정액의 연금을 무상으로 지급하는 방식이다. 이에 필요한 재원은 전액 정부의 일반회계, 즉 조세로 조달된다. 따라서 재정 절약을 위해 엄격한 자산조사를 실시하여 정말 빈곤한 노인들만 혜택을 받도록 되어 있다. 우리나라의 기초노령연금은 대상자의 범위가 전체 노인의 70%에 달할 정도로 광범위하며 재원의 일부를 지방세로 충당하고 있기 때문에 전형적인 사회부조 방식 연금이라고 말하기에는 부적절한 측면이 있다. 추가로 사회보험 방식 연금, 조세방식 연금과 기초연금을 참고하라.

■ 상업보험연금

이 책에서는 사보험연금과 동의어다.

■ 생애주기

한 사람의 일생을 연령별로 몇 개의 단계로 구분한 것이다. 보통 영유아기(0~4세), 학령기(5~9세), 청소년기(10~19세), 청년기(20~39세), 중년기(40~64세), 노년기(65세 이상)로 분류한다.

■ 소득대체율

국민연금 급여수준의 높고 낮음을 알려 주는 대표적인 지표다. 사업장가입자의 경우에는 임금대체율이라 부르기도 하고 지역가입자의 경우에는 소득대체율이라 부르는데, 양자를 통틀어 말할 때는 소득대체율로 표현한다. 이는 연금 가입기간 중 평균소득 대비 연금지급액을 현재가치로 환산한 비율을 말한다. 평균소득 결정 연한을 전생애소득으로 정할 수 있는가 하면, 퇴직 전 3년 혹은 5년으로 잡을 수도 있다. 예를 들면, 전생애 평균소득이 M원인 사람의 연금액이 0.5M원이면 소득대체율은 0.5M ÷ M x 100= 50%가 된다. 소득대체율이 개인에 따라 각기 다르기 때문에 편의상 '대표 소득대체율'을 줄여서 소득대체율로 표현한다. 대표 소득대체율은 어느 40년 가입자의 평균소득이 전체 가입자의 평균소득과 일치하는 경우 그가 받게 될 월정 연금액을 그 사람의 월평균 소득으로 나눈 백분율 값이다.

■ 소득비례 부분

국민연금의 기본연금액을 결정하는 산정공식(산식) 또는 연금(급여)산식은 크게 균등 부분과 소득비례 부분 등 두 부분으로 나뉘어져 있다. 일례로, 1999년부터 2007년까지 적용했던 산식은 1.8(A+B)(1+n/240)이었다. 여기에서 A는 연금 수급 3년 전 3개년도의 전체 가입자의 평균소득월액을 뜻하며 B는 가입자 본인의 가입기간 평균소득을 말한다. n은 20년을 초과하는 가입기간 월수다. 이 산식에서 A는 가입자 개인의 소득에 관계없이 누구에게나 동일한 금액(정액)인데, 이는 국민연금의 재분배 효과를 반영하기 위한 목적에서 취한 조치다. 그래서 A 부분을 균등 부분 또는 전체 가입자의 평균소득이라 부른다. 한편, B는 보험료 납입 시 각기 상이한 개인별 소득을 기준으로 하기 때문에 수급 시 연금액도 개인에 따라 달라진다. 그래서 그 부분을 소득비례 부분이라 부른다. 2007년의 「국민연금법」 개정으로 인해 기본연금액 산식은 변경되었다. 추가로 균등 부분을 참고하라.

■ 소득비례연금

개인의 지불능력에 따라 보험료가 책정되는 사적연금에서는 모든 종류의 연금은 소득수준에 따라 내고 낸 것에 비례해서 연금액이 결정되기 때문에 문자 그대로의 소득비례연금이다. 그러나 공적연금제도하에서는 연금급여액이 소득에 반드시 정비례하지는 않는다. 즉, 과거소득이 높을수록 연금급여의 절대액은 높게 나타나지만 소득재분배 효과로 인해 과거의 소득 대비 연금급여액이 차지하는 비율, 즉 소득대체율은 고소득계층에서 상대적으로 낮게 나타나고 저소득계층에서 높게 나타나서 저소득계층에게 유리하다. 다시 말해, 사회보험형 공적연금은 큰 범위에서는 소득비례 원칙을 지키지만 문자 그대로의 소득비례는 아니다. 그래서 연금액은 퇴직 이전 일정 기간 동안의 평균소득 또는 생애근로기간 동안의 평균소득에 어느 정도 비례하여 결정된다.

■ 수익률

수익률에는 기금 운용의 수익률과 가입자가 낸 보험료 대비 그가 받을 연금급여액의 수익률 등 두 가지가 있기 때문에 수익률이란 용어를 사용할 때에는 혼동이 발생하지 않도록 해야 한다. 기금 운용의 수익률이란 문자 그대로 보험료에 의해 형성된 기금을 보험자가 운용해서 얻은 이익 대비 운용기금의 비율을 말한다. 국민연금의 기금 운용을 얼마나 잘했는가를 판단할 때 사용하는 하나의 지표다. 기금 운용의 수익률이 높을수록 연금재정에는 도움이 된다. 한편, 개별 가입자의 입장을 반영하는 수익률은 한 가입자가 낸 최초 보험료부터 연금수령 권한이 없어지는 마지막 날까지의 보험료에 대한 연평균 이익률을 말한다. 다시 말하자면, 총 보험료 대비 총 급여액의 비율, 즉 자신이 낸 돈과 받을 돈의 비율을 말하는데, 수익률이 높으면 가입자의 입장에서는 좋지만 연금재정에는 불리해진다. 결국 기금 운용의 수익률이 높을수록 연금개혁의 필요성은 낮아지지만 반대로 개별 가입자의 수익률이 높을수록 연금개혁의 필요성은 높아진다. 수익률은 백분율인 데 반해 실수치로 표현하면 수익비가 된다. 추가로 수익비를 참고하라.

■ 수익비

국민연금에서 낸 보험료의 총 가치 대비 받은 연금의 총 가치를 실수치로 나타낸 것이다. 추가로 수익률을 참고하라.

■ 연금개선

이 책에서만 사용되는 개념이다. 연금제도의 변화는 가입자에게 유리한 연금개선과 불리하게 작용하는 연금개혁으로 구분된다. 즉, 「국민연금법」의 개정을 통해 수급자가 유리해지는 경우를 연금개선이라 부른다. 2007년 「국민연금법」 개정을 예로 들면, 두 가지 이상의 연금(예, 노령연금+유족연금)을 받지 못하도록 했던 종전의 규정을 일부 완화시켜 병급이 가능하도록 허용했다든지, 출산과 군복무 크레디트 제도를 도입했다든지 하는 것이 연금개선에 해당된다. 추가로 연금개혁을 참고하라.

■ 연금개혁

이 책에서만 사용되는 개념이다. 연금개선과 대칭되는 개념으로서 「국민연금법」의 개정을 통해 수급자가 불리해지는 경우를 말한다. 1998년의 법 개정으로 소득대체율이 70%에서 60%로 낮아진 것이나 2007년의 법 개정으로 다시 40%까지 낮아진 것이 연금개혁의 대표적인 사례다. 추가로 연금개선을 참고하라.

■ 연금산식

이 책에서는 기본연금액 산정공식과 동의어다.

■ 임금대체율

국민연금의 급여수준을 알려 주는 하나의 지표다. 가입자가 피용자인 경우 보험료 및 연금액을 계산하는 기준은 보수 또는 임금이 된다. 이때 자신의 연금액 가치가 경제활동 시의 평균임금과 비교하였을 때 어느 정도의 상대적 가치를 가지는가를 표시하는 지표를 임금대체율이라 부른다. 임금대체율이 높을수록 후한 제도다. 가입자가 자영업자인 경우에는 임금 대신에 소득을 기준으로 하기 때문에 소득대체율이라 부르며 모든 가입자를 포괄할 때에도 소득대체율이라고 한다. 추가로 소득대체율을 참고하라.

■ 잠재부채

국민연금의 재정안정성을 측정하는 지표 중의 하나다. 차관, 국 · 공채 등과 같은 전통적인 부채와는 달리 명확히 드러나 있지 않다고 해서 숨겨진 연금부채(hidden liability) 또는 묵시적(implicit) 부채라고도 부른다. 잠재부채는 기여의 현재가치를 초과하는 급여의 현재가치, 즉 부족재원을 뜻하는 것으로서 급여지급에 대한 약속을 해 놓고 그 지출에 필요한 재원을 사전에 적립하지 않을 때 발생한다. 잠재부채를 계산하는 방법이 통일되어 있지 않기 때문에 계산하는 기준에 따라 잠재부채의 액수에는 큰 차이가 나기도 한다. 국가에 따라 잠재부채를 공식화시킨 나라도 있지만 대다수 나라는 공식적으로 발표하지 않고 있는데, 우리나라는 후자에 속한다.

■ 재정계산

공적연금제도에서 실시하는 정기적인 재정점검을 재정계산(financial review)이라고 한다. 재정계산의 목적은 이를 통해 재정 안정화 대책을 미리 세울 수 있는 환경을 조성하는 것이다. 확정급여제도에서 급여산식은 확정되어 있지만 급여산식에 포함되어 있는 소득, 가입기간 등은 미래의 불확실한 사회경제적 변화에 의존하므로 장래에 발생할 급여지출의 규모와 시점은 통계적 시계열(stochastic time series)에 해당한다. 따라서 재원확보 또한 향후 전개될 급여지출의 시계열 추정에 근거하게 된다. 통상적으로 지출의 추정 및 재원조달 계획은 연금재정에 영향을 미치는 여러 가지 사회경제적 변수들의 변동에 따라 새로운 가정에 입각하여 주기적으로 새롭게 수정할 필요가 있다. 우리나라에서는 1998년의 「국민연금법」 개정에 의해 2003년부터 시작되었는데, 매 5년마다 반드시 실시해야 한다.

■ 적립방식

공적연금의 재원을 마련하는 사회보험 방식 중 하나로서 부과방식에 대칭되는 것이다. 사적연금과 같이 금융회사가 운영할 경우 연금 지출에 필요한 기금은 적립된 기금에서 충당하는 적립방식을 채택한다. 반면 공적연금의 경우에는 반드시 적립기금을 조성하지 않는 경우가 선진국들에서 있었다. 그렇게 하여 연금 지출에 필요한 기금을 현 근로세대의 기여 또는 조세에 의해 충당하였는데, 그런 방식을 부과방식이라 부른다. 그러나 그와 같은 부과방식은 장기적으로 국가재정을 불안하게 하는 원인이 되었기 때문에 연금개혁의 빌미를 제공하였다. 추가로 부과방식을 참고하라.

■ 적립배율

특정 연도에 지출될 연금액과 적립금의 비율을 말하는 것이다. 예컨대, 적립배율 2는 기금의 잔금이 그해 지출한 금액의 2배라는 뜻이다. 추가로 목표적립배율을 참고하라.

■ 조세방식(연금)

연금을 지급하되, 그 재원을 사회보험료가 아닌 세금으로 조달하는 방식이며 대부분의 조세방식에서는 급여수준이 정액으로 균등화되는 것이 일반적이다. 추가로 사회부조 방식 연금, 기초연금과 보험방식 연금을 참고하라.

■ 지역가입자

「국민연금법」에 규정된 가입자는 지역가입자와 사업장가입자로 구분된다. 지역가입자는 사업장가입자가 아닌 자로서 동법 제9조에 따라 국민연금에 가입된 자다. 지역가입자는 주로 자영업자들을 지칭한다. 추가로 사업장가입자를 참고하라.

■ 차상위계층

차상위계층이란 최저생계비 대비 1~1.2배의 소득이 있는 '잠재 빈곤층' 과 소득은 최저생계비 이하지만 고정재산이 있어 기초생활보장 대상자에서 제외된 '비수급 빈곤층' 을 합쳐 이르는 말이다. 국민기초생활보장 수급자보다 약간 형편이 나은 사람들로서 정상적 생활은 하나 희귀난치성 질환, 만성질환 등으로 생활고를 겪는 사람들이 대표적 사례다. 2004년 '차상위계층 실태조사' 결과 2003년 말 기준 한 달 수입이 최저생계비(4인 가족 기준 월 113만 6,000원)에 못 미치는 기초생활보장 수급자와 한 달 수입이 최저생계비의 100~120%인 차상위계층을 합친 빈곤층이 716만 명인 것으로 나타났다.

■ 책임준비금

국민연금의 재정상태를 보여 주는 지표 중의 하나다. 국가나 보험회사가 보험계약상의 책임이행, 즉 보험수익자 등에게 지급할 보험금, 환급금 및 계약자 배당금 등 모든 지급금에 충당하기 위해 매 결산기 말 시점에서 계산해 적립하는 금액을 말한다. 적립된 책임준비금의 규모가 클수록 재정안정도는 높아진다. 추가로 목표적립배율을 참고하라.

■ 최저생계비

국민이 건강하고 문화적인 생활을 유지하기 위하여 필요한 최소한의 비용을 뜻하는데, 우리나라의 공식 빈곤선을 지칭하는 고유명사다. 최저생계비는 기초생활보장 수급자를 선정하거나 급여기준을 설정할 때 사용되거나 여타 자산조사 시에 활용되고 있다. 국민기초생활보장법 제6조 제2항에 따르면, 보건복지가족부 장관은 매년 9월1일까지 중앙생활보장위원회의 심의와 의결을 거쳐 다음 연도의 최저생계비를 공표해야 한다. 그리고 동법 제6조 제3항은 최저생계비 계측조사를 3년마다 실시하도록 규정하고 있다. 계측조사는 1999년, 2004년, 2007년에 실시된 바 있는데, 다음 실시 연도는 2010년이다. 비계측년도에는 전년도 최저생계비를 바탕으로 물가상승률, 소득 및 지출을 고려하여 결정한다. 2010년도 최저생계비는 1인 가구의 경우 42만 2,180원, 2인 가구는 71만 8,846원, 4인 가구는 141만 26원으로 공표되었다. 추가로 빈곤선을 참고하라.

■ **출산 크레디트**(출산기간에 대한 가입기간 추가 산입)

국민연금법 제19조에 따라 출산행위로 인한 소득중단과 그에 뒤따르는 보험료 납입 공백의 일부를 보전해 주는 제도를 말한다. 둘째 자녀를 낳는 산모에게는 12개월의 연금 가입기간을 추가로 부여하고 세 자녀의 경우에는 30개월, 네 자녀는 48개월 그리고 다섯 자녀 이상은 50개월이 추가된다. 즉, 추가된 기간만큼은 보험료를 내지 않아도 낸 것으로 인정해 주기 때문에 가입자들에게는 그만큼 혜택이 늘어나게 된다. 추가로 군복무 크레디트를 참고하라.

■ **퇴직연금**(기업연금)

개인연금과 함께 사적연금의 대표적 상품이다. 일시금으로 받는 퇴직금과 달리 연금지급이 가능한 퇴직급여제도다. 기업이 근로자의 삶을 책임지는 과거의 방식에서 노후자금의 적립과 운용의 책임을 근로자가 직접 맡게 되는 새로운 방식이 등장하였다. 우리나라에서는 2005년 1월27일에 제정된 「근로자퇴직급여보장법」에 근거한 퇴직연금 상품이 2005년 12월부터 판매되기 시작하였다. 5인 이상 사업장(2010년부터 5인 미만까지 확대 예정)은 의무적으로 퇴직연금을 설정해야 하지만 현재는 강제 적용이 유예되고 있기 때문에 시행 3년 반이 지난 2009년 8월 현재의 가입률은 11.4%에 불과하다. 퇴직연금에는 확정급여형과 확정기여형의 두 가지 형태가 있는데, 사용자와 피용자의 합의에 따라 사업장 단위로 운영된다. 추가로 기업연금, 확정급여형과 확정기여형을 참고하라.

■ **표준보수월액**

슈퍼컴퓨터가 없던 시절에 연금보험료 및 급여의 산정을 간편하게 할 목적으로 천차만별인 가입자의 보수월액을 몇 개의 범주로 묶고 동일 범주에 속한 사람의 보수월액을 그 범주의 대표 보수월액으로 단일화하였는데, 그 경우의 대표 보수월액을 말한다. 1988년의 「국민연금법」 제3조는 표준보수월액을 연금보험료 및 급여의 산정을 위해 노동자 또는 사용자의 보수월액을 기준으로 하여 등급별로 대통령령이 정하는 금액을 말한다고 규정하였다. 초기에는 52등급으로 시작하였다가 1995년에 45등급으로 줄이고 2008년부터 폐지하였다. 추가로 표준소득월액을 참고하라.

■ 표준소득월액

슈퍼컴퓨터가 없던 시절에 연금보험료 및 급여의 산정을 간편하게 할 목적으로 천차만별인 가입자의 소득월액을 몇 개의 범주로 묶고 동일 범주에 속한 사람의 소득월액은 그 범주의 대표 소득월액으로 단일화하였는데, 그 경우의 대표 소득월액을 말한다. 1988년의 「국민연금법」 제3조에 따라 연금보험료 및 급여의 산정을 위해 가입자가 노동자 및 사용자인 경우에는 표준보수월액이란 용어를 사용하였으며 그 외의 사람들에 대해서는 표준소득월액이란 용어를 사용하였다. 초기에는 52등급으로 규정하였지만 1995년에 개정된 등급은 모두 45등급이었다. 표준화의 예를 들면, 1등급의 경우 22만 5천 원 이하 소득월액이 22만 원의 표준소득월액으로 확정되었고 25등급의 경우에는 1백 17만 원 이상 1백 25만 원 미만의 소득월액이 1백 21만 원의 표준소득월액으로 결정되었다. 그러나 2007년 법 개정으로 2008년부터 폐지되었으며 현재는 소득월액만 사용하고 있다. 추가로 표준보수월액을 참고하라.

■ 합계출산율

한 명의 여성이 가임기간(15~49세) 동안 낳을 수 있는 자녀의 수를 표시하는 지표로서 국가별 출산력 수준을 비교하는 대표적 지표다. 산출공식은 (15~49세 여성의 출생아 수) ÷ (15~49세 여성의 수)인데, 정부는 OECD의 평균인 1.6을 정책목표로 하고 있다.

■ 확정급여(형)

연금의 급여를 결정하는 방식에는 사전에 급여를 결정하는 확정급여와 그렇게 하지 않는 확정기여 등 두 가지가 있다. 확정급여 방식의 특징은 사전에 약정된 연금산식을 갖고 있기 때문에 미래에 받을 연금액이 얼마나 되는가를 미리 알 수 있다는 점이다. 통상 임금 또는 소득의 일정 비율 또는 일정 금액을 기여금으로 내고 확정된 급여를 받는다. 연금액은 대개 과거 소득 및 소득활동 기간에 의해 결정된다.

국민연금을 위시한 우리나라 공적연금은 확정급여 방식을 채택하고 있다. 노후기간 동안 안정된 급여를 보장한다는 장점 이 있지만 인구 고령화 등으로 인해 보험료율의 지속적 인상과 같은 압박을 받는 것이 단점이다. 사적연금의 경우에도 확정급여 방식을 선택하는 경우가 있는데, 가입자의 규모가 예측 불허라는 단점이 문제가 될 수 있다. 확정급여 방식을 채택한 경우 공적연금 지출에 필요한 기금이 부족하면 국가는 기여금을 인상하든지 국고지원을 늘리든지 해서 보충할 책임을 지게 된다. 추가로 확정기여를 참고하라.

■ **확정기여(형)**

연금의 급여를 결정하는 방식에는 사전에 급여를 결정하지 않는 확정기여와 결정하는 확정급여 등 두 가지가 있다. 확정기여형은 확정급여형의 반대로 기여금만이 사전에 확정되어 있을 뿐 급여액은 확정되어 있지 않다. 급여액은 적립한 기여금과 기여금의 투자수익에 의해서만 결정되기 때문에 사전에 급여액이 얼마나 될지 알 수 없다. 이론상으로 연금재정상의 불균형이 발생하지 않는다는 점과 피보험자가 기금 운용에 직접 참여할 수 있다는 장점이 있는 반면, 국민의 안정적 노후생활을 보장하기 어려운 점과 급변하는 경제 상황과 정치적 논리에 취약하다는 단점을 갖고 있다. 현재 우리나라의 경우 개인연금과 퇴직연금과 같은 사적연금제도에서 많이 활용되고 있다. 추가적으로 확정급여를 참고하라.

경제기획원(1993). 신경제로의 도약.

경제사회발전노사정위원회(2008). 경제사회발전노사정위원회 10년사.

공사연금제도개선실무위원회(2000). 공사연금제도 개선의 기본구상.

국민경제연구소(1993). 금융실명제: 주요 내용과 기대효과.

국민복지기획단(1995). 삶의 질 세계화를 위한 국민복지의 기본구상.

국민연금공단(2008). 함께 나누고 함께 누려요 국민연금 20년사.

국민연금공단(2009a). 국민연금통계연보, 2008.

국민연금공단(2009b). 국민연금소식, 8월호

국민연금공단(2009c). 국민연금소식, 9월호

국민연금관리공단(1998a). 국민연금 10년사.

국민연금관리공단(1998b). 국민연금재정추계.

국민연금발전위원회(2003). 2003 국민연금재정계산 및 제도개선 방안.

국민연금연구원(2008). 공적연금의 이해.

국민연금재정추계위원회/국민연금운영개선위원회(2008). 2008 국민연금재정계산 국민연금 장기재정추계 및 운영개선방향.

국민연금제도개선기획단(1997). 국민연금 확대적용에 대비한 국민연금제도 개선: 전 국민연금 시대를 열기 위한 준비.

국정홍보처(2003). 제16대 대통령직인수위원회 백서: 대화.

김상균(1987). 현대사회와 사회정책. 서울대학교출판부.

김상균(2006). 한국형 사회복지의 실험과 패러다임의 전환. 송기도, 최영기, 김상균, 심영희, 한상진. 사회통합과 균형성장(pp.75-116). 나남출판.

김상균, 최일섭, 최성재, 조흥식, 김혜란(2005). 사회복지개론(개정판). 나남출판.

김선택(2004). 국민연금 합법적으로 안 내는 법. 행복한 책읽기.

김수완, 김순옥(2007). 우리나라 다층노후소득보장체계의 구축 전망-사적연금의 수급자 수 전망을 중심으로. 사회보장연구, 제23권, 제2호.

김수완, 조유미(2005). 우리나라 노인가구의 소득구성 및 소득원별 빈곤제거효과 분석. 연금포럼, vol. 19.
김영삼(1992). 2000 신한국. 동광출판사.
김태성, 김진수(2007). 사회보장론(제3판). 청록출판.
나성린, 전영섭(1995). 공공경제학. 학현사.
노동부(2004). 산재보험 40년사.
노사정위원회(1998). 1998년도 노사정위원회 활동현황, 내부자료.
문화체육관광부(2008). 제17대 대통령직인수위원회 백서: 성공 그리고 나눔-이명박 정부의 국정철학과 핵심정책과제.
박경일(1999). 국민연금 편의행정이 부른 예상된 반발. 문화일보, 1999. 2. 10.
보건복지가족부(2009a). 2008년 국민기초생활보장 수급자 현황.
보건복지가족부(2009b). 2009 OECD 사회통계지표.
보건복지가족부(2009c). 2009 보건복지가족통계연보.
보건복지가족부, 중앙노인보호전문기관(2007). 전국노인학대상담사업 현황보고서.
보건사회부(1968). 사회개발, 제1집: 기본구상.
복지개혁백서편찬위원회(1997). 국민복지 새 지평을 열다: 삶의 질 세계화를 위한 복지개혁.
새천년민주당 정책선거특별본부(2002). 떳떳한 노무현 당당한 대한민국.
생명보험협회(2009). 인원 및 점포현황, 생명보험통계정보시스템, 월간생명보험통계. www.klia.or.kr.
손준규(1983). 사회보장·사회개발론. 집문당.
신종욱(2006). 연금 재테크. 국일증권경제연구소.
양성일(1998). 국민연금제도개선의 정책결정 과정에 관한 연구. 서울대학교 대학원 석사학위논문.
양재진(2001). 경제위기, 정책망 그리고 연금개혁패러다임: 멕시코와 한국의 연금개혁 비교 연구. 한국행정학보, 제35권, 제2호.
양재진, 김영순, 조영재, 권순미, 우명숙, 정홍모(2008). 한국의 복지정책 결정과정: 역사와 자료. 나남출판.
오원철(2006). 박정희는 어떻게 경제 강국 만들었나. 동서문화사.
오정수(1987). 국민연금제도 형성과정과 입법변천에 관한 연구. 사회보장연구, 제3권.
유시민(2009). 후불제 민주주의. 돌베개.
이기훈(1991). 석유사업기금 5조원의 행방. 월간 말. 3월호.
이소정(2009). 우리나라 중장년층의 노후준비에 관한 인식과 정책적 함의. 보건복지포럼, 통권 제147호.
이영옥(2003). 국제금융기구들의 복지개혁 요구와 국가자율성에 관한 연구: 외환위기 이후 멕시코와 한국의 비교를 중심으로. 서울대학교 대학원 석사학위논문.
이인재, 류진석, 권문일, 김진구(2002). 사회보장론(개정판). 나남출판.
장인협, 최성재(2002). 노인복지학(개정판). 서울대학교출판부.
장준오, 노용준, 유홍준, 이완수, 정태인(2008). 노인범죄와 범죄피해 및 노인환경의 유해성 연구. 한국형사정책연구원.
전남진(1987). 사회정책학 강론. 서울대학교출판부.
정동영(2007). 좋은 대통령과 함께하는 대통합민주신당의 150가지의 약속(미발간).
정인영 편(2002). 홍릉 숲 속의 경제 브레인들. 한국개발연구원.
조갑제(2007). 박정희. 조갑제닷컴.
최균(1995). 한국 사회복지정책의 평가와 과제. 한국사회과학연구소. 한국사회복지의 이해 (pp. 13-31). 동풍출판사.
최천송(1977). 한국사회보장론. 한국노사문제연구협회.
최천송(1991). 한국사회보장연구사. 한국사회보장문제연구소.
통계청(2008). 2007년 생명표.
한국보건사회연구원(1990). 국민연금장기재정추계(1988-2050).
한국인구보건연구원(1988). 국민연금확대방안연구: 기초연금제와 소득비례연금제의 일원적 설계.
한국인구보건연구원(1989). 기초연금제도 정책구상과 사업장 확대
한나라당(2007). 일류국가 희망공동체 대한민국. 북마크.

* 이 밖에 다수의 신문 보도기사를 참고자료로 활용함.

Choi, Joung Kyun(2009). Pension Schemes for the Self-employed in OECD Countries, OECD Social, Employment and Migration, Working Paper No. 84.
Easterbrook, G. (2004). *The Progress Paradox.* 박정숙 역(2007). 진보의 역설. 에코리브르.
Flora, P., & Heidenheimer, A.(Eds.) (1984). *The Development of Welfare State in Europe and America.* New Brunswick. Transaction Books.
Gillion, C. (2000). The Development and Reform of Social Security Pension: The Approach of the International Labor Office. *International Social Security Review, vol.53,* 1/2000.
Heclo, H. (1974). *Modern Social Politics in Britain and Sweden.* Yale University Press, New Haven.
Kim, Sang Kyun & Kim, Soo-Wan (2008). Developmentalism in Korea: A Useful Tool for Explaining the Role of Social Security in the Reduction of Poverty and Inequality.

Asian Social Work and Policy Review, vol.2, No.2.

Park, Chong Kee (1975). *Social Security in Korea.* Seoul, Korea, KDI.

Schneider, F. (2007). Shadow Economies and Corruption All Over the World: New Estimates for 145 Countries. *Economics: The Open-Access, Open-Assessment E-Journal*, Vol. 1, 2007-9. http://www.economics-ejournal.org/economics/journalarticles/2007-9.

Social Security Administration (2007). *Social Security Programs Throughout the World: The Americas, 2007.*

Social Security Administration (2008a). Social Security Programs Throughout the World: Europe, 2008.

Social Security Administration (2008b). Social Security Programs Throughout the World: Asia and Pacific, 2008.

Social Security Administration (2009). Social Security Programs Throughout the World: Africa, 2009.

World Bank (1994). Averting the Old Age Crisis: Policies to Protect the Old and Promote Growth. Oxford University Press.

World Bank (1997). Report and Recommendation of the President of the International Bank for Reconstruction and Development to the Executive Directors on a Proposed Loan to the Republic of Korea for Economic Reconstruction, Reprot, No. P-7214-KO, December 19, 1997.

World Bank (1998a). Report and Recommendation of the President of the International Bank for Reconstruction and Development to the Executive Directors on a Proposed Structural Adjustment Loan in an Amount Equivalent to US$2.0 Billion to the Republic of Korea, Report No. P-7225-KO, March 19, 1998.

World Bank (1998b). Report and Recommendation of the President of the International Bank for Reconstruction and Development to the Executive Directors on a Proposed Second Structural Adjustment Loan in an Amount Equivalent to US$2.0 Billion to the Republic of Korea, Report No. P-7258-KO, October 2, 1998.

World Bank (2000). The Korean Pension System at a Crossroads, Report No. 20404-KO.

World Bank (2005). Old-age Income Support in the 21st Century: The World Bank's Perspective on Pension Systems and Reform.

World Bank (2007). Pension Reform and the Development of Pension Systems: An Evaluation of World Bank Assistance, Independent Evaluation Group, 39149.

저자 소개

• 김상균

이력 및 학력	1946년 3월 19일, 부산 출생 서울대학교 문리과대학 사회사업학과(1966~1975) 학사 및 석사 영국 애버딘 대학교 대학원 사회정책전공(1975~1982) 철학박사 현) 서울대학교 사회과학대학 사회복지학과 교수
경 력	국민연금제도개선기획단 위원(1997. 6.~1997. 11.) 공사연금제도개선실무위원회 위원장(1998. 12.~2000. 5.) 국민연금심의위원회 위원 및 부위원장(1999. 2.~현재) 국민연금발전위원회 위원 겸 제도발전전문위원회 위원장 (2002. 3.~2003. 5.) 공무원연금제도발전위원회 위원장(2006. 7.~2008. 9.) 국민연금운영개선위원회 위원장(2007. 10.~2008. 8.)
저 서	현대사회와 사회정책(서울대학교출판부, 1987) 사회과학과 사회복지(공저, 나남출판, 1994) Combating Poverty(공저, UNDT Seoul, 1998) 사회복지개론(개정2판)(공저, 나남출판, 2007)
논 문	The Korean Pension Reform(2004) 캐나다 정부의 연금개혁에 대한 일고찰(2006) Developmentalism in Korea(공동연구, 2008)

낙타와 국민연금

2010년 1월 18일 1판 1쇄 인쇄
2010년 1월 30일 1판 1쇄 발행

지은이 • 김상균
펴낸이 • 김진환
펴낸곳 • (주) 학지사
121-837 서울특별시 마포구 서교동 352-29 마인드월드빌딩 5층
대표전화 • 02)330-5114 팩스 • 02)324-2345
등록번호 • 제313-2006-000265호

홈페이지 • http://www.hakjisa.co.kr
커뮤니티 • http://cafe.naver.com/hakjisa

ISBN 978-89-6330-286-7 93330

정가 15,000원